Wirtschaft und Wirtschaftspolitik im wilhelminischen Deutschland

Volker Hentschel

Wirtschaft und Wirtschaftspolitik im wilhelminischen Deutschland

Organisierter Kapitalismus und Interventionsstaat?

Klett-Cotta

Als Habilitationsschrift auf Empfehlung der Philosophisch-Historischen Fakultät der Universität Heidelberg gedruckt mit Unterstützung der Deutschen Forschungsgemeinschaft

CIP-Kurztitelaufnahme der Deutschen Bibliothek

Hentschel, Volker
Wirtschaft und Wirtschaftspolitik im wilhelminischen
Deutschland : organisierter Kapitalismus u. Interventionsstaat? — 1. Aufl. — Stuttgart : Klett-Cotta, 1978.
   ISBN 3-12-910210-8

Inhalt

Abkürzungen

AG	Aktiengesellschaft
Allg. Stat. Archiv	Allgemeines Statistisches Archiv
BdI	Bund der Industriellen
BdL	Bund der Landwirte
CdI	Centralverband deutscher Industrieller
DLR	Deutscher Landwirtschaftsrat
DT	Deutsche Tageszeitung
DVC	Deutsche Volkswirtschaftliche Correspondenz
DWZ	Deutsche Wirtschaftszeitung
DZA	Deutsches Zentralarchiv
Ergh.	Ergänzungsheft
FS	Festschrift
GdS	Grundriß der Sozialökonomik
GHH	Gute-Hoffnungs-Hütte
Hbbd	Halbband
Hbg. Jb.	Hamburger Jahrbuch
Hdb. d. Finanzwiss.	Handbuch der Finanzwissenschaft
Hrsg.	Herausgeber
HStA	Hauptstaatsarchiv
HSW	Handwörterbuch der Sozialwissenschaften
Hwb. d. Stwiss.	Handwörterbuch der Staatswissenschaften
HZ	Historische Zeitschrift
Jb. d. HVV	Jahrbuch des Handelsvertragsvereins
Jb. f. NatStat.	Jahrbuch für Nationalökonomie und Statistik
Jb. f. WG	Jahrbuch für Wirtschaftsgeschichte
Jg.	Jahrgang
JMH	Journal of Modern History
KG a. A.	Kommanditgesellschaft auf Aktien
Kgl. Pr. Ld. Ök. Koll.	Königlich Preußisches Landes-Ökonomie-Kollegium
Kjf.	Konjunkturforschung
Kr.	Königreich
M	Mark
MGM	Militärgeschichtliche Mitteilungen
Mio	Millionen
Mrd.	Milliarden
MS	Manuskript
NF	Neue Folge
npl	Neue Politische Literatur
NSP F	Nettosozialprodukt zu Faktorkosten

NSP M	Nettosozialprodukt zu Marktpreisen
p. K.	pro Kopf
Pol. Vjs.	Politische Vierteljahrsschrift
Pr.	Preußen, preußisch
Pr. Jbb.	Preußische Jahrbücher
RdI	Reichsamt des Inneren
Reg.-Bez.	Regierungsbezirk
RSt.	Reichsstatistik
RWK	Rheinisch-Westfälisches Kohlesyndikat
Schm. Jb.	Schmollers Jahrbuch
St. Jb. dt. St.	Statistisches Jahrbuch deutscher Städte
St. Jb. f. d. BRD	Statistisches Jahrbuch für die Bundesrepublik Deutschland
St. Jb. f. d. Pr. St.	Statistisches Jahrbuch für den Preußischen Staat
Stenogr. Ber.	Stenographische Berichte
SVSP	Schriften des Vereins für Socialpolitik
t	Tonne
u. a. m.	und anderes mehr
USPD	Unabhängige Sozialdemokratische Partei Deutschlands
Vjh. f. Kjf.	Vierteljahrshefte für Konjunkturforschung
Vjh. f. ZG	Vierteljahrshefte für Zeitgeschichte
Vol.	Volume
VSP	Verein für Socialpolitik
VSWG	Vierteljahrschrift für Sozial- und Wirtschafts- geschichte
Wttb. Jb. f. Stat. u. Ldkd.	Württembergisches Jahrbuch für Statistik und Landeskunde
ZfP	Zeitschrift für Politik
Zs. d. Kgl. Pr. Stat. LA	Zeitschrift des Königlich Preußisch Statistischen Landesamtes
Zs. d. Kgl. Sachs. Stat. LA	Zeitschrift des Königlich Sächsisch Statistischen Landesamtes
Zs. f. d. ges. Stwiss.	Zeitschrift für die gesamte Staatswissenschaft.

Einleitung:
Das Kaiserreich in neuer Perspektive

In der Geschichtswissenschaft gibt es zuzeiten recht enge Beziehungen zwischen dem betonten Interesse an neuen Methoden, der verstärkten Hinwendung zu bislang eher vernachlässigtem Material und der Konzentration auf bestimmte Forschungsgegenstände. Nicht selten gewinnen dabei auch eigentümliche Begriffe, moderne Theorien aus Nachbarwissenschaften und von beiden beeinflußte Interpretations- und Erklärungsmuster erhebliche Verbreitung und Beliebtheit. Es wäre eingehenderer Überlegungen wert, wie solche Beziehungen zustandekommen und sich verfestigen. Warum und auf welchem Wege ziehen sie forschende Historiker in so großer Zahl in ihren Bann, daß sie vorübergehend nachgerade zu Paradigmata wissenschaftlich-historischer Arbeit werden können? Und es gälte weiter zu fragen, ob womöglich gerade diese paradigmatische Bedeutung die Ursache dafür ist, daß sie nach geraumer Zeit ihre anregende und fruchtbare Wirkung einbüßen, erstarren, affirmative, ja zwanghafte Züge annehmen und Zeit und Arbeitskraft für nurmehr peripher Bedeutsames und deshalb im Ergebnis Langweiliges absorbieren. Denn all das gehört zweifellos nicht nur am Rande zu den ,,Bedingungen und Ergebnissen" von Geschichtswissenschaft, über die Werner Conze in seinem Schlußvortrag auf dem 31. Historikertag in Mannheim 1976 so eindrucksvoll gehandelt hat[1].

Es gibt ein akutes Beispiel für diese offenkundigen und gleichwohl noch unzulänglich durchdachten Zusammenhänge. Wir haben im letzten Jahrzehnt eine ,,Revision" des historischen Bildes vom deutschen Kaiserreich erlebt, eine ,,Revision" aus sozioökonomischer Sicht, mithilfe moderner sozialwissenschaftlicher Erklärungsansätze und auf erweiterter Quellengrundlage. Zwei Historiker haben mit vielbesprochenen Büchern unterschiedlich richtungsweisende Impulse gegeben. Fritz Fischer hat zu Beginn der sechziger Jahre das thematische Interesse am Kaiserreich neu geweckt[2]. Hans Rosenberg hat wenige Jahre später am Beispiel der Bismarckzeit ein begrifflich-methodisches Instrumentarium eingeführt[3], das erstaunlich rasch Schule gemacht hat[4]. Seither ist eine kaum mehr überschaubare Vielzahl an Büchern und Aufsätzen zur inneren Geschichte des Kaiserreichs

---

[1] Vgl. die ausgearbeitete Fassung in: HZ 1977.
[2] *Fischer* (1961), *ders.* (1969).
[3] *Rosenberg* (1968).
[4] Zu nennen wäre in diesem Zusammenhang wohl auch noch die berechtigte und notwendige, wiewohl in der Tat als ,,Heiligsprechung" (Nipperdey) gleich übertriebene Wiederentdeckung des Eckart *Kehr* (1930, reprint 1965, 1970, als Taschenbuch 1976).

erschienen, die sich vorzugsweise und unterschiedlich überzeugend um die Aufhellung von Verbindungen und Abhängigkeiten zwischen wirtschaftlicher Entwicklung, sozialer Gestaltung und politischem System bemühen[5]. Zweifellos verdanken wir diesen Arbeiten eine beträchtliche, wiewohl durchaus einseitige Erweiterung unserer historischen Kenntnisse vom Kaiserreich, einseitig in der Wahl der Forschungsgegenstände und einseitig in der Wahl der Interpretationslinien. Beides hängt miteinander zusammen. Obgleich die bewegende und prägende Kraft wirtschaftlicher und sozialer Bedingungen und Prozesse unablässig hervorgekehrt wird, sind eingehende wirtschaftliche Struktur- und Konjunkturanalysen auf quantitativer Grundlage bislang ebenso ausgeblieben wie Untersuchungen auf dem weiten Feld, das mit „sozialer Lage" unscharf umrissen ist. Unverhältnismäßig starke Beachtung haben dagegen Aufbau und Wirksamkeit wirtschaftlicher Interessenverbände, ihre Verknüpfung mit politischen Gruppierungen und ihr vielfältig vermittelter Einfluß auf politische, insbesondere wirtschafts- und sozialpolitische Entscheidungen gefunden. So ist in kurzer Zeit das Bild eines Staates entstanden, der weitgehend im Dienst partikularer ökonomischer Interessen stand. Politik war dort vorwiegend Mittel zur Sicherung traditioneller Herrschaft gegen moderne gesellschaftliche Kräfte, die von der naturwissenschaftlich-technischen und der wirtschaftlichen Entwicklung emporgetragen wurden.

Zum System verbunden und zugleich „auf den Begriff gebracht" wurden die Einzelbefunde der Forschungen schließlich im Konzept des „Organisierten Kapitalismus". Seit er 1972 auf dem Historikertag in Regensburg in einer Arbeitsgemeinschaft diskutiert worden ist, spätestens jedoch seit ein Jahr danach die Referate in Buchform erschienen sind[6], geht dieser Begriff um und tut seine unerfreuliche Wirkung.

Dabei ist er mehr als ein halbes Jahrhundert alt. Geprägt und mit sehr bestimmtem, auch zeitlich sehr bestimmtem Inhalt gefüllt hat ihn der gleichermaßen brillante marxistische Theoretiker wie pragmatische sozialdemokratische Politiker Rudolf Hilferding[7]. Im Geleitwort des ersten Heftes seiner internationalen Revue für Sozialismus und Politik „Die Gesellschaft", das in mancher Hinsicht als Programm zur allmählichen Durchsetzung des demokratischen Sozialismus in Deutschland gelesen werden kann, griff Hilferding im April 1924 Gedanken auf, die im Ansatz

---

[5]Um nur die wichtigsten *Bücher* in der Reihenfolge ihres Erscheinens zu nennen: *Böhme* (1966), *Puhle* (1966), *Kaelble* (1967), *Kocka* (1969), *Wehler* (1969), *Witt* (1970), *Stegmann* (1970), *Berghahn* (1971), *Böhm* (1972), *Berghahn* (1973), *Wehler* (1973), *Blaich* (1973), *Saul* (1974), *Stürmer* (1974), *Mielke* (1976), *Ullmann* (1976). Vgl. die originelle, wiewohl sicher nicht in strenger Sonderung zu verstehende Typologie der neueren Literatur zur Geschichte des Kaiserreichs bei W. J. *Mommsen* (1973), S. 8 f.

[6]*Winkler*, Hrsg., (1973).

[7]Zu Hilferding *Prager* (1921), S. 179–232, *Gottschalch* (1962).

10

bereits im „Finanzkapitel"[8] gedacht und 1915 in einem Zeitschriftenaufsatz[9] resümierend präzisiert worden waren: „Die großen Monopole werden zu den entscheidenden Beherrschern der Wirtschaft. . . Die früher getrennten Formen des Industrie-, Handels- und Bankkapitals streben in der Form des Finanzkapitals zur Vereinheitlichung. . . Damit wächst zugleich die bewußte Ordnung und Lenkung der Wirtschaft. . . zugunsten der im Besitz der Produktionsmittel befindlichen Schichten. . . Dies bedeutet den Übergang von dem Kapitalismus der freien Konkurrenz zum organisierten Kapitalismus"[10]. Auch diesen Begriff hatte Hilferding schon 1915 verwendet, um auf eine mögliche Entwicklung der kapitalistischen Wirtschaftsordnung hinzuweisen, deren Grundzüge er bereits zu erkennen glaubte. Am dynamischen Charakter des Begriffs hatte sich zehn Jahre später nichts geändert, sein Akzent aber war optimistischer geworden. Organisierter Kapitalismus „zugunsten der im Besitz der Produktionsmittel befindlichen Schichten" war jetzt nur noch ein Übergangsstadium. Die bewußt geregelte Wirtschaft gerate in unverhüllten Widerspruch zu ihrer privatwirtschaftlichen Eigentumsgrundlage, der schließlich „durch die Umwandlung der hierarchisch organisierten in die demokratisch organisierte Wirtschaft" beseitigt werde. Nicht etwa durch einen revolutionären Akt, sondern durch einen andauernden evolutionären Prozeß, der sich parallel zur weiteren Konzentration des Kapitals und zur Organisation der Wirtschaft vollziehe[11]. Auf dem Kieler Parteitag im Mai 1927 hat Hilferding auf dieser gedanklichen Grundlage die praktischen Aufgaben der Sozialdemokratie formuliert, wieder mit viel Optimismus: „Wir kennen den Weg, wir kennen das Ziel! Unsere Aussichten sind gut, . . ."[12].

Die künftige Wirklichkeit sah anders aus. Und der Begriff, der schon in den zwanziger Jahren kaum diskutiert worden war, ging unter und tauchte erst Jahrzehnte später in der sozialwissenschaftlichen Literatur wieder auf. Als typologische Kate-

---

[8] *Hilferding* (1910).

[9] *ders.* (1915), S. 322 ff.

[10] *ders.* (1924), S. 2.

[11] Ebd. S. 3. Winkler hat zurecht auf das irrationale Moment in der Gedankenführung Hilferdings hingewiesen. „Daß das Proletariat die Bourgeoisie als herrschende Klasse einmal ablösen würde" sei bei ihm als „ein Stück ‚gesollter' Geschichte" erschienen. *Winkler* in: *ders.,* Hrsg. (1973), S. 14.

[12] *Hilferding* (1927), S. 183. Fritz Naphtali schließlich hat mit der Theorie des organisierten Kapitalismus gut ein Jahr später auf dem Hamburger Kongreß des ADGB seine Konzeption der Wirtschaftsdemokratie fundiert. Protokoll des 13. Kongresses der Gewerkschaften Deutschlands, Berlin 1928, S. 20—22 und S. 170—224.

gorie hat ihn wohl Hans Staudinger zuerst erneut gebraucht[13], sparsam und weitgehend anspruchslos. Anders als Hilferding wollte Staudinger mit ihm kein volkswirtschaftliches System kennzeichnen. Gegen die verbreitete Neigung, gegenwärtige nationale Wirtschaften als einheitliche Systeme oder gar als organische Einheiten zu betrachten, machte er vielmehr Front. „Eine solche ökonomische Gesamteinheit gibt es nicht"[14]. Der Terminus „Organisierter Kapitalismus" diente ihm dazu, *eine* mehr oder weniger verbreitete *wirtschaftliche* Funktionsweise moderner Industriewirtschaften namhaft zu machen, neben der die freie Konkurrenz und Mischformen weiterhin existent seien.

Als historische Kategorie mit weitausgreifendem Inhalt ist „Organisierter Kapitalismus" dann erst von Kocka[15] und Wehler[16] eingeführt worden. Zunächst ohne Hinweis auf Hilferding. Erst in Regensburg hat Winkler die Verbindung zwischen dem Begriff und seinem Urheber wieder hergestellt[17]. Allein, die Verbindung ist brüchig. Denn es handelt sich bei dem Konzept, das Kocka dort entfaltet und Wehler am Deutschen Kaiserreich exemplifiziert hat, nur noch sehr entfernt um den Begriff Hilferdings. Nicht nur der optimistische Akzent ist aus ihm verschwunden, sein ganzer Charakter ist verändert worden.

Den neuartigen Charakter eindeutig zu bestimmen, fällt freilich nicht ganz leicht. Es ist nie so recht klar geworden, ob es sich beim „Organisierten Kapitalismus" um einen historischen Begriff, also um eine Formalkategorie mit wechselndem Bedeutungsgehalt (Koselleck), um einen realhistorischen Struktur- und/oder Verlaufstypus oder um ein idealtyisches Modell zum Zwecke der historischen Analyse handelt. Kocka hat in Regensburg von einem „Idealtypus" gesprochen[18] und jüngst den analytischen Charakter des „Konzepts" erneut betont[19]. Das war zu begrüßen, weil schon viel gewonnen wäre, wenn mit der Kategorie bewußt und reflektiert in dieser Weise umgegangen würde. Das ist freilich kaum je geschehen, seit sie in die Welt gesetzt worden ist, und nun wohl nicht mehr zu erreichen. Der Begriff ist zur inhaltlich fest bestimmten Kennzeichnung einer historischen Erscheinung geworden, ohne daß seine analytische Leistungsfähigkeit als Idealtypus je ernsthaft empirisch erprobt worden wäre. „Organisierter Kapitalismus" *ist* für jene, die davon

---

[13]*Staudinger* (1967). Zuvor als Kennzeichnung der Wirtschaft im Nationalsozialismus, *Arthur Schweizer,* Organisierter Kapitalismus und Parteidiktatur 1933—1936, in: Schm. Jb. 79. Jg., 1959, *ders.,* Der organisierte Kapitalismus, in: Hamburger Jb. f. Wirtschafts- und Gesellschaftspolitik, 7. Jg., 1962, S. 32 ff.

[14]*Staudinger* (1967), S. 341.

[15]*Kocka* (1969), S. 316 ff.

[16]*Wehler* (1970), S. 102 ff.

[17]Vgl. seine einleitenden Bemerkungen in *Winkler,* Hrsg. (1973), S. 9 ff.

[18]In *Winkler,* Hrsg. (1973), S. 23.

[19]*Kocka* (1975), S. 37 f. „Organisierter Kapitalismus" sei ein möglicher „theoretischer Bezugsrahmen", mit dessen Hilfe Geschichte als „Gesellschaftsgeschichte" gleichsam aus einem Guß gedeutet werden könne.

sprechen, die zur Formel verkürzte Interpretation des deutschen Kaiserreichs und nicht nur ein methodisches Mittel dazu. Daran sind die Erfinder des Konzepts nicht schuldlos. So wenig Wehler je öffentlich auf dem idealtypischen oder analytischen Charakter des „Organisierten Kapitalismus" insistiert hat, so nachdrücklich hat er das Kaiserreich seit Jahren als „Organisierten Kapitalismus" beschrieben[20].

Das Konzept des „Organisierten Kapitalismus" hat deshalb auch nicht die Aufgaben erfüllt, die Modellen und Theorien in der Geschichtswissenschaft gemeinhin gestellt werden. Es hat gängige Deutungen des Kaiserreichs nicht erneut in Frage gestellt und dadurch den Blick auf alternative Erklärungsmöglichkeiten gelenkt, sondern Interpretationen, die vorweg auf anderem Wege gewonnen worden waren, nur noch in eine handliche Formel gepreßt. Und weil diese Formel die Aura des Kritisch-Emanzipatorischen zu umgeben scheint und sie überdies als sprachliches Kürzel differenzierter Wirklichkeit der Bequemlichkeit beim Denken entgegenkommt, sind diese Interpretationstopoi in ihr zugleich „festgeschrieben" und popularisiert worden. Das Konzept des „Organisierten Kapitalismus" dient längst nicht mehr dem Begreifen, wenn es das denn je getan hätte, in ihm ist bereits alles begriffen. Und das sieht so aus:

Deutschlands Übergang vom überwiegenden Agrar- zum überwiegenden Industriestaat im letzten Drittel des vorigen Jahrhunderts vollzog sich als Prozeß unstabilen, immer wieder gestörten industriewirtschaftlichen Wachstums, der die anderweitig hervorgerufene, langfristige Agrarkrise vertiefte und die gesamte Volkswirtschaft mit erheblichen strukturellen Wandlungsproblemen belastete[21]. Dieser wirtschaftliche Strukturwandel im Zeichen gestörten industriewirtschaftlichen Wachstums und einer permanenten Agrarkrise hat zu vorher unbekannten sozialen Gleichgewichtsstörungen geführt. Auf die wirtschaftlichen, wie auf die gesellschaftlichen Disharmonien mußte von privater und staatlicher Seite mit dem Ziel der Stabilisierung und Legitimierung des Systems reagiert werden. Das geschah mit unterschiedlichen, den interessierten gesellschaftlichen und politischen Kräften je gemäßen Formen, die sich freilich ergänzten und in die gleiche Richtung wirkten.

---

[20]Exemplarisch *Wehler* (1973, 1976²). Vgl. die ausführlichen Rezensionen zu diesem Buch von *Nipperdey*, in: Geschichte und Gesellschaft, 1975; *Zmarzlik* in: HZ, 1976; *Conze*, in: npl. 1976. Schon in Regensburg wurde der Begriff nicht mehr nur als vorgeblich angemessene sprachlich-abstrakte Kennzeichnung der historischen Wirklichkeit benutzt. „Organisierter Kapitalismus" wurde sogar zur Entität, zum „anonym und kapitalintensiv wirtschaftenden Organisierten Kapitalismus" und zum „sich in Großunternehmen, Kartellen und Verbänden organisierenden oligopolistischen Kapitalismus". Behutsamer als Wehler hat dort auch Kocka die realhistorische Entsprechung des Konzepts bereits vorausgesetzt und es vor der Erprobung seiner Tragfähigkeit als Periodosierungskriterium benutzt. *Wehler* und *Kocka*, in: *Winkler*, Hrsg. (1973), S. 33, 39, 49. Zum Gebrauch des Begriffs zur Kennzeichnung von Wirtschaft und Gesellschaft im Kaiserreich z. B. *Kaelble/Volkmann* (1972); *Zunkel* (1974), S. 9; *Ullmann* (1976), S. 11; *Leibengut* (1975), S. 210; *Groh* (1976).

[21]Zur Spannung von wirtschaftlichem Wachstum und Strukturwandel vgl. *Niehans* (1964).

Das private Mittel hieß *Organisation* auf vielerlei Art und Weise, das staatliche Mittel hieß *Intervention*. Organisation und Intervention wurden zum Signum der Zeit, „Organisierter Kapitalismus" und „Interventionsstaat" zu den bewegenden Kräften der Geschichte des Kaiserreichs[22].

Die privaten Organisationsformen lassen sich ohne Schwierigkeiten namhaft machen. Betriebliche Konzentration und Zentralisation, überbetriebliche Verbindungen mit wirtschaftlichen Zielen (Kartelle, Syndikate und Kapitalverflechtungen zwischen Bank- und Industriegruppen), und übergreifende Wirtschaftsverbände mit sozialpolitischer, oder besser sozialreaktionärer Zwecksetzung (Arbeitgeberverbände), sowie als politisch motivierte pressure groups (CdI, BdI, BdL, Hansabund u. a. m.).

Über all das ist im Einzelnen viel geforscht und geschrieben worden. Den Verbänden hat sich, wie gesagt, die neuere Forschung zum Kaiserreich bevorzugt zugewendet[23]. Zur Kartellbewegung gibt es weniger neue, dafür eine Fülle keineswegs unreflektiert-unkritischer älterer, häufig zeitgenössischer Arbeiten[24]. Im Detail wenig ergründet und wegen der schlechten Quellenlage wohl auch am schwersten zugänglich ist das Problem der marktwirksamen betrieblichen Konzentration[25]. Gleichviel, über die privatwirtschaftlichen Organisationen im Kaiserreich lassen sich vergleichsweise handfeste Aussagen machen. Über deren Gestaltungsformen und Wirkweisen zumindest.

---

[22]Ob nun als Duumvirat (Wehler) oder als integrierte Einheit, in dem der Interventionsstaat als konstitutives Element des Organisierten Kapitalismus auftritt (Kocka), das macht keinen wesentlichen Unterschied.

[23]Allgemein und zusammenfassend zunächst *Nipperdey* (1961), monographisch und detailliert dann *Puhle* (1966 und 1976), *Kaelble* (1967), *Stegmann* (1970), *Saul* (1974), *Mielke* (1976), *Ullmann* (1976).

[24]An wichtigen neueren Arbeiten zum Gesamtproblem gibt es nur *Holzschuher* (1962), *Maschke* (1964), *Nußbaum* (1966) und zuletzt *Blaich* (1973), der freilich vorrangig an staatlicher Kartellpolitik und Kartellgesetzgebung interessiert ist.

[25]Wirtschaftliche Konzentration ist ein vieldeutiger Begriff, mit dem im Konzept des Organisierten Kapitalismus unterschiedslos unterschiedliche reale Vorgänge benannt werden, die zusammen aufgetreten sein können, aber nicht zusammen aufgetreten sein müssen. Unter Konzentration kann die Vereinigung mehrerer ehemals rechtlich selbständiger Betriebe verstanden werden, die auf dem gleichen Markt oder auf verschiedenen Märkten als Anbieter auftreten, dann die Ausdehnung eines Unternehmens zu allein marktbeherrschender Stellung oder zur Rolle eines oligopolistischen Konkurrenten, schließlich betriebliches Wachstum bei gleichzeitiger Produktdiversifikation mit dem Bestreben, nicht beherrschender, sondern nur konkurrenzfähiger Wettbewerber auf neuen Märkten zu werden. Gesamtwirtschaftlich wirkt das alles sehr unterschiedlich. Und bei verschiedenen Marktverhältnissen noch wieder anders. Zu trennen ist schließlich zwischen absoluter und relativer Konzentration. Bei absoluter Konzentration sinkt die Zahl der Marktteilnehmer auf der Anbieterseite, bei relativer Konzentration bleibt sie gleich oder wächst sogar, während eine kleine Gruppe Anbieter zunehmende Markt-

Zum „Interventionsstaat" fallen solche Aussagen schwerer. Die Vertreter des Konzepts beschränken sich denn auch, soviel bisher zu sehen war, auf eine Aneinanderreihung staatlicher Maßnahmen, die irgendwie mit Sozialpolitik, mit aktiver Beteiligung des Staates am Wirtschaftsleben und mit Einflußnahme auf wirtschaftliche Zusammenhänge in enger oder loser Verbindung stehen; recht unbekümmert um deren intentionalen oder zufälligen Charakter und um ihre Reichweite und Wirkungskraft, Handels- und Zollpolitik, der Staat als Unternehmer, Rüstungsaufträge, Schiffsbausubventionen, Sozialversicherung und Arbeiterschutz, Infrastrukturmaßnahmen und schließlich sogar Ansätze zum Steuerstaat, der es sich zur Aufgabe machte, Einkommen in großem Stil umzuverteilen[26], stehen da einträchtig nebeneinander und sollen, jedes auf seine Art, dazu verholfen haben, Konjunkturen zu glätten, Sozialkonflikte abzufangen oder zu lindern, „die gefährdete Funktionsfähigkeit der Wirtschaft (zu) stabilisieren (und) kontinuierliches Wachstum (zu) erleichtern"[27]. All das habe im übrigen auch zu den Zielen der privatwirtschaftlichen Organisationsbemühungen gehört, die Wehler auch „privatwirtschaftlichen Planungsersatz" genannt hat[28].

Das bestimmende, Staat und Gesellschaft über die Zeit des Kaiserreichs hinaus prägende Kennzeichnen des „Organisierten Kapitalismus und Interventionsstaats" sei

anteile an sich zieht. Absolute und relative Konzentration laufen nicht notwendigerweise parallel. So kann die Zunahme der absoluten Konzentration die relative Konzentration durchaus verringern, weil sie die marktbeherrschende Stellung eines Unternehmens beseitigt. Marktkonzentration — auch das sollte kurz angedeutet werden — wird häufig strukturverändernd wirken und für den Funktionszusammenhang des Marktes und der Volkswirtschaft dennoch folgenlos bleiben. In jedem Fall sollte jedesmal genau gesagt werden, was mit dem Terminus ausgedrückt werden soll. Zum Problem der Definition, der Indikatoren, der statistischen Erfassung und der Messung von Konzentration in der Wirtschaft vgl. die Beiträge von *Arndt/Ollenburg, Kellerer, Fürst* und *Brandt,* in: *Arndt,* Hrsg. (1960) und die Monographien von *Sieber* (1962), *Rieker* (1960), *Costas* (1977).

[26] *Wehler,* in: *Winkler,* Hrsg. (1973), S. 48. Wehler hat diese Vorstellung freilich etwas kryptisch formuliert. „Der Interventionsstaat begünstigte den modernen „Steuerstaat", der zunehmende Teile des Sozialprodukts akkumulierte, verwaltete, erwirtschaftete und das Volkseinkommen durch neue, staatlich sanktionierte Distributionsmechanismen umverteilte". Was heißt das nun? Ist die Akkumulation und Neuverteilung von Sozialproduktanteilen denn nicht wesentlicher Teil des Interventionismus? Wieso wird das von ihm nur begünstigt? Oder meint „begünstigt", daß dem Steuerstaat zwar der Weg geebnet wurde, er selbst aber noch nicht wirksam war? Dagegen spräche freilich die Verwendung des Imperfekts und der folgende Hinweis auf die Quantifizierbarkeit dieses Vorgangs. Etwas mehr Klarheit wäre erwünscht. Und etwas mehr Entschiedenheit. Es spricht nicht eben für die historische Bedeutsamkeit einer Erscheinung, wenn sie überwiegend mit „Tendenzen" und „Ansprüchen", „tendenziellen Ansprüchen" (was auch immer das sei!) und „tendenzieller Aufhebung", mit „partiell bleibender Organisation" und „begrenzter Planung" und mit „äußerst unvollkommenem Charakter" gekennzeichnet werden muß. *Kocka* und *Wehler,* in: *Winkler* (1973), S. 19—57.

[27] *Wehler,* ebd. S. 48.

[28] Ebd. S. 39.

15

nun gewesen, daß deren treibende Kräfte nicht etwa unvermittelt nebeneinander, sondern vielfältig vermittelt mit- und ineinander gewirkt hätten. Politik habe sich in Deutschland nach der Reichsgründung zunehmend im Zeichen der Vermengung privater und öffentlicher Macht abgespielt. Das habe sich in beiden Bereichen staatspolitischer Entscheidung geäußert, in den parlamentarischen Vertretungskörperschaften und in Regierung und Verwaltung. Gedacht wird dabei an die starke Wahlbeeinflussung durch die Interessenverbände und an die nachdrückliche vorparlamentarische Aktivität der Verbände bei bestimmten gesetzgeberischen Vorgängen, deren Erfolge schwer bestimmbar sind, aber keinesfalls gering geschätzt werden sollten. Bereits Emil Lederer hat das unter dem Stichwort „Ökonomisierung der Parteien, des politischen Lebens und der politischen Entscheidungen" mit sehr grundsätzlichen und scharf pointierten Wendungen behandelt[29]. Gegen die Vorstellung einer „Verfilzung der Interessenverbände mit den Parteien" läßt sich tatsächlich wenig einwenden. Sie besagt nur nicht viel. Daß sich Verbände und Parteien personell und programmatisch überschnitten, ist an sich wenig aufregend. Aufregend wird die Sache erst, wenn die politische Linie von Parteien dadurch gegen die Interessen und Absichten ihrer breiteren Wählerschaft verformt wird. Das überzeugend nachzuweisen, gehört zu den schwierigsten Vorhaben einer Geschichtsschreibung auf solider empirischer Grundlage und ist bis jetzt nicht gelungen.

Die bedeutsamste Folge der Einflußversuche von Interessenverbänden auf die wirtschafts- und sozialpolitische Gesetzgebungsarbeit des Parlaments war wohl, daß sich bei fast allen Entscheidungen wechselnde und gelegentlich durchaus starke Abgeordnetengruppen insbesondere der liberalen Parteien und des Zentrums von der Mehrheit ihrer Fraktion trennten. Die Fronten verliefen nicht mehr nur zwischen den Parteien, sondern häufig quer durch sie hindurch. Das hat den parlamentarischen Entscheidungsprozeß unübersichtlicher, unkalkulierbarer und gewiß nicht rationaler gestaltet. Die Fülle gescheiterter oder begrabener Reichsgesetzvorlagen drückt das ebenso aus, wie die zunehmende zeitliche Ausdehnung des Gesetzgebungsvorganges.

Nun war der Reichstag freilich nur eine, und nicht die wichtigste politische Entscheidungsinstanz im deutschen Kaiserreich. Von maßgebender Bedeutung waren zweifellos die preußische Regierung als stärkste und häufig bestimmende Kraft des Bundesrates und die Reichsleitung[30]. Deren Beeinflussung — darin stimmen die

---

[29] *Lederer* (1973), insbes. S. 129ff.

[30] Es steht nicht im Gegensatz zu dieser Aussage, daß ich die Ansicht einer weitestgehenden politischen Machtlosigkeit des Reichstags und der absoluten preußischen Dominanz im Bundesrat nicht teile. So z. B. äußerst pointiert *Wehler* (1973), S. 60 f. Gewiß ist richtig, daß der Reichstag „kein selbständiger Machtfaktor" war. Der Monarch, die preußische Regierung oder die Reichsleitung waren das aber ebensowenig. Auch zu Bismarcks Zeiten nicht. Warum denn hätten sie sich sonst immer wieder auf die langwierigen, zähen und häufig erbitterten Kämpfe im Parlament eingelassen.

16

Monographien zur Verbandsgeschichte weitgehend überein — hätten die Interessenvereinigungen denn auch mit noch mehr Nachdruck betrieben als die Agitation im Parlament. Mit welchem Erfolg? Wenn die hohe Bedeutung, die der Interessenverbandspolitik im Konzept des „Organisierten Kapitalismus" zugemessen wird, gerechtfertigt sein soll, müßte er erheblich gewesen sein. Aus der umfangreichen und detailfreudigen Verbandsforschung erfahren wir freilich erstaunlich wenig Handgreifliches darüber. Und nicht nur das. Selbst die Wege und Formen der Einflußnahme liegen, mit der einen Ausnahme des wirtschaftlichen Ausschusses zur Vorbereitung der Zollnovelle von 1902[31], noch sehr im Dunkeln. Bis eine hinreichende Zahl empirischer Beispiele das Gegenteil belegt, spricht deshalb wenig gegen die Vermutung, daß die Verbände alles in allem viel weiter vom Zentrum der politischen Macht ferngehalten worden sind und daß ihre Interessen die Handlungen und Entscheidungen der „Herrschenden" und der Verwaltungen viel weniger beeinflußt haben, als die These vom „Ineinanderfließen von privater und öffentlicher Macht" nahelegt. Solange ist die Annahme, daß Unternehmer im Industriekapitalismus „ökonomische Macht für eigene, oft sehr heterogene. . . zum Teil schroff fragmentierte Interessen zu nutzen versuchen werden: mit Hilfe von Parteien und Verbänden, durch kurzgeschlossenen Kontakt mit dem Herrschaftszentrum und öffentliche Sprachregelungen oder wie auch immer" in der Tat nur eine „plausible Ausgangshypothese"[32].

Das Konzept des „Organisierten Kapitalismus" hat mit der Oberflächlichkeit seiner gedankenleitenden und zugleich beengenden topoi bisher jedenfalls wenig zur Klärung der durchaus wichtigen Frage nach den vielschichtigen und problematischen Beziehungen zwischen strukturveränderndem wirtschaftlichem Wachstum, sozialem Wandel, gruppen-, schichten- und klassenspezifischen Interessenlagen, deren Institutionalisierung und Artikulation, sowie schließlich ihrer wirksamen, gestaltenden Vermittlung mit politischem Handeln und politischer Entscheidung beigetragen. Das liegt nicht zuletzt an der unterschiedlichen Beweglichkeit des Modells und der Wirklichkeit, die es analysieren und abbilden soll. Wachstum, Wandel und politische Gestaltung sind dynamische Vorgänge. Von ihnen ist das Kaiserreich in hohem Maß geprägt gewesen. Im Konzept des „Organisierten Kapitalismus" erscheint es dagegen eigentümlich klischeehaft und erstarrt. Eine Auseinandersetzung mit dem Begriff als Interpretation des Kaiserreichs führt deshalb nur weiter, wenn die Erstarrung gelöst und auf der Grundlage empirischen Materials geprüft wird, ob „Organisierter Kapitalismus" zwischen Reichsgründung und Weltkrieg auch als veränderlicher Wirkungszusammenhang auffindbar und darzustellen ist.

---

[31] Vgl. unten S. 183 ff.
[32] So überraschend *Wehler* in einem Referat vor dem Arbeitskreis für moderne Sozialgeschichte am 8. 10. 1976 in Bad Homburg. MS S. 17.

Das ist in dieser Untersuchung beabsichtigt. Aber nicht allein und nicht einmal vorrangig. Ärger über Methoden und Ergebnisse historischer Erklärungen und Interpretationen kann wissenschaftlich unter Umständen sehr befruchtend wirken. Und polemische Abgrenzung kann als Ansatzpunkt und Triebkraft eigener Überlegungen, Forschungen und Darstellungsversuche äußerst nützlich sein. Sobald sie als Widerlegungseifer ein ganzes Buch bestimmen, wird die Sache gewöhnlich verquält und langweilig, häufig albern und fast notgedrungen ebenso kurzschlüssig wie der ärgerliche Anlaß. Zudem handelt es sich beim „Organisierten Kapitalismus" um ein inhaltlich weitausgreifendes und methodisch höchst anspruchsvolles Konzept. Der primäre Zweck dieser Studie ist viel bescheidener[33]. In ihr sollen die wirtschaftlichen Voraussetzungen und Entwicklungen des Kaiserreichs, sowie die Möglichkeiten und Grenzen, Absichten und Ansätze, Fehlleistungen und Erfolge organisierter privatwirtschaftlicher, administrativer und gesetzgeberischer Beeinflussung des Wirtschaftslebens im Zusammenhang dargestellt werden. Der Aufbau der Untersuchung wird von den tatsächlichen Zusammenhängen der wirtschaftlichen und wirtschaftspolitischen Wirklichkeit, wie von den Leitgedanken im Konzept des „Organisierten Kapitalismus" in gleicher Weise nahegelegt.

Zunächst sind die Bedingungen der Möglichkeit erfolgreicher privatwirtschaftlicher Planung und staatlich-politischer Steuerung und Lenkung festzustellen. Den strukturellen Grundlagen und Entwicklungslinien der Wirtschaft im Kaiserreich sind im Begriff des „Organisierten Kapitalismus" auffällig geringes Gewicht beigemessen worden. Im ersten Kapitel dieser Arbeit ist ihnen in Gestalt einer differenzierten demographischen Betrachtung unter wirtschaftsgeschichtlichen Gesichtspunkten, einer beziehungsreichen Analyse des aufblühenden Industriesektors im Hinblick auf Betriebsgrößen, geographischer Gliederung und Branchenentwicklung, sowie einer aspektreichen Untersuchung der veränderlichen personellen Einkommensschichtung und Einkommensverteilung dagegen breiter Raum gegeben. Abgesehen von ihrem Eigenwert stecken die Ergebnisse gleichsam den Rahmen für die Interpretation von Intentionen und Wirkungen privatwirtschaftlicher und staatlicher Einflußnahme auf die wirtschaftlichen Abläufe in den beiden folgenden Kapiteln ab. Im Mittelpunkt des zweiten Kapitels stehen jene beiden Erscheinungen, die der organisatorischen und institutionellen Gestalt der Wirtschaft in der Wilhelminischen Zeit gewiß den Stempel aufgedrückt haben, stehen die „Kartellbewegung" und die Bankenkonzentration, die mit einer zunehmenden Verflechtung der Banken mit der großen Industrie einherging. Die Frage ist, ob und in welchem

---

[33] Eine Diskussion des Begriffs als analytisches Instrument, als Theorie, Erklärungsansatz und „paradigmatische Superwaffe" (*Feldman*, in: *Winkler*, Hrsg. (1973), S. 153) liegt außerhalb meines Interesses. Diese Diskussion scheint mir im übrigen nach Regensburg nie so recht in Gang gekommen zu sein. Vielleicht lag dies auch daran, daß der Begriff allzuschnell inhaltlich besetzt gewesen ist. Zur theoretischen Diskussion vgl. zuletzt *Bermbach* (1976).

18

Umfang sich die Organisationsbestrebungen, -erfolge und -mißerfolge auf die beiden anderen herausragenden Konstituanten der wirtschaftlichen Entwicklung im Kaiserreich ausgewirkt haben, auf das bis dahin in dieser Größenordnung unbekannte industriewirtschaftliche Wachstum und auf die heftigen konjunkturellen Schwankungen um den Wachstumstrend.

Diese Frage durchzieht auch das dritte Kapitel, in dem den theoretischen und praktischen Möglichkeiten wirksamer Wachstums- und Konjunkturpolitik nachgegangen wird. Angesichts des wirtschaftswissenschaftlichen Kenntnisstandes jener Zeit konnte das nur Geldpolitik, Staatsausgaben- und Steuerpolitik, sowie — damals als wirtschafts- und sozialpolitische Maßnahme in positiver wie negativer Hinsicht überschätzt — Zollpolitik sein. Zur Frage nach den wirtschaftlichen tritt in diesem Teil des Buches die Frage nach den eng mit ihnen verbundenen sozialen Wirkungen der betrachteten politischen Maßnahmen.

Erfolgreiche wirtschaftliche Planung, Lenkung und Steuerung im Interesse bestimmter, einflußreicher Gruppen hätte sich in ebenmäßig starkem Wachstum, weitgehend ungestörter Konjunktur und harmonisch abgestimmter Strukturentfaltung äußern müssen. Im letzten Kapitel wird die Probe aufs Exempel gemacht. Mit Hilfe einer berichtenden, nicht allein konjunkturelle Indikatoren zueinander in Beziehung setzenden Konjunktur*geschichte* wird die vielfältig gestörte, durchaus disparate wirtschaftliche Entwicklung im Kaiserreich dargestellt, deren Trennung in eine Zeit der „Großen Depression" vor 1895 und eine Zeit fast ungebrochener Prosperität danach nur mit vielen Einschränkungen, wenn überhaupt haltbar ist.

Methodischer Leitfaden der gesamten Untersuchung ist das ständige Bemühen um notwendige Differenzierung, die sich vor bloßer Detailbesessenheit hütet. Andernfalls gerät Sozial- und Wirtschaftsgeschichte wegen ihrer eigentümlichen, häufig beschränkten Quellenlage und einer daher gar nicht zu bestreitenden „Theoriebedürftigkeit"[34] viel leichter als politische Geschichte in Gefahr, auf hohem Abstraktionsniveau klischeehafte Gesamtaussagen und -wertungen zu produzieren, die bestenfalls der kleinste, und vielfach der *sehr* kleine gemeinsame Nenner vielfältig abweichender Wirklichkeiten sind. Es spricht ja tatsächlich manches für die ironische Vermutung, daß Geschichte am Ende die Summe der Abweichungen von dem ist, was der Historiker als Trend und Einheit zu erkennen glaubt[35].

[34] Ich bin gleichwohl ein Gegner jedes modischen Theorieeklektizismus, der die Geschichtswissenschaft in der gutgläubigen Hoffnung, ihr als „historischer Sozialwissenschaft" neue Dimensionen zu eröffnen, von den ihr spezifischen Möglichkeiten historischen und damit auch gegenwärtigen Wirklichkeitsverständnisses wegzuführen droht. Die Grenze, die die behutsame Verwendung sozialwissenschaftlicher Theorien als Mittel der fragenden, hypothetischen, bis zur Erschließung neuer Quellen vorläufigen Verknüpfung von scheinbar disparaten Quellenbefunden von der weniger behut-, gelegentlich eher gewaltsamen Verwendung historischen Materials zur Exemplifizierung moderner Theorien trennt, ist nur zu schnell überschritten.

[35] So mit dem nötigen Quentchen Salz H. A. Winkler auf der Tagung des Arbeitskreises für moderne Sozialgeschichte in Bad Homburg im Oktober 1976.

So stimmt Staudingers Hinweis auf die Uneinheitlichkeit und den mangelnden Systemcharakter nationaler Wirtschaften trotz aller fortschreitenden wirtschaftlichen Integration ja selbst in unseren Tagen noch[36]. In vieler Hinsicht sind die nationalen Grenzen zwischen Wirtschaftsbereichen mit gleichen Struktur- und Funktionsmerkmalen, will sagen: gleichen Produktions- und Kostenfunktionen, gleichen Preisbildungs- und Absatzmethoden, ähnlichen Managementgrundsätzen, sowie vergleichbarem Investitionsverhalten und Finanzierungsgebaren[37], schneller und gründlicher gefallen, als die Grenzen zwischen Bereichen mit sehr unterschiedlichen Struktur- und Funktionsmerkmalen im gleichen Land. Das gilt zwar erst neuerdings und sicher noch nicht für die Kaiserzeit. Verstärkt aber gilt für damals der Satz von der Vielfalt wirtschaftlicher Systeme innerhalb *einer* nationalen Volkswirtschaft. Die oft wiederholte Feststellung, daß sich Deutschland in jenen Jahren vom Agrar- zum Industriestaat gewandelt habe, sagt unter diesem Gesichtspunkt kaum die halbe Wahrheit. In jedem Fall sagt sie zu wenig.

Wie nun unsere Einsicht in die Funktionszusammenhänge der alles in allem immer noch überwiegend liberal geordneten Volkswirtschaften unserer Tage vermutlich sehr gefördert würde, wenn die theoretische Nationalökonomie mit wirtschaftspolitischen Erkenntnisabsichten der besonderen Gestalt, der eigentümlichen inneren Ordnung und den wechselseitigen Beziehungen solcher Teilsysteme mehr Beachtung als bisher schenkte, so würde die Kenntnis historischer Wirtschaftsverfassungen durch die Identifizierung, Abgrenzung und beziehungsreiche Analyse unterschiedlicher Struktur- und Wirkungsbedingungen innerhalb nationaler Wirtschaften ebenfalls wesentlich vertieft werden.

Das bereitet freilich selbst bei gegenwärtigen nationalen oder supranational-integrierten Wirtschaften trotz hinreichender Datenlage schwer überwindliche theoretische, methodische und definitorische Schwierigkeiten, scheitert aber bei vergangenen Wirtschaften schon an der unzulänglichen Menge und Qualität der erreichbaren Daten. Die eben aneinandergereihten Struktur- und Funktionsmerkmale, mit denen solche Systeme wohl am sinnvollsten abgegrenzt und beschrieben werden könnten, liegen weitgehend im historischen Dunkel. Wir sind neben publizistischem Material auf die zeitlich und sachlich sehr punktuellen Daten der zeitgenössischen Statistik über Betriebsgrößen, Anzahl der Beschäftigten in Sektoren, Branchen und Bezirken, über regionale und örtliche Bevölkerungs- und Gewerbeverdichtungen, über Wanderungsbewegungen und Steuerveranlagungen verwiesen, die

---

[36]*Staudinger* (1967), S. 341.

[37]Staudinger nennt ausdrücklich „das geplante oder administrierte kapitalistische System", „das alte kapitalistische System freier Konkurrenz" und „das geplante politisch-wirtschaftliche System mit zentraler Führung und dezentralisierten Wirkungsplänen der Staaten, der Städte und der Gemeinden". Da zahlreiche abweichende Formen und Nomenklaturen denkbar sind, halte ich es für sinnvoller, inhaltliche Abgrenzungskriterien zu nennen.

nur komparativ-statische Vergleiche erlauben[38]. Damit kommt man bei vielen Fragen nicht sehr weit. In jedem Fall führen sie aber über die Feststellung hinaus, daß Deutschland zwischen der Reichsgründung und dem Ersten Weltkrieg ein kapitalistischer Industriestaat mit stark wachsender städtischer und stagnierender ländlicher Bevölkerung geworden sei. Oder hinter sie zurück. Aber das ist eine vorwiegend semantische Frage.

[38]Trotz zahlreicher Bedenken kann natürlich auch auf die bekannte Datensammlung von *Hoffmann* (1965) nicht verzichtet werden. Es schmälert das Verdienst nicht, das sich Hoffmann und seine Mitarbeiter um alle „sozialökonomisch" orientierten Historiker, die sich mit der deutschen Geschichte seit 1850 beschäftigen, erworben haben, wenn man auf der behutsamen und zurückhaltenden Verwendung ihrer Zahlen insbesondere für das 19. Jahrhundert besteht. Es darf nicht vergessen werden, daß Hoffmanns Zeitreihen zum Teil Konstrukte sind, deren Stimmigkeit in hohem Maße vom Realitätsgehalt gewisser Schätzungen und Rechenkonventionen abhängt. Sie sind nicht ein in exakte Zahlen gefaßtes Abbild von Wirklichkeit, das es zu interpretieren gälte, sondern bereits ein beträchtliches Stück versteckter Interpretation. Das gilt im übrigen abgeschwächt auch für alle Zahlen, die unmittelbar den zeitgenössischen Statistiken entnommen werden. Zwischen der Wirklichkeit und den Daten, die sie beschreiben sollen, stehen in jedem Fall die Fragestellung, die der statistischen Aufnahme zugrundeliegt, die Definition der Erhebungsmerkmale, sowie die Methoden und Techniken der Datenerhebung und -aufbereitung. Darin stecken qualitative Vorentscheidungen, die in die Ergebnisse eingehen und vom Benutzer bestenfalls teilweise nachträglich quellenkritisch neutralisiert werden können. Am wenigsten dort, wo die Daten zu anderen als den Zwecken des Historikers erhoben worden sind. Kurz, statistische Daten sind keineswegs a priori erklärungsmächtiger als Texte. Die Hoffnung, daß die Geschichtsschreibung durch Quantifizierung aus dem Bereich des Verstehens in den der „exakten" Erklärung vordringe, trügt. Durch Quantifizierung wird gewöhnlich nur eine andere Grundlage historischen Verstehens geschaffen. Zahlen können historische Erscheinungen und Prozesse auf neue Art und Weise anschaulich machen und ihr Verständnis vertiefen, ergänzen und in neue Richtungen lenken. Das müssen freilich nicht notwendigerweise richtigere Richtungen sein. Zahlen sind nicht etwa weniger nachgiebig als Worte und Begriffe. Und da Zahlen im allgemeinen hohe Beweiskraft zugebilligt wird, sind „ungenaue Zahlen" keineswegs „immer noch besser als gar keine". Umgekehrt wird ein Schuh draus. *K. Hardach* (1976), S. 8. Zuzustimmen ist den abwägenden Überlegungen *Jarauschs* (1976), S. 11–30.

I. Wirtschaftliche und soziale Strukturbedingungen und Strukturveränderungen

Auszugehen ist freilich von dieser Feststellung. Denn die wirtschaftliche und soziale Struktur des Kaiserreichs, die aus historischer Distanz wohl nur als langandauernder und nachhaltiger Strukturwandel angemessen dargestellt und interpretiert werden kann, ist ja in der Tat von drei Entwicklungslinien bestimmt worden, die unauflöslich miteinander verbunden waren und sich in ihrer Wirkungskraft gegenseitig verstärkt haben. Das war einmal ein bis dahin nicht erlebtes Wachstum der Bevölkerung. Das war zum andern die Durchsetzung der Industrie als maßgebender Sektor der deutschen Volkswirtschaft. Und das war schließlich der Prozeß fortschreitender Verstädterung als Begleiterscheinung und Ergebnis einer Nah- und Fernwanderungsbewegung ungeahnten Ausmaßes.
Diese Vorgänge waren eingeleitet, als das Deutsche Reich entstand. Sie sind in den Jahren zwischen 1873 und 1895 mehrfach gehemmt, seit Mitte der neunziger Jahre im Zuge eines gewaltigen wirtschaftlichen Aufschwungs ungemein beschleunigt und bis zum Ausbruch des Weltkriegs in ihren Grundzügen bereits zu einem gewissen Abschluß gebracht worden. Deutschland hat sich in diesen gut vierzig Jahren, insbesondere aber in den beiden Jahrzehnten um die Jahrhundertwende, vom überwiegenden Agrarstaat zum überwiegenden Industriestaat mit freilich beträchtlichen regionalen Strukturverschiedenheiten gewandelt. Im Zeichen dieses weit- und tiefgreifenden Wandlungsprozesses ist überdies das materielle Wohlstandsniveau für die *gesamte* Bevölkerung so bemerkenswert erhöht worden, daß es nicht übertrieben ist, von einer vierten prägenden Grundtatsache der wirtschaftlichen und sozialen Entwicklung jener Zeit zu sprechen.

Bevölkerungsbewegungen

Die Reichsbevölkerung ist zwischen 1871 und der letzten Bevölkerungszählung vor Kriegsausbruch im Jahr 1910 um 58,1% von rund 41 Millionen auf knapp 65 Millionen angewachsen[1]. Eine gewisse Abhängigkeit der Zunahme von der kon-

---

[1] Statistik des Deutschen Reiches (RSt), Bd. 240, S. (103). Die französische Bevölkerung stagnierte unterdessen fast (+ 9,7%), die englische wuchs von niedrigerem Niveau aus ebenso schnell. Frankreich hatte 1911 39,6, Großbritannien 40,9 Millionen Einwohner. Vgl. weitere Wachstumsraten bei *Green/Urquart* (1976), S. 224 f.

junkturellen Entwicklung ist nicht zu verkennen. In den fünfzehn Jahren vor dem mittlerweile bereits notorischen Wendepunkt im Jahr 1895 sind nur 7 Millionen Menschen (= 15,6%) zur deutschen Bevölkerung dazugekommen, in den fünfzehn Jahren danach aber 12,65 Millionen (= 24,2%). Der Grund war nicht etwa ein Anstieg der Gebürtigkeit[2]. Im Gegenteil: die Zahl der Geburten pro Tausend Einwohner ist von mehr als 40 in den 1870er über 37—38 in den 1890er auf durchschnittlich 32,6 zwischen 1906 und 1910 zurückgegangen[3]. Die Sterblichkeit fiel freilich noch stärker und überdies schneller ab, von knapp 30 über 22—25 auf durchschnittlich 18,5. Der Geburtenüberschuß wuchs mithin von 11—12 auf annähernd 15, hatte aber bereits seit etwa 1903 wegen des nunmehr forcierten Rückgangs der Geburten und des langsameren Abfalls der Sterbequote wieder weichende Tendenz[4].

Über den ganzen Zeitraum gesehen, war die sinkende Sterblichkeitsquote in starkem Maße der verminderten Säuglings- und Kindersterblichkeit zu verdanken. Im Durchschnitt der siebziger Jahre starben noch 25% aller männlichen und knapp 22% aller weiblichen Lebendgeborenen im ersten Jahr nach der Geburt, im Jahrzehnt nach der Jahrhundertwende waren es nur noch 20 und 17%[5]. Noch bemerkenswerter nimmt sich der Rückgang aus, wenn man die Sterblichkeit bis zum fünften Lebensjahr betrachtet. Starben im ersten Jahrzehnt nach der Reichsgründung noch 35% aller Jungen und 32% aller Mädchen vor ihrem sechsten Geburtstag, so waren es im ersten Jahrzehnt dieses Jahrhunderts nurmehr 25,8 und 22,7%[6]. Es war aber die geringere Kindersterblichkeit nicht allein. Bis hinauf zur Altersgruppe der 40—50jährigen lag die Zahl der Todesfälle am Vorabend des Ersten

[2] Die folgenden Zahlen nach RSt 240, S. (110). Vgl. die Übersichten bei *Mackenroth* (1953), S. 86 und die Phaseneinteilung bei *Köllmann* (1974), S. 270. Sehr nützlich ist immer noch die ungemein materialreiche zeitgenössische Studie von *Mombert* (1907). Zur theoretischen Grundlegung dieser und der folgenden bevölkerungsgeschichtlichen Fragen nach wie vor *Ipsen* (1933) und *Mackenroth* (1953) und zu allgemeinen methodisch-arbeitstechnischen Problemen der modernen und der historischen Demographie *Feichtinger* (1973).

[3] Auf 1 000 Frauen im Alter von 15—45 Jahren kamen im Durchschnitt der Jahre 1876—1880 in Preußen noch 174,6, 1906—1910 nur noch 142,9 Lebendgeborene pro Jahr. In den Städten war der Rückgang stärker (von 160,6 auf 117,6) als auf dem Land (von 182,9 auf 168,8). *Burgdörfer* in *Beckmann*, Hrsg., (1932), S. 95.

[4] Zu dieser „doppelten Scherenbewegung der demographischen Kurven" *Mackenroth* (1953), S. 92 f. und S. 128 und zum Abfall der Geburtenraten neuerdings *Knodel* (1974).

[5] RSt 240, S. 105. Das „nur" ist im Vergleich zu den anderen europäischen Staaten auch eingedenk möglicher statistischer Fehlerquellen ein Euphemismus. In allen mittel- und nordeuropäischen Ländern lag die Säuglingssterblichkeit nach der Jahrhundertwende zwischen 10 und maximal 17% (ebd.).

[6] Es ist richtig, daß sich der Rückgang der Säuglings- und Kindersterblichkeit nach der Jahrhundertwende beschleunigte. Aber er setzte zu dieser Zeit nicht erst ein, wie *Köllmann* (1973), S. 28 und 30 meint. Jedenfalls war die Sterblichkeit der 55 bis 64-jährigen bis dahin nicht stärker rückläufig gewesen als die der Kleinkinder (vgl. Tabelle 1).

Weltkriegs absolut und erst recht im Verhältnis zu den Überlebenden wesentlich niedriger als nach der Reichsgründung. Während den damaligen Mortalitätsverhältnissen entsprechend die Hälfte aller Lebendgeborenen noch vor dem vierzigsten Lebensjahr gestorben wäre, wurde die Sterbequote von 0,5 zwischen 1900 und 1910 erst bei den 55jährigen erreicht[7].

Tabelle 1: Von 10 000 *männlichen* Lebendgeborenen starben

im Alter von	1870 – 1880		1890 – 1900		1900 – 1910	
	(1)	(2)	(1)	(2)	(1)	(2)
0 bis 1 Jahr	25.273		23.386		20.234	
1 bis 5 Jahren	9.856	13,2%	7.420	9,7%	5.555	7,0%
5 bis 10 Jahren	2.782	4,3%	1.825	2,6%	1.384	1,9%
10 bis 20 Jahren	2.820	4,5%	2.320	3,4%	2.180	3,0%
20 bis 30 Jahren	4.833	8,2%	3.775	5,8%	3.555	5,0%
30 bis 40 Jahren	5.679	10,4%	4.827	7,9%	4.494	6,7%
40 bis 50 Jahren	7.547	15,5%	7.400	13,1%	7.258	11,6%
50 bis 65 Jahren	16.426	39,8%	17.708	36,1%	19.261	34,8%
Überlebende	24.802		31.294		36.079	

(1) Absolut
(2) Anteil der jeweils Überlebenden
Quelle: RSt 240, S. 105+

Die Veränderung der Mortalität war *eine* Quelle des starken Bevölkerungsanstiegs. Sie war über den ganzen Zeitraum hinweg wirksam. Seit Mitte der neunziger Jahre kam dann als *zweite* Quelle der schroffe Rückgang der Auswanderung dazu. Das Reich wurde zehn Jahre lang zum Einwandererland. Zwischen 1871 und 1895 waren nicht weniger als 2,46 Millionen Menschen mehr aus- als eingewandert. Die natürliche Bevölkerungsvermehrung (13,68 Millionen Geburtenüberschuß) war da-

---

[7]Damit diese Aussage richtig, nämlich als Aussage über statistisch aufbereitete Daten verstanden wird: Die angeführten Werte sind aufgrund der Beobachtung aller Sterbefälle des jeweiligen Jahrzehnts *errechnet* worden. Es handelt sich also um *fiktive* Größen, die ausdrücken, wieviel von 100 Lebendgeborenen des betreffenden Jahrzehnts das soundsovielte Lebensjahr erreichen *würden*, wenn sich die Mortalitätsverhältnisse nicht änderten. Sie sagen allenfalls für Kinder unter 10 Jahren etwas darüber aus, wieviel von 10 000 Lebendgeborenen eines Jahrgangs im Zähljahr tatsächlich noch lebten. Die Zahl der tatsächlich Überlebenden vorhergehender Geburtsjahrgänge war geringer, weil diese Jahrgänge noch von den höheren Sterberaten betroffen gewesen waren. Um beim Beispiel zu bleiben: Gemäß den Sterblichkeitsverhältnissen des ersten Jahrzehnts im neuen Jahrhundert wurde die Hälfte aller Lebendgeborenen 55 Jahre alt. Die 50 bis 55jährigen machten in jener Zeit aber nur 41,3%, die 55–60jährigen gar nur noch 35% ihrer Jahrgänge aus. RSt 240, S. 81*.

durch um 18% vermindert worden. Zwischen 1895 und 1910 ist der Geburten-überschuß von 12,66 Millionen der Reichsbevölkerung dann voll zugutegekommen, obwohl das Reich zwischen den beiden letzten Volkszählungen von 1905 und 1910 erneut einen Wanderungsverlust von knapp 160 000 Menschen hinnehmen mußte[8]. Diese bemerkenswerten demographischen Veränderungen haben sich — mag es zunächst auch sonderbar anmuten — so gut wie überhaupt nicht auf die Altersstruktur der Reichsbevölkerung ausgewirkt. Die Verminderung der Geburten und die Zunahme der Überlebenschancen in den jüngeren Altersklassen haben sich im Zusammenhang mit der Abnahme der Auswanderung anscheinend ausgeglichen.

Tabelle 2: Altersgliederung der Reichsbevölkerung 1880— 1910

Alter	*1880*	*1895*	*1910*
bis 15 Jahre	35,6%	34,7%	34,3%
15 bis 20 Jahre	9,4%	10,0%	9,6%
20 bis 25 Jahre	8,5%	8,8%	8,6%
25 bis 30 Jahre	7,4%	7,7%	7,7%
30 bis 40 Jahre	13,0%	13,1%	13,9%
40 bis 50 Jahre	10,3%	10,0%	10,5%
50 bis 60 Jahre	8,0%	7,9%	7,6%
60 bis 70 Jahre	5,2%	5,0%	5,0%
70 Jahre u. älter	2,5%	2,8%	2,8%

Quelle: *Lösch* (1936), S. 68 ff.

Deshalb ist zwar der absolute Umfang des Arbeitskräftepotentials im Zuge der Bevölkerungsvermehrung kräftig ausgedehnt, sein relativer Umfang von den durchaus dramatischen demographischen Vorgängen, die dieses enorme Wachstum hervorgebracht haben, aber kaum beeinflußt worden.
Freilich ebnet sowohl die Feststellung des „enormen" Bevölkerungs*wachtums,* wie die Behauptung, daß die Bevölkerungs*bewegung* die Altersstruktur unverändert gelassen habe, wichtige regionale und aus wirtschaftgeschichtlicher Sicht auch wichtige sektorale Unterschiede ein. Beide Unterschiede waren Ergebnisse ein und desselben Vorgangs: einer bis dahin ungekannten Binnenwanderungsbewegung, die in enger Beziehung zur Intensität der Industrialisierung in verschiedenen Gebieten des Reiches stand und unübersehbar dem „Gesetz des Spitzenwachstums"[9] folgte.

---

[8] RSt 240, S. 28*. Vgl. auch *Burgdörfer* (1930), S. 167: Der Zuwanderungsüberschuß zwischen 1895 und 1905 betrug 146 600 Menschen.
[9] *Ipsen* (1933), S. 443. Die industrielle Bevölkerung setzt dort „umso eher und stärker" ein, „je dichter die Siedlung ohnehin schon ist".

Man wird in der Tat „ohne großen Fehler den Schluß ziehen dürfen, daß die (de-mographische) Entwicklung bis 1867 im wesentlichen die natürliche Bevölkerungs-bewegung wiederspiegelte, während danach starke Binnenwanderungen die natür-liche Bevölkerungsbewegung überlagerten"[10]. 1907 lebte nur noch gut die Hälfte der Reichsbevölkerung an ihrem Geburtsort. Ein Drittel war innerhalb des Ge-burtsgebiets verzogen, knapp 15% hatten das Geburtsgebiet verlassen[11]. Diese in der deutschen Geschichte bis dahin und auch später einmalige regionale Bevölke-rungsverschiebung hat breiteste Volksschichten aus ländlich-agrarisch in städtisch-gewerblich geprägte Sozialmilieus überführt. Sie war zugleich Bedingung und Fol-ge der Industrialisierung und Verstädterung in Deutschland zwischen Reichsgrün-dung und Weltkrieg.

Es heißt die Bedeutung der Nahwanderung für die erfolgreiche Wandlung Deutsch-lands zum überwiegenden Industriestaat keineswegs geringschätzen — allein ange-sichts ihres rein quantitativen Umfangs wäre nichts verfehlter —, wenn bei einer eingehenderen Untersuchung dieser Bevölkerungsströme die Wanderung über die Grenzen der Provinzen und Länder in den Mittelpunkt gerückt wird.

Im Zusammenhang einer auf Differenzierung bedachten gesamtwirtschaftlichen Analyse interessiert zunächst, auf welche Weise und in welchem Ausmaß die Be-völkerungsverschiebung regionale, wirtschaftliche und soziale Strukturunterschie-de geschaffen, gefördert oder auch verwischt hat.

Die beste Grundlage für eine Analyse der Fernwanderungsbewegung im Deutschen Reich sind zwei Erhebungen anläßlich der Volkszählungen von 1890 und 1900 und eine analoge Erhe-bung anläßlich der Berufszählung von 1907, bei denen neben dem augenblicklichen Wohn-auch der Geburtsort der Reichsbevölkerung festgestellt wurde[12]. Die unerfreulichen Mängel der Statistik dürfen dabei nicht übersehen werden. Weil bei den Zählungen nicht auch der unmittelbare Herkunftsort, sondern nur der Geburtsort erfragt wurde, blieben mehrmalige Wanderungen derselben Person unerfaßt. Weil zum anderen nicht der dauerhafte Wohnort, sondern der zufällige Aufenthaltsort Erhebungsmerkmal war, dürfte eine schwer schätzbare — sicherlich aber nicht überwältigend große — Anzahl Menschen zu den Wanderern gezählt wor-den sein, die ihren Wohnort gar nicht nachhaltig geändert hatten. In etwa könnten sich diese beiden gegenläufigen Erhebungsfehler ausgeglichen haben. Aber auch dann bezeichneten die Ziffern nicht das volle und richtige Ausmaß der Mobilität im Kaiserreich. Denn bei den analy-sierten Daten handelt es sich um Bestands-, nicht um Stromgrößen. Nicht der Vorgang selbst, nur sein Ergebnis an drei willkürlich gewählten Stichtagen wurde erfaßt. Nur die Wanderer, die am Erhebungstag noch lebten und unterdessen nicht in ihr Geburtsgebiet zurückgekehrt wa-ren, gingen in die Statistik ein. Das Wanderungs*volumen* wird mithin unterschätzt. Das gilt aus

---

[10]*Quante* (1933), S. 10.
[11]RSt 211, S. 25. Mit Geburts*gebiet* ist künftig im Anschluß an die Reichsstatistik im Falle Preußens die Provinz, im Falle der anderen Reichsländer das Staatsgebiet gemeint.
[12]RSt 150 und 210, I. Alle Zahlenwerte auf den folgenden Seiten sind diesen beiden Bän-den unmittelbar entnommen oder — überwiegend — aus ihren Angaben errechnet.

einem anderen Grund auch für die punktuellen Wanderungs*gewinne* und *-verluste*. Die am Zielort geborenen Kinder der überwiegend jüngeren, zeugungsfähigen, und soweit es sich um Zuwanderer aus dem agrarischen Osten handelte, auch überdurchschnittlich zeugungswilligen Migranten wurden, statistisch völlig korrekt, zu den Ortsgeborenen gezählt. Sie müssen gleichwohl als Wanderungsgewinn des Zuzugs- und als Wanderungsverlust des Abwanderungsgebiets gewertet werden.

Diese Gravamina beeinträchtigen zwar die Reichweite der Untersuchung, bei richtiger Fragestellung aber nicht ihre Ergebnisse. Die Fragen, die mit den verwendeten Daten hinlänglich korrekt beantwortet werden können, lauten: Wieviele noch lebende Menschen sind *bis* 1890, 1900 und 1907 jeweils insgesamt und wieviel sind *zwischen* den drei Erhebungsterminen aus bestimmten Gebieten ab- und in bestimmte Gebiete zugewandert? Aus welchen Gebieten gewannen einzelne Länder und Provinzen Menschen, in welche Gebiete gaben einzelne Länder und Provinzen Menschen ab? Hat sich an den Wanderungsmustern und am Umfang der Gesamtwanderung im Laufe der Zeit Bemerkenswertes geändert?

Dies sind zunächst die zusammenfassenden Zahlen (vgl. Tabelle 3)[13]. 1890 lebten noch 89,11% der Reichsbevölkerung in ihrem Geburtsgebiet. 1900 waren es nurmehr 86,51% und 1907 85,08%[14]. Zwischen 1890 und 1900 sind 1,9 Millionen Menschen innerhalb des Reiches über die Grenzen ihrer Heimatprovinz oder ihres Heimatlandes hinausgewandert. Dazu kamen rund 320 000, die aus dem Ausland zugezogen und 674 000, die ins Ausland abgewandert waren. Insgesamt waren also

[13] Die in der Reichsstatistik eigens ausgewiesenen 31 Länder und Provinzen werden für die Analyse zu sechs „Regionen" zusammengefaßt, die — mit der Ausnahme Mecklenburgs — räumlich zusammenhingen und trotz zahlreicher interner Unterschiede genug gemeinsam hatten, um auch als wirtschaftlich-soziale Einheit behandelt zu werden. Regionen mit relativ starker innerer Wanderungsbewegung werden gleichwohl eingehender betrachtet. Es ist ganz unbestreitbar, daß eine Studie, die nicht an Ländern und Provinzen, sondern an Regierungsbezirken orientiert wäre, differenziertere und noch aussagekräftigere Ergebnisse erbrächte. Diese nützliche und wichtige Arbeit wäre aber eine Monographie für sich. Die sechs Regionen umfassen folgende Länder und Provinzen:

1. Ostdeutschland   — Ostpreußen, Westpreußen, Posen, beide Mecklenburg
2. Pommern und Schlesien
3. Mitteldeutschland   — Brandenburg (einschließlich Berlin), Kr. Sachsen, Hessen, Hessen-Nassau.
4. Norddeutschland   — Schleswig-Holstein, Hansestädte, Oldenburg, Hannover, Braunschweig, beide Lippe, die sieben thüringischen Staaten, Provinz Sachsen.
5. Rheinland und Westfalen
6. Süddeutschland   — Bayern, Baden, Württemberg, Pfalz, Elsaß-Lothringen.

[14] Angesichts dieser und noch folgender Zahlen scheint Köllmanns mehrfach vertretene These, daß die Binnenwanderung erst *nach* 1890 erhöhte Bedeutung erlangte, stark eingeschränkt werden zu müssen. *Köllmann* (1974), S. 39 und 115.

Tabelle 3: Bestand und Veränderungen der Wohn- und Zählbevölkerung zwischen 1890 und 1907

	1890	1890–1900 Zuwachs	1900	1900–1907 Zuwachs	1907
1. Reichsbevölkerung	49.428.470	6.938.708 = 14,04%	56.367.178	5.353.351 = 9,50%	61.720.529
2. Davon im Ausland geboren:	518.510	319.469	837.979	504.315	1.342.294
3. Davon im Reich geboren:	48.909.960	6.619.239 = 13,53%	55.529.199	4.849.036 = 8,73%	60.378.235
4. Im Geburtsgebiet gezählt:	44.047.916 = 89,1% von (1)	4.717.905 = 10,71% 68,0%	48.765.821 86,5%	3.747.192 = 7,68% 70,0%	52.513.013 85,1%
5. Fernwanderer:	4.862.044 = 11,0% von (3)	1.901.334 = 39,11% 28,7%	6.763.378 12,2%	1.101.844 = 16,29% 22,7%	7.865.190 13,04%
6. Davon über die Grenzen der Geburtsregion:	3.379.531 = 69,5% von (5) 7,7% von (3)	1.448.421 76,7% 21,9%	4.827.952 71,4% 8,7%	859.236 78,0% 17,7%	5.687.190 72,3% 9,4%
7. Davon innerhalb der Geburtsregion:	1.482.513 = 30,5% von (3)	452.913 23,8%	1.935.426 28,6%	242.606 22,0%	2.178.032 27,7%
8. Abwanderer ins Ausland:		674.000		530.000	

Quelle: Reichsstatistik 150 und 210, I.

2,84 Millionen Menschen, die in den zehn Jahren vor der Jahrhundertwende irgendwann zur Reichsbevölkerung gehört hatten und noch lebten[15], zu Fernwanderern geworden. Das entsprach 5,4% der durchschnittlichen Reichsbevölkerung.
Obwohl das Verhältnis zwischen der Zunahme der im Reich geborenen Fernwanderer und dem natürlichen Bevölkerungszuwachs nicht ohne weiteres mit dem Anteil der Fernwanderer an der Gesamtbevölkerung im Jahr 1890 vergleichbar ist, da die beiden Werte (28,7% und 11%) Ergebnis einer unterschiedlich langen Entwicklung sind, ist angesichts des großen Unterschiedes dennoch nicht zu verkennen, daß die Wanderneigung in diesem Jahrzehnt bemerkenswert gewachsen ist. Es waren dies die Jahre der tiefsten Agrarkrise, der ausgeprägtesten Industriekonjunktur seit 1873[16] und der umfangreichsten Züge aus dem agrarischen Osten in die mittel- und insbesondere die westdeutschen Industriegebiete. Schon in den sieben Jahren nach der Jahrhundertwende hat diese fast fluchtartige Bewegung im Zeichen einer wiederbelebten Agrarkonjunktur unverhältnismäßig stark nachgelassen. Die durchschnittliche jährliche Abwanderung aus den östlichen Provinzen fiel von 48 000 auf 37 000 zurück.
Dieser Rückgang des Stroms aus dem Osten hat das Verhältnis zwischen Fernwanderer- und Bevölkerungszuwachs von 28,7% auf 22,7% gesenkt. Die weitere Entwicklung hat gezeigt, daß dies kein vorübergehender Umschwung, sondern eine nachhaltige Trendwende gewesen ist. Insgesamt haben zwischen 1900 und 1907 1,63 Millionen in Deutschland geborene Menschen ihr Geburtsgebiet verlassen. 1,1 Millionen sind in ein anderes deutsches Land gezogen, 530 000 sind ausgewandert. 504 000 Menschen sind aus dem Ausland hereingekommen. Der Fernwanderungsgrad war — wenn man diese Werte methodisch nicht ganz korrekt auf zehn Jahre umrechnet — wegen der stark ansteigenden Zuwanderung von Ausländern und der leichten Zunahme der Auswanderer nur schwach auf 5,17% der durchschnittlichen Reichsbevölkerung abgesunken[17].
Großes Gewicht hat während der ganzen Zeit die Wanderung über weite Strecken gehabt. Der Anteil der Wanderung über die Grenzen der Geburts*region* an der gesamten Fernwanderung wuchs von 69,5% (bis 1890) auf 72,3% (bis 1907). Legt man nur den Fernwanderungszuwachs zwischen 1900 und 1907 zugrunde, betrug

---

[15] Um den wegen der Zahlenhäufung sowieso schon wenig eleganten und mühsam zu lesenden Text nicht noch schwerfälliger zu machen, erspare ich mir künftig Hinweise darauf, daß von den am Erhebungstag *noch lebenden* Wanderern die Rede ist.

[16] Vgl. unten S. 212 ff.

[17] Für die innerpreußische Wanderungsbewegung seit 1871 vgl. auch die sehr instruktiven Tabellen bei *Keller* (1930), S. 275 ff., *Rogmann* (1936), S. 256 ff. und die jeweils zehnjährigen Wanderungsgewinne und -verluste bei *Burgdörfer* in *Beckmann*, Hrsg. (1932), S. 98 f. Dort auch Daten über die stark verminderte Wanderung zwischen 1910 und 1925. Rheinland und Westfalen haben in diesen Jahren nur noch 103 300 Zuwanderer gewonnen, die freilich reduzierten drei Ostprovinzen nur noch 120 800 verloren.

die Quote sogar 78%. Die innere Wanderung ist nur in der norddeutschen und der süddeutschen Region auffällig ausgedehnt gewesen. Das lag an der räumlichen Weite der Gebiete und am deutlichen Industrialisierungs- und Wohlstandsgefälle[18] zwischen den Ländern und Provinzen, die in den Regionen zusammengefaßt sind. Im Norden haben die drei Hansestädte und ihre Schleswig-Holsteinischen Randgebiete durchgehend starke Sogkraft auf die umliegenden Agrarlandschaften ausgeübt. Hamburg, Bremen und Lübeck hatten bis 1907 einen Wanderungsgewinn von 402 000 Menschen zu verbuchen, von denen allein 230 600 aus der Region stammten. Nur noch die Hälfte ihrer Einwohnerschaft bestand aus gebürtigen Hansestädtern. Den Hauptteil der Fremdgebürtigen stellten Schleswig-Holstein (148 000) und Hannover (115 700).

Tabelle 4: Wanderungsbewegung innerhalb der Regionen 1890—1907

Region	1890		1900		1907	
	(1)	(2)	(1)	(2)	(1)	(2)
Ostdeutschland	170.131	13,7%	204.152	11,2%	209.568	9,6%
Pommern/Schlesien	12.707	1,3%	16.490	1,2%	19.101	1,2%
Mitteldeutschland	162.850	7,2%	228.510	7,3%	269.675	7,4%
Norddeutschland	632.330	31,4%	799.466	29,7%	905.402	28,9%
Rheinland/Westf.	220.603	23,2%	305.620	19,5%	351.975	18,5%
Süddeutschland	283.298	37,3%	381.188	35,6%	429.311	34,5%

(1)   Anzahl der innerregionalen Wanderer
(2)   Anteil der innerregionalen Wanderer an der Gesamtzahl der Fernwanderer
      (= Binnenwanderer + Abwanderer aus der Region + Zuwanderer in die
      Region).
Quelle: RSt. 150 und 210, I.

[18]Das gab es in Mitteldeutschland und in der Region Pommern/Schlesien zwar auch, aber *innerhalb* derselben Provinz oder desselben Landes. Beispielhaft wären die enormen wirtschaftlichen Strukturunterschiede zwischen den brandenburgischen Regierungsbezirken Frankfurt und Potsdam oder zwischen den sächsischen Kreishauptmannschaften Leipzig und Bautzen. In diesem Zusammenhang zeigt sich unerfreulich deutlich, daß die Gruppierung der Regionen aufgrund von Verwaltungsgrenzen, die von der Anordnung des statistischen Materials vorgeschrieben wird, ihre Schwächen hat. Aus wirtschaftlicher Sicht wäre es sinnvoller, vier Industriegebiete auszusondern und in demographische Beziehung zu den weiterhin überwiegend agrarisch oder gemischt agrarisch-gewerblich bestimmten Landstrichen zu setzen. Es wären dies das Industrierevier an Rhein und Ruhr, ein aus mehreren Industrialisierungskernen (Rhein-Main-Kern, Mannheim-Ludwigshafen, Karlsruhe-Stuttgart, Saarrevier) bestehendes Gebiet am Oberrhein, die Industrieregion an der Mittelelbe und — im Vergleich zu den anderen etwas unterwertig — das Nordseeküstenland. Vgl. *Ipsen* (1933), S. 450 ff.

Während Hannover den Abstrom in die Hansestädte durch den Zuzug aus anderen Ländern (vor allem aus dem Osten, der Provinz Sachsen und aus Braunschweig) nur partiell wettmachen konnte, weil bei dem sehr regen Bevölkerungsaustausch mit den west- und mitteldeutschen Industriegebieten ein Verlust von weiteren 43 000 Menschen herauskam, übte Schleswig-Holstein auf die Wanderer aus dem Osten und den Ostseeküstengebieten so starke Attraktivität aus, daß seine Wanderungsbilanz 1907 trotz des Verlusts von 90 000 Menschen an Hamburg und Lübeck mit einem Gewinn von 41 600 abschloß.

Die umfangreichste Bevölkerungsbewegung in dieser Region aber hat die Provinz Sachsen erlebt. Über der Aufmerksamkeit, die der Volksstrom aus dem Osten erregt hat, ist die fast erstaunlichere Tatsache so gut wie unbeachtet geblieben, daß hier inmitten des Reiches ein Gebiet demographisch und ökonomisch zurückfiel, das kaum schlechtere Standortbedingungen besaß, als die benachbarten Regierungsbezirke Potsdam, Leipzig, Dresden und Chemnitz. Die Provinz ist zeitweise nicht weniger fluchtartig verlassen worden als Ostpreußen, Westpreußen und Posen. 1907 lebten 825 000 gebürtige preußische Sachsen (= 25%) außerhalb ihres Heimatgebietes. Nur die Hälfte dieses Verlusts war durch Zuwanderer aus dem Osten, aus Braunschweig und aus den thüringischen Staaten ausgeglichen worden.

Alles in allem zeichnete sich die norddeutsche Bevölkerung in den letzten Jahrzehnten des Kaiserreichs durch eine beträchtlich größere Wanderfreudigkeit aus als die süddeutsche. Nicht nur war die innerregionale Bewegung absolut und relativ zur Wohnbevölkerung mehr als doppelt so groß, auch die Neigung — oder die Notwendigkeit —, die Region zu verlassen und sich in den mittel- und westdeutschen Industriegebieten niederzulassen, war sehr viel stärker ausgeprägt[19]. Während 1907 1,124 Millionen Norddeutsche außerhalb ihrer Geburtsregion anzutreffen waren, galt das nur für 430 000 Süddeutsche. Und auch der Strom nach Süddeutschland hinein blieb mit 385 000 hinter der Zuwanderung in anderen Regionen diesseits der Elbe zurück. Norddeutschland hatte unterdessen das Dreifache (1,1 Mio.) an Zuzüglern aufgenommen. Schließlich wich die Stellung der fünf süd- und südwestdeutschen Gebiete im Strom der deutschen Binnenwanderung in zwei weiteren Punkten auffällig von der Stellung aller anderen Regionen ab. Süddeutschland war weder überwiegendes Abwanderergebiet wie die Ostprovinzen, wie Pommern/Schlesien und wie die norddeutschen Flächengebiete, noch war es überwiegendes Zuwanderergebiet wie West- und Mitteldeutschland. Bis 1907 hatte es einen Wan-

---

[19]Vgl. zum Folgenden auch die Tabellen 16 und 17 im Anhang zu diesem Kapitel.

derungsverlust von kaum 50 000 Menschen verkraften müssen[20]. Das entsprach nicht einmal einem halben Prozent der damaligen Wohnbevölkerung. Dieser geringfügige Abstrom war — und das wäre der zweite Punkt — das Ergebnis eines fast richtungsgleichen Bevölkerungsaustauschs. Während die Länder und Provinzen Nord- und Mitteldeutschlands einen großen Teil ihrer Zuwanderer aus ganz anderen als den Gebieten empfingen, in die sie Menschen abgaben, während Westdeutschland als Abwanderungsgebiet und der Osten als Zuzugsgebiet von vergleichsweise geringer Bedeutung waren[21], war die Wanderungsbewegung, die Süddeutschland berührte, vor allem ein Bevölkerungsaustausch mit wenigen angrenzenden Ländern, mit dem Rheinland und den beiden Hessen zumal. Neben der geographischen Randlage und zugleich im Zusammenhang mit ihr dürfte es zwei maßgebende Gründe für diese schwachen innerdeutschen Bevölkerungsströme aus und nach Süddeutschland gegeben haben. Zum einen ist Süddeutschland vor allem in den 70er und 80er Jahren, aber auch danach noch, eine Region mit starker Auswanderung gewesen. Es wäre zu fragen, warum soviel Menschen diesen und nicht den Weg der Binnenwanderung aus der Misere mangelnder oder nicht mehr tragfähiger landwirtschaftlicher und handwerklich-kleingewerblicher Stellen gesucht hat. Zum anderen sind seit den 80er Jahren in Baden und mit einer Verschiebung von etwa einem Jahrzehnt dann auch in Württemberg aufblühende gewerblich-industrielle Zentren entstanden, die zwar einen wachsenden Teil der Menschen absorbieren konnten, die in der heimischen Landwirtschaft und in absterbenden Bereichen des heimischen Handwerks keine Nahrung mehr fanden, aber keinen so sehr her-

[20] Eine vorrangig an Wanderungsbewegungen interessierte Studie müßte freilich in noch stärkerem Maße regionale Unterschiede und zeitliche Veränderungen berücksichtigen. Es sei hier nur exemplarisch darauf hingewiesen, daß Baden, Württemberg und Bayern ganz unterschiedlich von Binnenwanderungsgewinnen und -verlusten betroffen waren. Baden verzeichnete zunehmende Wanderungsgewinne (bis 1890: 14 445 von 1890 bis 1900 weitere 26 232, von 1900 bis 1907 noch einmal 27 557 Menschen), Bayern umgekehrt zunehmende Wanderungsverluste (24 159, 31 733 und 36 720), während Württemberg nach Verlusten von 86 761 Menschen bis 1890 und weiteren 41 066 bis zur Jahrhundertwende bis 1907 überraschend zum Zuwanderungsgebiet wurde. Vgl. ähnliche Bilanzen für andere wichtige Provinzen und Länder in Tabelle 19 im Anhang.

[21] „Vergleichsweise" meint hier: Im Vergleich zur Zahl ihrer Zu- bzw. Abwanderer. Absolut und im Verhältnis zu ihrer Geburtsbevölkerung war die Zahl der Abwanderer aus den Westprovinzen sogar höher als die Zahl der Menschen, die den Süden verließen (453 000 = 4,8%). Der traditionell starke Bevölkerungsaustausch mit Nassau hielt an, die Abwanderung ins Reichsland Elsaß-Lothringen gewann zunehmende Bedeutung. Bis 1907 waren 70 000 Rheinländer und Westfalen nach Elsaß-Lothringen weggezogen, während nur 20 000 Elsässer und Lothringer ins Ruhrrevier zugezogen waren. Die Neigung der okkupierten Neudeutschen, ins Reich zu ziehen, war — um auch das hier gleich noch anzuführen — insgesamt gering. 1907 lebten nicht mehr als 71 000 = 4,4% der Geburtsbevölkerung außerhalb des Reichslandes.

kömmliche Dimensionen sprengenden Aufschwung nahmen, daß sie Arbeitskräfte in großer Zahl aus der Ferne anzuziehen und in Brot zu setzen vermochten[22].

Die Zielgebiete des breiten Fernwandererstroms, der Deutschland insbesonders vom Osten her durchzog, waren und blieben die gewerblich verdichteten Gebiete in Mitteldeutschland und wurden im letzten Jahrzehnt des 19. Jahrhunderts die westlichen Industriebezirke. Die preußischen Provinzen östlich der Elbe — Brandenburg immer ausgenommen — haben bis 1907 annähernd ebensoviel Menschen abgegeben, wie alle anderen Gebiete im Deutschen Reich zusammen[23]. Die mitteldeutschen und die westlichen Industrieregionen haben über 60% aller Fernwanderer aufgenommen[24]. 1907 lebte mehr als ein Fünftel aller Menschen, die in Ost- und Westpreußen, in Pommern und Posen geboren waren, nicht mehr in ihrer Geburtsprovinz. Die Abwandererquote der gebürtigen Schlesier war mit 12,2% aus leicht einsehbaren Gründen geringer. Hinsichtlich der hauptsächlichen Zielgebiete unterschieden sich gemeinsam mit den Schlesiern freilich auch die Pommern beträchtlich von den Wanderern aus den drei östlichsten Provinzen. Der Wandererstrom zwischen Pommern/Schlesien und Rheinland/Westfalen war durchgehend vergleichsweise gering. 1907 lebten nur etwa 20 000 Pommern und 95 000 Schlesier in den westlichen Provinzen. Das entsprach nicht ganz 5% und 13% aller Abwanderer. 260 000 Pommern (= 59%) und 290 000 Schlesier (= 40%) hatten sich unterdessen in Berlin und Brandenburg (genauer: im Regierungsbezirk Potsdam) niedergelassen, weitere 120 000 Schlesier (= 16,4%) im benachbarten Königreich

[22]Vgl. dazu ausführlicher *Hentschel,* Erwerbs- und Einkommensverhältnisse.

[23]Dieser demographische Befund ist umso dramatischer, als Ostelbien bis in die sechziger Jahre ein Gebiet mit herausragendem Bevölkerungswachstum gewesen war. Vgl. *Ipsen* (1933), S. 432 und S. 450. „Es gibt . . . einen einzigen Bevölkerungsraum in Europa, dessen Bevölkerungsbewegung von der ersten zur zweiten Welle in ihr Gegenteil umgeschlagen ist, das ist der ostelbische Bereich. Nur Island böte sich fernher zum Vergleich . . .".
Allein aus Ostpreußen sollen zwischen 1871 und 1910 700 000 Menschen abgewandert sein. *Hesse* (1916), S. 46 f. Vgl. auch *Rogmann* (1936), S. 104 f., 128 f. und 244 f.

[24]Dazu kam, daß Berlin/Brandenburg, Rheinland und Westfalen sowie Hamburg auch den weitaus überwiegenden Teil des Stroms an ausländischen Zuwanderern aufnahmen, während der Abstrom der ostelbischen Bevölkerung ins Innere des Reichs von fortgesetzter Auswanderung ergänzt wurde. Die Auswanderungs-/Einwanderungsbilanz des Reichs weist zwischen 1895 und 1905 zwar einen Wanderungsgewinn von 146 600 Menschen aus, der sich aber ungeachtet mancher statistischer Ungenauigkeiten aus einem Auswandererüberschuß von 273 800 Menschen nach Übersee und einem Einwandererüberschuß von 420 500 Menschen über die „trockene" Landesgrenze zusammensetzt. Allein zwischen 1900 und 1907 hat der Einwandererüberschuß in Berlin/Brandenburg 208 000, in Hamburg 52 000 und in Rheinland und Westfalen 148 000 Menschen betragen. Unterdessen erlitten die drei östlichsten Provinzen und Pommern Auswanderungsverluste von 181 000 und Bayern, Baden und Württemberg Auswanderungsverluste von 100 000 Menschen. Vgl. die Wanderungsbilanzen in Tabelle 19 und *Burgdörfer* (1930), S. 539; dort auch die Problematik der Aus- und Einwanderungsstatistik, S. 161 ff.

Sachsen, das — nebenbei bemerkt — als Zielgebiet ostelbischer Fernwanderer im übrigen keine Rolle spielte. Die industriell sehr viel weniger fortgeschrittene *Provinz* Sachsen, deren eigene Geburtsbevölkerung in Scharen ins sächsische Königreich und nach Brandenburg weglief, hat ebenso wie Schleswig-Holstein und Hannover bedeutend mehr Ost- und Westpreußen, sowie Posener aufgenommen.

Im Vergleich zu Berlin/Brandenburg und Westfalen/Rheinland freilich dennoch sehr wenig. Dabei ist das mitteldeutsche Gebiet um Berlin — entgegen der stärkeren literarischen Beachtung, die der Ost-West-Wanderung zugewendet worden ist — weit absorptionsfähiger gewesen als der Westen. Nur im Jahrzehnt vor der Jahrhundertwende, dem Jahrzehnt der schwersten Agrardepression und des explosiven Schwerindustriebooms, hat der Strom in die Westprovinzen mit 197 500 den nach Berlin/Brandenburg mit 132 700 weit übertroffen. Schon in den nächsten sieben Jahren hat sich das Verhältnis wieder umgekehrt. Während die durchschnittliche jährliche Wanderung nach Berlin/Brandenburg leicht zunahm, von 13 300 auf 15 200, fiel die in den Westen schroff von 19 700 auf 12 800 ab. 1907 lebten knapp 400 000 Menschen aus den drei Ostprovinzen und weitere 155 000 aus Pommern und Schlesien im Rheinland und in Westfalen, aber jeweils mehr als 550 000 in Berlin/Brandenburg. Dieses Gebiet ist mithin in viel stärkerem Umfang Auffangbecken und Schmelztiegel der wandernden Volksmassen gewesen als das westdeutsche Industrierevier, zumal auch die Abwanderer aus den wirtschaftlich weniger begünstigten Gebieten Nord- und Mitteldeutschlands Brandenburg und das Königreich Sachsen den Schwerindustrierevieren als Ziel vorzogen. Insgesamt hatten Brandenburg und Sachsen 1907 2,17 Millionen, Rheinland und Westfalen nur 1,09 Millionen Fremdgebürtige aufgenommen. Das entsprach 29,5% der Wohnbevölkerung Brandenburg/Berlins, 11,7% der Wohnbevölkerung Sachsens und nur 10,7% der Bevölkerung im Rheinland und in Westfalen. Die Differenz des Wanderungsgewinns war wegen der beträchtlich geringeren Abwanderung aus dem Westen allerdings kleiner. Brandenburg/Berlin verdankte der Binnenwanderungsbewegung 1,2 Millionen (= 21%) seiner Wohnbevölkerung, Rheinland/Westfalen 640 000 (= 6,3%) und Sachsen 230 000 (= 5,2%).

Der allgemeine Zusammenhang zwischen Bevölkerungsverdichtung und regionaler wirtschaftlicher Prosperität ist nicht so simpel, daß aus den dargelegten Wanderungsbewegungen der rasche Schluß gezogen werden könnte: weil die Menschen aus den Ostprovinzen weglaufen und nach Berlin/Potsdam und Westfalen/Rheinland gezogen sind, ist der Osten wirtschaftlich immer weiter zurückgefallen, Mittel- und Westdeutschland um so kräftiger fortgeschritten. Andersherum wärs genau so wenig falsch und ist es genau so wenig völlig richtig. Weil im Osten — und in den nord- und süddeutschen Abwanderungsgebieten — die natürlichen und die wirtschaftlichen Voraussetzungen für eine blühende Industriewirtschaft, die das wachsende Menschenreservoir hätte absorbieren können, fehlten, hat der Abstrom verhindert, daß der Druck auf die Tragkraft der Ressourcen und damit die relative Verarmung noch größer wurde. Die Abwanderung wäre dann eine Entlastung gewesen. Andererseits ist Mangel an *wirtschaftlichen* Voraussetzungen nichts Unabänderliches. Die *natürlichen* Voraussetzungen aber wurden im Zuge des naturwissenschaftlich-technischen Fortschritts für breite Bereiche der gewerblichen Wirtschaft zusehends unwichtiger. Etwas vereinfacht gesagt, fehlte es an industriellem Kapital und an Unternehmerinitiative. Beides ist entwicklungsfähig und schließlich auch transportierbar. Wenn die Arbeitskraft nicht zum Kapital, sondern das Kapital zur Arbeitskraft „gewandert" wäre, hätte das überschüssige Potential an leistungsfähigen Menschen am Ort ebenso produktiv verwendet werden können wie am Ziel seiner Wanderung. So gesehen, wäre der rein rechnerische Menschenverlust dann eben doch auch ein wirtschaftlicher Verlust für die Region gewesen. In jedem Fall aber wäre das Wachstum der Industrie in West- und Mitteldeutschland ohne den Zustrom der Wanderer aus den agrarischen und industriearmen Gebieten im erlebten Ausmaß nicht möglich gewesen.

Das ist ein Raisonnement mit vielen „wäre" und „hätte". Fest steht, daß die ungleiche regionale Entwicklung der deutschen Volkswirtschaft den Wanderungsprozeß ingang gesetzt und lange Zeit ingang gehalten hat, und daß der Wanderungsprozeß seinerseits alte Ungleichheiten vertieft und neue geschaffen hat; demographische Ungleichheiten, Ungleichheiten der Siedlungsstruktur und regionale sowie sektorale wirtschaftliche Ungleichheiten.

Was zunächst die ganz vordergründigen demographischen Folgeerscheinungen angeht. Die Wanderbewegung hat das regionale Gefälle der Bevölkerungsverdichtung, das es schon zu Beginn des Kaiserreichs gegeben hat, stärker ausgeprägt und sie hat die Altersstruktur in den Zu- und Abwanderungsgebieten merklich verschoben. Rheinland und Westfalen sind von Anbeginn die am dichtesten besetzten Gebiete des Reichs gewesen[25]. Der Unterschied zu allen anderen Regionen hat sich bis 1910 aber noch bemerkenswert vergrößert. 1870 haben in den westlichen Provinzen 26 Menschen mehr auf einem km^2 gelebt als in Mitteldeutschland. Bis 1910 war der Vorsprung auf 80 gewachsen. Das deutet, da Mitteldeutschland unterdessen mehr Fernwanderer aufgenommen hatte[26], auf einen wesentlich höheren Geburtenüberschuß im Westen hin. In der Tat hat sich die Quote des natürlichen Bevölkerungszuwachses in Brandenburg mit leicht sinkender Tendenz durchgehend zwischen 13 und 10, im Königreich Sachsen sehr unregelmäßig um einen Mittelwert von 14 pro Tausend der mittleren jährlichen Bevölkerung bewegt. Im Rheinland und in Westfalen lagen die entsprechenden Werte stets höher. Bis zum Beginn des großen Stroms aus dem Osten war die Differenz aber noch geringfügig. Der Geborenenüberschuß im Westen betrug 14 bis 16 auf tausend Einwohner. Anfang der neunziger Jahre stieg er im Rheinland auf 17 bis 18, in Westfalen sogar auf über 20. Auf diesem Niveau sind die Werte bis zum Ersten Weltkrieg geblieben[27].

---

[25]Das Folgende berechnet nach RSt 240, S. 45 und (103) ff. Vgl. Tabelle 20 im Anhang.
[26]Berlin mit seinen annähernd 33 000 Einwohnern pro km^2 ist um der Vergleichbarkeit willen aus der Rechnung herausgelassen.
[27]Die Werte für 1910: Brandenburg 9,4; Sachsen 12,1; Rheinland 16,7; Westfalen 21,4. RSt S. (112) ff.

Die statistische Koinzidenz legt die Meinung nahe, daß in erster Linie die Gebärfreudigkeit der Zuwanderer für diesen ungewöhnlichen Anstieg verantwortlich war. Der Schluß könnte aber ein Fehlschluß sein. Die Geburtlichkeit ist nicht signifikant gestiegen, sie ist nur im Gegensatz zu Mitteldeutschland nicht gefallen. Hier ist anscheinend von der gesamten Bevölkerung vorindustrielles generatives Verhalten in eine ausgeprägte Industriegesellschaft hinübergenommen worden und in seiner Wirkung aufs Bevölkerungswachstum verstärkt zur Geltung gekommen, weil es mit „industriellen Sterberaten" zusammentraf[28].

In Mitteldeutschland ist also vergleichsweise geringes natürliches Bevölkerungswachstum durch hohe Wanderungsgewinne mehr als ausgeglichen worden, im Rheinland und in Westfalen hat die umfangreiche Zuwanderung einen zunehmenden Geburtenüberschuß weiter aufgestockt. In diesen beiden Regionen ist die Bevölkerungsverdichtung denn auch stärker fortgeschritten als dem Reichsdurchschnitt entsprach. Der Bevölkerungszuwachs aller anderen Regionen ist weit dahinter zurückgeblieben.

Tabelle 5: Relative Bevölkerungsverdichtung
(Einwohner pro km^2) 1871/1910

	1871	1910
Rheinland/Westfalen	100	100
Mitteldeutschland	77,2	66,5
Süddeutschland	68,3	44,7
Pommern/Schlesien	64,3	41,3
Norddeutschland	57,9	41,2
Ostdeutschland	44,1	25,8

Quelle: Berechnet nach RSt 240, S. 45 und (103) ff.

[28]Ich finde Köllmanns Argument, daß der wirtschaftliche Aufschwung seit den 90er Jahren als traditionelle Ausweitung des Nahrungsspielraums empfunden worden sei und herkömmliche generative Verhaltensweisen retabliert habe, nachdem sie in den 80er Jahren bereits zu verschwinden schienen, nicht ganz überzeugend. Angesichts der geringen jährlichen Schwankungen der Geburtenquoten zwischen 1880 und 1909 ist fraglich, ob es überhaupt noch einmal eine signifikante Zunahme der Geburtlichkeit gegeben hat. Daher auch meine vorsichtige Formulierung: *könnte* ein Fehlschluß sein. Da 1900 im Rheinland ein Sechstel, in Westfalen ein Viertel aller gebärfähigen Frauen zugewandert waren, wäre es sehr wohl möglich, daß sinkende Fruchtbarkeit der heimischen „industriellen" Bevölkerung durch hohe Fruchtbarkeit der zugewanderten „agrarischen" Bevölkerung ausgeglichen worden ist. Zu fragen bliebe in jedem Fall, warum die heimische wie die zugewanderte Bevölkerung des industrialisierten Mitteldeutschlands so ganz andere generative Verhaltensweisen an den Tag gelegt hat. *Köllmann* (1974), S. 244 ff., insbes. S. 247/48.

Die gesamte Binnenwanderung im Kaiserreich zeichnete sich nun dadurch aus, daß sie nicht nur die Bevölkerung, sondern weit überproportional dazu das Arbeitskräftepotential der Zuwanderungsgebiete vermehrt hat. Der Anteil der Erwerbsfähigen an der Zahl der Wanderer ist stets größer gewesen als die Erwerbstätigenquote der Ansässigen. Ablesen läßt sich das am Altersaufbau der wandernden und der seßhaften Bevölkerung.

Das Statistische Reichsamt hat aus den Ergebnissen der Volkszählung von 1900 nach Ländern und Provinzen aufgeschlüsselte Altersgliederungen der gerade ortsansässigen Bevölkerung und der Zu- und Abwanderer zusammengestellt[29]. Diese Momentaufnahme läßt unübersehbare und erwartete Entwicklungstrends erkennen (vgl. Tabelle 21 im Anhang). Die Gebiete mit Wanderungsverlusten hatten eine ungünstigere Altersschichtung als die mit Wanderungsgewinnen; je umfangreicher der Verlust, um so nachteiliger der Altersaufbau. Sehen wir uns den Anteil der leistungsfähigen Jahrgänge, den Anteil der 16 bis 50jährigen, an der gesamten Wohnbevölkerung an. Im Osten lag er deutlich (4,2 Prozentpunkte), in Pommern und Schlesien immerhin noch bemerkenswert (2,2 Prozentpunkte) und im nördlichen Deutschland — die Hansestädte ausgenommen — knapp (1 Prozentpunkt) unter dem Reichsdurchschnitt. Im Süden kam er, der ausgeglichenen Wanderungsbilanz entsprechend, dem Reichsdurchschnitt gleich. Die stärker industrialisierten Gebiete in West-[30] und Mitteldeutschland, insbesondere aber Berlin und die Hansestädte, erfreuten sich dagegen eines überdurchschnittlich großen Bestandes an Menschen dieser Altersklassen, die zudem — das ist eine simple Tautologie — weniger Erwerbsunfähige als der Nordosten tragen mußten.

Diese Unterschiede waren entstanden, weil die Altersschichtungen der Seßhaften und der Wanderer stark voneinander abwichen. Zur Reichsbevölkerung gehörten knapp 48% Sechzehn- bis Fünfzigjährige, bei den Wanderern betrug ihr Anteil 70%. Die Zuwanderergebiete wurden aber nicht nur von *dieser* Differenz begünstigt. Überdies war bei ihnen der Anteil der Sechzehn- bis Fünfzigjährigen bei den Zuzüglern größer als bei den Abwanderern. In den Gebieten mit Wanderungsverlusten verhielt es sich genau umgekehrt. Das bewirkte, daß die Wanderungsgewinne und -verluste teilweise zu weit über 70% aus den leistungsfähigsten Altersschichten bestanden. So kam es, daß 1900 mehr als ein Fünftel der damals Sechzehn- bis Dreißigjährigen und knapp ein Viertel der Dreißig- bis Fünzigjährigen, die in Ost- und Westpreußen, Posen und Mecklenburg geboren worden waren, in anderen Gebie-

[29] RSt 150, S. 165+ ff.
[30] Im Ruhrgebiet war der Anteil der 15—50jährigen noch höher als im Rheinland und in Westfalen insgesamt. Vgl. *Wiel* (1970), S. 75.

ten lebten und arbeiteten, ohne daß Ersatz hereingekommen wäre[31]. Auch Pommern und Schlesien trugen an einem Verlust von jeweils etwa einem Siebtel noch schwer genug. Dagegen hatten die Industriegebiete Mitteldeutschlands ihre Geburtsbevölkerung in diesen Altersschichten um rund 10%, Westfalen und Rheinland die ihre sogar um 14% verbreitert.

Ostelbien verlor Menschen, weil es wirtschaftlich zurückgeblieben war, und es fiel weiter zurück, weil ein beträchtlicher Teil der Menschen, die es hervorbrachte und großzog, im arbeitsfähigen Alter nicht die eigene, sondern die Industrialisierung und die Wohlstandssteigerung der bereits begünstigten Gebiete förderte.

Die demographischen Ergebnisse der deutschen Binnenwanderung waren also eine starke Bevölkerungsverdichtung in West- und Mitteldeutschland, im Vergleich dazu schwächeres Bevölkerungswachstum in Nord- und Süddeutschland und Stagnation im Osten. Die mittleren, leistungsfähigsten Altersschichten breiteten sich in den Wachstumsgebieten aus und sie schrumpften in den Regionen mit Wanderungsverlusten. Dazu kamen zwei andere bedeutsame Begleiterscheinungen. Die Reichsbevölkerung wuchs, unter wirtschaftlichen Gesichtspunkten betrachtet, im „sekundären" und im „tertiären" Sektor der deutschen Volkswirtschaft, während die landwirtschaftliche Berufsbevölkerung ihren gesamten natürlichen Zuwachs und einiges mehr abgeben mußte. Und sie wuchs ausschließlich in den Städten. „Ausschließlich" freilich nur, wenn man bereit ist, die Trennungslinie zwischen Stadt und Land im Anschluß an die amtliche Statistik jener Zeit, ganz schematisch bei 2 000 Einwohnern zu ziehen. Dann nämlich ist die Landbevölkerung zwischen Reichsgründung und Weltkrieg völlig konstant geblieben, ihr Anteil an der Reichsbevölkerung scharf von 64% auf 40% abgesunken. Allein zwei Drittel dieses relativen Verlusts – 16,5% von 24% - ist den Städten zugutegekommen, die 1910 mehr als 100 000 Einwohner hatten. 1910 haben 12 Millionen mehr Menschen in Großstädten gelebt als 1871. Das entsprach der Hälfte der gesamten Bevölkerungsvermehrung. Ein weiteres Viertel war den Mittelstädten mit (1910) mehr als 20 000 Einwohnern zugewachsen. Die Großstadtbevölkerung hatte sich versiebenfacht, die Einwohnerschaft der Mittelstädte fast verdreifacht.

Und dennoch. So eindrucksvoll das klingt. Es darf nicht vergessen lassen, daß am Vorabend des Weltkriegs erst gut ein Drittel der Reichsbevölkerung in solchen Mittel- und Großstädten lebte, die Hälfte aber weiterhin in Landgemeinden und Landstädten bis 5 000 Einwohner. Nur im Rheinland, im Königreich Sachsen und in Hessen-Nassau lag der Anteil der Großstadtbevölkerung 1910 über dem Reichsdurchschnitt. Der Brandenburgs (ohne Berlin) und Schleswig-Holsteins entsprach

[31]Vgl. die Zahlen über den Verbleib ostpreußischer Landkinder, die 1895 die Schule verlassen hatten, bei *Batocki/Schack* (1929), S. 47, *Hesse/Goeldel* (1916), S. 79, *Konopatzki* (1936), S. 28 f. Von den 1895 entlassenen ländlichen Schülern lebten 1906 nur noch 55,8% in Ostpreußen auf dem Land, 14,5% in Ostpreußen in größeren Städten, über ein Viertel war abgewandert.

38

dem Durchschnitt. In allen anderen Ländern und Provinzen lebten allenfalls um die 10—15% der Bevölkerung in Großstädten. Gewöhnlich gab es nicht mehr als eine. In den östlichen Provinzen waren weiterhin zwei Drittel, in Pommern, Bayern und Hannover beträchtlich über die Hälfte aller Menschen in Landgemeinden angesiedelt[32].

Tabelle 6: Bevölkerungsverteilung und Bevölkerungswachstum nach Ortsgrößen 1871 bis 1910

Einwohner	1871		1895		1910		1871 — 1910		
	(1)	(2)	(1)	(2)	(1)	(2)	(3)	(4)	(5)
Bis 2000	26,2	63,9%	26,0	49,8%	26,0	40,0%			
2000 — 5000	5,1	12,4%	6,4	12,2%	7,3	11,5%	2,4	10,0%	47,1%
5000 — 20000	4,6	11,2%	7,0	13,4%	9,2	14,1%	4,2	17,5%	89,3%
20000—100000	3,1	7,7%	5,6	10,7%	8,7	13,4%	5,6	23,3%	180,5%
100 000 u. m.	2,0	4,8%	7,3	13,9%	13,8	21,3%	11,8	49,2%	590,0%

(1) — Absolute Bevölkerungszahl in Mio.   (4) — Anteil am Gesamtzuwachs
(2) — Anteil an der Reichsbevölkerung   (5) — Zuwachsrate der Ortsgrößen-
(3) — Absoluter Bevölkerungszuwachs in Mio.   klasse.
Quelle: Flora (1975), S. 39.

Herkunfts- und Zielgebiete der Binnenwanderer im Kaiserreich lassen sich aufgrund der Reichsstatistik einigermaßen differenziert miteinander in Beziehung setzen. Die einstige und die neue Erwerbstätigkeit nicht gleichermaßen. Aus der Statistik geht zwar hervor, in welchen Sektoren und Branchen Wanderer am neuen Wohnort tätig wurden, nicht aber, welchen Berufen sie entstammten. Gleichwohl ist unzweifelhaft, daß zwar nicht jeder, wohl aber der überwiegende Teil aller Ortswechsel zugleich Berufswechsel gewesen ist.
Die wirtschaftliche und soziale Tragweite des Vorgangs für die betroffenen Menschen im einzelnen, wie für den gesamten deutschen Volkskörper wird freilich im Terminus „Berufswechsel" unzulässig verharmlost. Es hat sich um einen wahrhaft umwälzenden Übergang breitester Volksschichten aus landwirtschaftlichen in gewerblich-industrielle Arbeits- und Lebensweisen gehandelt, der mit den Zahlen über die Fernwanderungsbewegung überdies nur partiell erfaßt wird. Quante hat

---

[32] Vgl. RSt 210, II, S. 3 f., RSt 211, S. 22, RSt 240, S. 11 ff., St. Jb. dt. Städte 1890 ff., zum Wachstum der preußischen Städte bis 1905 im einzelnen *Silbergleit* (1908), S. 4 ff. Vgl. auch *Schott* (1912), *Steinhardt* (1912), *Heberle/Meyer* (1937), sehr detailliert die Entwicklung der Ruhrgebietsstädte bei *Wiel* (1970), S. 39—68, *Köllmann* (1974), *Flora* (1975), *Niethammer* (1976), *Langewiesche* (1977).

das einst etwas dramatisierend aber angesichts der Einmaligkeit und der Größenordnung der Bewegung durchaus treffend „Flucht aus der Landwirtschaft" genannt[33] und mit Hilfe eines einleuchtenden Schätzverfahrens[34] für die preußischen Regierungsbezirke zu quantifizieren versucht. Mag den Zahlen auch die letzte Genauigkeit fehlen und mögen sie auch nicht für das ganze Reich gelten: wesentlich sind hier die Proportionen. Und die werden auf eindrucksvolle Weise reflektiert.

Tabelle 7: „Flucht aus der Landwirtschaft" 1880—1910

| | Landwirtschaftliche Abwanderer | | Gewerbliche Zuwanderer | |
	1880—1895	*1895—1910*	*1880—1895*	*1895—1910*
Osten[1]	1.277.599	1.342.890	144.598	295.715
Mitte[2]	630.020	628.127	770.527	1.276.025
Nord[3]	537.702	617.675	249.380	373.274
West[4]	670.967	840.654	729.312	1.572.603
Insgesamt	3.116.288	3.429.746	1.893.817	3.517.617
	= 120,5 %	117,5 % des Geburtenüberschusses		

[1] Ost- und Westpreußen, Posen, Reg.-Bez. Köslin, Oppeln.
[2] Reg.-Bez. Stralsund, Stettin, Liegnitz, Breslau, Brandenburg.
[3] Schleswig-Holstein, Hannover, Provinz Sachsen.
[4] Rheinland, Westfalen, Hessen-Nassau.
Quelle: Quante (1933), S. 210 ff.

Sechseinhalb Millionen Menschen haben, wenn man Quantes Überlegungen folgt,
der preußischen Landwirtschaft zwischen 1880 und 1910 den Rücken gekehrt.
Das entsprach dem gesamten natürlichen Zuwachs und 1,04 Millionen (= 8,7%) des
Bestandes im Jahr 1882 oder 37,4% der potentiellen landwirtschaftlichen Berufsbevölkerung von 1907. Dem gewerblich-industriellen Sektor, einschließlich Handel
und Verkehr, waren auf diesem Wege in den vergangenen zweieinhalb Jahrzehnten
22% seines Arbeitskräftebestandes zugeführt worden[35]. Dieser Befund ist ohne
große Modifikationen aufs Reich zu übertragen.
Von einschneidenden regionalen Unterschieden ist dieser Prozeß nicht geprägt gewesen. Die Verlustquote der mittel- und norddeutschen Landwirtschaft ist mit

[33] *Quante* (1933).
[34] Ausführlicher erläutert ebd., S. 160 ff. Quante argumentiert gegen *Sering* (1910), der
aufgrund der Zu- und Abwanderungs*überschüsse* zwischen 1871 und 1906 zu dem Schluß gelangt war, daß der Großgrundbesitz für die Entvölkerung der Länder in Ostelbien maßgebend
verantwortlich sei. S. 28 ff.
[35] RSt 211, S. 40+ und *Quante* (1933), S. 248.

40

34% zwar etwas geringer gewesen als die der Landwirtschaft im Osten (40%) und Westen (39%). Die Differenz ist aber nicht groß genug, um nach weitgreifenden sozialökonomischen Erklärungen zu verlangen. Die begrenzte Tragfähigkeit der Landwirtschaft, ihr relativer Produktivitätsrückfall hinter die Industrie, der parallel zur wirtschaftlichen Verwertung des naturwissenschaftlich-technischen Fortschritts zunahm, und die Attraktivität vermutlich besserer Erwerbsmöglichkeiten in den Städten, waren überall die gleichen treibenden Motive für die Abwanderung. Die je besondere Agrarverfassung und Betriebsstruktur haben sicherlich in allen Abwanderungsgebieten ebenfalls eine Rolle gespielt, aber nirgendwo die bestimmende. Es waren ja nicht ausschließlich, nicht einmal überwiegend Landarbeiter, die den Weg in gewerbliche Berufe beschritten. Zwischen 1895 und 1910 hat sich der Strom der Abwanderer aus zwei Millionen selbständiger[36] und nur 1,55 Millionen lohnabhängiger landwirtschaftlicher Berufsbevölkerung zusammengesetzt. Dieses Verhältnis ist nun freilich aufgrund der Agrarverfassung und Betriebsgrößenstruktur von Gebiet zu Gebiet anders gewesen. In Nord- und Westdeutschland überwog der Anteil der Selbständigen noch weit stärker, bei den Abwanderern aus den fünf östlichen Provinzen blieb er — wenn man die Ansiedler in Westpreußen und Posen unberücksichtigt läßt — mit 731 000 bemerkenswert hinter den 905 000 landwirtschaftlichen Lohnabhängigen zurück[37].

Der ausgedehnten Binnenwanderung, die bis 1907 schließlich 15% aller Reichsbewohner dauerhaft aus ihrem Geburtsgebiet fortgeführt[38] und ein weiteres Drittel innerhalb dieses Gebietes in andere Lebensbereiche versetzt hatte, korrespondierte also ein vergleichbar umwälzender Übergang aus der Landwirtschaft in den kräftig aufblühenden Industrie- und den später sogenannten „tertiären" Sektor des Handels und der Dienstleistungen[39].

[36] Dieser Wert sagt nichts darüber, wieviel selbständige Bauernstellen aufgegeben worden sind. Die Zahl war minimal. Es hat sich bei den Abwanderern um Angehörige gehandelt, die der Betrieb nicht mehr trug.

[37] *Quante* (1933), S. 241 ff.

[38] Zwischen 1890 und 1907 allein 3 Millionen oder ein Viertel des Bevölkerungszuwachses.

[39] Daneben sollte freilich nicht ganz übersehen werden, daß auch die Landwirtschaft als Zielsektor erhebliche Bevölkerungsmassen in Bewegung gesetzt hat (vgl. Tabelle 18 im Anhang). Auch von den 17,65 Millionen agrarischer Berufsbevölkerung (1907) zählte ein knappes Drittel (5,65 Millionen) zu den Nahwanderern. Die Fernwandererquote war mit 4,7% (= 835 000) freilich wesentlich geringer. Etwa 350 000 waren Ausländer. Der Grad der Seßhaftigkeit war von Region zu Region sehr verschieden und stand ebenfalls in deutlicher Beziehung zur Agrarverfassung. Er nahm — etwas vergröbert gesagt — vom Osten zum Westen, von den Gebieten ausgedehnten Großgrundbesitzes mit starkem Landarbeiterbesatz zum Bauernland im Westen und schließlich zu den kleinbäuerlichen Realteilungsgebieten im Südwesten merklich zu. In den drei östlichen Provinzen, in Pommern und den beiden Mecklenburg wohnten 1907 nur noch 46,7% der landwirtschaftlichen Berufsbevölkerung an ihrem Geburtsort, im Süden und im Westen immerhin zwischen 72% und 75%. RSt 211, S. 120.

Problemlos darf man sich die Übernahme in den gewerblich-industriellen Produktionsprozeß angesichts der aufzunehmenden Massen gewiß nicht vorstellen, zumal sich mit den wirtschaftlich-produktionstechnischen Schwierigkeiten vielschichtige und häufig langwierige Probleme der sozialen Integration verbanden. Die schlichte Feststellung, daß 1907 4,1 Millionen (15,6%) der industriellen Berufsbevölkerung außerhalb ihres Wohngebiets und weitere 7,67 Millionen (29,1%) außerhalb der Wohngemeinde geboren worden waren, sagt ja nicht alles, weil sie wichtige regionale Unterschiede einebnet. Der Richtung und Breite der Wandererströme entsprechend gab es neben Ländern und Provinzen, die ihre gewerbliche Arbeiterschaft in hohem Maße im eigenen Gebiet rekrutierte, andere, die merklich *mehr* als 15% von fernher herangezogen hatten. Dazu zählten Berlin (39%), Brandenburg (25,5%)[39a], Westfalen (23,9%), Braunschweig/Anhalt (23,9%) und Schleswig-Holstein (20,8%). Dazu zählten ganz auffällig nicht die Industrieländer Sachsen und Rheinland, deren gewerblich-industrielle Berufsbevölkerung nur zu 12—15% über die Landesgrenzen zugewandert war. Und Schlesien nicht, dessen Industrie kaum 5% Fremdgebürtige aufgenommen hatte. Während Hannover, Hessen-Nassau und Baden etwa dem Reichsdurchschnitt entsprachen, lagen das übrige Nord- und Mitteldeutschland ohne die Hansestädte mit 13,8% knapp, der Osten (9,3%) sowie Süd- und Südwestdeutschland (8,4%) beträchtlich darunter[40].

Man darf sich von diesen Relationen freilich nicht über die wirtschaftsgeschichtlich letztlich belangvolleren absoluten Größenordnungen hinwegtäuschen lassen. Wenn Schleswig-Holstein 20,8%, das Rheinland aber nur 13% seiner industriellen Erwerbsbevölkerung durch Fernwanderung gewonnen hatte, entsprach das einem Unterschied von beinahe 350 000 Menschen — zugunsten des Rheinlandes. Für die wirtschaftsgeschichtlich interessante Frage, in welchen Gewerbe- und Industriezweigen der Großteil der Wanderer untergekommen ist, sind von der Größenordnung her nur die Daten für Brandenburg/Berlin und Sachsen mit ihren 1,34 Millionen und für Rheinland/Westfalen mit ihren 920 000 „industriellen" Zuwanderern hinlänglich aussagekräftig.

Bemerkenswerte oder gar überraschende Feststellungen lassen sich auf so hoher Aggregationsebene freilich nicht treffen, wenn man nicht der Verführung erliegen will, marginale Differenzen überzuinterpretieren. Grob gesagt, waren die Branchen, in denen geringere handwerklich-technische Kenntnisse und Fertigkeiten erforderlich waren, Fernwanderern aus dem Osten am ehesten zugänglich. Das bekannteste Beispiel ist der rheinisch-westfälische Bergbau, in dem 1907 nur noch knapp zwei Drittel der Arbeitsplätze mit gebürtigen Rheinländern und Westfalen und bereits 28% (135 000 Arbeiter) mit Zuzüglern aus den Ostprovinzen besetzt waren. Nirgendwo sonst — in keinem Gebiet und in keiner Branche — sind Wanderer der

---

[39a] Der Austausch zwischen Brandenburg und Berlin ist als Nahwanderung berücksichtigt.
[40] Vgl. Tabelle 22 im Anhang.

gleichen örtlichen und beruflichen Herkunft so konzentriert vertreten gewesen[41]. In den modernen Industrien mit hohen Qualifikationsanforderungen, in der Maschinen-, der metallverarbeitenden und der elektrotechnischen Industrie, haben Fernwanderer vergleichsweise geringe Chancen gehabt, in Mitteldeutschland aus naheliegenden Gründen größere als im Westen. Dort mußten immerhin rund 30% der Erwerbstätigen dieser expandierenden Branchen von außerhalb rekrutiert werden, während im Rheinland und in Westfalen über 80% aus der Region kamen. Spezifische Muster der Arbeitsplatzbesetzung und der aktiven Arbeitskräfterekrutierung, die es zweifellos gegeben hat, werden allerdings erst auf der wirtschaftsgeschichtlichen Ebene der Firmen- und der regionalen Branchenanalyse belangvoll und aussagekräftig[42].

Wirtschaftliche Gestaltung

Im vorliegenden Zusammenhang ist — als Ausdruck des gesamtwirtschaftlichen Strukturwandels und der mit ihm verbundenen Veränderungen der sozialen Makrostruktur des Kaiserreichs — zunächst nur das Ausmaß der *sektoralen* Bevölkerungsumschichtung interessant. Das wird, trotz der ihnen anhaftenden statistisch-methodischen Schwächen, noch immer am eindrucksvollsten von den allbekannten Ergebnissen der Berufszählungen von 1882, 1895 und 1907 reflektiert (vgl. Tabelle 8, S. 44).
Bereits vor dem großen industriewirtschaftlichen Aufschwung, dessen Beginn zufälliger-, und für den Struktur- und Konjunkturhistoriker geschickterweise mit der mittleren Berufs- und Betriebszählung zusammenfiel, hatte der Industriesektor die Landwirtschaft am Umfang der Berufsbevölkerung gemessen, deutlich überholt. Die deutsche Volkswirtschaft hat in den achtziger und frühen neunziger Jahren kaum weniger Wandlungsdynamik entfaltet, als in den folgenden Jahren bis zum ersten Weltkrieg. Das kann zweierlei bedeuten. Entweder sind industriewirtschaftliches Wachstum im Zeichen blühender Konjunktur und wirtschaftlicher Wandel nicht so eng miteinander verbunden, wie man nicht ganz zu unrecht anzunehmen

---

[41]Die Wanderer aus den östlichsten in die westlichen Provinzen nahmen in mehrfacher Hinsicht eine Sonderstellung ein. Sie gingen am Zielort fast völlig in der Arbeiterschicht auf, während im übrigen regionale Mobilität durchaus mit sozialer Mobilität verbunden sein konnte. Überdies war die Ost-West-Wanderung in hohem Maße Familienwanderung. Vgl. *Köllmann* (1973), S. 114, 174 f.

[42]Auf diesem, was den Arbeitsaufwand angeht, nicht sehr dankbaren Gebiet der sozial- und wirtschaftsgeschichtlichen Forschung gibt es noch viel zu tun. Vgl. die beispielhaften Neuansätze bei *Borscheid* (1978) und *Schomerus* (1977).

Tabelle 8: Berufszugehörige und Erwerbstätige in Landwirtschaft, Industrie und „tertiärem" Sektor[1] 1882—1907

Berufszu-gehörige in:	1882		1895			1907			
	Mio	An-teil	Mio	An-teil	Zu-wachs	Mio	An-teil	Zuwächse[2]	
Landwirt-schaft	19,2	42,5%	18,5	35,8%	−3,7%	17,7	28,6%	−4,3%	−7,8%
Industrie	16,1	35,5%	20,3	39,1%	26,1%	26,4	42,8%	30,0%	64,0%
Handel	4,5	10,0%	6,0	11,5%	33,3%	8,3	13,4%	38,3%	84,4%
Öffentl. Dienst	2,2	4,9%	2,8	5,5%	27,3%	3,4	5,5%	21,4%	54,5%
Andere[3]	3,2	7,1%	4,2	8,1%	31,3%	6,0	9,7%	42,9%	81,3%
Insgesamt	45,2	100,0%	51,8	100,0%	14,6%	61,7	100,0%	19,1%	36,5%

Erwerbstätige in:									
Landwirt-schaft	8,2	46,7%	8,3	39,9%	1,2%	9,9	36,8%	19,3%	20,7%
Industrie	6,4	36,2%	8,3	39,9%	29,7%	11,2	42,0%	35,5%	75,8%
Handel	1,6	8,9%	2,3	11,3%	43,8%	3,5	13,0%	52,2%	118,8%
Öffentl. Dienst	1,0	5,7%	1,4	6,7%	40,0%	1,7	6,3%	21,4%	70,0%
Andere	0,4	2,5%	0,4	2,2%	44,4%	0,5	1,9%	50,0%	116,6%
Insgesamt	17,6	100,0%	20,7	100,0%	20,5%	26,8	100,0%	47,3%	58,9%

[1] Dieser Terminus wird, sofern er nicht ausdrücklich anders definiert wird, immer gebraucht, um eine Residualgröße zu benennen, nämlich alle Erwerbstätigen, die nicht landwirtschaftlich und nicht industriell sind. So hat er sich in Anlehnung an Colin Clark als deskriptive Kategorie durchgesetzt. Clark (1940, 1957[3]). Zur davon abweichenden Bestimmung des Terminus bei Fourastié s. S. 52.

[2] Die erste Spalte enthält den Zuwachs von 1895 auf 1907, die zweite den Zuwachs von 1882 auf 1907.

[3] Laut Reichsstatistik: Persönliche Dienste, Lohnarbeit wechselnder Art, berufslose Selbständige (bei den Erwerbstätigen: ohne Berufslose).

Quelle: RSt 211, S. 81 und S. 30*. Die Daten der Berufs- und Betriebszählungen sind bei der stark historisch-empirisch ausgerichteten Nationalökonomie jener Zeit auf höchstes Interesse gestoßen und ungezählte Male verarbeitet worden. Die meisten dieser Monographien, die nicht selten unter der Faszination leiden, die von den reinen Zahlen zulasten ihrer Interpretation auf den Autor ausgegangen sind, werden in der Bibliographie genannt. Sie werden imgrunde alle überholt von der ersten zusammenfassenden, ob der Vielfalt der Datenkombination noch immer anregenden Auswertung des Materials aus historischer Distanz im GdS Bd. IX. Neuhaus (1926).

geneigt ist, oder die Zäsur des Jahres 1895, die eine mehr als zwanzigjährige Phase überwiegend stark gedrückter Konjunktur von einer knapp zwanzigjährigen Phase kaum unterbrochener, mehrfach überschäumender Prosperität trennen soll, ist in Wirklichkeit nicht so gravierend gewesen, wie die historisch orientierten Konjunkturtheoretiker, und erst recht die konjunkturtheoretisch argumentierenden Historiker glauben gemacht haben. Es spricht viel für die ,,Oder"-Version. Der ,,Großen Depression" ist bereits vor großem Publikum abgeschworen worden[43] und der große Aufschwung ist ungewöhnlich oder boomartig eigentlich nur für die Montan- und Elektrizitätsindustrie gewesen. Dazu wird noch manches zu sagen sein[44]. Hier gilt es festzuhalten, daß der gewerblich-industrielle Sektor 1907 über zehn Millionen Menschen mehr ernährt hat als 25 Jahre zuvor, die Landwirtschaft aber 1,5 Millionen weniger. Und es gibt gute Gründe, daß die offiziellen Zahlen das Zurückweichen der Landwirtschaft sogar noch unterschätzen. Die Werte sind nämlich nicht ohne weiteres von Zählung zu Zählung miteinander vergleichbar.

Erst bei der letzten Erhebung wurden die hauptberuflich mithelfenden Familienangehörigen ausdrücklich und vollständig mitgezählt. Das hat sich auf die Daten für die Industrie, in der die mithelfenden Familienangehörigen auch 1907 kaum 1% der Erwerbstätigen ausmachten, so gut wie gar nicht, im Handel mit etwa 7,5% Mithelfenden geringfügig, in der Landwirtschaft, wo 1907 nicht weniger als 39,5% der hauptberuflich Erwerbstätigen als mithelfende Familienangehörige ausgewiesen wurden, aber in starkem Maße ausgewirkt. Sie geben ein verzerrtes Bild der tatsächlichen Entwicklung wieder.

Die statistische Zahl der Mithelfenden in der Landwirtschaft hat sich zwischen 1895 und 1907 von 1,904 Millionen auf 3,895 Millionen mehr als verdoppelt. 91,4% der Zunahme entfielen auf Frauen. Die angesichts des Rückgangs der landwirtschaftlichen Berufsbevölkerung überraschend kräftige Erhöhung der Erwerbstätigenzahl im Agrarsektor wird dadurch verständlich und zugleich fragwürdig. Es wäre sicherlich verfehlt, die stärkere Ausschöpfung des Arbeitskräftepotentials, insbesondere des weiblichen Arbeitskräftepotentials auf dem Lande in jenen Jahren zu unterschätzen. Gleichwohl liegt zweierlei nahe: einmal dürfte ein beträchtlicher Teil der Mithelfenden 1907 nur zum erstenmal als hauptberuflich Erwerbstätige gezählt worden sein, aber auch schon zuvor mitgearbeitet haben. Zum anderen aber wurden Ehefrauen von Bauern, die neben ihrer üblichen Hausarbeit die Kühe molken und die Hühner fütterten, dann und wann wohl auch auf dem Feld aushalfen, allzuschnell als Mithelfende zu hauptberuflich Erwerbstätigen, obgleich ihr Beitrag zum Familieneinkommen wie zum Sozialprodukt kaum größer war als jener der städtisch-gewerblichen Hausfrauen. Mit einiger Wahrscheinlichkeit ist die sparsame Aufnahme der Mithelfenden bei den beiden ersten Zählungen deren Pro-

[43] G. A. Ritter auf dem 31. Historikertag in Mannheim am 24. 9. 1976. Kockas flinker Widerspruch war – mit Verlaub – weniger substantiell denn rituell.
[44] Siehe unten S. 212 ff.

duktions- und Leistungskapazität deshalb nähergekommen als die extensive Erfassung von 1907. Das ist vor allem bei Überlegungen zur Entwicklung der Frauenarbeit beachtenswert[45], stützt aber die Behauptung noch nicht, daß die statistischen Daten den Rückgang der landwirtschaftlichen Berufsbevölkerung zu gering schätzten. Selbst wenn die statistische Fehlerquelle „mithelfende Familienangehörige" die *Erwerbstätigen*zahlen verzerrt hat, brauchte das nichts an der Richtigkeit der Werte über die *Berufszugehörigkeit* zu ändern. Die geringfügige Abnahme zwischen 1895 und 1907 liegt ja durchaus auf der Trendlinie.

Nun hat aber Peter Quante[46] schon 1932 eingehend und überzeugend auseinandergesetzt, daß keinesfalls *alle* landwirtschaftlich mithelfenden Familienangehörigen, die 1907 zusätzlich in der Statistik auftauchten, Mitglieder der 1882 und 1895 ge-

---

[45]Wegen des hohen Anteils, den die mithelfenden Frauen an der gesamten weiblichen Erwerbstätigkeit hatten und wegen der Unsicherheiten, die mit dieser Kategorie verbunden sind, ist es nur auf Gefahr erheblicher Verzeichnung möglich, von den Daten der Berufszählungen Aussagen zur Entwicklung der gesamten Frauenarbeit in Deutschland abzuleiten. Wenn man die berufliche Stellung außer acht läßt und die mithelfenden Frauen als vollwertige Erwerbstätige zählt, waren 1882 mit Sicherheit bereits mehr als 24,1% aller Erwerbstätigen Frauen (vgl. Tabellen 23 und 24 im Anhang). Aber mit ebensolcher Sicherheit würde man den volkswirtschaftlich wirksamen Anteil der Frauenarbeit überschätzen, wenn man aufgrund einer schlichten Gegenüberstellung der männlichen und weiblichen hauptberuflich Erwerbstätigen, die 1907 statistisch ausgewiesen wurden, eine Frauenerwerbsquote von 30,7% konstatierte. Mithelfende landwirtschaftliche Tätigkeit war eben etwas anderes als hauptberufliche Erwerbstätigkeit in der Industrie. Es gab 1907 aber beträchtlich mehr mithelfende Frauen in der Landwirtschaft (34,5% aller hauptberuflich erwerbstätigen Frauen) als weibliche Arbeitskräfte in der Industrie (25,5%). Dort war der Anteil der Frauen an der Gesamtheit der industriell Erwerbstätigen seit 1882 kaum, nämlich nur von 17,7% auf 18,7% gestiegen. Es wäre also verkehrt, die zunehmende Industrialisierung unmittelbar mit einem Anstieg der Frauenarbeit in Verbindung zu bringen. Sie hat allenfalls mittelbar eine schwer zu quantifizierende Zunahme der weiblichen Erwerbstätigkeit in der Landwirtschaft und in den Dienstleistungsbranchen bewirkt. In der Landwirtschaft, weil es nötig wurde, männliche Arbeitskräfte zu ersetzen, die sich industrieller Erwerbstätigkeit zugewendet hatten, in den Dienstleistungsbranchen, weil neugeschaffene Stellen zu besetzen waren, deren physische Anforderungen der Leistungsfähigkeit von Frauen entgegenkam. Die Industriearbeiterin ist bis zum ersten Weltkrieg keine Massenerscheinung gewesen. 1907 hat es 1,457 Millionen Lohnarbeiterinnen im Gewerbesektor gegeben. Der überwiegende Teil waren junge, unverheiratete Mädchen, nur 270 000 waren Ehefrauen. Das entsprach gut 3% aller erwerbstätigen Frauen. Der Anteil der Frauen war in der Textil- und Bekleidungsindustrie (einschließlich Reinigung) mit 50% ausgefallen hoch. Dort arbeiteten zwei Drittel aller industriell erwerbstätigen Frauen. Überdurchschnittlich hoch war er noch in der Papierindustrie (32,6%), in der Industrie der Nahrungs- und Genußmittel (22,1%) und im Polygraphischen Gewerbe (12,2%). Von den modernen Industrien beschäftigte nur die Chemie eine relativ große (16,2%), angesichts ihres geringen Umfangs eine absolut dennoch recht kleine (25 691) Zahl Frauen. In allen anderen Branchen lag die Quote unter, gewöhnlich *weit* unter 10%. RSt 211, S. 180. *Neuhaus* (1926), S. 400.

[46]*Quante* (1932).

46

zählten landwirtschaftlichen Betriebe gewesen sein können. Andernfalls wäre der Frauenüberschuß bei den über vierzehnjährigen Berufszugehörigen in der Landwirtschaft von 6,3% (1882) auf 20,3% (1907) angestiegen, während der Frauenüberschuß in der Gesamtbevölkerung zugleich von 4,15% auf 2,6% gesunken war. Da die regionale und berufliche Mobilität der Frauen nicht so wesentlich geringer war als die der Männer und mit der Zeit überdies zunahm, gab es weder einen realen Grund für eine so eklatante Verschiebung der Proportionen, noch gab es die Verschiebung selbst. Es gab schließlich auch einen großen Teil der landwirtschaftlich mithelfenden Familienangehörigen nicht. Oder genauer: es gab sie schon, sie durften nur der Landwirtschaft als volkswirtschaftlichem Produktions- und Einkommenssektor nicht zugeschlagen werden. Kurz, unter die hauptberuflich im Agrarsektor mithelfenden Familienangehörigen sind in der Statistik mit einiger Sicherheit etwa 140 000 Männer und 785 000 Frauen geraten, die dort nicht hingehörten[47], weil sie keinem hauptberuflichen Landwirt halfen, sondern durch „landwirtschaftliche" Tätigkeit zu einem Haushaltseinkommen beitrugen, dessen überwiegender Teil in der Industrie, im Gewerbe, Handwerk oder Handel verdient wurde. Die „landwirtschaftliche" Tätigkeit dürfte sich nicht selten in Gemüsegärtnerei erschöpft haben, „der Ertrag des sogenannten landwirtschaftlichen Betriebes lediglich ein meist unbedeutendes Ergänzungseinkommen" gewesen sein[48]. Es gibt keinen Grund, diese „Freizeitlandwirte" zur landwirtschaftlichen Berufsbevölkerung zu zählen. Man verzerrte die Verhältnisse damit nur. Sie sollten vielmehr von den Zahlen der landwirtschaftlichen Berufszugehörigen und Erwerbstätigen abgezogen und — da es kein rationaleres Verteilungskriterium gibt — im Verhältnis der statistisch ausgewiesenen Zahlen der übrigen sektoral gegliederten Bevölkerung zugerechnet werden. Als hauptberuflich Erwerbstätige werden sie am besten überhaupt nicht mehr berücksichtigt. Nach dieser wirklichkeitsnahen Manipulation der offi-

[47]*Quante* (1932), S. 219 ff. Quante hat angenommen, daß die 1895 ermittelte durchschnittliche Größe landwirtschaftlicher Familien und der damalige Frauenüberschuß in der Berufsbevölkerung auch 1907 noch galten. Deshalb hat er die statistisch festgestellte Zahl der Betriebsleiter des Jahres 1907 mit der durchschnittlichen Familiengröße von 1895 multipliziert, davon die Betriebsleiter selbst und ihre ebenfalls der Statistik entnommenen Angehörigen ohne Hauptberuf abgezogen und den Rest als tatsächlich mithelfende Familienangehörige im Agrarsektor angesetzt. Die Zunahme der Mithelfenden in landwirtschaftlichen Hauptbetrieben schrumpfte von knapp über 100% auf 47,4%, die absolute Zahl im Jahr 1907 von 3,883 Millionen auf 2,862 Millionen. Wenn man mit guten Gründen annimmt, daß weitere knapp 100 000 Mithelfende in Nebenbetrieben von hauptberuflich unselbständig landwirtschaftlich Erwerbstätigen gezählt worden sind, bleiben 925 000 übrig, die dem Agrarsektor nicht zuzurechnen sind.

[48]*Quante* (1932), S. 217.

ziellen Daten spiegeln die Werte für 1907 das Ausmaß der wirtschaftlichen Strukturveränderung in den zurückliegenden 25 Jahren noch deutlicher wieder[49].

Tabelle 9: Berufszugehörige und Erwerbstätige 1907

Sektor	*Berufszugehörige*				*Erwerbstätige*			
	(1)	(2)	(3)	(4)	(1)	(2)	(3)	(4)
Landwirtschaft	16.757	27,1%	−9,4%	−12,8%	8.959	34,6%	8,0%	8,8%
Industrie	26.941	43,7%	33,8%	68,7%	11.255	43,5%	35,5%	75,8%
Handel	8.454	13,7%	42,5%	87,6%	3.478	13,4%	52,2%	118,8%

(1) Berufszugehörige und Erwerbstätige in 1.000
(2) Anteil an der Reichsbevölkerung und der Gesamtzahl der Erwerbstätigen
(3) Zuwachs gegenüber 1895
(4) Zuwachs gegenüber 1882
Quelle: Errechnet aus RSt 211, S. 81 und 30* und Quante (1932), S. 221.

[49]Sowohl das industriell viel weiter fortgeschrittene England, wie das bereits zurückgefallene Frankreich zeichneten sich durch wesentlich geringere Wandlungsdynamik aus.

Beschäftigtenstruktur und Wandlungsdynamik in Deutschland, England und Frankreich

		Landwirtschaft			Industrie			Handel	
		(1)	(2)	(3)	(1)	(2)	(3)	(1)	(3)
Reich	1895	8,3 Mio	39,9%		8,3 Mio	39,9%		2,3 Mio	
	1907	9,0 Mio	34,6%	8,0%	11,3 Mio	43,5%	35,5%	3,5 Mio	52,2%
England	1901	1,2 Mio	8,5%		8,5 Mio	59,1%		1,9 Mio	
	1911	1,3 Mio	8,1%	8,2%	9,6 Mio	59,0%	13,7%	2,2 Mio	20,4%
Frankreich	1896	8,4 Mio	44,3%		5,6 Mio	29,5%		2,3 Mio	
	1906	8,8 Mio	42,3%	4,2%	6,3 Mio	30,2%	11,8%	2,9 Mio	24,6%

(1) Erwerbstätige im Berufssektor
(2) Anteil an der Gesamtzahl der Erwerbstätigen
(3) Zuwachs
Quelle: Neuhaus (1926), S. 434 ff.

48

Der scheinbar starke Zuwachs der landwirtschaftlich Erwerbstätigen reduziert sich auf weniger als die Hälfte, die Abnahme der landwirtschaftlichen Berufsbevölkerung aber wächst auf mehr als das Doppelte. Dieser Abfall hatte nun aber keineswegs für eine erhebliche Ausdehnung des gewerblichen Sektors auf dem Land gesorgt. Die gewerbliche Berufstätigkeit auf dem Land stagnierte vielmehr und weitete sich nur in den Städten ungeheuer aus. 1882 hatte sich die gewerblich-industrielle Bevölkerung noch im Verhältnis 10 zu 50 zu 40 auf Großstädte, Klein- und Mittelstädte sowie aufs Land verteilt. 1907 hieß das Verhältnis 23 zu 51 zu 26[50]. Die von der Industrie ernährte Bevölkerung der Großstädte hatte sich von 1,575 Millionen auf 6,089 Millionen fast vervierfacht, die in den Klein- und Mittelstädten hatte von 8,05 Millionen auf 13,33 Millionen um zwei Drittel zugenommen. In beiden Ortsgrößenklassen war die industrielle Bevölkerung gleichwohl nur geringfügig schneller gewachsen als die Gesamtbevölkerung. In den Großstädten war ihr Anteil von 47,3% auf 51,6%, in den Klein- und Mittelstädten von 51,6% auf 55,4% gestiegen. Jede industrielle „Stelle" hatte also tatsächlich eine weitere Stelle möglich und mit zunehmender Bevölkerungsagglomeration auch nötig gemacht[51].

Auf dem Land war die industrielle, und das hieß dort überwiegend die handwerklich-kleingewerbliche Bevölkerung unterdessen nur um eine halbe Million auf rund 7 Millionen angewachsen. Von einem Vordringen des Kapitalismus oder Industrialismus aufs Land, von dem Zeitgenossen gelegentlich gesprochen haben, konnte keine Rede sein. Die „Flucht aus der Landwirtschaft" ist zugleich Landflucht gewesen.

So widersprüchlich es im ersten Moment klingen mag: diese Feststellung unterstreicht die bekannte These, daß Deutschland im Vierteljahrhundert vor dem ersten Weltkrieg zum urbanisierten Industriestaat geworden sei und schränkt sich doch zugleich ein. Es kommt darauf an, unter welchem Gesichtspunkt man die Sache betrachtet. Der Blick auf die gesamtwirtschaftlichen Daten rückt den Eindruck der Verstädterung und Industrialisierung überwältigend in den Vordergrund. An der grundsätzlichen Richtigkeit dieses Eindrucks kann und soll auch gar nicht gerüttelt werden. Es darf nur nicht ganz übersehen werden, daß die Zahlen *auch* Ausdruck weniger städtischer und industrieller Ballungen sind, neben denen wei-

[50]Diese und die folgenden Zahlen nach *Neuhaus* (1926), S. 390. Vgl. *Köllmann* (1974), S. 137 f.

[51]*Ipsen*, in: HSW Bd. 9, S. 789, *Köllmann* (1974), S. 107. Es ist leicht einzusehen, daß „dieses Gesetz des doppelten Stellenwerts" mit fortschreitender Industrialisierung und Verstädterung tendenziell zu einem Gesetz des mehrfachen Stellenwerts wurde, da die Notwendigkeit von Infrastruktur- und Dienstleistungsstellen mit dem Wachstum und der Komplexität der wirtschaftlichen und sozialen Beziehungen zunahm. Vgl. die Ausweitung der Theorie des doppelten Stellenwerts zur Theorie des regionalen Leistungsgefüges bei *Mackensen* (1967) insbes. S. 85 ff.

ter rein landwirtschaftliche oder zumindest agrarisch stark aufgelockerte Regionen existierten und – wenn man sich die räumliche Ausdehnung vergegenwärtigt – sogar vorherrschten. „Industrie" bedeutete in solchen Räumen etwas anderes als im Ruhrgebiet, in Lothringen, in Berlin oder Leipzig. Es wird gleich mehr darüber zu sagen sein, daß betriebliche Größe und gewerblich-industrielle Verdichtung eng miteinander verbunden waren, daß im Industriebegriff der zeitgenössischen Statistik mancherlei enthalten war, was mit derzeitigen Vorstellungen von Industrie wenig gemein hatte. Die *regionale* Aufgliederung der gesamtwirtschaftlichen Zahlen für die Jahre 1895 und 1907 ist daher nur ein erster Schritt auf dem Weg zu einer halbwegs realitätsgerechten Sicht der wirtschaftlichen Strukturbedingungen in der Spätphase des Kaiserreichs[52].

Überwiegend ländlich-agrarisch geprägt waren auch 1907 noch die ganze langgestreckte Nordostflanke (Oldenburg, Schleswig-Holstein mit Ausnahme des Weichbilds von Hamburg, Provinz Hannover[53], beide Mecklenburg, Pommern, West- und Ostpreußen und Posen) und der Süden des Reiches (Bayern ohne die Pfalz, Württemberg mit Ausnahme des Neckarkreises und die badischen Landeskommissariatsbezirke Konstanz und Freiburg). Demgegenüber gab es drei durchgebildete, räumlich nicht sehr ausgedehnte Industriegebiete; eins im Westen, das sich aus den rheinländischen Bezirken Aachen, Düsseldorf und Köln und aus Arnsberg in Westfalen zusammensetzte, zwei im östlichen Mitteldeutschland: Berlin/Potsdam und das Königreich Sachsen. Eine vierte Region im Rhein-Main/Rhein-Neckarraum war auf dem besten Weg, Industriegebiet zu werden. Zu ihr gehörten die badischen Landeskommissariatsbezirke Karlsruhe und Mannheim, der württembergische Neckarkreis um Stuttgart, Starkenburg in Hessen und in gewisser Weise als Bindeglied zum westlichen Industriegebiet – merkwürdig eingerahmt von überwiegenden Agrarlandschaften im Osten und Westen und nirgendwo so recht hingehörig – wohl auch der nassauische Regierungs-Bezirk Wiesbaden.

Vervollständigt wurde das wirtschaftsgeographische Bild von drei uneinheitlich gemischten gewerblich-agrarischen Räumen, in denen reine Agrargebiete mit bereits stark gewerblich durchdrungenen oder gar ausgeprägt industrialisierten Kerngebieten auf vergleichsweise engem Raum vereint waren: Schlesien und der brandenburgische Regierungsbezirk Frankfurt als langhingestreckter Keil entlang der Oder; das süddeutsche Randgebiet links des Rheins (Elsaß-Lothringen, Pfalz, Rheinhessen und die rheinländischen Regierungsbezirke Koblenz und Trier, schließlich das politisch, wirtschaftlich und demographisch am stärksten zerklüftete westliche Mitteldeutschland mit der preußischen Provinz Sachsen, mit Thüringen, Anhalt und

---

[52]Vgl. Tabelle 25 und 26 im Anhang und *Schlier* (1922), insbes. S. 43 f. und den Kartenanhang.

[53]Ausnahmen machten hier die Regierungsbezirke Hannover und Hildesheim mit kleineren städtischen Industriekernen.

Braunschweig, den beiden Lippe, sowie Minden und auch Münster[54] in Westfalen. Die statistischen Daten zum personellen Umfang der Wirtschaftssektoren scheinen diese Gebiete spätestens 1907 näher an die Industrieregionen als an die Agrarlandschaften heranzurücken. Dieser Eindruck wird von den Zahlen zur Siedlungsstruktur rasch korrigiert. Nicht einmal ein Viertel der Bevölkerung hat dort in Städten[55] gelebt, weniger als ein Zehntel in Großstädten. Die landwirtschaftliche Berufsbevölkerung war zwar schon unter ein Drittel und fast auf den Reichsdurchschnitt gesunken, die Landbevölkerung machte aber immer noch fast die Hälfte der Gesamteinwohnerschaft aus. Industrialisierung und Verstädterung sind hier – im Gegensatz zu den Industrieregionen, wo sich die Anteile der städtischen und der industriellen Bevölkerung fast genau entsprachen und wo drei Fünftel aller Großstädter im Reich angesiedelt waren – nicht gleichlaufende Vorgänge gewesen. Die Industrialisierung war der städtischen Verdichtung deutlich davongelaufen. In diesen drei Räumen und vor allem im südwestdeutschen Industriekerngebiet[56] hat es denn auch die auffälligsten innerräumlichen sektoralen Verschiebungen im Verlauf der Konjunkturperiode seit 1895 gegeben.

Während sich die Zusammensetzung des Wirtschaftskörpers in den Agrargebieten alles in allem nur graduell verändert hatte, während sich der bereits 1895 deutlich dominierende Industriesektor in Rheinland/Westfalen und im östlichen Mitteldeutschland nur noch kräftiger durchgesetzt (von 55,2% auf 57,1% der Gesamtbevölkerung) und den Anteil der Agrarbevölkerung auf „englisches Maß" (10,6%) zurückgedrängt hatte, hatten die Bezirke längs der Oder, am Oberrhein und im westlichen Mitteldeutschland unterdessen bemerkenswerte Umschichtungen zwischen landwirtschaftlicher und industrieller Bevölkerung erlebt. 1895 war der Industriesektor dort um gut ein Zehntel dichter besetzt gewesen als der Agrarbereich, 1907 um mehr als die Hälfte. Der Agrarsektor hatte unterdessen 450 000 Menschen verloren – mehr als alle anderen Gebiete mit nur 370 000 zusammen –, die industriellen Erwerbszweige hatten 2,26 Millionen hinzugewonnen. Am Ende des 19. Jahrhunderts noch sichtlich agrarisch eingefärbte Länder, Provinzen und Bezirke schienen in einem eindrucksvollen Wandlungsprozeß innerhalb weniger Jahre „industriestaatlichen" Charakter angenommen zu haben. Allein, die kaum

---

[54]Wenn man nicht an die Verwaltungsgrenzen gebunden wäre, wäre es natürlich sinnvoller, den südlichen Teil des Regierungsbezirks zum westlichen Industriekern, den nördlichen Teil zur norddeutschen Agrarlandschaft zu rechnen. Vgl. sehr allgemein zum Problem sinnvoller regionaler Abgrenzung in der Wirtschaftsgeschichte *Lane* (1962), S. 95–104.

[55]Städte sind hier und im folgenden immer Ortschaften mit mehr als 20 000 Einwohnern.

[56]Der Rhein-Main-Neckarraum hat in diesen Jahren wohl den bemerkenswertesten wirtschaftlichen Strukturwandlungsprozeß durchgemacht. Nirgendwo sonst, nur hier, ist der wirtschaftliche Charakter eines größeren Gebiets wirklich durchgreifend geändert worden. Das Verhältnis zwischen Agrar- und Industriesektor hatte sich von 33 zu 40 auf 24 zu 46 verändert. Damals sind die Grundlagen für die langfristig erstaunlich krisensichere Prosperität der südwestdeutschen Wirtschaft gelegt worden.

51

gestiegene Quote der Stadtbevölkerung läßt Zweifel aufkommen. Ist „Industrie-sektor" für die gewerblichen Arbeits- und Lebensbereiche hier tatsächlich die rich-tige Bezeichnung? Wird nicht womöglich kaum Vergleichbares in dieser unter-schiedslosen Benennung gewaltsam auf einen allzu gedehnten gemeinsamen begriff-lichen Nenner gebracht? Was denn haben die Zechen- und Hochöfenballungen an Rhein und Ruhr und das zersiedelte Haus- und Kleingewerbe im thüringischen Bergland, um die Extreme zu nennen, miteinander gemeinsam?[57] Solche rethori-schen Fragen sind allemal auch ihre eigene Antwort. Nein, „Industriesektor" mit all seinen wirtschaftlich-produktionstechnischen, sozialen und sozialpsychologi-schen Implikationen, ist für den größten Teil der gewerblichen Tätigkeit in den drei Räumen fraglos nicht der treffende Begriff. Gewiß wird mit ihm Unvergleich-bares verglichen. Obwohl sich landwirtschaftliche und industrielle Berufsbevölke-rung im südwestdeutschen Randgebiet und in Schlesien/Frankfurt wie drei zu vier und im westlichen Mitteldeutschland sogar wie drei zu fünf zueinander verhielten, waren diese Regionen keine überwiegenden Industriegebiete geworden, sondern Räume mit vorherrschend traditionaler Arbeits- und Lebensweise geblieben.

Es wäre mit hoher Wahrscheinlichkeit sehr viel aufschlußreicher und würde zu Er-gebnissen führen, die für die tatsächliche, regional differenzierte Wirtschafts- und Sozialstruktur des Kaiserreichs bezeichnender wären, wenn man die Erwerbsbe-völkerung einmal im Sinne Fourastiés nach dem Maß des realisierten technischen Fortschritts auf einen primären, einen sekundären und einen tertiären Sektor[58] verteilen könnte. Diese Sektoren sind ja nicht notwendigerweise mit Landwirt-schaft, Industrie sowie Handel und Dienstleistungen identisch. Der analytische Wert der Kategorien läge gerade in der Möglichkeit, hinter diese äußerliche und weitgehend deskriptive Einteilung der Volkswirtschaft zu gelangen[59]. Er „läge" für vergangene Zeiten freilich nur darin. Denn die verfügbaren statistischen Daten

[57]Hier ist der Einwand fällig, daß es in diesem Sinn Unvergleichbares natürlich auch inner-halb der Regionen gegeben habe. Die Industrie des Erzgebirges im Industrieland Sachsen unter-schied sich so wenig von der Thüringens wie die Industrielandschaften Oberschlesiens oder Lothringens vom Ruhrgebiet. Bei auch nur halbwegs großräumigen Gliederungen ist nicht zu vermeiden, daß Bezirke mit Ausnahmecharakter in Räume geraten, deren zusammenfassende, abstrahierende und mit den notwendigen Verkürzungen typisierende Kennzeichnung ihren Eigenarten nicht gerecht wird.

[58]*Fourastié* (1954), S. 27 ff. Fourastié mißt technischen Fortschritt mit der Steigerung der Arbeitsproduktivität. *Primär* heißen alle Produktionszweige mit mittelmäßigem, *sekundär* alle Wirtschaftszweige mit starkem und *tertiär* alle Tätigkeiten mit geringem technischen Fort-schritt. Die Zugehörigkeit zu einem Sektor ist also keinem Tätigkeitsbereich ein für allemal vorgegeben, die Zusammensetzung der Sektoren mithin veränderlich. Zum Problem des tech-nischen Fortschritts, seiner Definition und Messung *André* (1971) und *Schremmer* (1973).

[59]Die Aufgabe der Terminologie „ist es weniger, die gesamte Volkswirtschaft in drei Sek-toren aufzuteilen, als vielmehr drei *typische Formen wirtschaftlichen Verhaltens* voneinander zu unterscheiden". *Fourastié* (1954), S. 30. Vgl. auch S. 80 f.

52

lassen einen einmal mehr im Stich. Werte zur Arbeitsproduktivität sind außerordentlich selten und unsicher und überdies so punktuell, daß weiterreichende Vergleiche ausgeschlossen sind. Wir können mithin nur begründet vermuten, daß die Heimweberei in der Lausitz und im Elsaß, aber auch eine große Anzahl traditioneller Handwerke[60] und kleiner Gewerbe unter dem Gesichtspunkt des Produktivitätsfortschritts viel eher zum primären oder tertiären als zum sekundären Sektor gehörten. Nicht ganz falsch dürfte auch die Annahme sein, daß zwischen betrieblicher Größe, Produktionsweise und Produktivität recht eindeutige Beziehungen bestanden und daß dies zusammen auf die soziale Gestaltung zurückgewirkt hat. Eine eingehendere Betrachtung der betrieblichen Größenverhältnisse in der Spätphase des Kaiserreichs vermittelt den überzeugenden Eindruck, daß der sekundäre Sektor, der den Grad der Industriestaatlichkeit bestimmt, wesentlich kleiner gewesen ist, als die grobe Trennung zwischen Agrar- und Industriebereich gemäß den Gesamtzahlen der Reichsstatistik annehmen läßt.

Sicherlich hatte sich der deutsche Industriesektor um die Jahrhundertwende recht weit entfernt von der Vorstellung einer harmonisch gegliederten mittelständischen Gewerbewirtschaft, die von den deutschen Vertretern wirtschaftsliberaler Prinzipien im Kongreß deutscher Volkswirte gehegt[61], in einiger Reinheit aber nie verwirklicht worden war. Ebenso weit entfernt war er aber noch davon, großindustriell geordnet zu sein. Das hervorragende Interesse, das die Explosion der auch räumlich vergleichsweise stark konzentrierten Montan- und Elektrizitätsindustrie bei den Zeitgenossen und später bei den Historikern erregt hat, barg und birgt die Gefahr, daß Merkmale dieser Produktionszweige in zu starkem Maße als Merkmale des gesamten Industriesektors gewertet werden, vor allem das Merkmal betrieblicher Größe und Konzentration. Zunehmende betriebliche Größe *war* ein Strukturmerkmal der deutschen Industriewirtschaft im Kaiserreich, aber kein so ausgeprägtes, wie es die eigentlichen Wachstumsindustrien jener Jahre anzudeuten scheinen.
Die Zahl der Industriebetriebe mit mehr als 1000 Beschäftigten war 1907 mit 478 zwar viermal größer als 1882. Das galt auch für die Zahl der darin Beschäftigten. Diese 879 305 Erwerbstätigen waren aber immer noch erst 8,1% aller Erwerbstätigen in Industrie und Handwerk, zu denen 17,2% (1 876 887) in Betrieben mit 200

---

[60]Daß handwerkliche Betriebe von beträchtlichen Steigerungen der Arbeitsproduktivität nicht ausgeschlossen waren, hat Noll am Beispiel Münsters und Arnsbergs eindrucksvoll gezeigt. Am Beispiel eines Handwerks freilich, das vielfältig mit der Industrie des Gebiets verbunden war. Die Abhängigkeiten werden ebenso deutlich wie der Zusammenhang zwischen Erhöhung der Leistungsfähigkeit und betrieblichem Größenwachstum. Die Ergebnisse sind daher wohl nur mit Vorbehalt auf das Handwerk industriell weniger fortgeschrittener Räume zu übertragen. *Noll* (1975).
[61]Vgl. *Hentschel* (1975).

bis 1000 Beschäftigten kamen[62]. Nur in Rheinland-Westfalen, Lothringen und Oberschlesien arbeiteten 1907 zwischen 50 und 60% der industriell Erwerbstätigen in den damals sogenannten „Großbetrieben" mit mehr als 50 Arbeitskräften (vgl. Tabelle 10). Nur dort überschritt die Zahl der Betriebe mit mehr als 200 Beschäftigten ein Fünftel aller Großbetriebe. Dort auch waren 272 der 478 Riesenbetriebe (mehr als 1000 Beschäftigte) in der Industrie angesiedelt. Allein 204 davon waren Montanwerke.

In Sachsen und Brandenburg arbeiteten schon nur noch 46% der Erwerbstätigen in Industrie und Handwerk in Großbetrieben, von denen nur etwa ein Sechstel mehr als 200 Beschäftigte hatte. Von insgesamt 6027 Großbetrieben waren 70 Riesenbetriebe[63].

Tabelle 10: Anteil der Erwerbstätigen in Betrieben mit mehr als 50 Beschäftigten an der Gesamtheit der „industriell" Erwerbstätigen 1895 und 1907 und Anzahl der Betriebe mit mehr als 200 und mehr als 1000 Beschäftigten 1907

Gebiet	(1)	(2)	(3)	(4)	Gebiet	(1)	(2)	(3)	(4)
Ostpreußen	15,9	26,5	35	1	Hannover	34,3	40,3	197	17
Pommern	21,7	28,6	57	2	Berlin	30,9	41,6	276	29
Posen	22,1	29,2	43	2	Württemberg	30,6	42,8	221	10
Mecklenb.	15,0	20,7	20	—	Prov. Sachsen	36,2	43,6	251	12
					Brandenburg	36,0	46,0	236	34
Schleswig-H.	23,4	31,2	63	6	Kr. Sachsen	38,0	46,5	683	36
Bayern	25,4	35,4	361	21	Rheinpfalz	38,6	46,9	77	10
Hessen	29,4	36,2	85	4	Baden	37,6	47,8	224	11
Hamburg	26,2	37,0	110	9	Bremen	31,7	48,2	48	7
Westpreußen	26,4	37,1	53	6					
H.-Nassau	29,0	39,3	148	8	Schlesien	44,6	53,7	477	59
					Rheinland	46,6	55,8	785	103
					El.-Lothr.	50,8	57,0	283	19
					Westfalen	52,3	60,6	362	63

(1) Anteil der Beschäftigten in Großbetrieben (mehr als 50 Beschäftigte) 1895
(2) dass. 1907
(3) Anzahl der Betriebe mit mehr als 200 Beschäftigten
(4) Anzahl der Betriebe mit mehr als 1000 Beschäftigten
Quelle: RSt Bd. 214, S. 2 ff., Bd. 220/21, S. 231 f.

[62] RSt 466, S. 188. Vgl. *Sieber* (1962), S. 54 f.
[63] RSt Bd. 215, S. 2. So stark wie sonst nur im Rheinland waren in Sachsen dafür die 201–1000-Mann-Betriebe vertreten, mit 683 (= 12,8% derer im Reich). Ein Drittel davon waren Textilbetriebe.

Im ganzen nördlichen Deutschland gab es deren nur 45, in Süddeutschland — ausgenommen Elsaß-Lothringen — 52. Und daß man sich darunter nun nicht notwendigerweise moderne, hochrational geleitete, mit sicherem Blick planende, von Konjunkturen kaum mehr angreifbare Gesellschaften vorzustellen hat, sondern daß es sich dabei auch um überdimensionierte, technisch veraltete, unsicher operierende Firmen handeln konnte, die zwar in ihren Ausmaßen, keineswegs aber im Unternehmensstil die Eierschalen des „Fabriketablissements", aus dem sie hervorgegangen waren, abgelegt hatten, dafür ist einer der größten und ehemals erfolgreichsten dieser süddeutschen Riesenbetriebe ein gutes Beispiel: die Maschinenfabrik Eßlingen AG, Württembergs einziger Industriekonzern. Dieses Unternehmen, das im Zeichen des „Konkurrenzkapitalismus" bis 1875 einen rasanten, kaum ernsthaft unterbrochenen Aufstieg genommen hatte, ist nicht zuletzt wegen seiner Größe und infolge mehrerer eklatant falscher und auch nicht korrigierter Unternehmensentscheidungen bis zum Weltkrieg von einer Krise in die andere geraten[64].

Wie Riesenbetriebe nur in wenigen Gebieten, so waren sie auch nur in wenigen Branchen massiert vertreten[65]. Im Jahr 1907 nur im Montanbereich mit 226 Betrieben und 451 552 Beschäftigten und im Maschinenbau mit 122 Betrieben und 220 685 Beschäftigten. Das waren zusammen 68,7% aller Riesenbetriebe und 76,5% aller in solchen Betrieben Beschäftigten. In allen anderen Gewerbezweigen lag die Zahl der Unternehmen gewöhnlich nicht über 20 und der Anteil der darin Erwerbstätigen unter 5%. Eine Ausnahme machte die chemische Industrie, in der freilich insgesamt nur 172 441 Menschen arbeiteten.

Nicht ganz so vorherrschend, aber immer noch weit überproportional vertreten, waren die Montanindustrie (614) und der Maschinenbau (819) mit 28,7% der Betriebe und 36,3% der Beschäftigten (681 141) auch in der Gruppe der 4998 Industrieunternehmen, die 200 bis 1000 Menschen Arbeit gaben. In dieser Größenkategorie wiesen freilich auch die Bauindustrie (612), die Metallverarbeitung (506), die Industrie der Steine und Erden (442) mit zusammen 1560 (= 31,2%) Betrieben

---

[64]Dazu ausführlich meine Wirtschaftsgeschichte der Maschinenfabrik Esslingen. *Hentschel* (1977), insbes. Teil II.

[65]Die folgenden Zahlen aus RSt 114, 213 und 215. Vgl. *Ullmann* (1976) Anhang I, S. 242 ff., *Handke*, in: *Zumpe* (1976), S. 119 ff.

und 544 705 (= 29%) Beschäftigten und die Textilindustrie mit 981 Betrieben (= 18,4%) und 368 612 Beschäftigten (= 19,6%) überproportionale Ziffern aus[66]. Insgesamt haben 1907 erst 2,756 Millionen (= 25,3%) im Industriesektor Erwerbstätige in Großbetrieben mit mehr als 200 Beschäftigten und nur knapp ein Drittel von ihnen (879 305) in Riesenbetrieben gearbeitet (vgl. Tabelle 27 im Anhang). Seit 1895 war die Zahl um 1,212 Millionen (= 78,5%) gestiegen[67]. 42,5% der 2,852 Millionen Erwerbstätigen, die zwischen den beiden Gewerbezählungen von der Industrie zusätzlich aufgenommen worden waren, haben in solchen Großbetrieben Unterkunft gefunden, weitere 28,7% in mittelgroßen Betrieben mit 50 bis 200 Erwerbstätigen. Die Beschäftigtenzahl dieser beiden Gruppen war dadurch um fast 80% resp. 60% gewachsen. Die Zuwachsrate der kleineren Betriebe war mit 16% wesentlich geringer. Da 1895 aber noch annähernd zwei Drittel der industriell Erwerbstätigen in Betrieben mit weniger als 50 Beschäftigten angestellt gewesen waren, entsprach diese Quote immerhin 821 772 Arbeitskräften. Das Gesamtverhältnis zwischen den Beschäftigten in Unternehmen bis zu 50, zwischen 50 und 200 und mit mehr als 200 Arbeitskräften hatte sich infolge dieser ungleichen Zuwächse von 64 zu 17 zu 19 auf 55 zu 20 zu 25 verschoben. Noch immer arbeitete also über die Hälfte der industriell Erwerbstätigen in Betrieben mit weniger als 50, 30% sogar in Kleinstbetrieben mit höchstens 5 Beschäftigten. Und bezieht man schließlich den Handels- und Verkehrssektor ein, dessen personeller Umfang dem der Industrie in den Hansestädten und in Berlin bereits sehr nahe kam, nimmt das Gewicht der kleinen Betriebe sogar noch zu. Nur 6,6% der Erwerbstätigen arbeiteten dann noch in Riesenbetrieben, 62,9% aber in Betrieben mit weniger als 50 Beschäftigten.

Unter Erwerbstätigen sind angesichts der großen Zahlen selbständiger Betriebe nun keineswegs durchweg Lohnarbeiter zu verstehen (vgl. Tabelle 28 im Anhang).

[66]Mit proportional ist gemeint: im Verhältnis zum Beschäftigtenanteil der Branche im Industrie- und Handelssektor

Branche	Beschäftigtenanteil	Anteil der Betriebe mit 200—1000 Beschäftigten
Montanindustrie	6,0%	11,5%
Maschinenbau	7,8%	15,3%
Baugewerbe	10,8%	11,5%
Metallverarbeitung	6,5%	9,5%
Steine und Erden	5,3%	8,3%
Textilindustrie	7,5%	18,4%
	43,9%	74,5%

Quelle: RSt 215, S.2 ff.

[67]RSt 214. Die Beschäftigtenzahl der Betriebe mit mehr als 1 000 Arbeitskräften in der Betriebsstatistik von 1895 nicht eigens ausgewiesen.

Deren Anteil betrug 1907 mit 64,8% (9,357 Millionen) noch keine zwei Drittel und war in den letzten zwölf Jahren nur unwesentlich um 1,8 Prozentpunkte gewachsen. Trotz eines nicht unerheblichen Rückgangs um 7,2 Prozentpunkte war die Gruppe der Eigentümer und Pächter mit 3,107 Millionen (= 21,5%) noch immer sehr stark. Absolut hatte sie sogar noch um 158 000 zugenommen. An Gewicht gewannen die technischen und kaufmännischen Angestellten, deren absolute Zahl sich mehr als verdoppelte, und deren Anteil 1907 bereits 7% gegenüber 4,4% im Jahr 1895 ausmachte.

Relativer Rückgang der gewerblichen Eigentümer, überproportionale Zunahme der Angestellten und der Beschäftigten in „Großbetrieben" — der Zug zur Größe in der deutschen Industrie vor dem ersten Weltkrieg ist nicht zu verkennen. Ob er als Konzentrationsprozeß mit grundlegend strukturverändernder Wirkung insgesamt richtig gekennzeichnet ist, steht angesichts der verfügbaren statistischen Daten gleichwohl weniger fest, als es der Blick auf die bemerkenswerten Einzelfälle der Montan- und Elektrizitätsindustrie vermuten läßt.

Mit Ausnahme der Textilindustrie waren die Industriebranchen mit einem vergleichsweise hohen Beschäftigtenanteil in großen Betrieben auch die Wachstumsbranchen der deutschen Volkswirtschaft. Betriebliche Größe und Wachstum — zunächst etwas eindimensional, tendenziell aber richtig[68] an der Zunahme der Beschäftigtenzahlen gemessen — waren deutlich positiv miteinander korreliert[69]. Die wichtigsten Industrie- und Gewerbegruppen können unter diesem Gesichtspunkt sinnvoll in drei Kategorien eingeteilt werden[70]:
1. Die eigentlichen Wachstumsbranchen, deren Zuwachsraten das Bild des langfristigen Aufschwungs seit 1895 stark geprägt haben — Bergbau und Hütten, Maschinenbau, Elektroindustrie und — obgleich deren Wachstumskurve nach 1895 bereits flacher wurde — die chemische Industrie.
2. Vier sehr beschäftigungsintensive und stark von der Baukonjunktur abhängige Branchen, die zwar zwischen 1882 und 1907 ebenfalls stark expandierten, deren Zuwachsraten in der ersten Phase bis 1895 aber teilweise beträchtlich größer gewesen sind, als in der darauffolgenden Prosperitätsperiode — Baugewerbe, Metallverarbeitung, Industrie der Steine und Erden und Industrie der Holz- und Schnitzstoffe.

[68] Vgl. unten S. 210 f.
[69] Ob Wachstum Größe hervorgerufen, oder Größe Wachstum gefördert hat, ist dabei im Einzelnen kaum zu unterscheiden. Meistens dürften sich beide Faktoren gegenseitig verstärkt haben.
[70] Vgl. dazu auch *Grumbach/König* (1957), S. 127 ff. *Fischer* (1976), S. 534 ff. hat zurecht darauf hingewiesen, daß es in einer — hier auch Branche genannten — Gewerbegruppe der Reichsstatistik durchaus, wiewohl nicht gehäuft, unterschiedlich dynamische Gewerbe*zweige* geben konnte.

57

3. Die Textil-[70a] und Bekleidungsindustrie als Stagnationsgewerbe.
Alle anderen Branchen beschäftigten 1882 und 1907 gleichermaßen nur 20% der industriell Erwerbstätigen und können ohne Informationsverlust vernachlässigt werden. Rund 12% nahm allein die weitestgehend kleingewerblich organisierte Nahrungsmittelindustrie in Anspruch (vgl. Tabelle 11).

Nach dieser Einteilung beschäftigten die Branchen, denen Deutschland vor allem die Kennzeichnung „*Industrie*staat" verdankte, 1907 gerade ein Fünftel aller Erwerbstätigen im industriellen Sektor, 8% aller hauptberuflich Erwerbstätigen überhaupt. Ihre dennoch herausgehobene, in mancher Hinsicht wohl auch dominierende Stellung in der deutschen Industriewirtschaft verdanke dieser Bereich zweierlei: seiner fortgeschrittenen großbetrieblichen Organisation und der stark zunehmenden Verwendung motorischer Kraft. Beides hing miteinander zusammen und war gemeinsame Voraussetzung raschen, kräftigen Wachstums. Es war ja das Kennzeichen moderner, dynamischer Industrien, daß sie Produktionssteigerungen nicht mehr nur durch zusätzlichen Einsatz von Arbeitskräften erreichten, sondern vorrangig durch die Erhöhung der Arbeitsproduktivität mithilfe rationaler Kombinationen von Sachkapital und menschlicher Arbeit[71]. Die dazu erforderlichen Investitionen verlangten gewöhnlich nach erheblicher Finanzkraft und belasteten die Produktion mit einem hohen Fixkostensockel. Kapitalintensive Produktion wurde erst bei einer größeren Ausbringung rentabel als traditionelle Fertigungsweisen. Die Rentabilität pro Produktionseinheit wuchs dann freilich mit wachsendem output, bis die Grenzerlöse oder -erträge den Grenzkosten gleich wurden. Verstärkter Kapitaleinsatz bedingte daher aus Finanzierungs- *und* Rentabilitätsrücksichten große Betriebe. Es war deshalb kein Zufall, daß die Betriebe der ersten Kategorie 1907 zwar nur ein Fünftel der Beschäftigten, aber über die Hälfte der motorischen Kraft im Industriesektor auf sich vereinigten[72]. Im Bergbau kamen 2,5 PS, in der Eisen- und Metallgewinnung 3,35 PS, in der Elektrizitätserzeugung gar über 10 PS auf einen Beschäftigten. Nur in diesen Branchen mit ihren 1,1 Millionen Arbeitskräften überwog Maschinenarbeit im modernen Verständnis.

Der Maschinenbau, auf dessen Leistungsfähigkeit die im Zeichen der Motorisierung und Elektrifizierung kräftig prosperierenden Branchen ja doch angewiesen waren, zeichnete sich dagegen immer noch durch stark handwerklich bestimmte

---

[70a]Vgl. *Oppel* (1912), S. 16–37.

[71]Es mag erstaunlich klingen, aber diese zur Trivialität herabgekommene Einsicht war um die Jahrhundertwende noch nicht einmal Gemeingut aller Industriemanager. Als die Maschinenfabrik Esslingen um 1905 daranging, ihr Werk von Esslingen nach Mettingen zu verlegen und ihre völlig veralteten, zum großen Teil noch vormodernen Produktionsanlagen dort durch technisch fortgeschrittenere zu ersetzen, ging das Vorstandsmitglied Ludwig Keßler von folgender Überlegung aus: Die Kapazität sollte von 10 auf 20 Millionen Mark Produktionswert erweitert werden. Deshalb brauche man künftig 5 000 statt 2 500 Beschäftigte. *Hentschel*, Wirtschaftsgeschichte, S. 116.

[72]Vgl. auch *Hoffmann* (1966), S. 79.

Tabelle 11: Erwerbstätigenzuwachs und Zuwachs an motorischer Kraft in verschiedenen Industriegruppen 1875–1907

Industrie-gruppe		1875/1882[1]		1895			1907			
		Erwerbs-tätige Motorkraft	Anteile am ges. Gewerbesektor	Erwerbs-tätige Motorkraft	Anteile am ges. Gewerbesektor	Zuwachs gegen 1882	Erwerbs-tätige Motorkraft	Anteil der gewerblich Tätigen	Zuwachs gegen 1895	1882
I	Erwerbstätige	857,9[2]	14,4	1.224,2	15,3	42,8	2.153,4	19,8	76	151,3
	Motorkraft	499.228[3]	52,6	1.329.649	39,7	166,3	5.099.594	52,0	283,5	
II	Erwerbstätige	1.812,1	30,6	2.842,1	35,5	56,8	4.042,3	37,3	42,3	123,0
	Motorkraft	96.776	10,2	541.382	16,1	459,4	1.688.687	17,2	211,9	
III	Erwerbstätige	2.028,6	34,2	2.217,6	27,7	9,3	2.392,0	22,0	7,9	17,9
	Motorkraft	176.606	18,6	534.831	15,9	202,8	1.054.290	10,7	97,1	
IV	Erwerbstätige	5.933,6		8.005,5		34,8	10.852,9		35,6	82,9
	Motorkraft	949.516		3.352.791		253,1	9.808.451		192,5	

(I) — Bergbau, Hütten, Maschinenbau, Elektroindustrie, Chemie
(II) — Baugewerbe, Holz- und Schnitzstoffe, Steine und Erden, Metallverarbeitung
(III) — Textilindustrie, Bekleidungsindustrie
(IV) — Industrie insgesamt

[1] Das Jahr 1875 gilt für die motorische Kraft, 1882 für die Zahl der Erwerbstätigen
[2] Zahl der Erwerbstätigen in 1000
[3] Motorische Kraft in PS

Quelle: Reichsstatistik Bd. 220/21, Bd. 413, Teil III. Die technischen Betriebseinheiten im Deutschen Reich, S. 6

Produktionsweisen aus. Die niedrige PS-Zahl (0,75 pro Beschäftigten) und die starke Zunahme der Beschäftigten um 465 000 oder 105% zwischen 1895 und 1907, während der Montanbereich nur um 325 000 Arbeitskräfte (= 60%) wuchs, sind neben zeitgenössischen Berichten und neueren Studien[73] der einleuchtende Beleg für diese Behauptung. Die Maschinenindustrie nahm in gewisser Weise eine Sonderstellung im deutschen Industriesektor ein. Sie gehörte nicht zu den hochkapitalintensiven Branchen, die vergleichsweise stark mit motorischer und elektrischer Kraft ausgestattet waren und dennoch zu den herausragenden Wachstumsbranchen jener Zeit. Der Maschinenbau war der letzte Produktionsbereich in der Geschichte der Industrialisierung, der große Nachfrage- und output-Steigerungen noch einmal mit extensiver Ausdehnung des Arbeitskräftebestandes und allenfalls sekundär durch Produktivitätserhöhungen bewältigte. Er überholte in dieser Phase, am personellen Umfang gemessen, die bereits seit der Zeit der Frühindustrialisierung traditionell stark besetzten Industrien der Metallverarbeitung, der Steine und Erden und der Holz- und Schnitzstoffe und zog mit der Textilindustrie fast gleich. Und es sollte sich zeigen, daß dies erst der Beginn einer anhaltenden Expansion war, die ihn in den folgenden zwanzig Jahren — nun auch im Zeichen starker Rationalisierung — an die Spitze der deutschen Industrie führte. Die Branchen der mittleren Kategorie gelangten dagegen in einem durchaus eindrucksvollen, gegen Ende hin abflachenden Aufschwung bis zum ersten Weltkrieg bereits an die Grenzen ihrer — rentablen — personellen Fassungskraft. Die Stagnationsindustrien, einschließlich der Nahrungsmittelindustrie, hatten sie wohl bereits überschritten.

Daß es in all diesen Branchen große, moderne, äußerst leistungsfähige und hochrentable Unternehmen gab, soll keinen Moment infrage gestellt werden. Die zur Kennzeichnung des wirtschaftlichen und sozialen Strukturwandels im Kaiserreich allfälligen Vokabeln „technischer Fortschritt", „Modernisierung", „Rationalisierung" treffen dennoch nur auf den weitaus kleineren Teil der „industriellen" Produktion zu. Der gesamte gewerblich-industrielle Sektor hat sich zwischen Reichsgründung und Weltkrieg zwar ungeheuer ausgedehnt. Für weiteste Bereiche war das aber keineswegs mit einer Revolutionierung der Produktions- und Arbeitsverhältnisse oder auch nur des wirtschaftlichen Denkens verbunden gewesen.

Um die strukturellen wirtschaftlichen Gegebenheiten in den Jahrzehnten um die Jahrhundertwende zusammenzufassen: Deutschland war in dem Sinn „Industriestaat" geworden, daß der gewerblich-industrielle Sektor den größten Teil der Erwerbsbevölkerung beschäftigte und den größten Teil zum Sozialprodukt beisteuerte. Von Industrie und Handwerk wurden schon 1890 48,4%, 1900 54,3% und — weil nun der tertiäre Sektor zunehmende Bedeutung gewann — 1910 53,3% des Nettoinlandsprodukts erwirtschaftet[74]. Weite Bereiche in Nord-, Süd- und Mittel-

---

[73]Vgl. exemplarisch *Reichelt* (1906), *Landé* (1910) und neuerdings *Schomerus* (1977).
[74]*Hoffmann* (1965), S. 507 f.

deutschland, vom Osten ganz zu schweigen, zeichneten sich dennoch weiterhin durch einen so großen Agrar- und einen so weitgehend traditionell handwerklich-gewerblich geprägten „Industrie"sektor aus, daß schon der ideologisch weniger aufgeladene Begriff der „Industriegesellschaft" nur mit Zurückhaltung auf sie anzuwenden ist. Die Kategorie „Kapitalismus" aber, die ja doch mehr ausdrücken soll, als das Prinzip des Dualismus von Lohnabhängigkeit und privatem Eigentum an Produktionsmitteln sowie freier Gewinnaneignung[75], erfaßt die eigentümliche wirtschaftliche Gestalt und die gesellschaftlichen Bedingungen dort kaum im Ansatz.

Das Ergebnis der immer wieder als wesentliche Erscheinung jener Zeit und als einer der konstituierenden Faktoren des „Organisierten Kapitalismus" hervorgehobenen betrieblichen Konzentration waren auch 1907 noch nicht mehr als 506 Betriebe in Industrie und Handel mit über 1000 Beschäftigten, die zu rund 70% in den Wachstumsbranchen Montanindustrie und Maschinenbau (einschließlich Elektroindustrie) und dementsprechend zu 54% in den Zechen- und Hüttenrevieren anzutreffen waren.

Da nun Größe und Organisationsfähigkeit über den betrieblichen Rahmen hinaus nicht unabhängig voneinander waren, konnte sich „Organisierter Kapitalismus" mit dem Ziel der Konjunkturglättung, Ertragsstabilisierung und der Sicherung gleichmäßig hohen Wachstums schon von den wirtschaftlichen Strukturvoraussetzungen her nur in relativ engen regionalen und sektoralen Grenzen abspielen.

Mit diesen Feststellungen soll die Bedeutung der zunehmenden gewerblich-städtischen Verdichtung und der betrieblichen Konzentration nicht herabgespielt und der partielle großindustriell-kapitalistische Zug, dem die deutsche Volkswirtschaft in der Wilhelminischen Zeit folgte, nicht geleugnet werden. Sicherlich hat die nicht sehr große Zahl machtvoller Konzerne, die in den mitgeteilten Zahlen etwas untergegangen ist, die wirtschaftlichen Konjunkturen und das wirtschaftliche Gebaren weit über das Maß ihrer Größe hinaus bestimmt. Sie haben es aber nicht beherrscht und nach ihrem Bilde geprägt[76]. Deshalb müssen soziale und politische Betrachtungen, die aus wirtschaftlichen Struktur- und Entwicklungsbedingungen hergeleitet werden, oder solche Bedingungen zumindest in die Deutung einbeziehen, den Blick über diese neuen, ein wenig aufdringlichen Erscheinungen hinweg auch und nicht nur nebenbei auf die dargelegten differenzierten Verhältnisse lenken.

---

[75] Damit sind zwar Produktions-, aber eben noch keine „sozioökonomischen" Verhältnisse gekennzeichnet, um deren beziehungsreiche Analyse es modernen sozialwissenschaftlichen Ansätzen – und so auch dem Konzept des „Organisierten Kapitalismus" – zu tun ist.

[76] Es gilt nicht einmal für die letzten Friedensjahre, geschweige denn für Mitte der neunziger Jahre, daß sich das System der modernen industriellen Großunternehmen „herausgebildet" hatte und fortab nicht nur „die wirtschaftliche Landschaft" beherrschte. *Wehler* (1973), S. 50. Vgl. dagegen zutreffender W. J. *Mommsen* (1973), S. 25 f.

Einkommensverhältnisse

Bevölkerungswachstum und Bevölkerungsbewegung, Urbanisierung und Industrialisierung haben im Kaiserreich die Zeichen der Zeit gesetzt. Es waren nicht die Zeichen wirtschaftlich und sozial völlig umwälzender Prozesse, wohl aber die Zeichen einschneidender, irreversibler, in die Zukunft weisender, neuen rascheren Wandel provozierender Veränderungen. Es bliebe zu untersuchen, ob und in welcher Weise diese Veränderungen von Veränderungen der personalen und regionalen Einkommens- und Wohlstandsverteilung begleitet gewesen sind. Das begegnet freilich nicht unerheblichen begrifflichen und empirischen Schwierigkeiten.

Was zunächst die begrifflichen Schwierigkeiten angeht. Wohlstand ist eine so komplexe, multivariable, schwer meßbare Kategorie mit nicht unbeträchtlichem emotionalen Gehalt, daß man ihr in sozialwissenschaftlichen Untersuchungen am besten aus dem Weg geht. Der Begriff des Einkommens als weitgehend maßgeblicher Grundlage privaten Wohlstands ist noch vieldeutig genug und nötigt zu allemal anfechtbaren definitorischen Vorentscheidungen. Wer sich allerdings einer Analyse der historischen Einkommensverhältnisse in Deutschland vor dem ersten Weltkrieg zuwendet, braucht sich mit langwierig abwägenden theoretisch-begrifflichen Vorüberlegungen nicht aufzuhalten. Er bekommt die Entscheidung von der Materiallage abgenommen. Jede Freude darüber wäre freilich voreilig. Der Vorteil, nicht denken zu müssen, wird nämlich mit schwerwiegenden Mängeln des verfügbaren Materials erkauft. Und diese Mängel übertragen sich auf den Einkommensbegriff, der dem Material angemessen ist. Weniger kryptisch: es gibt für eine historische Einkommensanalyse, die von einiger örtlicher und zeitlicher Reichweite sein soll, keine bessere Quellengrundlage als die staatlichen Einkommensteuerstatistiken, die es in Baden und Sachsen seit den 1880er Jahren, in Preußen seit 1892, in Hessen, Württemberg und Bayern erst seit Anfang dieses Jahrhunderts gab. Dieser relativ späte Beginn der Aufzeichnungen, zumal der späte Beginn der preußischen Aufzeichnungen, ist unerfreulich, weil er bereits mitten in die Hochindustrialisierungsphase fällt. Die Einkommenswirkungen des Übergangs vom überwiegenden Agrarstaat zum überwiegenden Industriestaat können aus den Daten nicht mehr erschlossen werden[77]. Überdies aber sind Steuereinkommen mit den tatsächlich

---

[77]Jedenfalls nicht *alle* Wirkungen für die *ganze* Reichsbevölkerung. Borchardt hat in seinem glänzenden Aufsatz über regionale Wachstumsdifferenzen gezeigt, daß regionale Aspekte der gesamtwirtschaftlichen Einkommensverteilung durch ideenreiche Identifizierung und Interpretation anderer Indikatoren sehr wohl weiter zurückverfolgt werden können; und ich habe jüngst am Beispiel Sachsens, Badens und Württembergs zu zeigen versucht, daß angesichts der ungleich raschen und ungleich durchgreifenden industriellen Entwicklung in verschiedenen Regionen Deutschlands auch mit den zeitlich begrenzten Daten der Einkommensteuerstatistiken durch den Vergleich unterschiedlich fortgeschrittener Gebiete einiges zu den Wirkungen forcierten wirtschaftlichen Wandels auf die personelle Einkommensschichtung gesagt werden kann. Vgl. *Borchardt* (1966), *Hentschel,* Erwerbs- und Einkommensverhältnisse.

verfügbaren Einkommen nicht identisch. Wegen der ganz legalen Möglichkeit, bestimmte Beträge nicht zu deklarieren, neigt bereits der steuerliche Einkommensbegriff dazu, die tatsächlich erworbenen Betriebs- und Haushaltseinkommen und schließlich auch Volkseinkommen, die aus ihnen abgeleitet werden, zu niedrig zu veranschlagen. Dazu kommen nun aber noch vom Begriff des Einkommens nicht gedeckte Fehleinschätzungen[78] und Minderdeklarationen. Es mag angehen und ist methodisch notwendig, solche legalen und illegalen Defizite bei *Volkseinkommenschätzungen* in etwa rückgängig zu machen, indem man die statistisch ausgewiesenen gesamtwirtschaftlichen Steuereinkommen um plausibel begründete pauschale Zuschläge erhöht. Man kann dabei die Hoffnung hegen, daß die Zuschlagsquote ein Mittelwert ist, in dem unwägbare individuelle Über- und Unterschätzungen am Ende einigermaßen ausgeglichen werden. Beim Umgang mit Privateinkommen gibt es diese Hoffnung nicht. Dabei kommt es nicht auf Vermittlung und Ausgleich an, sondern auf Abstufungen und Proportionen. Die Gefahr, das Bild durch Manipulation der Daten weiter zu verzerren, ist mangels sinnvoller Anhaltspunkte, in welcher Weise die einzelnen Einkommen zu manipulieren wären, mindestens ebenso groß, wie die Chance, es den tatsächlichen Verhältnissen anzunähern. Wahrscheinlich ist sie größer. Was nach methodischem Scharfsinn aussähe, könnte sachlicher Unsinn sein.

In der folgenden Analyse der privaten Einkommensverteilung und Einkommensschichtung in Preußen[79] sind die Zahlen der Einkommensteuerstatistiken daher ohne „Vorbehandlung" verwendet worden. In welche Richtung sie gedanklich korrigiert werden sollten, kann nur noch einmal angedeutet werden. Die tatsächlich verfügbaren Einkommen dürften durchweg etwas höher gewesen sein als die steuerlich veranlagten; und der Unterschied dürfte mit der Höhe des Einkommens tendenziell zugenommen haben — absolut wie relativ. Solange es bei der Analyse jedoch nicht vorrangig um die exakte Höhe individueller Einkommen, sondern um den Umfang hinlänglich breiter Einkommensklassen und um Einkommensschichtungen geht, belasten diese Fehlerquellen die statistischen Ergebnisse nicht allzusehr. Es wird sich zeigen, daß deren Interpretation viel problematischer ist.

[78]Witt hat mit Erfolg versucht, die ganz bewußte Fehleinschätzung landwirtschaftlicher Großeinkommen in Ostelbien, die bereits den Zeitgenossen nicht unbekannt war, zu dokumentieren und für Einzelfälle zu quantifizieren. *Witt,* Landrat, S. 204—219, insbes. S. 215 ff. Vgl. auch *Meisel* (1911), S. 338 ff., *Thimme* (1955), S. 26 ff. Zu den statistischen Mängeln der Einkommensteuerstatistik allgemein *Perls* (1911), S. 1—20.

[79]Da es bekanntlich keine Reichseinkommensteuer gab, manche Länder bis zum Krieg gar kein, andere erst sehr spät ein entwickeltes Einkommensteuersystem hatten, werden nur die preußischen und — als Ergänzung und Interpretationshilfe — die sächsischen Daten ausgewertet. Da in den beiden Ländern etwa 70% der Reichsbevölkerung lebten, können die Ergebnisse als hinlänglich repräsentativ gelten.

Zuvor ist aber doch noch ein statistisch-empirisches Problem zu lösen, das man nun wirklich nur um den Preis sachlich falscher Ergebnisse auf sich beruhen lassen könnte. Die Zahl der Zensiten, die in Preußen mit weniger als 900 Mark Jahreseinkommen zur Steuer veranlagt wurden und deshalb steuerfrei blieben, ist zwischen 1895[80] und 1913 von 8,496 Millionen auf 8,086 Millionen gesunken. Ihr Anteil an der Gesamtheit der Zensiten ist damit von 75,2% auf 50,5% zurückgegangen[81]. Wie auch immer man diesen Befund interpretiert: beklagend und kritisch, weil die Gruppe der Minderbemittelten kaum kleiner geworden ist, oder mit positivem Akzent, weil sich die Gruppe der Bessergestellten fast verdreifacht hat — falsch wäre beides. 900 Mark waren 1913 längst nicht mehr das gleiche wie 1895. Preußen und das Reich hatten unterdessen einen beträchtlichen Anstieg der Lebenshaltungskosten erlebt. Das kann nicht außer acht gelassen werden, wenn die Daten vergleichbar bleiben sollen. Die Werte für 1913 müssen mit der Inflationsquote entwertet werden. Das ist in doppelter Hinsicht problematisch. Die Lebenshaltungskosten sind eine fiktive Größe, die aus mehreren geschätzten Durchschnittswerten — dem durchschnittlichem Verbrauch einer durchschnittlichen Familie, berechnet zu durchschnittlichen Preisen — kunstvoll konstruiert wird. Je größer die Streuung um die einzelnen Mittelwerte ist, um so größer ist auch die Gefahr, mit dem Lebenshaltungsindex an der Realität vorbeizuargumentieren. Die Streuung um alle *drei* Werte *war* im Kaiserreich größer als heute. Die Märkte waren weniger homogen, das regionale, ja örtliche Preisgefälle stärker. Breite Schichten der Bevölkerung deckten einen Teil ihres Bedarfs nicht auf dem Markt. Ihre Geldeinkommen blieben vom Preisanstieg bestimmter Güter unberührt. Das galt insbesondere für die agrarischen Gebiete. Dann war die Spannbreite der Familiengröße ausgedehnter, die Größenklassen waren schwächer und gleichmäßiger besetzt[82]. Die Abweichungen von der durchschnittlichen Haushaltsgröße waren au-

[80] Obwohl die erste Steuerstatistik bereits für 1892 vorliegt, wird 1895 als Ausgangsjahr gewählt, weil zuvor die Steuerfreien nicht erfaßt worden sind.

[81] Zahlen nach Stat. Jb. f. d. Pr. Staat, 1913, S. 298.

[82] *Haushaltsgrößen*

	1910	1975
Einzelne Lebende	1 045 — 7,3%	6 554 — 27,6%
Zwei Personen	2 168 — 15,2%	6 746 — 28,4%
Drei Personen	2 539 — 17,8%	4 346 — 18,3%
Vier Personen	2 481 — 17,4%	3 561 — 15,0%
Fünf Personen	2 056 — 14,4%	2 515 — 10,6% (und mehr)
Sechs Personen	1 523 — 10,7%	
Sieben Personen	1 038 — 7,3%	
Acht Personen	651 — 4,6%	
Neun/Zehn Personen	581 — 4,1%	
Mehr als zehn Personen	200 — 1,4%	
Haushalte insges.	14 283	23 722
Bevölkerung	64 926	61 563

Quelle: RSt 240, S. 64, St. Jb. f. d. BRD 1976, S. 63.

ßerordentlich groß. Und mit ihnen die Abweichungen von einer wie auch immer zusammengesetzten durchschnittlichen Konsumstruktur.

Kurz, es geht einem bei Lebenshaltungskostenindices ebenso, wie bei zahlreichen anderen abgeleiteten und konstruierten Indikatoren und Meßziffern in der Wirtschafts- und Sozialgeschichte: die Vorbehalte und Bedenken gegen ihre Verwendung sind stark, die sachliche Notwendigkeit, sie gleichwohl zu benutzen, ist stärker.

Der beste Lebenshaltungsindex, über den wir zur Zeit verfügen, ist der Index von Desai[83]. Ihm zufolge brauchte es 1912 1182 Mark, um den gleichen Bedarf zu decken, der 1895 für 900 Mark zu befriedigen gewesen war. Mit anderen Worten: der Wohlstand eines Zensiten, der 1895 noch steuerfrei gewesen war, 1913 aber in den beiden untersten Einkommensteuerklassen (900 − 1050 und 1050 −1200 Mark) veranlagt wurde, war nicht nur nicht gestiegen, sondern mit einiger Sicherheit gesunken.

Hier taucht nun freilich die zweite Schwierigkeit auf, die nichts mehr mit der Angemessenheit des Lebenshaltungskostenindex zu tun hat, sondern mit seiner Anwendung. Ein methodisches Problem aller komparativ-statischen Betrachtungen ist die Wahl der Vergleichszeitpunkte. Von 1911 und 1912 stieg der Lebenshaltungskostenindex abrupt an. Wird die Inflationsrate bis 1912 als Entwertungsfaktor für die Nominaleinkommen gewählt, fällt die „Realeinkommensschichtung" in Preußen kurz vor dem ersten Weltkrieg und ihr Vergleich mit jener zu Beginn des Aufschwungs mithin wesentlich ungünstiger aus, als bei der Entwertung mit der Inflationsrate bis 1911. Die Wirkung des wirtschaftlichen Wandels und der langfristigen Prosperität seit 1895 auf die gesamtwirtschaftlich-personelle Einkommensverteilung erscheint dann weniger bemerkenswert. Nun scheint der plötzliche Sprung nach einer recht ebenmäßigen Entwicklung seit der Jahrhundertwende den Indexwert freilich so sehr vom Trend wegzuführen, daß er als Vergleichsgröße wenig brauchbar ist[84]. Auch komparativ-statische Analysen wollen ja ausdrücklich oder stillschweigend durch die Gegenüberstellung punktueller Daten die *Entwicklung* zwischen den Punkten spiegeln. Bei der Wahl extremer Vergleichsgrößen wird der Spiegel zum Zerrspiegel. Angesichts des eher niedrigen Ausgangsni-

---

[83] Lebenshaltungskostenindex nach *Desai* (1968), S. 117:

1895 − 100	1900 − 104,6	1905 − 112,4	1910 − 124,2
1896 − 99,8	1901 − 107,1	1906 − 115,1	1911 − 125,3
1897 − 102,1	1902 − 108,0	1907 − 118,7	1912 − 131,3
1898 − 103,9	1903 − 108,0	1908 − 121,2	1933 − 129,8
1899 − 101,8	1904 − 108,2	1909 − 123,3	

[84] Für den starken Anstieg war vor allem die aufsehenerregende Nahrungsmittelteuerung verantwortlich, die ab August 1912 langsam, aber kontinuierlich wieder wich. Vgl. Konjunktur 1911−1914, passim.

veaus[85] dürfte es deshalb sinnvoller sein, die Zunahme der Lebenshaltungskosten in den zwei Jahrzehnten um die Jahrhundertwende nicht mit knapp einem Drittel, sondern nur mit einem Viertel zu veranschlagen.

Wenn man schließlich die Steuerbefreiten nach §§ 19 und 20 (vor 1907 18 und 19) des preußischen Einkommensteuergesetzes zu 65% in die erste und zu 35% in die zweite Steuerklasse einreiht[86], die Grenzen der Steuerklassen mit dem Anstieg der Lebenshaltungskosten inflationiert und die Zensiten nach Maßgabe dieser neuen Klassifizierung schichtet[87], erhält man für die Jahre 1895, 1902, 1907 und 1912 folgende „Realeinkommensschichtung" in Preußen.

[85]Das Basisjahr 1895 ist alles in allem ein Normaljahr gewesen. Sein Indexwert weicht vom Durchschnitt der neunziger Jahre (= 102,2 mit Schwankungen bis zu + 3,6 und −2,4) leicht nach unten ab. Das vergleichsweise niedrige Ausgangsniveau würde den Anstieg der Lebenshaltungskosten bis zum Weltkrieg bei der Wahl des Vergleichsjahres 1912 zusätzlich betonen.

[86]Nach §§ 19 und 20 des Einkommensteuergesetzes konnten Zensiten wegen der Anzahl ihrer Kinder oder anderer wirtschaftlicher Gründe um maximal zwei Steuerstufen niedriger veranlagt werden. Davon waren betroffen:

1895	205 809	Zensiten, die	677 048	Zensiten, deren	1,8%	und	5,8% aller
1902	320 344	von der Steuer	1 034 340	Steuer ermäßigt	2,5%	"	7,9% Zensiten
1907	352 061	ganz freigestellt	1 775 913	wurde. Das	2,4%	"	12,2% mit
1912	608 382	wurden und	2 344 812	waren	3,5%	"	14,6% mehr

als 900 Mark Einkommen. Die Freigestellten können nach den Ermittlungen Friedmanns mit einiger Sicherheit richtig in die Steuerklassen eingruppiert werden, die ihrem tatsächlichen Einkommen entsprechen. Für die Ermäßigten gibt es dafür keine Anhaltspunkte. Sie bleiben mit ihrem ermäßigten Einkommen klassifiziert. Vgl. *Friedmann* (1913), S. 8, *Kühnert* (1914), *Perls* (1911), S. 7 f.

[87]Die Umgruppierung geht mangels besserer Kriterien sehr grobschlächtig vor sich. Das wird am einsichtigsten an einem Beispiel vorgeführt: Zwei aufeinanderfolgende nominelle Steuerklassen umfassen alle Einkommen von 1050 bis 1200 und von 1200 bis 1350 Mark und − sagen wir − drei Millionen bzw. zwei Millionen Zensiten. Die Inflationsrate beträgt 10%. Die „realen" Steuerklassengrenzen müssen deshalb um 10% nach oben verschoben werden: auf 1155 − 1320 und 1320 − 1485 Mark. Die Zahl der Zensiten, die in die Realeinkommenssteuerklasse 1155 − 1320 Mark gehören, setzt sich mithin aus Veranlagten beider nomineller Klassen zusammen. Da nur 30% der Nominaleinkommensbeträge, nämlich zwischen 1155 und 1200 Mark, mit Realeinkommensbeträgen klassenidentisch sind, werden auch nur 30% der Zensiten aus der Nominalklasse 1050 bis 1200 Mark in die Realklasse 1155 − 1320 Mark übernommen. Das sind 900 000 Zensiten. Da die Realklasse nun noch die Einkommensbeträge 1200 − 1320 (= 80%) der nächsthöheren Nominalklasse enthält, wird sie durch 80% der Zensiten dieser Klasse komplettiert: 1,6 Millionen. Das Ergebnis der Kalkulation: die Klasse umfaßt nur 2,5 Millionen, nicht drei Millionen Zensiten. 3,7 Millionen Zensiten sind durch die Berücksichtigung des Kaufkraftverlusts eine Stufe abgesunken, nur 1,3 Millionen sind in ihrer Einkommensklassenzugehörigkeit nicht berührt worden. Das klingt sehr verwirrend und ist sehr simpel; es ist sicherlich nicht unplausibel, aber ohne jede Logik. Kurz, es ist „Methode".

Tabelle 12: Realeinkommensschichtung in Preußen 1895—1912

1895 (1)	(2)	(3)	1902 (1)	(2)	(3)	1907 (1)	(2)	(3)	1912 (1)	(2)	(3)
900	8496	75,2	972	9477	72,7	1068	10004	68,7	1125	10557	65,9
1050	888	7,9	1134	1177	9,0	1246	1276	8,8	1312	1412	8,8
1200	499	4,4	1296	623	4,8	1424	820	5,6	1500	1092	6,8
1350	239	2,1	1458	359	2,8	1602	588	4,0	1688	730	4,6
1500) 1650)	331	2,9	1620	220	1,7	1780	434	3,0	1875	489	3,1
			1782	183	1,4	1959	220	1,5	2063	274	1,7
1800	126	1,1	1944	106	0,8	2137	182	1,2	2250	198	1,2
2100	136	1,2	2268	177	1,4	2493	243	1,7	2625	274	1,7
2400	114	1,0	2592	135	1,0	2849	152	1,0	3000	161	1,0
2700	84	0,7	2916	92	0,7	3205	123	0,8	3375	205	1,3
3000	61	0,5	3240	77	0,6	3561	86	0,6	3750	97	0,6
4200	126	1,1	4536	169	1,3	4985	174	1,2	5250	224	1,4
6000	79	0,7	6480	87	0,7	7122	101	0,7	7500	· 120	0,7
9000	52	0,5	9720	65	0,5	10683	67	0,5	11250	67	0,4
mehr	61	0,5		78	0,5		91	0,5		111	0,7

(1) Einkommensobergrenze. 1902 inflationiert mit 8 %, 1907 mit 18,7 %
   und 1912 mit 25 %
(2) Anzahl der Zensiten
(3) Anteil an der Gesamtheit der Zensiten
Quelle: 1895: Zs. d. K. Pr. St. Landesamtes 1918, S. 67
      1902: Stat. Jb. f. d. Pr. Staat 1903, S. 188
      1907: Stat. Jb. f. d. Pr. Staat 1908, S. 235
      1912: Stat. Jb. f. d. Pr. Staat 1913, S. 287.

Die Anzahl der Zensiten, die ein Jahreseinkommen bezogen, das schon 1891 als nicht mehr einkommensteuerfähig gegolten hatte, ist bei dieser Betrachtungsweise nicht etwa gesunken, sondern um ein Viertel angestiegen.

Ihr Anteil an der Gesamtheit der Zensiten ist in annähernd zwanzig Jahren, die auch dann noch zurecht als Jahre wirtschaftlichen Wohlergehens gelten können, wenn man sich vor einer Überzeichnung des Aufschwungs hütet, um nicht einmal zehn Prozentpunkte zurückgegangen. Die industrielle Blüte scheint wenig zur Hebung des Volkswohlstandes beigetragen zu haben. Freilich sollte man sich von derartigen Verhältniszahlen nicht gar zu sehr gefangen nehmen lassen. Sie sind als analytisches Hilfsmittel nützlich und in manchen Fällen unentbehrlich, in anderen decken sie das Ausmaß wirtschaftlicher und sozialer Bewegungen aber eher zu.

Dies ist einer dieser Fälle. Da der Anteil der Minderbemittelten[88] auf eine stark wachsende Grundgesamtheit (von 11,3 Millionen Zensiten im Jahr 1895 auf 16 Millionen 1912) bezogen ist, ist zwar nur ein kleiner Prozentsatz, aber eine große Anzahl Menschen zwischen 1895 und 1912 in den Genuß höherer realer Einkünfte gelangt.

Die Gruppe der Zensiten mit Realeinkommen zwischen 900 und 1650 Mark war bis 1912 von 1,975 Millionen auf 4 Millionen um mehr als das Doppelte gewachsen. Jenseits dieser Grenze (rund 1960 Mark Nominaleinkommen 1907, und etwa 2065 Mark am Vorabend des Weltkriegs) begannen die „mittelständischen" Einkommen. Sicherlich wäre es wegen der Vieldeutigkeit des Mittelstands-Begriffes[89] höchst anfechtbar, Zensiten mit mehr als 1650 Mark Realeinkommen in jedem Fall zum Mittelstand zu rechnen[90]. Daß es sich bei ihnen um Existenzen gehandelt hat, die materiell in mittelständischen Verhältnissen leben konnten, ist aber kaum zu bestreiten. Diese Schicht ist, wenn wir Wohlhabenheit mit 6000 Mark Realeinkommen beginnen lassen, ebenfalls nicht unbeträchtlich um 553 000 oder 76,2% ihres Ausgangsbestandes gewachsen.

Die Frage, ob die wirtschaftliche Entwicklung das allgemeine Wohlstandsniveau angehoben habe, kann mithin nur doppeldeutig beantwortet werden. Mit ja, wenn man sich die Vermehrung der bessergestellten Zensiten vergegenwärtigt. Immerhin ist es gelungen, zwischen 1895 und 1912 die Einkommen von 2,66 Millionen über die 900 Mark-Grenze zu heben. Das waren freilich 2,06 Millionen weniger als der Gesamtzuwachs an Zensiten. Deshalb ist eben auch die Schicht der Minderbemittelten um 24,3% angewachsen. Das verdüstert das erfreuliche Bild und läßt das „ja" wieder fragwürdig erscheinen. Offenbar sind die Wachstumskräfte doch nicht groß genug gewesen, um den gesamten Neuzugang mit Einkommen in den deutschen Wirtschaftskörper zu integrieren, die zumindest jenseits der Steuerfreigrenze lagen. Hier nun liegt der Einwand nahe, dies nicht unzulänglichen Wachstumskräf-

[88]Darunter sollen primär der syntaktischen Einfachheit halber künftig *alle* Zensiten mit weniger als 900 Mark „Realeinkommen" verstanden werden. Mir ist klar, daß ein Junggeselle auf dem Lande von 900 Mark Geldeinkommen mehr als auskömmlich leben konnte, eine vierköpfige Stadtfamilie mit solchem Einkommen bettelarm war.

[89]Die neueste, zusammenfassende historische Entfaltung des Begriffs bei *Conze* (1977).

[90]Dem Zeitbewußtsein widerspräche es keineswegs. Schmoller wie Wagner haben das Einkommen als wesentliches, wohl sogar maßgebliches Definitionsmerkmal für Mittelstand gewählt. *Schmoller* (1897), *A. Wagner*, in: Zs. d. Pr. Stat. Bureaus (1904), S. 76. Dort läßt Wagner den Mittelstand bei Einkommen von 2 100 Mark beginnen.

ten, sondern der höchst ungleichen Verteilung anzulasten[91]. Diesem Einwand ist angesichts der Feststellung, daß 1% der Zensiten im Zeitablauf unverändert um die 20% des gesamten Steuereinkommens bezog[92] und die Verteilungsposition der

[91]Man könnte, wenn man dazu neigte, seine Aufgabe als Historiker mit der des Moralisten zu vermengen, statt „ungleich" auch „ungerecht" sagen und den Einwand in die Aufforderung einmünden lassen: „. . . und nach den Kräften zu fragen, die für diese Verteilung verantwortlich und an ihr interessiert waren". Kartelle, agrarische und industrielle Interessenverbände, sowie staatliche Wirtschafts-, Sozial- und Finanzpolitik im schwerindustriellen und großagrarischen Interesse sind gewöhnlich schnell als solche Kräfte identifiziert. Da ich darauf im nächsten und übernächsten Kapitel eingehender zu sprechen komme, kann ich es mir hier ersparen, dem Einwand auch unter diesem Gesichtspunkt nachzugehen.

[92]Vgl. *Friedmann* (1913), S. 1 ff. Gewöhnlich werden solche Ergebnisse mithilfe von Lorenzkurven gewonnen. Friedmann ist im Anschluß an *Helfferich* (1913) einen anderen, recht anschaulichen Weg gegangen. Er hat die Gesamtzahl der Zensiten in sieben Gruppen eingeteilt. Zur ersten gehörten alle Zensiten, die 1892 mit weniger als 900 Mark veranlagt waren. Die zweite war so gewählt, daß die in ihr zusammengefaßten Einkommensbeträge das Gesamteinkommen der ersten Gruppe zu 50% des 1892 veranlagten volkswirtschaftlichen Einkommens ergänzten. In den darüberliegenden fünf Gruppen waren jeweils genau zehn Prozent des veranlagten Einkommens vereint. An der prozentualen Aufteilung der Zensiten, zu der es dabei gekommen war, hat Friedmann festgehalten und den Anteil am Gesamteinkommen, der in späteren Jahren auf die jeweilige Gruppe entfiel, als Variable gehandhabt. Überdies hat er die Unter- und Obergrenzen der Einkommen festgestellt, die 1892 und 1911 von den Angehörigen der sieben Gruppen verdient wurden und für 1911 mit einer sorgsam errechneten Steigerungsrate der Lebenshaltungskosten (17,2%) abgewertet. Dabei ist folgendes herausgekommen:

Gruppe	Zensiten-anteil	Anteil am veranlagten Einkommen		Einkommensobergrenze		
		1892	1911	1892	1911 nominal	real
I	76,42	41,97	42,62	900	1 355	1 156
II	7,50	8,03	8,25	1 087	1 586	1 353
III	7,42	10,00	9,91	1 505	2 115	1 805
IV	4,88	10,00	9,75	2 511	3 555	3 033
V	2,63	10,00	9,48	5 625	7 410	6 323
VI	0,98	10,00	9,36	21 480	29 430	25 111
VII	0,17	10,00	10,63			

Die Einkommensverteilung ist so gut wie unverändert geblieben, die Ungleichheit hat sich aber auf bemerkenswert höherem Niveau abgespielt. Zu analogen Ergebnissen bin ich mithilfe von Lorenzkurven für Baden, Sachsen und Württemberg gekommen. *Hentschel,* Erwerbs- und Einkommensverhältnisse, S. 30. Jechts Vermutung, „daß seit der Jahrhundertwende eine gewisse Verringerung der Ungleichmäßigkeiten. . . erfolgt ist" scheint fehlzugehen. *Jecht* (1957), S. 143.

Lohnabhängigen immer schlechter geworden ist[93], zunächst einmal wenig entgegenzuhalten. Sicherlich hätte ein umfassender und tiefgreifender politisch-reformerisch oder sozialrevolutionär in Gang gesetzter Umverteilungsprozeß den Anteil der Minderbemittelten sehr viel stärker herabdrücken können, als es ohnedies geschehen ist. Das steht aber hier nicht zur Debatte. In unserem Argumentationszusammenhang ist vielmehr interessant, daß sich an der Einkommens*verteilung* in den beiden letzten Vorkriegsjahrzehnten so gut wie nichts geändert hat, daß die relative Einkommens*schichtung*[94] gleichwohl merklich, wenn auch nicht umwälzend günstiger geworden ist und daß es am Ende 2,66 Millionen zusätzlicher Zensiten mit mehr als 900 Mark und 618 000 zusätzlichen Zensiten mit mehr als 1800 Mark Realeinkommen gegeben hat[95].

Diese komparativ-statische Feststellung gleichsam zu dynamisieren und die eigentlichen „Aufsteiger" in der Einkommensschichtung zu identifizieren, ist ein gleichermaßen verlockendes, wie fragwürdiges Unterfangen Fragwürdig, weil die Gesamtheit der Zensiten nach und nach um 4,72 Millionen (= 42% des Ausgangsbestandes) gewachsen ist und es kein schlüssiges Prinzip gibt, nach dem die Neuzugänge in solchen Überlegungen zu berücksichtigen wären. Das preußische statistische Landesamt[96] hat 1916 ein sehr schematisches Verfahren vorgeschlagen. Es hat den Unterschied zwischen der tatsächlichen Besetzung einer Steuerklasse und ihrer rechnerischen Besetzung unter der Fiktion, daß jede Klasse ganz proportional zur Zunahme aller Zensiten gewachsen wäre, festgestellt und den Unterschied „Aufstieg ' genannt. Auf der Grundlage von Realeinkommen sähe das folgendermaßen aus:

Tabelle 13: „Aufsteiger" in der Einkommensschichtung für Preußen 1895 − 1913

Realein-kommen	1895 bis 1907 Klassenumfang[1]		Auf-stei-ger	1907 bis 1913 Klassenumfang		Auf-stei-ger	1895 bis 1913 fiktiver Klassen-umfang	Auf-stei-ger
	real	fiktiv		real	fiktiv			
900 M	10004	10951	947	10557	11004	447	12047	1490
900−1800 M	3520	2684	835	4195	3872	323	2952	1243
1800−3000 M	604	508	95	737	664	73	559	178
3000−6000 M	275	264	11	344	303	41	281	55
m. a. 6000 M	158	146	8	178	174	4	160	18

[1] Gemeint ist jedesmal der Klassenumfang im abschließenden Jahr. Bei den Aufsteigern der ersten Einkommensklasse handelt es sich um Aufsteiger *aus* der Klasse, bei den übrigen um Aufsteiger *in* die Klasse.
Quelle: Vgl. Tabelle 12.

[93] Zum Problem der Verteilungsposition vgl. *Jeck* (1970). Unter Verteilungsposition ist das Verhältnis zwischen Pro-Kopf-Lohn- und Gehaltseinkommen und Pro-Kopf-Profit zu verstehen.
[94] Mit Einkommensverteilung und Einkommensschichtung sind hier zwei Aspekte der gleichen Sache benannt, die freilich Unterschiedliches aussagen. Einkommensverteilung meint die

Die Gruppe der „Aufsteiger" muß nach dieser Rechnung logischerweise kleiner sein als die Zahl der Zensiten, die seit 1895 zum Bestand einer Steuerklasse hinzugekommen ist. Weniger logisch ist freilich die sachliche Voraussetzung.

Es ist weder selbstverständlich, noch auch nur naheliegend, daß bei der Ausdehung des Stellenbestandes einer Volkswirtschaft die einträglichen Stellen genau im gleichen Maße zunehmen wie die mit unzulänglichen Einkommen. Es war ja gerade das Grundübel zwar aus der ständischen Bindung entlassener, aber noch vorindustrieller Wirtschaften und Sozialordnungen, daß die Zahl der auskömmlichen Stellen nicht der Bevölkerungszunahme entsprechend wuchs[97]. Es ist umgekehrt das Kennzeichen dynamischer Industriewirtschaften, daß sie Stellen für die wachsende Bevölkerung bereitstellen und überdies einen zusehends größeren Teil ihres Stellenbestandes mit höheren Erträgen ausstatten. Beides zusammen bestimmt ihr Wachstums- und Wandlungspotential. Bei der Berechnung der „Aufsteiger" wird es unterschätzt.

Ist es denn aber überhaupt gerechtfertigt, auf dem merklichen Anstieg des Wohlstandsniveaus breiter Schichten der Reichsbevölkerung zu insistieren, da doch auch 1912 noch die Hälfte der Zensiten weniger als 900 Mark Nominal- und sogar annähernd zwei Drittel weniger als 900 Mark Realeinkommen hatten?

Im Zusammenhang mit dieser sozialgeschichtlich hochbedeutsamen Frage kommen zwei weitere Mängel der preußischen Einkommensteuerstatistik ins Spiel. Die Statistik orientierte sich weder konsequent am Prinzip der Individualbesteuerung, wie das in Sachsen geschah, noch konsequent am Prinzip der Haushaltsbesteuerung, dem Baden zumindest nahekam (vgl. Tabelle 14, S. 72).

Die Annäherung an das Einzelbesteuerungsprinzip ist bei 86% steuerlich veranlagten Erwerbstätigen jedoch nicht zu verkennen. Es war also keineswegs so, daß von jedem Zensiteneinkommen eine ganze Familie unterhalten werden mußte. Eine gleich noch genauer zu schätzende Zahl Einkommen mußte nur eine Person ernähren, ein weiterer Teil trug zu einem Haushaltseinkommen bei, das sich aus mehreren Zensiteneinkommen zusammensetzte. Das rückt zwar die bisher vorgeführten Einkommensschichtungen in ein anderes, weniger düsteres Licht, ist aber immer noch ein höchst realitätsferner Befund. Zu einem Spiegel der Wohlstandsverhältnisse in Preußen vor dem ersten Weltkrieg würde die Einkommensschichtung erst, wenn sie in eine Schichtung der Haushaltseinkommen umformuliert und in Beziehung zur Haushaltsgröße gesetzt werden könnten. Beides ist nicht möglich. Möglich ist nur der behutsame, vorbehaltreiche Versuch, der Statistik, wie sie ist, mit-

Zuordnung im Zeitablauf möglicherweise variabler Anteile am Gesamteinkommen zu Zensitengruppen, deren relativer Umfang gleichbleibt. Bei der Einkommensschichtung hingegen wird die Gesamtheit der Zensiten — wie in Tabelle 12 — in über die Zeit gleichbleibende Einkommensklassen gruppiert.

[95] Diese 618 000 sind den 2,66 Millionen nicht zuzuschlagen, sie gehören zu ihnen.

[96] *Kühnert* (1916), S. 290.

[97] Zur Frage der Tragfähigkeit weitgehend statischer Wirtschaften und zur daher rührenden Pauperismusproblematik die grundlegenden Arbeiten von *Isenberg* (1953), *Conze* (1954) und *Jantke* (1965), sowie neuerdings *Marquard* (1969), *Köllmann* (1974), S. 61—98 und *v. Hippel* (1976).

Tabelle 14: Haushalte, hauptberuflich Erwerbstätige und Zensiten in Preußen, Sachsen und Baden 1907/12[98]

	Preußen	*Sachsen*	*Baden*
Haushalte[1]	8.807 Mio.	1.154 Mio.	0.463 Mio.
Zensiten	15.444 Mio.	2.110 Mio.	0.596 Mio.
Erwerbstätige[2]	16.783 Mio.	2.022 Mio.	1.055 Mio.
	(18.000 Mio.)	(2.125 Mio.)	(1.115 Mio.)
Zensiten/Haushalte	1,75	1,83	1,29
Zensiten/Erwerbstätige	0,86	1,01	0,53

[1] Einschließlich einzeln Lebender
[2] Einschließlich Dienstpersonal, das bei der Herrschaft wohnt.
Quelle: Haushalte: RSt 240, S. 62
        Zensiten: Zs. d. Pr. Stat. Landesamtes 1918/19, S. 65;
                   Zs. d. Kgl. Sächs. Stat. Landesamtes 1914, S. 9;
                   Badische Einkommenssteuerstatistik 1911 (Der Wert für Baden ist kalkuliert. Vgl. *Hentschel,* Erwerbs- und Einkommensverhältnisse, S. 33).
        Erwerbstätige: RSt 211, S. 144

hilfe einiger Analogien zu den weitaus differenzierteren sächsischen Werten[99], etwas mehr an wirklichkeitsnaher Aussagekraft abzugewinnen.

So dürften ähnlich wie in Sachsen auch in Preußen allenfalls 5% der Haushaltsvorstände nicht zur Steuer veranlagt worden sein. Zieht man die verbleibenden 8,367 Millionen Haushaltsvorstände im Jahr 1910 von den 15,444 Mio Zensiten ab, bleiben 7,077 Mio Veranlagte, deren Einkommen nur sie selbst unterhalten mußte oder in einem Haushaltseinkommen aufging. Nimmt man weiterhin an, daß nicht mehr als 10%, allenfalls aber 15% der Veranlagten, die keinen Haushalt führten, nicht unter die Steuerbefreiten fielen[100], kommt man schließlich zu einer Zahl

[98] Die Daten gelten — den jeweiligen Erhebungen entsprechend — für verschiedene Jahre. Die Zahl der Haushalte wurde in der Volkszählung von 1910, die der Zensiten in den Einkommensteuerstatistiken von 1910 (Preußen/Sachsen) und 1911 (Baden), die der Erwerbstätigen aber in der Berufszählung von 1907 ermittelt. Damit das Verhältnis zwischen Zensiten und Erwerbstätigen der Wirklichkeit näherkommt, ist es angebracht, die Erwerbstätigenzahl in Anlehnung an die Entwicklung zwischen 1895 und 1907 für das Jahr 1910 zu schätzen (Werte in Klammern) und die Zensiten auf diese Schätzwerte zu beziehen.
[99] Zs. d. K. Sächs. Stat. LA 1914.
[100] In Sachsen waren es 1912 bei einem bekanntlich etwas geringerem Anteil Haushaltsvorständen unter den Zensiten 10,5%. In Preußen müßte der Wert also eher unter die 10%-Grenze tendieren.

von 2,23 Millionen Haushaltsvorständen mit weniger als 900 Mark Nominaleinkommen[101]. Das entsprach einem Viertel aller Haushaltsvorstände.

In Sachsen beherbergten 1912 32% aller Haushalte mit einem zur Steuer veranlagten Haushaltsvorstand mitverdienende Familienangehörige. Insgesamt waren es 566 000 Angehörige in 372 708 von 1,165 Mio Haushalten. Wenn in Preußen ähnlich wie in Sachsen um 1910 rund 85% der häuslichen Dienstboten, Untermieter und Schlafgänger zur Steuer veranlagt gewesen sind, hat es dort 3,955 Millionen mitwohnende, veranlagte Familienangehörige in 8,28 Millionen Privathaushalten mit veranlagten Haushaltsvorständen gegeben[102]. Das Verhältnis zwischen den veranlagten Haushaltsvorständen und den ebenfalls veranlagten Familienangehörigen war in Sachsen und Preußen mit 1000 zu 486 und 1000 zu 478 so gut wie identisch. Deshalb darf in Preußen wie in Sachsen mit alles in allem etwa 30%, in der Klasse der Steuerbefreiten eher mit 35% Haushalten gerechnet werden, in denen das Einkommen des Haushaltsvorstands durch anderweitige Einkünfte ergänzt wurde.

Nun ist freilich nicht gesagt, daß die Zusatzeinkommen die Bezüge des Haushaltsvorstands über die 900-Mark-Grenze brachten. Wenn es aber nur bei einem Viertel der betroffenen Haushalte gelungen sein sollte, bleiben schließlich noch 1,66 Millionen Haushalte mit ,,Haushaltseinkommen'' übrig, die unter der Steuerfreigrenze lagen. Das wäre genau ein Fünftel.

---

[101] Dem liegt folgende Berechnung zugrunde: Es gab 1910 8,252 Millionen steuerfreie Zensiten. Von ihnen werden die 7,077 Millionen Nichthaushaltsvorstände abzüglich der 15% (= 1,061), die vermutlich mehr als 900 Mark einnahmen, abgezogen, 8,252 − (7,077 − 1,061) = 2,236 Millionen.

[102] Die Bevölkerung, die in Preußen und Sachsen in Privathaushalten lebte, setzte sich folgendermaßen zusammen (in Tausend)

	Preußen			*Sachsen*		
Haushaltsvorstände						
Einzelpersonenhaushalte	629	–	1,6%	97	–	2,1%
Mehrpersonenhaushalte	8 087	–	20,8%	1 038	–	22,2%
Angehörige	26 466	–	68,1%	3 044	–	65,0%
Dienstboten, Gesinde						
Untermieter etc.	3 709	–	9,5%	504	–	10,7%
	38 891			4 683		

RSt 240, S. 62 ff.
In Sachsen waren 1912 206 824 Dienstboten und 221 397 Untermieter (= 85%) zur Steuer veranlagt (Zs. d. K. Sächs. Stat. Landesamtes 1914, S. 74 ff.). Das hätte in Preußen insgesamt 3,15 Millionen Dienstboten und Untermietern entsprochen. Und da es 7,11 Millionen Veranlagte gab, die keinen Haushalt führten, bliebe ein Rest von 3,96 Millionen veranlagter Familienangehöriger.

Das sächsische statistische Landesamt, das in jeder Hinsicht die interessantesten und ergiebigsten sozialstatistischen Daten für die Zeit des Kaiserreichs erhoben und in seiner Zeitschrift veröffentlicht hat, hat einen sehr aufschlußreichen Versuch unternommen, den Einkommens- und Wohlstandsverhältnissen im Königreich näher zu kommen, als es mit der gewöhnlichen Einkommenssteuerstatistik möglich war. Es hat bei der Erhebung der Einzeleinkommen nach der Stellung der Zensiten im Haushalt (Haushaltsvorstand, veranlagter mitwohnender Familienangehöriger, Dienstbote, Untermieter), seinem Geschlecht und seinem Alter unterschieden und überdies „Familienhaushaltseinkommen"[103] erfaßt[104]. Da der Zusammenhang von Familiengröße, Zahl der veranlagten Familienangehörigen und Familienhaushaltseinkommen dabei sowenig wie in Preußen erhellt worden ist, kann mit den vielfältig differenzierten Daten zwar noch immer kein völlig angemessenes Bild der Wohlstandsstreuung in einem deutschen Staat zu jener Zeit gezeichnet werden. Eine noch bessere Annäherung ist aber mit steuerstatistischem Material nicht zu erreichen. Sie gilt belegkräftig allerdings nur für das Königreich Sachsen, in dem 1910 gerade 7,5% der Reichsbevölkerung lebten und dessen Wirtschaftsstruktur so bemerkenswert von der des ganzen Reichs abwich.

Beides scheint auszuschließen, daß die sächsische Einkommensschichtung auf Preußen und das Reich zu übertragen ist. Um so überraschender ist es, daß der *effektive* Anteil der sächsischen Familienhaushaltseinkommen unter 900 Mark vom *errechneten* und *geschätzten* Anteil in Preußen kaum abwich. Beide liegen bei 20%.

Es wäre verkehrt, daraus gleich die Identität beider Schichtungen zu folgern. Dazu ist der preußische Wert mit zuviel zwar plausiblen aber unbelegten Annahmen belastet. Andererseits übertriebe man jedoch die methodischen Skrupel, wenn man diese Koinzidenz deshalb gar nicht zum Anlaß nähme, um auf die Möglichkeit, ja Wahrscheinlichkeit hinzuweisen, daß sich die gesamte sächsische Schichtung nicht gar zu weit von der für Preußen entfernte. Die Übereinstimmung der Anteile minderbemittelter Familienhaushalte in beiden Ländern ist gar zu aufdringlich (vgl. Tabelle 15).

Mag das Résumé dieser notgedrungen langwierigen und etwas umständlichen Überlegungen auch unter zahlreichen unbelegten Voraussetzungen leiden, an der Wirklichkeit zielt es sicher nicht völlig vorbei: Am Vorabend des Weltkriegs lebten im Deutschen Reich noch etwa 30% aller Familienhaushalte in materiell „gedrückten", ein weiteres Drittel in nicht viel mehr als „auskömmlichen" Verhältnissen. An die 30% können — zumindest unter materiellen Gesichtspunkten — „mittelständische"

---

[103] Gemeint ist das Gesamteinkommen einer Familie, die im gleichen Haushalt zusammenlebte. Zum Haushaltseinkommen gehörten auch die Bezüge der Dienstboten und Untermieter.
[104] Zs. d. K. Sächs. Stat. LA 1914, S. 74 ff. Ich habe dieses Material andernorts ausführlich bearbeitet. *Hentschel,* Erwerbs- und Einkommensverhältnisse.

Tabelle 15: Schichtung der Zensiteneinkommen in Preußen und Sachsen 1895 und
1912 und der Familienhaushaltseinkommen in Sachsen 1912

	Preußen		*Sachsen*		
Einkommen	Zensitenanteil		Einkommen	Zensitenanteil		Familien-
	1895	1912		1892	1912	haushalts- einkommen
Bis 900	75,2	50,4	Bis 950	74,9	52,2	21,3
900 − 1200	12,3	19,8	950 − 1250	9,8	17,0	16,0
1200 − 1650	5,0	15,0	1250 − 1600	5,1	12,3	17,3
1650 − 2400	3,3	7,7	1600 − 2500	5,1	10,1	23,3
2400 − 4800	2,5	5,0	2500 − 4800	3,2	5,3	15,9
4800 − 9500	1,0	1,2	4800 − 10000	1,2	1,8	4,5
9500 u. m.	0,7	0,9	10000 u. m.	0,7	0,9	1,8

Quellen: Zs. d. Pr. St. LA 1918, S. 67, Stat. Jb. f. d. Pr. Staat 1914, S. 287 ff.,
Zs. d. Kgl. Sächs. Stat. LA 1904, S. 7 ff., 1914, S. 24, S. 76.

Existenzen genannte werden; 5% waren wohlhabend, 2% reich[105]. Die Berücksichtigung der Familiengröße und des Vermögens könnte diese − zugegeben − etwas
grobe und in der Nomenklatur vage Klassifizierung_graduell verschieben, grundlegend geändert würde sie dadurch sicherlich nicht.

Es wäre im Anschluß an diese recht pauschalen Feststellungen von hohem sozial-
und wirtschaftsgeschichtlichem Interesse, die gesamtgesellschaftliche Schichtung
sektoral, nach der sozialen Stellung des Haushaltsvorstands und schließlich regional
zu differenzieren. Mit der Frage nach regionalen Abweichungen von der Schichtung für das Reich ist zugleich die Frage nach dem regionalen Wohlstandsgefälle
gestellt. Der Wunsch nach sektoral und gemäß der sozialen Stellung gegliederten
Einkommensschichtungen für das ganze Reich muß ein Wunsch bleiben. Zwar gibt
es immerhin eine, leider nicht wiederholte, aber sehr aufschlußreiche Erhebung,
die entsprechende Daten liefert. Sie ist um die Jahrhundertwende einmal mehr
vom Sächsischen Statistischen Landesamt durchgeführt worden[106].
Vor allem wegen des ungewöhnlich kleinen, fast durchweg klein- und mittelbäuer-
lich geprägten Agrarsektors des Königreichs langt sie für weiterreichende Interpretationen aber nicht hin.

[105]Die Einkommensobergrenzen sind dabei folgendermaßen gezogen: „gedrückte" Verhältnisse = 1 100 Mark Familienhaushaltseinkommen; „auskömmliche" Verhältnisse = 1 900
Mark; „mittelständische" Verhältnisse = 4 800 Mark; „Wohlhabenheit" = 10 000 Mark. Wer
mehr als 10 000 Mark bezog, galt als reich.
[106]Die Ergebnisse in: Zs. d. K. Sächs. Stat. LA 1904, S. 14 f.

Erfreulicher sieht es aus, wenn man sich dem Versuch regionaler Differenzierung zuwendet. Insbesondere das Problem des regionalen Wohlstandsgefälles ist bereits mehrfach in Angriff genommen worden. Seine weitere Behandlung kann allenfalls diesen oder jenen Aspekt neu herausstreichen, Überraschendes kann sie nicht mehr liefern.

Die Rede vom West-Ost- und Nord-Süd-Wohlstandsgefälle war ja stets nur die halbe Wahrheit und in den letzten Friedensjahren kaum mehr die halbe. In[107] der Konjunkturphase seit 1895 hatten nämlich nicht die Schwerindustriezentren Rheinland und Westfalen mit ihrem relativ hohen betrieblichen und außerbetrieblichen Konzentrationsgrad den kräftigsten Anstieg des Volkseinkommens[108] pro Kopf der Bevölkerung erlebt, sondern die eher unterdurchschnittlich mit Großbetrieben besetzten mitteldeutschen Industriegebiete Sachsen und Berlin/Brandenburg und — stärker noch als beide — das nur sehr partiell industrialisierte Baden. In keinem dieser Gebiete wurde Bergbau von einiger Bedeutung betrieben, nirgendwo spielten Hütten und Stahlwerke eine wesentliche Rolle, und der Maschinenbau war allenfalls geringfügig stärker als andernorts vertreten[109]. Zwar lagen die Zuwachsraten des realen Gesamteinkommens in den Westprovinzen zwischen 1900 und 1913 ebenso wie in Berlin/Brandenburg bei 40—45% und damit signifikant über den 38%

[107]Ich benutze bei der folgenden Analyse die Zahlen, die das statistische Reichsamt 1932 auf der Grundlage der preußischen, badischen, württembergischen und sächsischen Einkommensteuerstatistik errechnet hat. Soweit ich sehe, sind sie bisher nicht durch bessere ersetzt worden. Orsagh kommt mit einem sehr artifiziellen Ansatz zu anderen absoluten Werten. Die Tendenz — beschleunigtes Wachstum in Brandenburg, mittlere Zunahmen in den ursprünglichen Industriegebieten und Tempogewinn in Südwestdeutschland — scheint freilich auch bei ihm durch. Ob der von Hesse errechnete, von 1876 bis 1914 ständig abnehmende Varianzkoeffizient als Ausdruck ständiger Abnahme des Einkommensgefälles richtig interpretiert ist, scheint mir fraglich zu sein. Es wäre ebensogut möglich, daß die Varianz wegen einer gewissen Polarisierung geringer wird: die östlichen Gebiete rücken dichter zusammen und zugleich weiter fort von den mittleren und westlichen Regionen, die sich ihrerseits einander annähern. Einzelschriften zur Statistik des Deutschen Reichs Nr. 24: Das deutsche Volkseinkommen vor und nach dem Kriege, Berlin 1932 (künftig: Einzelschrift 24). *Orsagh* (1968), S. 300 ff., *Hesse* (1971), S. 261 ff., vgl. auch *Borchardt* (1966), S. 325 ff. und immer noch die grundsätzlichen Überlegungen von *Mydral* (1959), insbes. S. 21—47.

[108]Der Begriff Volkseinkommen wird hier unscharf und nicht im Sinne der volkswirtschaftlichen Gesamtrechnung gebraucht. Die Rede ist von veranlagten Einkommen, nicht auch von unverteilten Gesellschaftseinkommen, öffentlichen Erwerbseinkünften und Versicherungsbeiträgen. Unterbewertungen und Fehlveranlagungen bleiben weiterhin unberücksichtigt. Diese „unberichtigten Einkommen" machten nach Schätzungen des Statistischen Reichsamts 80—85% des tatsächlichen Volkseinkommens aus. Da es im folgenden auf Relationen, nicht auf absolute Werte ankommt und die regionalen Unterschiede überdies so groß sind, daß selbst Verschiebungen bis zu fünf Prozentpunkte das Bild nicht grundsätzlich änderten, stehen der Verwendung der Zahlen keine methodischen Bedenken im Wege.

[109]Vgl. RSt 211, S. 108* ff. oder 215, S. 2 ff.

in Baden und den 33% in Sachsen. Der Anstieg des Pro-Kopf-Einkommens aber blieb mit nur 5–8% beträchtlich hinter den doppelt so hohen Sätzen der mitteldeutschen Gebiete und Badens zurück[110] (vgl. Tabelle 29 im Anhang). Anstatt von einem West-Ost- und Nord-Süd-Einkommensgefälle, ließe sich am Ende des Kaiserreichs demnach eher von einem „Wohlstandsbuckel" in der Mitte des Reiches (Potsdam/Berlin und Sachsen) reden, der sich zwischen 1900 und 1913 auffällig erhöhte. Von ihm aus fiel das Wohlstandsniveau zunächst schroff, dann sachter nach Osten und Süden ab und bewegte sich in Wellen, die zum Rande des Reiches hin flacher wurden, nach Nord und West fort. Nord, Südwest und West kamen — ungeachtet beträchtlicher interner Pro-Kopf-Einkommensunterschiede in jedem der drei Gebiete — bis 1913 einander näher, während der Abstand zu Sachsen und Brandenburg in die eine und zum Osten, einschließlich Schlesien, in die andere Richtung größer wurde. Das unberichtigte Pro-Kopf-Einkommen im hochindustrialisierten Westfalen lag im letzten Friedensjahr etwa auf dem Niveau des in weiten Bereichen noch agrarisch bestimmten Württemberg und war beträchtlich niedriger als in Baden oder Schleswig-Holstein. In der Rheinprovinz war das absolute Durchschnittseinkommen noch höher als in den Südweststaaten, es war aber in den letzten zehn bis fünzehn Jahren merklich langsamer gewachsen als dort. Hinter Hes-

[110]Der Einwand, daß das Pro-Kopf-Einkommen in den westlichen Provinzen von den Regierungsbezirken Minden, Trier und Koblenz gedrückt wurde, ein so weiträumiger Durchschnitt also kein Beleg für den relativen Rückfall gegenüber Mitteldeutschland sei, liegt nahe. Er sticht aber nicht. Das gleiche galt in Brandenburg für den Regierungsbezirk Frankfurt, in Sachsen für die Kreishauptmannschaften Bautzen und Zwickau. Eine andere, durchaus berechtigte Frage freilich ist es, ob es überhaupt sinnvoll ist, Länder und Provinzen bei der Analyse regionaler Einkommensdifferenzen zu betrachten, wenn die internen Abweichungen bis zu einem Drittel des höchsten und weit über die Hälfte des niedrigsten Werts reichen. So betrugen die Pro-Kopf-Einkommen in den fünf Kreishauptmannschaften Sachsens 1912: Leizpig — 810 Mark, Dresden — 740 Mark, Zwickau/Chemnitz — 627 Mark, Bautzen — 529 Mark, und in den vier württembergischen Kreisen ebenfalls 1912: Neckarkreis — 721 Mark, Donaukreis — 505 Mark, Schwarzwaldkreis — 447 Mark und Jagstkreis — 419 Mark. Zs. d. K. Sächs. Stat. LA 1914, S. 2 ff., Wttbg. Jbb. f. Stat. u. Ldkd. 1914, S. 270 ff. Es ist dies die Frage nach dem Sinn jeder sozialwissenschaftlich-historischen Aggregation und Mittelung, die stets nur mit einem: „Im Bewußtsein und mit Vorbehalt . . . dennoch" beantwortet werden kann.

sen-Nassau, Sachsen[111] und den weit vorauseilenden Spitzenreiter Brandenburg war das Rheinland weit zurückgefallen[112].
Die Wachstumskräfte der westlichen Industrieprovinzen schienen zu diesem Zeitpunkt bereits auffällig zu retardieren.
Die drei Ostprovinzen waren unterdessen mehr denn je zum „Armenhaus" des Reichs geworden. Auch wenn der Blick auf die steuerlich veranlagten Geldeinkommen allein den Wohlstandsverhältnissen agrarischer Bevölkerung sicherlich nicht ganz gerecht wird, sprechen zwei Drittel unberichtigtes Pro-Kopf-Einkommen im Vergleich zum preußischen Durchschnitt eine deutliche Sprache. Bereits Pommern und Schlesien setzten sich deutlich von Ostpreußen, Westpreußen und Posen ab.

[111]Es ist auf Anhieb völlig unerklärlich und steht in einigem Widerspruch zu unseren struktur- und konjunkturgeschichtlichen Erkenntnissen, daß sich die mit allen „Wachstumsbranchen" reich besetzte Rheinprovinz nicht nur durch ein niedrigeres Volkseinkommensniveau, sondern auch durch bemerkenswert geringere Einkommenszuwächse zwischen Jahrhundertwende und Weltkrieg auszeichnete als Sachsen, das mit seinem ausgedehnten Textil- und Bekleidungssektor (knapp 30% aller industriell Erwerbstätigen) eigentlich in einer tiefen Strukturkrise gesteckt haben müßte. Eine vergleichende Regionalstudie könnte hier zu aufschlußreichen Ergebnissen führen. Fischers sehr geraffte Überlegungen enden gerade vor der Zeit, die in diesem Zusammenhang interessant ist. *Fischer* (1972), S. 464 ff. Einer Frage sollte in einer solchen Untersuchung exemplarisch für andere Provinzen und Länder (Schleswig-Holstein und Baden auf der einen, sowie Westfalen und Berlin, das für sich allein einen Pro-Kopf-Einkommensverlust von 8,2% seit der Jahrhundertwende erlebt hatte, auf der anderen Seite) nachgegangen werden: Ist womöglich der starke Bevölkerungszuwachs nicht nur Voraussetzung und Chance für steigenden Wohlstand, sondern von einem bestimmten Punkt an eher eine relative Belastung gewesen. Sachsens Bevölkerung ist von 1900 bis 1910 um 604 000 (= 14,4%), die der Rheinprovinz um 1,36 Millionen (= 23,6%) gewachsen. RSt 240, S. (104) f.
[112]Die Relationen verbessern sich etwas zugunsten der westlichen Provinzen, wenn man mit den vom statistischen Reichsamt geschätzten berichtigten Pro-Kopf-Einkommen argumentiert. Wegen der größeren Zahl an Kapitalgesellschaften schlugen dabei höhere unverteile Gewinne, wegen der größeren Zahl an Industriearbeitern auch höhere Sozialversicherungsbeiträge für die Rheinprovinz und Westfalen zu Buche. Das deutsche *Volkseinkommen* (1932), S. 30.

Diese recht grobschlächtigen Aussagen zum innerdeutschen Einkommensgefälle können durch nicht weniger grobschlächtige Hinweise[113] auf die regionale Einkommensschichtung und Einkommensverteilung ergänzt werden. Die sehr interessante Frage nach der Beziehung von regionalem Einkommensniveau und regionaler Einkommensverteilung, die zahlreiche Berührungspunkte mit der Frage nach der Beziehung von Wirtschaftsstruktur und Einkommensverteilung hat, kann wegen des unzulänglich tief gegliederten Materials bestenfalls andeutungsweise beantwortet werden. Ein hoher Stand des Pro-Kopf-Einkommens war gewöhnlich mit einem vergleichsweise hohen Einkommensniveau für *alle* Zensiten und zugleich mit hohen Volks-

[113]Die Daten sind wiederum der Einzelschrift 24, Anlage 35, S. 178 f. entnommen. Da es mir hier nur auf regionale Unterschiede und deren mögliche Veränderungen nach der Jahrhundertwende ankommt, benutze ich die Nominalwerte. Vgl. zur regionalen Einkommensverteilung in Deutschland vor 1913 auch *Müller/Geisenberger* (1972) und *Müller* (1974). Der Informationsgehalt der Arbeit von 1972 leidet daran, daß Müller als Indikator für die Ungleichheit der Einkommensverteilung den Anteil des Einkommens des einen oder der fünf Prozent Zensiten mit den höchsten Einkommen wählt. Dabei bleibt völlig im Dunkeln, ob es überhaupt bemerkenswerte Realeinkommensverbesserungen breiter Schichten gegeben hat und auf welchem absoluten Niveau die indizierte Ungleichheit stattfand. Ungleichheit ist eine relative Sache und sozialhistorisch an sich völlig aussagelos. Wenn in einem Gebiet ein Prozent aller Zensiten 15% des Volkseinkommens bezieht und 70% unter 1 000 Mark Einkommen haben, im anderen Gebiet das eine Prozent der glücklichen Besitzenden 25% des Volkseinkommens auf sich vereinigt, aber nur 30% weniger als 1 000 Mark Einkommen haben — ist die Einkommensverteilung im zweiten Gebiet dann ungleicher?

Den Werten und der Hypothese Müllers zufolge hat die Ungleichheit der Verteilung in Baden bis 1913 durchgehend zu, in Hessen, Preußen und Sachsen dagegen bis um die Jahrhundertwende ebenfalls zu-, dann sehr langsam wieder abgenommen. Bemerkenswert sind die Unterschiede zwischen ausgewählten Regierungsbezirken im agrarischen Osten und im industriellen Westen. Während das Maß der Ungleichheit im Osten — freilich von sehr viel niedrigerem Niveau aus als im Westen — durchgehend stieg, sank es im Westen und war in Westfalens Regierungsbezirk Arnsberg am niedrigsten.

Ein bzw. fünf Prozent Zensiten bezogen folgende Anteile am Gesamteinkommen:

	Baden		Hessen		Sachsen		Preußen	
	1%	5%	1%	5%	1%	5%	1%	5%
1891/95	15,2	28,9	15,9	32,0	19,0	34,2	17,2	31,2
1911/13	19,8	32,4	13,6	27,9	18,9	33,0	18,0	30,6

	Düsseldorf		Arnsberg		Marienwerder		Gumbinnen		Magdeburg	
	1%	5%	1%	5%	1%	5%	1%	5%	1%	5%
1891/95	22,1	37,3	16,1	28,5	10,1	23,4	8,4	21,3	18,4	33,2
1911/13	21,6	33,4	14,6	24,8	14,3	27,8	10,7	24,9	17,6	30,3

Nach *Müller/Geisenberg* (1972), S. 44 ff., 61 ff.

79

einkommensanteilen der Reichsten verbunden. Die meisten „wohlhabenden" Länder standen, gemessen an der Zahl der Zensiten mit weniger als 900 Mark Jahreseinkommen, und gemessen am Einkommensanteil, der auf ein Prozent dieser Minderbemittelten entfiel, weit unten in der Rangliste der Provinzen und Länder[114]. Die wirtschaftliche Entwicklung hatte in gewisser Weise dem liberalen und dem sozialistischen Argument gleichermaßen Recht gegeben. Die Industrialisierung und die mit ihr verbundene Hebung der volkswirtschaftlichen Produktivität verhalf einem größeren Teil Menschen zu höheren Einkommen[115]. Die „soziale Frage" war als „Frage des Mehrens" statt als „Frage des Verteilens"[116] nicht ganz so falsch gestellt gewesen, wie es die Kritiker des „Manchesterliberalismus" leichthin behaupten. Etwas einseitig war sie freilich gestellt gewesen. Mochte die Ausdehnung des gewerblich-industriellen Sektors auch den durchschnittlichen Wohlstand steigern und die Chancen vergrößern, in höhere Einkommensklassen vorzustoßen, sie riß zugleich die Lücke zwischen jenen, die den Anschluß nicht gefunden hatten, und den Bessergestellten weiter auf[117]. Nirgends war der Einkommensanteil, den

---

[114]Vgl. Tabellen 30 a und b im Anhang. Die Tabelle 30 b ist dieser Aussage entsprechend von unten her zu lesen.

[115]Das wird ebenso deutlich, wenn man sich die Einkommensschichtung nach Ortsgrößenklassen vergegenwärtigt. Der Anteil der Steuerfreien in Preußen nahm 1910 von 69,6% in Orten bis zu 2 000 Einwohnern zunächst eklatant stark auf 54% in Orten mit 2 000–5 000 Einwohnern und dann langsamer bis auf 41% in Großstädten ab. Der Anteil der Reichen mit mehr als 9 500 Mark Einkommen stieg zugleich von 2,1% auf 15,1%. Stat. Jb. f. d. Pr. Staat 1913, S. 299.

[116]So einer der Exponenten des deutschen Wirtschaftsliberalismus, John *Prince-Smith* (1877), S. 338.

[117]Da, grob gesprochen, die Minderbemittelten eher Lohnabhängige, die Bessergestellten eher Selbständige waren, bedeutete das eine bemerkenswerte Verschlechterung der „Verteilungsposition" der Lohnabhängigen gegenüber den Selbständigen und eine generell schlechtere Verteilungsposition im Industrie- als im Agrarbereich. Nach der Jahrhundertwende, nicht zuletzt als Ergebnis erfolgreicher Gewerkschaftsarbeit und des Vordringens von Tarifverträgen, ist die Verschlechterung allmählich zum Stillstand gekommen. Den Überlegungen und Berechnungen Jecks zufolge wäre das durchschnittliche Nominaleinkommen eines Unselbständigen in der Industrie zwischen 1880 und 1912 von 633 auf 1190, das eines Selbständigen aber zugleich von 1219 auf 3379 Mark gestiegen. In der Landwirtschaft bewegten sich diese Veränderungen auf sehr viel niedrigerer Ebene. Bei den Unselbständigen stieg das Durchschnittseinkommen von 405 auf 648 Mark, bei den Selbständigen von 622 auf 1191 Mark. Auf 1000 Mark „Profit" pro Selbständigen kamen an Lohn pro Unselbständigen:

	1880/84	1890/94	1900/04	1910/13
Industrie	551	483	385	355
Landwirtsch.	651	560	606	544

Die vorübergehende Verbesserung der Verteilungsposition der Unselbständigen im Agrarsektor dürfte auf die Agrarpreisbaisse in den neunziger Jahren zurückgehen. *Jeck* (1970), S. 100 u. Tab. 10.

die gleiche Anzahl Einkommenssteuerfreier bezog, so gering wie in den beiden herausragend reichsten Wirtschaftseinheiten des Reiches, wie in Berlin und Hamburg. Die zwei wohlhabendsten Flächengebiete, Brandenburg und Sachsen, standen nicht weit dahinter zurück. In den westlichen Provinzen waren die Kontraste weniger stark. Überdies war die Schichtung der Zensiten beträchtlich günstiger als in Sachsen und Brandenburg. Das wird noch deutlicher, wenn man Arnsberg und Düsseldorf isoliert. Dort haben 1914 kaum 20% der Zensiten weniger als 900 Mark Einkommen gehabt, in Potsdam immerhin 28%, in Frankfurt (Oder) gar 49%[118].

Der höhere betriebliche und — wie gleich zu sehen sein wird — auch überbetriebliche Organisations- und Konzentrationsgrad hatte im Westen weder zu besonders raschem Einkommenswachstum, noch zu auffällig ungleicher Verteilung des Volkseinkommens geführt.

[118] *Kühnert* (1916), S. 285.

Tabelle 16: Wanderungsbewegung im Deutschen Reich 1890 – 1907

Gezählt in: \ Geboren in:		Ost-deutschland	Pommern Schlesien	Mittel-deutschland	Nord-deutschland	Rheinland Westfalen	Süd-deutschland	Einwohner insgesamt	Zuwanderer
Ost-deutschland	1890	5.572.987	110.752	62.254	34.600	7.257	2.156	5.789.006	216.019
	1900	5.835.562	118.700	76.971	57.098	19.371	4.694	6.112.396	276.834
	1907	5.917.300	126.966	85.666	68.523	28.077	6.069	6.232.601	315.301
Pommern Schlesien	1890	118.360	5.447.599	92.115	27.614	7.395	4.040	5.697.123	249.524
	1900	148.137	5.895.368	122.816	39.630	10.913	6.426	6.223.290	327.922
	1907	158.071	6.196.764	135.197	49.385	13.961	7.733	6.561.111	364.347
Mittel-deutschland	1890	374.317	451.969	8.723.239	441.245	88.526	134.173	10.213.471	1.490.232
	1900	531.980	606.908	10.016.799	583.574	125.752	204.442	12.069.455	2.052.656
	1907	650.058	700.844	10.957.259	672.957	166.681	239.290	13.387.089	2.429.830
Nord-deutschland	1890	233.260	117.410	234.247	8.633.541	79.846	45.467	9.343.771	710.230
	1900	317.674	152.922	304.270	9.631.595	102.145	63.203	10.571.809	940.214
	1907	355.037	184.367	353.267	10.343.231	130.407	77.033	11.443.342	1.100.111
Rheinland Westfalen	1890	113.643	46.468	147.877	114.251	6.584.645	51.021	7.057.905	473.260
	1900	313.852	87.555	216.281	202.708	7.869.485	85.106	8.774.987	905.502
	1907	405.081	114.305	220.294	252.117	9.080.601	101.257	10.173.655	1.093.054
Süd-deutschland	1890	14.808	19.436	82.736	50.842	72.444	10.567.884	10.808.082	240.248
	1900	23.999	21.707	115.645	68.073	95.400	11.452.438	11.777.262	324.824
	1907	28.063	25.709	135.500	81.283	113.992	12.195.890	12.580.437	384.547
Deutsches Reich	1890	6.427.375	6.193.634	9.341.468	9.302.093	6.840.115	10.804.691	48.909.960	
	1900	7.171.204	6.883.160	10.852.782	10.582.678	8.223.066	11.816.309	55.529.199	
	1907	7.513.610	7.348.955	11.887.183	11.467.496	9.533.719	12.627.272	60.378.235	
Abwanderer	1890	854.388	746.035	618.229	668.552	255.470	236.857	45.530.429	3.379.531
	1900	1.335.642	987.792	835.983	951.083	353.581	363.871	50.701.247	4.827.952
	1907	1.596.310	1.152.191	929.924	1.124.265	453.118	431.382	54.691.045	5.687.190

Quelle: RSt. 150, S. 138 f., Bd. 210, Teil I.

Tabelle 17: Wanderungsbilanz, relative Wanderungsverluste und Wanderungsgewinne

Jahr	Abwanderer (1)	(2)	Zuwanderer (3)	(4)	Wanderungsgewinn und -verlust (5)	(6)	(7)
			Ostdeutschland				
1890	854.388	13,3%	216.019	3,7%	− 638.369	9,9%	−
1900	1.335.642	18,6%	276.834	4,5%	−1.058.808	14,8%	420.439
1907	1.596.310	21,3%	315.301	5,1%	−1.281.009	17,0%	22.201
			Pommern/Schlesien				
1890	746.035	12,0%	249.524	4,4%	− 496.511	8,0%	−
1900	987.792	14,4%	327.922	5,3%	− 695.870	9,6%	163.359
1907	1.152.191	15,7%	364.347	5,6%	− 787.844	10,7%	127.974
			Mitteldeutschland				
1890	618.229	6,6%	1.490.232	14,6%	+ 872.003	8,5%	−
1900	835.983	7,7%	2.052.656	17,0%	+1.216.723	10,1%	344.720
1907	929.924	7,8%	2.429.830	18,2%	+1.499.906	11,2%	283.183
			Norddeutschland				
1890	668.552	7,2%	710.230	7,6%	+ 41.678	0,5%	−
1900	951.083	9,0%	940.214	8,9%	− 10.869	0,1%	52.547
1907	1.124.265	9,8%	1.100.111	9,6%	− 24.154	0,2%	13.285
			Rheinland/Westfalen				
1890	255.470	3,7%	473.260	6,7%	+ 217.790	3,2%	−
1900	353.581	4,3%	905.502	10,3%	+ 551.921	6,7%	334.131
1907	453.118	4,8%	1.093.054	10,7%	+ 639.936	6,7%	88.015
			Süddeutschland				
1890	236.857	2,1%	240.248	2,2%	+ 3.391	0,03%	−
1900	363.871	3,1%	324.824	2,7%	− 39.047	0,3%	42.438
1907	431.382	3,4%	384.547	3,1%	− 46.835	0,4%	7.788

(1) Absolute Zahl der Abwanderer
(2) Anteil der Abwanderer an allen in der Region geborenen und noch lebenden Menschen (Fernwandererrate)
(3) Absolute Zahl der Zuwanderer
(4) Anteil der Zuwanderer an allen Einwohnern der Region am Erhebungstag
(5) Absoluter Wanderungsgewinn (+) oder Wanderungsverlust (−)
(6) Anteil des Wanderungsgewinns an der Einwohnerschaft oder Anteil des Wanderungsverlusts an allen in der Region geborenen Menschen
(7) Absoluter Wanderungsgewinn (+) oder Wanderungsverlust (−) seit der vorigen Erhebung

Quelle: Reichsstatistik 150 und 211

Tabelle 18: Regionale Mobilität in den Erwerbszweigen 1907

| | Von den Berufszugehörigen wurden geboren: | | | |
	In der Zähl-gemeinde	Im Zählgebiet	Im übrigen Reich	Im Ausland
Landwirtschaft	10,9 Mio = 61,6%	5,65 = 32,0%	0,8 = 4,5%	0,34 = 1,9%
Industrie	13,9 Mio = 52,7%	7,67 = 29,1%	4,1 = 15,6%	0,69 = 2,6%
Handel und Verkehr	3,5 Mio = 42,5%	2,78 = 33,6%	1,8 = 22,2%	0,14 = 1,7%
Andere[1]	3,1 Mio = 33,4%	3,90 = 42,1%	2,1 = 22,7%	0,17 = 1,8%
Reich	31,4 Mio = 51,0%	20,00 = 32,5%	8,8 = 14,3%	1 34 = 2,2%

[1] Dazu gehören: Persönliche Dienste, Lohnarbeit wechselnder Art, öffentlicher Dienst, berufslose Selbständige
Quelle: Reichsstatistik 211, S. 120.

Tabelle 19: Wanderungsbewegung nach Ländern und Provinzen 1890 — 1907

(1) = Im Land geboren, aber außerhalb des Landes (in Deutschland) gezählt (Abwanderung[1]).
(2) = Im Land gezählt, aber außerhalb des Landes geboren (Zuwanderung[1]).
(3) = Wanderungsgewinn oder -verlust am Stichtag.
(4) = Wanderungsgewinn oder -verlust seit der letzten Erhebung.

| Erhebungs-jahr | Binnenwanderung | | | | Gesamtwanderungs-gewinn oder -verlust |
	(1)	(2)	(3)	(4)	
	1. Ostdeutschland				
	Ostpreußen				
1890	324.351	53.331	−271.020	—	—
1900	523.836	71.920	−451.916	−180.896	−233.527
1907[2]	587.176	79.163	−508.013	− 56.097	−127.058
	Westpreußen				
1890	243.133	141.692	−101.441	—	—
1900	355.139	169.779	−185.360	− 83.919	−137.153
1907	432.182	171.951	−260.231	− 74.871	−104.210
	Posen				
1890	321.319	136.128	−185.191	—	—
1900	485.835	163.733	−322.102	−136.911	−218.177
1907	585.360	174.665	−410.695	− 88.593	−128.605
	Pommern				
1890	282.876	118.956	−163.920	—	—
1900	372.419	153.819	−218.600	− 55.000	−109.437
1907	440.904	169.358	−271.546	− 52.946	− 93.897

84

Fortsetzung *Tabelle 19:*

Erhebungs-jahr	Binnenwanderung (1)	(2)	(3)	(4)	Gesamtwanderungs-gewinn oder -verlust
		Schlesien			
1890	475.866	143.275	−332.591	−	−
1900	613.863	190.593	−423.270	− 90.679	−151.241
1907	730.388	210.100	−520.288	− 97.018	− 84.629
		2. Mitteldeutschland			
		Brandenburg (einschl. Berlin)			
1890	285.131	997.582	+ 712.451	−	−
1900	379.637	1.357.107	+ 977.470	+ 265.019	+ 367.155
1907	445.533	1.649.169	+1.203.636	+ 226.166	+ 433.968
		Sachsen			
1890	155.230	348.451	+ 193.221	−	−
1900	234.413	488.134	+ 253.721	+ 60.500	+ 105.441
1907	289.022	517.663	+ 228.641	− 25.080	− 17.579
		Hessen			
1890	107.374	101.693	− 5.681	−	−
1900	142.275	139.178	− 3.097	+ 2.584	− 2.260
1907	157.607	170.392	+ 12.785	+ 15.882	− 843
		Hessen-Nassau/Waldeck			
1890	233.326	205.356	− 27.970	−	−
1900	308.168	296.747	− 11.421	+ 16.549	− 2.738
1907	348.237	355.996	+ 7.759	+ 19.180	+ 29.150
		3. Norddeutschland			
		Schleswig-Holstein/Lübeck			
1890	156.223	175.418	+ 19.195	−	−
1900	202.770	242.891	+ 40.121	+ 20.926	− 13.845
1907	238.405	301.236	+ 62.831	+ 22.710	+ 15.642
		Hamburg			
1890	47.674	294.174	+ 246.500	−	−
1900	82.738	349.838	+ 267.100	+ 20.600	+ 55.329
1907	106.160	421.901	+ 315.741	+ 48.641	+ 100.374
		Hannover/Lippe			
1890	296.890	246.783	− 50.107	−	−
1900	397.959	353.348	− 44.611	+ 5.496	− 38.625
1907	452.297	424.351	− 27.946	+ 16.665	− 35.330

Fortsetzung *Tabelle 19:*

Erhebungs-jahr	Binnenwanderung (1)	(2)	(3)	(4)	Gesamtwanderungs-gewinn oder -verlust

			Provinz Sachsen/Braunschweig/Anhalt		
1890	517.591	372.105	−145.486	−	−
1900	690.979	456.495	−234.484	− 88.998	−132.942
1907	815.549	477.189	−338.360	−103.876	−115.822

4. Westdeutschland
Rheinland

1890	248.039	386.733	+ 138.694	−	−
1900	344.499	636.289	+ 291.790	+ 153.000	+ 198.497
1907	419.367	774.914	+ 355.547	+ 63.757	+ 153.067

Westfalen

1890	228.034	307.130	+ 79.096	−	−
1900	314.702	574.833	+ 260.131	+ 181.035	+ 212.196
1907	381.725	670.115	+ 288.390	+ 28.259	+ 86.709

5. Süddeutschland
Bayern

1890	151.615	127.456	− 24.159	−	−
1900	222.124	166.232	− 55.892	− 31.733	− 52.584
1907	283.897	191.285	− 92.612	− 36.720	− 88.120

Württemberg/Hohenhollern

1890	147.069	60.308	− 86.761	−	−
1900	212.164	84.337	−127.827	− 41.066	− 94.198
1907	231.430	107.148	−124.282	+ 3.545	− 26.990

Baden

1890	106.167	120.512	+ 14.345	−	−
1900	144.746	185.423	+ 40.677	+ 26.232	+ 16.107
1907	165.586	233.820	+ 68.234	+ 27.557	+ 8.343

Elsaß-Lothringen

1890	36.494	169.774	+ 133.280	−	−
1900	56.869	202.004	+ 145.135	+ 11.855	+ 12.434
1907	71.248	208.941	+ 137.693	− 7.442	− 5.978

Quelle: Reichsstatistik 150, 210, 240.

Anm.: [1] Diese Begriffe sind nicht ganz korrekt. Erfaßt werden nur die überlebenden Wanderer. Das Ausmaß der Wanderung wird mithin unterschätzt. Da
es sich bei den Wanderern überwiegend um Menschen im Alter von 20 bis
40 Jahren gehandelt hat, dürften allerdings die Zahlen für die Veränderungen zwischen den Erhebungsterminen der gesamten Wanderungsbewegung
sehr nahekommen.

[2] Da die Binnenwanderung bei der Berufszählung im Juni 1907, die gesamte
Bevölkerungsbewegung aber bei den fünfjährlichen Bevölkerungszählungen
ermittelt wurde, war folgende Kalkulation nötig: ich habe den „natürlichen"
Bevölkerungszuwachs von 1900 bis 1907 abgezogen von der Differenz der
Bevölkerungszahlen zwischen 1900 und 1905 zuzüglich zwei Fünftel der
Differenz zwischen 1905 und 1910. Da die absoluten Wachstumszahlen
von Jahr zu Jahr zunahmen, wird die Bevölkerungszunahme von 1905 bis
1907 durch die simpel arithmetische Behandlung des Zuwachses von 1905
bis 1910 etwas über-, der Gesamtwanderungsgewinn ebenfalls etwas über-
und der Gesamtwanderungsverlust etwas unterschätzt. Die Abweichungen
sind aber geringfügig.

Tabelle 20: Bevölkerungsverdichtung 1870 – 1910 (Einwohner pro qkm)

	Fläche	1871		Zuwachs 1871–1890	1890		Zuwachs 1890–1910	1910		Zuwachs 1871–1890
		Bevölkerung	Einwohner pro qkm		Bevölkerung	Einwohner pro qkm		Bevölkerung	Einwohner pro qkm	
Ostdeutschland	107.604,6	5.376.077	50	7,8%	5.820.306	53,9	14,8%	6.613.880	61,5	23,0
Pommern/Schlesien	70.466,5	5.138.963	72,9	11,8	5.745.347	81,5	20,9	6.942.883	98,5	35,1
Mitteldeutschland	78.225,6	6.846.352	87,5	27,1	8.701.776	111,2	42,5	12.402.349	158.5	81,1
Norddeutschland	110.197,3	7.245.156	65,7	19,0	8.604.776	78,2	25,3	10.805.876	98,1	49,3
Rheinland/Westfalen	47.219,8	5.354.522	113,4	33,3	7.139.052	151,2	57,5	11.246.236	238,2	110,1
Süddeutschland	6.111,8	9.757.847	77,4	12,3	10.958.962	86,9	22,4	13.412.723	106,4	37,5
Hansestädte	968,6	513.534	530,2	71,3	879.458	908,0	26,7	1.430.789	1.477,2	178,6
Berlin	63,4	826.341	13.033,8	91,1	1.578.794	24.902,1	31,2	2.071.257	32.670,0	150,7
Reich	540.857,5	41.058.792	75,9	20,6	49.428.470	91,5	31,1	64.925.993	120,0	58,1

Quelle: Reichsstatistik Bd. 240, S. 45, (193).

Tabelle 21: Altersaufbau der ortsanwesenden Bevölkerung und der Zu- und Abwanderer 1900 (in % der jeweiligen Gesamtheit)

(1) Ostdeutschland
(2) Pommern/Schlesien
(3) Mitteldeutschland
(4) Berlin
(5) Norddeutschland

(6) Hansestädte
(7) Rheinland/Westfalen
(8) Süddeutschland
(9) Reich

Alter	(1)	(2)	(3)	(4)	(5)	(6)	(7)	(8)	(9)
				Ortsanwesende Bevölkerung					
bis 16	40,1	38,2	35,7	27,4	37,4	32,6	38,9	34,9	36,8
16–30	21,8	22,5	25,2	30,1	23,4	26,9	25,7	25,0	24,5
30–50	21,7	23,0	24,0	28,9	23,3	26,6	22,5	22,7	23,2
50–70	13,1	13,2	12,5	11,7	13,0	11,7	10,8	14,3	12,8
über 70	3,3	3,0	2,5	1,9	3,0	2,2	2,0	3,3	2,7
				Zuwanderer					
bis 16	18,2	18,3	14,7	8,8	16,1	10,6	15,9	13,2	14,4
16–30	33,6	32,0	36,1	33,1	33,6	30,6	38,0	40,8	35,4
30–50	30,0	32,1	34,2	39,2	34,4	39,9	33,6	31,1	34,4
50–70	15,2	14,5	12,9	16,3	13,5	16,3	11,0	12,9	13,5
über 70	3,0	3,1	2,1	2,6	2,4	2,7	1,5	2,0	2,3
				Abwanderer					
bis 16	11,9	9,4	14,8	35,7	14,1	30,8	17,0	12,1	14,3
16–30	35,4	34,3	33,1	31,7	33,1	35,6	37,2	41,3	34,9
30–50	37,9	38,9	34,7	23,3	34,5	23,2	31,0	32,4	34,7
50–70	12,7	15,0	14,9	7,9	14,2	8,7	12,8	12,3	13,8
über 70	2,1	2,4	2,5	1,4	2,8	1,8	2,0	1,8	2,3
				Ab- oder Zuwandererüberschuß[1]					
bis 16	8,5	2,9	14,5	–	3,3	3,5	14,9	17,2	
16–30	36,4	36,0	42,6	33,5	30,8	28,8	38,7	39,4	
30–50	42,1	43,9	33,2	44,4	33,6	45,7	35,9	26,1	
50–70	11,6	15,3	8,6	19,0	26,8	18,9	9,4	15,0	
über 70	1,4	1,9	1,2	3,1	5,6	3,0	1,1	2,4	
			Anteil des Ab- und Zuwandererüberschusses[1] *an der Geburtsbevölkerung*							
bis 16	3,4	0,7	2,4	–	0,26	3,9	3,2	0,8	
16–30	21,5	12,8	10,9	98,7	3,7	59,3	13,9	2,6	
30–50	24,2	14,9	8,7	215,0	4,1	148,3	14,7	1,9	
50–70	12,7	9,6	4,1	261,1	5,8	128,5	7,5	1,7	
über 70	6,7	5,4	2,8	228,0	5,5	90,0	4,6	1,3	

[1] In Ostdeutschland, Pommern/Schlesien und Norddeutschland handelt es sich um Abwandererüberschüsse, bei den anderen Gebieten um Zuwandererüberschüsse.
Quelle: Reichsstatistik 150, S. 165 f.

Tabelle 22: Herkunft der Berufsbevölkerung im Gewerbe- und Industriesektor 1907

Von der 1907 gezählten industriellen Berufsbevölkerung waren . . . .

	Am Zählort geboren		Nahwanderer		Fernwanderer[3]		
Ostdeutschland[1]	1.987.016	49,2%	1.796.357	44,5%	253.618	6,3%	4.036.991
Berlin/Brandenburg/ Kr. Sachsen	2.467.043	47,5%	1.384.910	26,6%	1.343.230	25,9%	5.195.183
Rheinland/Westfalen	3.141.512	55,4%	1.604.602	28,3%	921.012	16,3%	5.667.126
Süddeutschland	2.728.495	60,4%	1.359.200	30,1%	425.624	9,5%	4.513.319
Rest[2]	3.581.189	57,1%	1.522.842	24,3%	1.170.054	18,6%	6.274.085
Reich	13.905.255		7.667.911		4.113.538		25.686.704

[1] Einschließlich Pommern und Schlesien
[2] Schleswig-Holstein, Hansestädte, Hannover, Lippe, Oldenburg, Provinz Sachsen, Thüringen, Braunschweig, Anhalt, Hessen, Hessen-Nassau
[3] Fernwanderer sind hier – wie stets – Menschen, die bis zum Tag der Zählung die Grenze ihres Geburtsgebietes (Provinz oder Land) überschritten hatten – auch *innerhalb* der vorn genannten *Region.*

Quelle: Reichsstatistik 210, I.

Tabelle 23: Frauenerwerbstätigkeit 1882 – 1907 (in Tausend)

	Erwerbstätige insgesamt	erwerbstätige Frauen	davon in der Landwirtschaft			Industrie			Handel und Anderes		
1882	17.632	4.259 = 24,2%	2.535	59,5[1]	30,8[2]	1.127	26,5[2]	17,6[2]	0.597	14,0[1]	19,9[2]
1895	20.771	5.264 = 25,3%	2.753	52,3	33,1	1.521	28,9	18,4	0.990	18,9	23,6
1907	26.827	8.243 = 30,7%	4.599	55,8	46,5	2.104	25,5	18,7	1.541	18,7	27,1

[1] Anteil an allen erwerbstätigen Frauen
[2] Anteil der Frauen an den Erwerbstätigen des Sektors

Tabelle 24: Mithelfende Familienangehörige, Ehefrauen und Jugendliche unter den erwerbstätigen Frauen 1907

	Insgesamt	Landwirtschaft		Industrie		Handel	
mithelfend	3.178 = 38,6%[1]	2.841	61,8%[2]	0.106	5,0%	0.231	15,0%
verheiratet	2.809 = 34,9%	2.013	43,8%	0.448	21,3%	0.348	22,6%
unter 25 Jahren	3.302 = 40,0%	1.695	36,9%	1.057	50,0%	0.551	35,8%

[1] Anteil an der Gesamtheit der erwerbstätigen Frauen
[2] desgleichen im betreffenden Sektor

Quelle: Reichsstatistik 211, S. 42* f. und 166* f.

Tabelle 25: Regionale Wirtschaftsstruktur von 1895 und 1907: Berufsbevölkerung

1895

	Landwirtschaft	Industrie	„tertiärer" Sektor	Berufsbevölkerung
Nordostdeutschland	5.859.525	2.981.651	2.741.990	11.583.166
Süddeutschland	3.477.748	2.175.264	1.583.509	7.236.521
	9.337.273	*5.156.915*	4.325.499	*18.189.687*
	= 49,6%	= 27,4%	= 23,0%	= 36,4%
Westdeutschland	873.154	3.011.300	1.254.598	5.139.052
östl. Mitteldt.	1.031.182	3.701.202	2.284.059	7.016.443
Südwestkerngebiet	979.405	1.189.178	812.758	2.981.341
	2.883.741	*7.901.680*	*4.351.415*	*15.136.836*
	= 19,1%	= 52,2%	= 28,7%	= 29,3%
Südwestrandgebiet	1.567.986	1.596.092	940.606	4.104.684
Südostdeutschland	2.133.916	2.139.646	1.227.978	5.501.540
westl. Mitteldt.	2.533.128	3.071.115	1.665.114	7.269.357
	6.235.030	*6.806.853*	*3.833.698*	*16.875.581*
	= 36,9%	= 40,3%	= 22,8%	= 32,6%
Hansestädte	45.264	387.798	505.113	938.175
	= 0,5%	= 41,3%	= 58,2%	= 1,7%
Reich	18.456.044	20.253.246	13.015.725	51.725.015
	= 35,7%	= 39,2%	= 25,1%	

1907

	Landwirtschaft	Industrie	„tertiärer" Sektor	Berufsbevölkerung
Nordostdeutschland	5.687.411	3.666.822	3.552.513	12.906.746
Süddeutschland	3.450.740	2.649.602	2.056.106	8.156.448
	9.138.151	*6.316.424*	*5.608.619*	*21.063.194*
	= 43,4%	= 30,0%	= 26,6%	= 34,1%
Westdeutschland	802.330	4.388.449	1.975.119	7.165.898
östl. Mitteldt.	929.927	4.896.328	3.268.367	9.094.622
Südwestkerngebiet	888.323	1.704.258	1.125.792	3.718.373
	2.620.580	*10.989.035*	*6.369.278*	*19.978.893*
	= 13,1%	= 55,0%	= 31,9%	= 32,3%

Fortsetzung Tabelle 25

Südwestrandgebiet	1.514.051	2.026.877	1.241.333	4.782.261
Südostdeutschland	1.963.177	2.623.482	1.603.892	6.190.551
westl. Mitteldt.	2.398.876	3.907.465	2.165.905	8.472.246
	5.876.104	*8.557.824*	*5.011.130*	*19.445.058*
	= 30,2%	= 44,0%	= 25,8%	= 31,5%
Hansestädte	46.341	523.294	716.862	1.286.497
	= 0,4%	= 40,6%	= 59,0%	= 2,1%
Reich	17.681.176	26.386.577	17.705.889	61.773.642
	= 28,6%	= 42,7%	= 28,7%	

Quelle: Reichsstatistik 104, 105, 204 und 205 passim.

Anm.: Die Prozentwerte unter den Wirtschaftssektoren geben den Anteil des Sektors an der Berufsbevölkerung des jeweiligen Gebiets an, die Prozentwerte in der Spalte „Berufsbevölkerung" den Anteil der Berufsbevölkerung im betreffenden Gebiet an der Reichsbevölkerung.

Tabelle 26: Regionale Siedlungsformen 1910

	Bevölkerung insgesamt	— davon in Ortschaften		
		bis 2.000 Einwohner	20.000—100.000 Einwohner	100.000 u. m. Einwohner
Nordostdeutschland	13.377.283	7.512.029	1.430.554	1.495.765
Süddeutschland	8.466.726	4.902.186	782.973	1.032.096
	21.844.009	*12.414.215*	*2.213.527*	*2.527.861*
	= 33,6%	= 56,8%	= 10,1%	= 11,6%
Westdeutschland	7.758.554	924.887	1.540.259	2.759.302
östl. Mitteldt.	9.737.345	1.938.609	1.177.759	4.444.300
Südwestkerngebiet	3.938.246	1.255.673	430.865	1.138.011
	21.434.145	*4.119.169*	*3.148.883*	*8.341.613*
	= 33,0%	= 19,2%	= 14,7%	= 38,9%
Südwestrandgebiet	4.955.972	2.321.156	661.402	283.980
Südostdeutschland	6.459.151	3.125.427	1.037.249	622.739
westl. Mitteldt.	8.801.927	3.931.287	1.494.073	868.683
	20.217.050	*9.377.870*	*3.192.424*	*1.775.402*
	= 31,1%	= 46,4%	= 15,8%	= 8,8%
Hansestädte	1.430.789	43.333	122.821	1.178.472
	= 2,3%	= 3,0%	= 8,6%	= 82,4%
Reich	64.925.993	25.945.587	1.677.955	13.823.348
		= 40,0%	= 13,4%	= 21,3%

Anm: Für die Prozentwerte gilt die Anmerkung der Tabelle 25
Quelle: Reichsstatistik 240, S. 57 ff.

Tabelle 27: Verteilung der Beschäftigten auf Betriebsgrößenklassen in den wichtigsten Industrie- und Gewerbebranchen

Branche		1–50 Beschäftigte	50–200 Beschäftigte	200–1.000 Beschäftigte	1.000 u. m. Beschäftigte	Insgesamt	Zuwachs %
Bergbau und Hütten	1895	25.105 4,7%	62.090 11,6%	449.094	= 83,7%	536.289	
	1907	28.090 3,3%	91.897 10,7%	288.602 33,5%	451.552 52,5%	860.903	60,5
Maschinenindustrie	1895	184.982 35,0%	115.614 21,9%	228.076	= 43,1%	528.672	
	1907	221.733 19,8%	348.200 31,1%	329.664 29,4%	220.685 19,7%	1.120.282	111,9
Chemie	1895	44.115 38,3%	28.200 24,5%	42.916	= 37,2%	115.231	
	1907	42.134 24,4%	52.864 30,7%	46.002 26,7%	31.441 18,2%	172.441	49,6
Metallverarbeitung	1895	442.714 69,2%	111.825 17,5%	85.216	= 13,3%	639.755	
	1907	496.997 53,0%	218.923 23,4%	182.093 28,5%	39.007 4,1%	937.020	46,5
Bauindustrie	1895	696.414 66,6%	269.322 25,8%	79.780	= 7,6%	1.045.516	
	1907	930.440 59,5%	412.292 26,4%	200.854 12,8%	20.008 1,3%	1.563.594	49,6
Steine und Erden	1895	308.738 55,3%	147.377 26,4%	102.171	= 18,3%	558.286	
	1907	366.189 47,5%	222.540 28,9%	161.758 21,0%	20.076 2,6%	770.563	38,0
Holz- und Schnitzstoffe	1895	522.973 87,4%	59.823 10,0%	15.700	= 2,6%	598.496	
	1907	598.960 77,7%	129.337 16,8%	40.367 5,2%	2.394 0,3%	771.059	28,8
Textilindustrie	1895	405.658 40,8%	237.283 23,9%	350.316	= 35,3%	993.257	
	1907	353.892 32,5%	318.048 29,2%	368.612 33,9%	47.728 4,4%	1.088.280	9,6
Bekleidungsindustrie	1895	1.301.779 93,6%	64.768 4,7%	24.017	= 1,7%	1.390.604	
	1907	1.367.014 87,7%	131.490 8,4%	51.283 3,3%	8.061 0,6%	1.558.848	12,1
Nahrungsmittelindustrie	1895	775.000 75,9%	148.620 14,5%	97.870	= 9,6%	1.021.490	
	1907	969.592 78,2%	178.460 14,4%	77.028 6,2%	14.865 1,2%	1.239.945	21,4
Industrie insgesamt	1895	5.093.174 63,6%	1.362.805 17,0%	1.544.524	= 19,4%	8.000.503	
	1907	5.914.946 54,5%	2.181.735 20,1%	1.876.887 17,3%	879.305 8,1%	10.852.873	35,6

Quelle: Reichsstatistik 114 und 213.

Tabelle 28: Berufsstellung in Industrie und Handel 1895 und 1907 (in 1.000)

	1895		1907	
	Industrie und Handel	Industrie allein	Industrie und Handel	Industrie allein
Erwerbstätige	10.269	8.000	14.435	10.853
Geschäftsleiter (Besitzer/Pächter)	2.949 = 28,7%	2.061 = 25,8%	3.107 = 21,5%	1.990 = 18,3%
Angestellte (kfm. und techn.)	449 = 4,4%	285 = 3,2%	1.010 = 7,0%	615 = 5,7%
Arbeiter	6.473 = 63,0%	5.600 = 70,0%	9.357 = 64,8%	7.951 = 73,3%
Mithelfende Familienangehörige	42	81	142	298

Quelle: Reichsstatistik Bd. 114, S. 241 und 213, S. 70.

Tabelle 29: Unberichtigte Gesamt- und Pro-Kopf-Einkommen, sowie geschätztes Volkseinkommen in preussischen Provinzen und deutschen Ländern 1900 und 1913

	Unberichtigtes Gesamteinkommen (Millionen Mark)		Zuwachsrate	Unberichtigtes Pro-Kopf-Einkommen		Zuwachsrate	Geschätztes Volkseinkommen 1913		
	1900[1]	1913		1900[1]	1913		Summe	pro Kopf	
Berlin/ Brandenburg	3.798	5.452	43,5	766	847	10,6	6.807	1.057	141,7[2]
Kr. Sachsen	2.653	3.547	33,7	636	719	13,1	4.430	897	120,2
Hessen-N.	1.294	1.659	28,2	686	723	5,4	2.026	883	118,4
Rheinland	3.519	4.938	40,3	610	657	7,7	6.257	832	115,3
Westfalen	1.747	2.541	45,4	556	582	4,7	3.211	734	98,4
Baden	979	1.351	38,0	527	612	16,1	1.569	710	95,2
Württemberg	–	1.444	–	–	576	–	1.684	672	90,1
Schleswig-H.	771	1.049	36,0	559	626	12,0	1.280	763	102,3
Hannover	1.359	1.707	25,6	527	563	6,8	2.113	697	93,4
Pr. Sachsen	1.559	1.769	13,5	552	564	2,2	2.196	700	93,8
Schlesien	2.301	2.642	14,8	495	492	– 0,6	3.242	603	80,8
Pommern	709	812	14,5	434	469	8,1	997	576	77,2
Ostpreußen	802	833	3,9	401	399	– 0,5	1.014	486	65,1
Westpreußen	590.	679	15,1	377	390	3,4	836	480	64,3
Posen	711	809	13,8	377	375	– 0,5	1.033	479	64,2
Hessen	–	–	–	–	–	–	847	642	86,1
Bayern	–	–	–	–	–	–	4.442	629	84,3
Hamburg	828	1.199	44,8	1.088	1.115	2 5	1.412	1.313	176,0

[1] In Preisen von 1913. Inflationsrate 25 %

[2] Die letzte Spalte gibt das Pro-Kopf-Einkommen der Länder und Provinzen in % des preußischen Durchschnitts an

Quelle: Das deutsche *Volkseinkommen* (1932), S. 72 und 30.

Tabelle 30 a: Regionale Schichtung der Zensiten (in % aller Zensiten)

(1) bis 900 Mark   (3) 1.500—3.000 Mark   (5) 6.000 und mehr Mark
(2) 900—1.500 Mark   (4) 3.000—6.000 Mark

	1900					1913				
	(1)	(2)	(3)	(4)	(5)	(1)	(2)	(3)	(4)	(5)
Ostpreußen	84,9	8,9	4,1	1,5	0,6	72,5	17,1	6,4	2,9	1,1
Posen	83,0	10,9	4,0	1,4	0,7	67,5	23,4	6,9	3,1	1,1
Westpreußen	81,9	10,9	4,5	1,7	1,0	67,3	21,2	7,3	3,0	1,2
Schlesien	80,0	12,9	4,6	1,6	0,9	61,9	26,2	7,8	2,9	1,2
Pommern	77,3	13,9	5,9	1,9	1,0	60,3	25,8	9,1	3,4	1,4
Württemberg						52,2	25,1	16,0	4,7	2,0
Hamburg						51,3	16,9	21,1	6,3	4,4
Pr. Sachsen	68,2	20,7	7,3	2,5	1,3	49,3	33,9	11,4	3,8	1,6
Kr. Sachsen	66,0	21,5	8,1	2,9	1,5	49,2	30,1	14,4	4,2	2,1
Schleswig-H.	69,3	19,6	7,6	2,6	0,9	49,2	30,0	14,9	4,2	1,7
Hannover	70,8	18,8	7,1	2,3	1,0	49,2	31,7	13,3	4,2	1,6
Bayern						48,8	26,2	18,5	4,7	1,8
Hessen-Nassau	67,8	20,0	7,3	3,0	1,9	46,6	31,7	14,6	4,6	2,5
Hessen						45,6	31,1	16,1	5,0	2,3
Brandenburg	68,2	20,6	7,2	2,5	1,5	45,3	28,4	18,3	5,1	2,9
Baden	62,6	15,0	17,8	3,1	1,5	44,1	18,3	30,7	4,8	2,1
Berlin	55,6	31,7	7,5	2,8	2,4	41,4	32,2	20,9	3,6	1,9
Rheinprovinz	60,2	29,0	7,0	2,4	1,4	38,3	37,8	18,1	4,0	1,2
Westfalen	55,8	34,9	6,3	2,1	0,9	36,3	37,1	22,1	3,2	1,3

Tabelle 30 b: Anteil des veranlagten unberichtigten Einkommens pro 1 % der Zensiten nach Einkommensklasse 1913 (ausgedrückt in Promill.)

	(1)	(2)	(3)	(4)	(5)
Hamburg	31	54	86	173	1048
Berlin	38	71	116	236	1505
Sachsen	38	79	133	264	1310
Hessen	39	78	134	272	978
Brandenburg	40	67	115	227	1031
Hessen-Nassau	41	67	116	230	1288
Württemberg	41	82	142	279	1115
Bayern	42	79	135	270	1183
Baden	43	60	95	263	1190
Rheinland	44	75	125	243	1883
Westfalen	48	83	132	263	1085
Schleswig-H.	50	83	142	279	1041
Hannover	51	83	147	281	1075
Pr. Sachsen	51	82	151	289	1194
Pommern	56	89	166	318	1229
Schlesien	58	91	172	321	1475
Posen	60	95	143	342	1382
Westpreußen	62	90	188	353	1100
Ostpreußen	65	102	192	348	1200
Preußen	48	80	137	268	1543

Quelle: Das deutsche *Volkseinkommen* (1932).

II. Kartellbewegung und Bankenkonzentration

Wirtschaft der Verbände?

Betriebliche und überbetriebliche Konzentration sind nie unabhängig voneinander gewesen. Betriebliche Größe hat sich in der Praxis als notwendige Voraussetzung erfolgreicher Kartell- und Syndikatsbildungen erwiesen. Da man sich — wie zu sehen war — vom Ausmaß der betrieblichen Konzentration im Kaiserreich keine allzu ausgreifenden Vorstellungen machen darf, wird auch das Bild einer „verbandsstrukturierten Wirtschaft", in der das Prinzip der freien Konkurrenz weitgehend aufgehoben gewesen sei, den Gegebenheiten und Vorgängen nicht gerecht. Dabei kann gar nicht bestritten werden, daß „Regelung" und „Organisation" zu Schlagworten der Zeit geworden sind. Der freihändlerische Volkswirt und Statistiker Victor Böhmert hatte schon 1872 halb ironisch, halb klagend bemerkt, daß „Organisation" zur Zauberformel zu werden scheine, „um die kranke Zeit zu heilen"[1]. Der Drang zu Preis- und Absatzregelungen in zahlreichen, ja fast allen Produktionsbereichen, hat das wirtschaftliche Geschehen zusehends mitbestimmt. Wenn es denn je die Mentalität individuellen, jeder Bindung abholden unternehmerischen Wagemuts gegeben haben sollte, ist sie vom Verlangen nach Anlehnung und erhöhter Sicherheit zusehends verdrängt worden. Es ist kaum zu übersehen, daß seit Kleinwächters klassischer Schrift über „Die Kartelle" (1883) in weitesten wirtschaftlich interessierten Kreisen nachgerade eine Kartellideologie entstanden ist. Ihr erster konzentrierter Ausdruck war die berühmte Debatte im Verein für Socialpolitik im Jahr 1894[2]. Drei Jahre später hat sie sich in einem einschneidenden und vieldiskutierten Reichsgerichtsurteil vom 4.2.1897 auch höchstrichterlich niedergeschlagen. Damals sind Kartellverbindlichkeiten einklagbar gemacht worden[3]. Diese Ideologie ist fraglos von der Vorstellung privatwirtschaftlich organisierter, Stetigkeit, Sicherheit und Ertrag verbürgender Produktions- und Absatzverhältnisse bestimmt gewesen. Man darf sie freilich nicht für die Praxis der angeblich knapp 700 Kartelle[4] in den letzten Friedensjahren nehmen. Der höhere Organisationsgrad

---

[1] Bremer Handelsblatt Nr. 1104 v. 7. 12. 1872.

[2] 1905 ist das Thema vom VSP wieder aufgegriffen und auf breiterer Grundlage behandelt worden. Vgl. außer dem Tagungsbericht in SVSP 116 (1906) *Weippert* (1960).

[3] Zur Entstehungsgeschichte und Begründung *Böhm* (1948).

[4] Genaue Zahlen sind nicht bekannt. Es gibt nur Schätzungen. Für 1890 hat Sombart 117, der CdI für 1900 etwa 300 und W. Schwarz für 1910 673 Kartelle in Deutschland geschätzt. *König* in: *Arndt*, Hrsg. (1960), S. 304. Vgl. *Liefmann* (1922), S. 27 f. In jedem Fall sind die Kartelle nicht „namentlich während der Großen Depression entstanden". *Wehler* (1970), S. 103. Die hohe Zeit der Kartellbildung waren die beiden Jahrzehnte danach.

hat in der Tat „erst ein Wollen, noch nicht jedoch die Wirksamkeit im Hinblick auf die erhoffte Stabilisierung" belegt[5].

Wenn man für den Moment von den drei Montankartellen absieht, liest sich die Geschichte der deutschen Kartellbewegung doch eher wie eine Geschichte wiederholten Scheiterns und fortwährender Vergeblichkeit, voll von Enttäuschungen und Erfolgslosigkeit. Die Zahl eingeleiteter Kartellverhandlungen, die nicht zum Abschluß gebracht wurden, weil die Verhandlungspartner sich von vornherein nicht über die Usancen der Verbindung einigen konnten, ist ebenso Legion, wie die Zahl der Kartelle, die nach kurzer Zeit wieder auseinandergebrochen sind, weil die am Verhandlungstisch notdürftig überdeckten Interessengegensätze in der Praxis nur zu bald wieder an die Oberfläche drangen[6]. Häufig waren Kartellabsprachen so lose und unverbindlich formuliert, daß sie ohne weiteres umgangen werden konnten und ohne Scheu umgangen wurden, wenn es sich als nützlich erwies. Andere Kartelle faßten einen viel zu geringen Marktanteil zusammen, um preis- und mengenbestimmend sein zu können[7]. Außer den drei Montankartellen, dem Spiritussyndikat und dem Zuckerkartell hat es kein Kartell für längere Zeit auch nur regional zu marktbeherrschenden Quoten gebracht. Die ungezählten Produkt- und Gebietskartelle in der Textilindustrie sind immer wieder und meist sehr schnell zerfallen und haben nichts an der fortdauernden Misere der Branche geändert[8]. Die Kartellierung des homogenen und deshalb eigentlich „kartellfreundlichen" Gutes Braunkohle ist in Thüringen, wo etwa 70% der deutschen Braunkohle gefördert wurden, nie gelungen. Und trotzdem ist die Braunkohle zum ernsthaften Konkurrenten der Steinkohle geworden[9]. Die Maschinenindustrie hat sich wegen der Vielfalt ihrer Erzeugnisse der Kartellierung oder gar Syndizierung durchweg entzogen. Für eini-

[5] *Borchardt*, Handbuch, S. 271. Zur theoretischen Ableitung der Kartellwirksamkeit *König* in: *Arndt* (1960), S. 315 ff.

[6] Es war bemerkenswert, daß Kartelle dazu neigten, gerade in Krisenzeiten auseinanderzubrechen, in denen sie sich der Kartellideologie zufolge bewähren sollten. So ging es 1901 den Stahlkartellen und 1908 dem Roheisenverband, 1908 war überhaupt ein Jahr voller Kartellbrüche. Chronik 1908, S. 798 f., *Holzschuher* (1962), S. 96, *Maschke* (1964), S. 25.

[7] Die Mitglieder des Roheisensyndikats und des Stahlwerksverbandes wußten sehr gut, warum sie in ihre Kartellverträge die Klausel aufnahmen, daß die einfache Mehrheit der Unternehmen das Ende des Verbandes beschließen könne, wenn der Marktanteil möglicher Außenseiter auch nur 5% überschreite. *Klotzbach* (1926), S. 198, *Leisse* (1912), S. 52, *Kollmann* (1905), S. 33.

[8] *Stern* (1909), *v. Beckerath* (1911), *Schütz* (1927), *Meyknecht* (1928), S. 13 ff., *Holzschuher* (1962), *Nußbaum* (1966). Die deutsche Textilindustrie litt an chronischer Überbesetzung, Mangel an technischem Fortschritt, niedriger Produktivität und stark schwankenden, von ihr kaum beeinflußbaren Rohstoffpreisen. Vgl. unten S. 218 ff.

[9] *Czempin* (1912), S. 190ff., *Strothbaum* (1911/12), S. 9 ff., *Heinz* (1919), *Hecht* (1924), *Holzschuher* (1962), S. 31 ff.

germaßen vergleichbare Güter sind gelegentlich Absprachen über die Begrenzung der Absatzgebiete getroffen worden[10]. In der Eisenindustrie ist die Kartellierung um so schwieriger und erfolgloser gewesen, je näher die Produkte dem Endverbraucher kamen. Selbst der Stahlwerksverband hat es für Walzprodukte, Draht, Röhren oder Bleche nur für ganz kurze Zeit zu einer straffen Kontingentierung oder Preisregulierung gebracht. Die überwiegend kleingewerblich betriebene, stark dislozierte Eisenwarenherstellung ist von vornherein wenig geeignet für wirksame Kartellbildungen gewesen[11]. Das heißt nicht, daß keine Kartellierungs*versuche* unternommen worden wären. Aber 62 Kartelle in der Eisenindustrie — Riesser hat zurecht von ,,Kartellchaos" gesprochen — hoben sich gleichsam in ihrer Wirkung gegenseitig wieder auf. Ähnlich sah es in der Zement-, Papier- und in der chemischen Industrie aus. Die Zahl der Kartelle war groß, der Anteil der kartellierten an der Gesamtproduktion vermutlich recht hoch. Die Wirksamkeit und der Erfolg aber waren gering[12]. Im Baugewerbe haben schon die Produktionsbedingungen, die hier mit den Absatzbedingungen zusammenfielen, allen Kartellierungsversuchen im Weg gestanden.

Von ,,privatwirtschaftlichem Planungsersatz" (Wehler) ist das alles recht weit entfernt gewesen. Es spricht im Gegenteil vieles dafür, daß die Fülle von Teilkartellen, Kartellversuchen, unterlaufenen Konventionen und Kartellzusammenbrüchen einer ruhigen Geschäftsentwicklung eher entgegengewirkt hat. Die Vielzahl gegeneinander gerichteter Organisationen dürfte in ihrem Zusammenwirken *des*organisierende Folgen für die Volkswirtschaft gehabt haben. Nicht zufällig haben Kartelle in der Elektroindustrie und in der chemischen Industrie, die gern die Leitsektoren der ,,zweiten Industrialisierung" genannt werden, trotz oder gerade wegen ihrer Vielzahl stets nur eine *wenig* wirkungsvolle, haben betriebliche Konzentration und Interessengemeinschaften eine *höchst* wirkungsvolle Rolle gespielt[13]. Kurz, die deutsche Kartellbewegung durchlief keineswegs ,,zügig die Stufen von der Preiskonvention. . . bis hin zum umfassenden Monopolkartell"[14] und die freie Verkehrswirtschaft ist auch nicht der gebundenen Wirtschaft gewichen[15].

Dergleichen Meinungen und Urteile können allenfalls am Beispiel der drei wichtigsten, aufsehenerregendsten und für eine sehr kleine Gruppe großer Unternehmen

[10] Für die Lokomotivenindustrie vgl. *Borsig* (1927), S. 32 ff., 62 f., *Hentschel*, Wirtschaftsgeschichte, S. 120 ff.

[11] *Zöllner* (1907), S. 54, *Heymann* (1904), S. 214 f., *Leisse* (1912), S. 67 ff., *Riesser* (1912), S. 613, *Holzschuher* (1962), S. 73 ff.

[12] *Hecht* (1924), S. 20 ff., *Terhorst* (1936), S. 40–44, 49, f., 64 f., *Nußbaum* (1966), S. 103 f., *Holzschuher* (1962), S. 93 ff.

[13] *Redlich* (1914), S. 19 ff., *Liefmann* (1921), S. 201 f., *Pinner* (1918), S. 255 ff., *Schultze* (1908), S. 288 ff.; bes. S. 299 f., *Beckerath* (1930), S. 24 ff., *Duisberg* (1933), S. 88 ff., *Duisberg* (1963), *Nußbaum* (1966), S. 97 ff., 100 ff., *Blaich* (1973), S. 176 f.

[14] *Wehler*, in: *Winkler*, Hrsg. (1973), S. 40.

[15] *Maschke* (1964), S. 30.

schließlich auch erfolgreichsten Kartelle gebildet worden sein. Das berühmte Rheinisch-Westfälische Kohlensyndikat (RWK), das Roheisensyndikat und der Stahlwerksverband sind aber nicht *die* deutsche Kartellbewegung gewesen, sie haben nur deren Bild wesentlich geprägt. Einmal durch ihr tatsächliches Schwergewicht, dann aber auch durch die Flut von meist noch zeitgenössischen Publikationen, zu der sie angeregt haben. Es ist daher angebracht, zunächst ihre Stellung in der deutschen Industriewirtschaft und ihr Gewicht auf den Kohle- und Eisenmärkten, dann ihre Organisationsformen und ihre Politik etwas genauer anzusehen.

Die heftigen Klagen der Verbraucher über hohe Materialpreise bieten dafür nur allererste Anhaltspunkte. Die Feststellung, wann die Kohle- und Eisenpreise tatsächlich monopolistisch überhöht waren, ist viel schwieriger als es auf den ersten Blick erscheinen mag. Dazu wäre es nötig, Preis-Absatz-Funktionen und deren Veränderungen im Zeitverlauf zu kennen. Das ist nicht der Fall. Deshalb kann mit Sicherheit nur gesagt werden, daß die drei Verbände in der ersten Phase von Konjunkturabschwüngen an ihren Hochkonjunkturpreisen festgehalten haben. Ob diese Preise schon im Boom auch *Monopol*preise gewesen, oder ob sie erst im Abschwung dazu geworden sind, ist dagegen eine offene Frage. In jedem Fall sind die Preis-Kosten-Relationen der Abnehmer durch diese antizyklische Preispolitik jedesmal beträchtlich in Unordnung geraten[16].

Wegen dieser Unsicherheit des Urteils sollte man von gar zu apodiktischen und wissenden Deutungen der realen Kartellwirkungen absehen. Um die Durchschlagskraft und Reichweite der Kartellpolitik aber auch nur halbwegs richtig einschätzen zu können, muß überdies noch zweierlei bedacht werden: die Zeiträume, in denen die Verbände wirksam gewesen sind und die Mengen, die sie auf den Markt gebracht haben. Bis 1893 ist die Kartellierung auch in der Schwerindustrie Stückwerk geblieben[17]. Die Zeit danach ist sinnvoll in zwei zehnjährige Perioden zu unterteilen. Denn nur das RWK, das stabilste aller deutschen Kartelle, ist 1893 gleich als ausgereiftes Syndikat ins Leben getreten, dem dennoch in seinem engeren Einzugsbereich nach und nach eine nicht unerhebliche Außenseiterkonkurrenz erwuchs. Der 1897 gegründete Roheisenverband war dagegen zunächst eine wenig straff geleitete und deshalb sehr unsicher operierende Organisation, die völlig versagte, als sie im Boom um die Jahrhundertwende zum erste Mal auf die Probe gestellt wurde. Erst 1904 ist das Kartell in ein konzentriert verwaltetes Syndikat umgewandelt worden, das freilich keine fünf Jahre zusammengehalten hat. Der Stahlwerksverband schließlich ist in diesem Jahr überhaupt erst gegründet worden. Er war die zusammenfassende Nachfolgeorganisation mehrerer wenig haltbarer und erfolgreicher Einzelkartelle, von denen nur der auch erst am 1.1.1899 gegründete Halbzeugverband einige Bedeutung erlangt hatte. Im übrigen hat auch das RWK erst Ende 1903 die

---

[16]Vgl. die eingehendere Analyse der Preispolitik der drei Kartelle unten S. 109 ff.

[17]*Bartz* (1913), S. 4 ff., *Lüthgen* (1926), S. 5 f., *Wilhelm* (1966), S. 10–31, *Holzschuher* (1962), S. 22 ff.

neu entstandenen Außenseiter im Revier aufgenommen, und damit endgültig die dominierende Stellung im größten Teil Deutschlands westlich der Elbe gewonnen. In der Gestalt, mit der sie als konstitutives Element des „Organisierten Kapitalismus" vorgestellt werden, hat es die Kartelle der Schwerindustrie also nur im letzten Friedensjahrzehnt gegeben. Und auch in dieser Zeit sind zumindest die Eisenkartelle die Aufregung, die sie verursacht haben, eigentlich nur für eine ziemlich kleine Zahl ihrer unmittelbaren Abnehmer wert gewesen.

Mögen die führenden Werke in den Montankartellen — und es waren je später, je mehr in allen Dreien dieselben — auch privatwirtschaftliche Marktmacht in einem Ausmaß geübt haben, das bis dahin unbekannt war und das ihnen vermutlich zu höheren Gewinnen verholfen hat als unter Konkurrenzbedingungen, ihre volkswirtschaftliche Bedeutung war gering, geringer jedenfalls als ihre häufige literarische Behandlung nahelegt. Insgesamt sind in den letzten zehn Jahren vor dem Krieg nicht mehr als 10 bis 15% der gesamten deutschen Roheisenproduktion auf den Markt gebracht und vermutlich weniger als 15% der Stahlerzeugung unter monopolistischen Bedingungen verkauft worden[18]. Die gesamtwirtschaftlichen Marktzusammenhänge hat das allenfalls am Rande berührt; am stärksten noch durch die zeitlichen Verzerrungen, die von den Kartellen in die Preis-Absatzbewegungen gebracht worden sind. Es ist nicht ausgeschlossen, sondern wahrscheinlich, daß Konjunktureinbrüche dadurch vertieft und verlängert worden sind; letztlich wohl auch für die Kartellmitglieder selbst. Denn die besten Produktions-, Preis- und Absatzübereinkommen nützten dann nichts mehr, wenn die Verbraucher nicht mehr kauften. Von „privatwirtschaftlichem Planungsersatz" konnte auch bei ihnen solange nicht die Rede sein, wie die Abnehmer noch als unabhängige Variable im Spiel waren. Dazu kam schließlich, daß auch die innere Einheit der Verbände keineswegs unbeeinträchtigt gewesen ist.

Interne Probleme: „Reine" und „kombinierte" Betriebe

Organisatorisch haben sich die drei nach 1904 kaum noch voneinander unterschieden[19]. Die Mitglieder haben eine gemeinsame Verkaufsstelle eingerichtet, die sämtliche Bestellungen entgegennahm und nach einem vertraglich festgelegten „Beteiligungs"-Schlüssel an die Kartellwerke verteilte. Damit wurde zwar erreicht, daß

---

[18] Vgl. unten S. 110 f., 118.
[19] Zur Organisation des RWK *Liefering* (1910), S. 11 ff., *Bartz* (1913), S. 10 ff., *Transfeldt* (1926), S. 4 ff., *Muthesius* (1943), S. 70 f., *Wilhelm* (1966), S. 41 ff., 308—321. Zum Roheisenverband *Klotzbach* (1926), S. 127 ff. Zum Stahlwerksverband *Kollmann* (1905), S. 18 ff., *Zöllner* (1917), S. 67 ff.

die Betriebe gleichmäßig am Gesamtabsatz beteiligt, nicht aber, daß sie gleichmäßig beschäftigt waren. Das lag an der heterogenen Zusammensetzung, die ebenfalls allen drei Verbänden gemeinsam und ihr schwierigstes internes Problem mit beträchtlicher Sprengkraft gewesen ist. Die Kartelle wurden zusehends mehr zu den Verbänden von kombinierten Betrieben, die ihre Überlegenheit nicht nur die Abnehmer, sondern auch die mit ihnen vereinten, aber technisch und wirtschaftlich benachteiligten „reinen" Werke spüren ließen.

Daß sich die Vereinigung mehrerer Produktionsstufen im gleichen Unternehmen kostensparend und gewöhnlich risikomindernd auswirkte, ist schon früh entdeckt worden[20]. Dennoch hat sich die Zusammenfassung von Zeche, Hochofen und Stahlwerk unter dem gleichen Firmendach bis gegen Ende des 19. Jahrhunderts in bescheidenen Grenzen gehalten. Das änderte sich nahezu von heute auf morgen, als es dem Hörder-Verein nach langen Versuchen 1898 endlich gelang, mit den Gichtgasen, die beim Hochofenprozeß frei wurden, Gasmotoren anzutreiben[21]. Diese *technische* Innovation hat die Marktstruktur der Schwerindustrie vermutlich sehr viel stärker beeinflußt als alle Kartellierung. Bis dahin war das Energiepotential der Gase überwiegend verpufft. Jetzt konnte es äußerst kostensparend bei der Stahlbereitung verwendet werden. Hochofen und Stahlwerk waren nun nicht mehr bloß zwei Produktionsstätten im gleichen Unternehmen, deren eine ohne Transportkosten und Gewinnaufschlag Rohmaterial an die andere abgab. Sie verschmolzen vielmehr zu einer integrierten Einheit, deren Durchschnittskostenminimum erst bei Produktionsmengen erreicht wurde[22], die nur große, kapitalkräftige Werke leisten konnten. Mit zunehmendem Eisen- und Stahlausstoß wuchs auch das Verlangen nach billiger und vor allem unabhängiger[23] Kohle- und Kokszufuhr. Der Drang, nicht nur Hütte und Stahlwerk zu vereinen, sondern auch noch eine Zeche anzugliedern[24], nahm unübersehbar zu und schaffte beträchtliche Unruhe im RWK.

[20]Vgl. *Goldschmidt* (1912), S. 60. Die Gute-Hoffnungs-Hütte hatte bereits 1854 damit begonnen. In den 80er Jahren hatte es freilich so gut wie keine Angliederungen mehr gegeben.

[21]Zu den technischen Schwierigkeiten vgl. Stahl und Eisen 1898, S. 247 f., 361 ff., 498 f., *Stillich* (1904), S. 31, *Mannstaedt* (1906), S. 21 f., *Wiel* (1970), S. 244.

[22]1904 produzierte kein reines Hochofenwerk mehr als 500, die gemischten Werke aber bis zu 1 500 Tonnen Roheisen pro Tag. Die reinen Stahlwerke erzeugten knapp 100 000 Tonnen Stahl im Jahr, die Kombinate bis zu 400 000 Tonnen. *Heymann* (1904), S. 14, 231. Vgl. auch *Mannstaedt* (1906), S. 18 ff., 22 ff., *Leisse* (1912), S. 88 f., 94 f.

[23]Vgl. z. B. *Rabius* (1906), S. 107 f.

[24]Auch dabei spielte der Kostengesichtspunkt eine Rolle. Von Hochofengasen angetriebene Motoren konnten auch in nicht zu fern vom Hüttenwerk gelegenen Zechen eingesetzt werden. Stahl und Eisen 1896, S. 191.

1893[24a] hatten es die Initiatoren des Syndikats[25] um der Einheitlichkeit des Kartells willen unterlassen, die vierzehn bedeutendsten rheinisch-westfälischen Hüttenzechen in den Verband zu ziehen. Dazu gehörten Phönix, der Bochumer Verein, die Gutehoffnungs-Hütte, Hörde und Thyssens „Deutscher Kaiser". Das war wenig aufregend gewesen, solange nicht damit zu rechnen war, daß die Werke Kohle in erheblichem Umfang auf den Markt brachten. Die Rechnung drohte nach geraumer Zeit aber nicht mehr aufzugehen. Im Zuge ihrer raschen Expansion kauften die gemischten Werke eine beträchtliche Anzahl Verbandszechen auf und produzierten um die Jahrhundertwende schon 14% der Syndikatsförderung. Das brachte die Absatzpolitik des Syndikats erheblich durcheinander[26]. Die Syndikatsleitung drängte daher heftig auf den Beitritt der Hüttenzechen und hatte 1903 schließlich Erfolg[27]. Der Anschluß mußte freilich mit dem schwerwiegenden Zugeständnis erkauft werden, daß der Selbstverbrauch der kombinierten Betriebe nicht mehr auf die Beteiligung am Syndikatsabsatz angerechnet wurde. Bis dahin — und das war der wesentliche Grund für die Kartell-Unwilligkeit der großen kombinierten Werke gewesen —, hatten die wenigen Hüttenzechen im Syndikat ihren Eigenverbrauch zunächst ans Syndikat abgeben und dann zurückkaufen müssen[28].

[24a]Die erste moderne Monographie über eines der drei bedeutenden Montankartelle entsteht derzeit in den Vereinigten Staaten. Karen Burke aus Harvard schreibt auf Grund eines umfangreichen Aktenbestandes des RWK — ergänzt durch Akten aus Firmenarchiven — eine Dissertation über den Verband. Karen Burke hat das vorliegende Kapitel gelesen und mir wertvolle Hinweise auf notwendige Korrekturen gegeben. Ich bin für ihre Mühe und Freundlichkeit sehr dankbar.
[25]Die treibenden Kräfte des Zusammenschlusses von 98 Zechen am 9. 2. 1893 sind die Generaldirektoren der Gelsenkirchener Bergwerksgesellschaft und des Harpener Bergbauvereins, Kirdorf und Müser, gewesen. Die Verbandsgründung war in mancher Hinsicht die Konsequenz eines zwanzigjährigen Expansions- und Konzentrationsvorganges, der von 267 Zechen mit durchschnittlich 57 100 Tonnen Förderung (1874) nur noch 160 Zechen mit durchschnittlich 239 000 Tonnen Förderung übrig gelassen hatte. *Muthesius* (1943), S. 24. Allein die drei „Großen" im Ruhrrevier, Gelsenberg, Harpen und Hibernia, hatten ihren Feldbesitz von 3 147 ha auf 27 219 ha ausgedehnt. *Wiedenfeld* (1912), S. 16, *Hecht* (1924), S. 86. Zu Gelsenberg *Stillich* (1906), S. 6 ff., *Bacmeister* (1926), S. 511 ff., zur Hibernia *Stillich* (1906), S. 150 f. Zu den wenig erfolgreichen regionalen Verkaufsvereinigungen und Konventionen, die der Verbandsgründung vorausgegangen waren, vgl. *Goetzke* (1905), S. 12 f., *Bartz* (1913), S. 4 ff., *Lüthgen* (1926), S. 5 f., *Bacmeister* (1936), S. 86 ff., *Muthesius* (1943), S. 36 ff., *Holzschuher* (1962), S. 22 ff., *Wilhelm* (1966), S. 10—31. Tabelle der Gründungsmitglieder samt ihren Beteiligungsziffern bei *Gebhardt* (1957), S. 511 ff.
[26]*Goetzke* (1905), S. 205, *Wilhelm* (1966), S. 67. Dazu kam die Förderung der anderen „Außenseiter". 1902 waren 17,4% der Ruhrförderung nicht syndiziert. *Transfeldt* (1926), S. 7. Vgl. *Poth* (1911), S. 47 ff.
[27]Zugleich wurden das westfälische Kokssyndikat und der Brikettverkaufsverein, die unbeschadet recht fester, gegenseitiger Vereinbarungen bis dahin noch selbständig gewesen waren, ins Syndikat integriert. *Wiedenfeld* (1912), S. 23 f., *Wilhelm* (1966), S. 60 ff.
[28]*Jutzi* (1905), S. 17.

In Syndikatszechen wurden nun 98,28% der Ruhr- und 55% gegenüber zuvor rd. 45% der gesamten deutschen Förderung erzeugt. Bei der zweiten Quote ist es bis zum Krieg geblieben[29]. Die neue Regelung hatte aber zugleich zwei Klassen von Kartellmitgliedern geschaffen[30]: Hüttenzechen, denen Konjunkturschwankungen nun in der Tat nichts mehr anhaben konnten[31], und „reine" Zechen, die die Lasten der Konjunkturschwankungen für die Hüttenzechen mittragen mußten. Die kombinierten Werke brachten ihre Förderung in jedem Fall unter. Im Aufschwung verbrauchten sie ihre Produktion ganz oder überwiegend selbst. In Jahren mit abnehmender Eisen- und Stahlherstellung bestanden sie auf ihrer vertraglich zugesicherten Beteiligung am Syndikatsabsatz, die sie bis dahin nicht beansprucht oder nicht erfüllt hatten[32]. Die reinen Zechen büßten dadurch über das Maß des Nachfragerückgangs an Absatz ein[33]. Damit nicht genug. Das Syndikat zweigte zunächst 6, später bis zu 12 Prozent des Lieferwerts für einen gemeinsamen Fonds ab. Aus ihm wurden Entschädigungen an jene Werke gezahlt, die zu Konkurrenz-

[29]Stat. Jb. f. d. Dt. Reich 1908, S. 29, *Goldschmidt* (1912), S. 104, *Wiedenfeld* (1912), S. 164 f., *Bartz* (1913), S. 44 ff., *Holzschuher* (1962), S. 24.

[30]In etwas anderem Sinn hatte es die zwei Klassen vorher freilich auch schon gegeben. Die Beteiligungsquoten waren nach der Leistungsfähigkeit der Zechen von Zeit zu Zeit neu festgesetzt worden. Da die großen finanzkräftigen Werke im Zeichen der Hochkonjunktur, die 1895 einsetzte, neue Schächte in hoher Zahl abgeteuft hatten, war ihr Anteil am Syndikatsabsatz weit überproportional gewachsen. Das hatte zu unerträglichen Spannungen im Syndikat geführt. Deshalb konstituierten im Kartellvertrag von 1903 neue Schächte nicht mehr automatisch das Recht auf höhere Beteiligung. *Muthesius* (1943), S. 74 f.

[31]Der Produktionsanteil der Hüttenzechen ist von 11,5% im Jahr der Kartellgründung (eingeschlossen die damals noch nicht kartellierten Werke), über 20% im Jahr der Neugründung auf etwa ein Drittel (1911) angewachsen. *Liefering* (1910), S. 27, *Bartz* (1913), S. 138 ff.

[32]Im Hochkonjunkturjahr 1907 z. B. blieben die Hüttenzechen mit 2,1 Millionen Tonnen Lieferung im Rückstand und nötigten das Syndikat, Kohle in England zu kaufen, um seinen Verpflichtungen nachkommen zu können. Als Entschuldigung wurde Arbeitermangel vorgeschützt. 1909 mußten die reinen Zechen dann ihre Förderung gegenüber 1908 um 3 Millionen Tonnen (= 5%) einschränken, während die Hüttenzechen 1,9 Millionen Tonnen (= 8,9%) und die Außenseiter 1,1 Millionen Tonnen (= 36%) mehr förderten. Erst im Hochkonjunkturjahr 1912 erlebten die reinen Zechen wieder eine weit überproportionale Absatzzunahme von 5,5 Millionen Tonnen gegen nur 1,6 Millionen Tonnen bei den Hüttenzechen. Kartell-Jb. 1910, Heft 2, S. 7, 9. Chronik 1912, S. 228, *Wiedenfeld* (1912), S. 56, *Lüthgen* (1926), S. 185, *Transfeldt* (1926), S. 105.

[33]Die Differenzen, die dadurch entstanden, waren so tiefgehend, daß sie Gerichtsverfahren bis in die letzte Instanz hervorgerufen haben. Das Reichsgericht hat schließlich zugunsten der Hüttenzechen entschieden. Chronik 1905, S. 368 ff., *Liefering* (1910), S. 23 f., *Leisse* (1912), S. 114, *Bartz* (1913), S. 134 f., *Lüthgen* (1926), *Muthesius* (1943), S. 184 f., S. 185, *Wilhelm* (1966), S. 69.

preisen ins „umstrittene" Gebiet[34] lieferten. Bei schwachem Binnenabsatz wurden mit ihm auch Exportvergütungen an die zu gleichbleibend hohen Preisen belieferten Roheisen- und Stahlwerke finanziert. Diese „Umlage" wurde überwiegend den sowieso schon benachteiligten reinen Werken aufgebürdet. Da nur der Absatz, nicht aber der Eigenverbrauch mit der Umlage belastet war, zahlten die reinen Werke mehr als dreimalsoviel Abgaben pro Tonne Förderung, wie die gemischten Werke. Die Hüttenzechen sollen dadurch allein zwischen 1904 und 1909 über 90 Millionen Mark gespart haben[35]. Die großen reinen Zechen konnten all das verkraften, die kleinen nicht. Die horizontale Konzentration, die zum RWK geführt hatte, setzte sich deshalb im Kartell noch intensiver fort. Von den 96 Werken, die das RWK 1903 neu gegründet hatten, gingen 31 bis 1912 ein oder in anderen auf. Bis 1914 waren 46 der 66 Zechen, denen 1893 eine Beteiligung von weniger als 1% eingeräumt worden war, verschwunden. Insgesamt hatten 51 Zechen zwischen Kartellgründung und Kriegsbeginn ihre Selbständigkeit verloren[36]. 1893 hatten die zehn größten Zechen im Ruhrgebiet 36,6% der Gesamtförderung auf sich vereinigt, 1910 war der Anteil der fünf größten bereits umfangreicher. Die größten Zehn produzierten damals 60%[37]. „Organisierter Kapitalismus" als Alternative zum „anarchischen Konkurrenzkapitalismus"? Wohl kaum. Die Konkurrenz war *in* die Organisation verlagert worden und hatte ihre Formen verändert. Das Ergebnis für die Betroffenen war gleich geblieben. Bis zum Weltkrieg waren die Gegensätze zwischen reinen Zechen und Hüttenzechen so tief geworden, daß die Verhandlungen um die Erneuerung des 1915 auslaufenden Syndikatsvertrages im Februar 1914 abgebrochen wurden[38].

Einen Kahlschlag unter den kleinen reinen Werken wie im RWK hat es im Roheisenverband nicht gegeben. Im übrigen aber waren die internen Probleme ähnlich. Auch dort ist es anfänglich nicht gelungen, alle kombinierten Werke zu integrieren[39]. Und auch in ihm hat es – als es dann schließlich gelungen war – heftige Dissonanzen zwischen reinen und gemischten Betrieben gegeben. Der Roheisenverband ist davon stärker in Mitleidenschaft gezogen worden als das RWK, weil er nie dessen gefestigte Marktstellung gehabt hat.

---

[34] „Umstritten" hießen Gebiete, in denen das RWK weder als Monopolist noch als anerkannter Preisführer auftrat. Das waren Nord- und Mitteldeutschland östlich der Elbe und Südwestdeutschland. Vgl. *Blaich* (1973), S. 98.

[35] *Wiedenfeld* (1912), S. 62, *Hecht* (1924), S. 17, *Lüthgen* (1926), S. 186.

[36] *Jutzi* (1905), S. 16 f., *Wiedenfeld* (1912), S. 38, *Hecht* (1924), S. 89 f., 13 f., *Maschke* (1964), S. 36.

[37] *Goldschmidt* (1912), S. 67.

[38] *Liefmann* (1922), S. 70.

[39] Hoesch, Rheinstahl, Deutscher Kaiser und die GHH traten dem Verband 1897 noch nicht bei.

Das Kartell bestand genau genommen aus drei mal mehr, mal weniger eigenständigen Unterverbänden: aus dem Rheinisch-Westfälischen Roheisensyndikat und dem Verein für den Verkauf von Siegerländer Roheisen[40], die vergleichsweise fest miteinander verbunden waren und gemeinsam eine eher lose Konvention mit dem Lothringisch-Luxemburgischen Roheisencomptoir[41] geschlossen hatten[42]. Die Verbindung mit Lothringen-Luxemburg ist nie sehr haltbar, zuweilen von Prozessen zwischen den beiden Gruppen belastet gewesen[43], und bereits in der Krise von 1901 zum ersten Mal auseinandergebrochen. Überdies kontrollierte das Comptoir nur 60% der marktwirksamen lothringisch-luxemburgischen Produktion.

Die „reinen" Werke sind im Roheisenverband in einer noch weniger günstigen Lage gewesen als im RWK, weil die Produktion der Kombinate hier sehr viel schwerer ins Gewicht fiel. Die gemischten Betriebe erbliesen etwa 75% der Verbandsproduktion und verbrauchten davon um die 90% in den eigenen Stahlwerken[44]. Diese sehr hohe Eigenverbrauchsquote drückte in Jahren mit schwacher Nachfrage wesentlich stärker auf den Absatz der reinen Werke als die 20 bis 35% Eigenverbrauch im RWK, zumal der Roheisenabsatz sowieso wesentlich heftiger schwankte als der Kohleverkauf.

Im Stahlwerksverband sah das Problem etwas anders aus. „Reine" Stahlwerke, die nur Halbzeug herstellten, gab es nicht. Die wenigen reinen Martinwerke, die dem Verband als Außenseiterkonkurrenz nicht weh tun konnten, waren von vornherein nicht in das Syndikat aufgenommen worden. Die 31 Kartellmitglieder aber produzierten durchweg Halb- und Fertigprodukte, 25 auch ihr eigenes Roheisen[45]. Dennoch ist der Verband von inneren Spannungen nicht frei gewesen. Die Produktion war in zwei Gruppen geteilt worden: in schwere, sogenannte A-Produkte (Halbzeug, Formeisen und Eisenbahnmaterial) und in leichte, sogenannte B-Produkte (Stab- und Bandeisen, Röhren, Draht etc.). Von Anfang bis Ende syndiziert waren nur die A-Produkte. Für B-Produkte war anfangs lediglich eine Mengenkontingentierung vereinbart worden, die so ausgedehnt war und fortwährend so kräftig erweitert wurde, daß sie nie als Beschränkung gewirkt hat. Erst nach der Krise von 1908 sind auch die Fertigwaren syndiziert worden. Lange freilich nicht. Im Kon-

[40] Vgl. *Hillringhaus* (1911), S. 1743 ff., *Leisse* (1912), S. 39 f.

[41] Ebd. S. 40, *Hillringhaus* (1911), S. 1750 ff.

[42] *Klotzbach* (1926), S. 40, 99. Zu den wenig wirksamen Produkt- und Gebietskartellen vor der Verbandsgründung im Jahr 1897 vgl. *Heymann* (1904), S. 150 ff., *Hillringhaus* (1911), S. 210, *Klotzbach* (1926), S. 25 ff.

[43] *Hillringhaus* (1911), S. 1755.

[44] *Heymann* (1904), S. 157, *Klotzbach* (1926), S. 158.

[45] *Blaich* (1973), S. 155. Der Anteil der syndizierten Werke an der gesamten deutschen Stahlerzeugung betrug 1904 73,45% und stieg bis 1911 auf 81,71%. *Feldman/Homburg* (1977), S. 29.

junkturaufwind von 1911 haben die großen B-Produkthersteller die Freiheit des Absatzes und der Preisbildung energisch zurückverlangt und zurückerhalten. Auf den Fertigwarenmärkten traten sich die gemischten Betriebe, die im übrigen in zumeist drei Syndikaten miteinander verbunden waren, seitdem wieder als freie Konkurrenten gegenüber. Und der Drang zur Fertigung von B-Produkten wurde ständig größer[46]. Von der Verbandsgründung bis 1911 ist der Absatz leichter Produkte um 2,82 Millionen Tonnen (= 79%), der Absatz schwerer Produkte nur um 0,82 Millionen (= 16,5%) gestiegen. Das Verhältnis zwischen A- und B-Produkten, zwischen kartelliertem Versand und freier Konkurrenz, hatte sich in der gleichen Zeit von 58 zu 42 in 48 zu 52 verkehrt[47].

Absatzschwankungen und Preispolitik

Freilich bedeutete auch kartellierter Absatz noch nicht gleichmäßig gesicherten Absatz und Monopolpreisbildung. Allenfalls für Halbzeug, das allerdings fortwährend weniger nachgefragt wurde, konnte der Verband seine Preise vergleichsweise unabhängig setzen. Ganz anders sah es bei Eisenbahnmaterial und Formeisen aus. Die preußische Staatsbahn als bedeutendster und auch für die übrigen Käufer preisbestimmender Abnehmer[48] schloß nur Dreijahres-Verträge zu unveränderlichen Preisen ab und nahm dem Verband dadurch die Fähigkeit, in der Zwischenzeit auf Konjunkturumschwünge zu reagieren. So blieben die Preise in den Aufschwungjahren 1905 bis 1907 völlig fest und wurden dann trotz eines mittlerweile überschäumenden Booms nur um maximal 7,1% erhöht. Im Ausland erzielte der Verband zu dieser Zeit sehr viel höhere Preise[49]. Freilich erfreuten sich die Stahlwerke dank des Abschlusses von 1907, der angesichts der Hochkonjunktur zunächst eher enttäuschend gewirkt haben dürfte, in den nun folgenden drei Krisenjahren recht hoher Inlandspreise, während sie im Ausland Eisenbahnmaterial nur noch zu kräftig sinkenden Preisen unterbrachten. Die Freude war allerdings nicht ungetrübt. Die staatlichen Eisenbahnverwaltungen dachten nämlich gar nicht daran, sich antizyklisch zu verhalten und ihren Abruf in der Rezession auszudehnen oder wenigstens

[46]Vgl. die Anträge von Thyssen, GHH und Haspe, Teile ihrer Halbzeugquote auf B-Produkte umzuschreiben, in: Kartelle-Jb. 1910, Heft 4, S. 32.

[47]*Leisse* (1912), S. 61, *Feiler* (1914), S. 184 f.

[48]Die Preußische Staatsbahn nahm etwa 30% des Gesamtversandes auf, mehr als ein Drittel ging ins Ausland.

[49]Chronik 1907, S. 508, 1908, S. 398 f. Vgl. auch *Mannser* (1910), S. 115 f., *Küpper* (1933), S. 140.

nicht zu vermindern. Die Bezüge der preußischen Staatsbahn sind vom Hochkonjunkturjahr 1906 bis ins letzte Krisenjahr 1909 um 300 000 t (= 38%) verringert worden[50]. Der gesamte Versand an Eisenbahnmaterial hat entsprechend heftig geschwankt. Von 1,63 Millionen Tonnen im Jahr 1905 ist er bis 1907 auf 2,33 Millionen Tonnen gestiegen, in den beiden folgenden Jahren aber wieder auf 1,85 Millionen Tonnen zurückgefallen. Es hat bis 1912 gedauert, ehe die Absatzziffer von 1907 wieder erreicht war[51], obwohl 1910 trotz wieder auflebender Konjunktur die Preise um 3–4% gesenkt worden waren[52].

Der Formeisenabsatz schließlich war in hohem Maße von der Baukonjunktur abhängig, die sich häufig ganz widersinnig zum gesamtwirtschaftlichen Konjunkturverlauf verhielt[53]. Das hatte in der Spätphase von Abschwüngen leicht belebende und stabilisierende Wirkungen, nötigte aber in Hochkonjunkturzeiten zu sehr moderater Preisbildung, zumal Formeisen beim Bau zusehends in Substitutionskonkurrenz zum Eisenbeton geriet. Aus beiden Gründen war die Absatzsteigerung im Aufschwung seit 1905 vergleichsweise mäßig, weil sie auf ein Jahr beschränkt war. 1907 wurden schon wieder 12,4% weniger Formeisen versandt als 1906 und kaum 2% mehr als 1905. 1909 brachte dann einen völligen Einbruch. Der Absatz war gegenüber 1906 um 640 000 t auf gerade noch zwei Drittel gefallen. Erst 1911 wurde die Ausnahmemenge von 1906 wieder erreicht[54].

Bezieht man schließlich den Halbzeugabsatz in die Betrachtung ein, kommt das Bild einer Entwicklung zustande, die gewiß nicht das Epitheton „stetig" verdient (vgl. Abb. 1).

Damit soll nicht geleugnet werden, daß der Verband auf die „reinen" Walzwerke außerhalb des Syndikats, die bei der Verbandsgründung noch etwa ein Fünftel aller B-Produkte erzeugten[55], verheerend gewirkt hat. Er hat sie aus zwei Richtungen in die Enge getrieben. Als Halbzeugproduzenten haben ihnen die kartellierten Stahlwerke die Materialpreise diktiert und als Konkurrenten auf dem Walzproduktmarkt waren sie ihnen dank kostengünstigerer Produktionsverfahren allemal über-

---

[50]Die Zahlen im einzelnen:

1905	——	536 800 t.	——	68,9%
1906	——	781 000 t.	——	100 %
1907	——	676 700 t.	——	86,6%
1908	——	586 100 t.	——	75,0%
1909	——	485 000 t.	——	62,1%

Kartell-Jb. 1910, Heft 2, S. 25.

[51]Chronik 1907, S. 659, *Feiler* (1914), S. 185.

[52]Kartell-Jb. 1910, Heft 1, S. 22.

[53]Vgl. unten S. 228, 242.

[54]Chronik 1907, S. 772, *Feiler* (1914), S. 185.

[55]*Zöllner* (1907), S. 126.

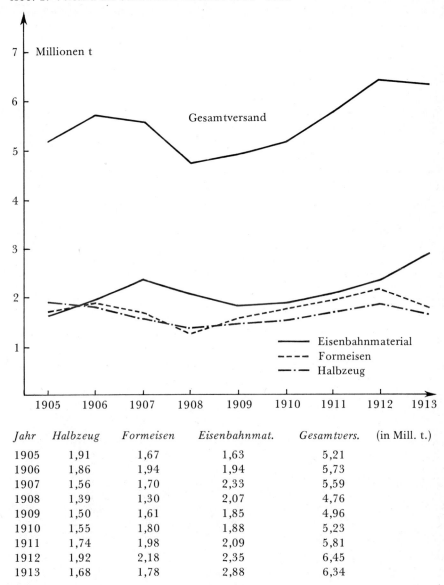

Abb. 1: Versand des Stahlwerksverbandes 1905–1913

Jahr	Halbzeug	Formeisen	Eisenbahnmat.	Gesamtvers.	(in Mill. t.)
1905	1,91	1,67	1,63	5,21	
1906	1,86	1,94	1,94	5,73	
1907	1,56	1,70	2,33	5,59	
1908	1,39	1,30	2,07	4,76	
1909	1,50	1,61	1,85	4,96	
1910	1,55	1,80	1,88	5,23	
1911	1,74	1,98	2,09	5,81	
1912	1,92	2,18	2,35	6,45	
1913	1,68	1,78	2,88	6,34	

Quelle: Volkswirtschaftliche Chronik 1907, S. 695
A. *Feiler*, Die Konjunkturperiode 1907–1913, Jena 1914, S. 185.

legen[56]. Sie sind deshalb mehr und mehr von der Bildfläche verschwunden[57]. Das mag im Einzelfall schmerzhaft gewesen sein, darf aber nicht mit der *volkswirtschaftlichen* Wirkung des Stahlwerksverbandes verwechselt werden. 1905 machte der binnendeutsche Halbzeugabsatz 14,3%, 1910 schon nur noch 8,9% des Versandes an A-Produkten aus[58]. Mit dem Rest seiner Erzeugung, mit etwa 90–95%, wenn man das Geschäft in B-Produkten mitrechnet, hat der Verband keineswegs monopolistische Marktmacht ausüben können.

Diese Feststellung gilt trotz mehrfachen, aufsehenerregenden Mißbrauchs von vorübergehender Marktmacht in vollem Umfang auch für den Roheisenverband, der auch preispolitisch das schwächste der drei Montankartelle gewesen und 1908 an dieser Schwäche sogar für mehrere Jahre zerbrochen ist. Nicht zuletzt war daran *ein*, freilich starker Außenseiter schuld. Zugleich mit dem Verband war im Jahr 1897 in Stettin das hochmoderne Eisenwerk „Kraft" des schlesischen Magnaten Guido Graf Henckel von Donnersmarck[59] entstanden. Seine Produktionsfähigkeit betrug 120 bis 130 Tausend Tonnen pro Jahr, die das Werk gegebenenfalls mit Hilfe stark sinkender Preise auch durchweg absetzte. In Jahren mit starkem Roheisenverbrauch waren das etwas mehr als 10%, in Jahren mit geringem Verbrauch bis zu 15% des Kartellabsatzes, da das Roheisenkartell so wenig wie der Stahlwerksverband gleichmäßigen Absatz verbürgte. Von 1900 bis 1902 ging der Versand um 320 000 Tonnen (= 29%) zurück, stieg bis ins Hochkonjunkturjahr 1906 um 650 000 Tonnen an und fiel 1907 und 1908 noch drastischer ab als nach der Jahrhundertwende – um 530 000 Tonnen oder 37%[60]. Und die Preise machten die Bewegung zeitlich etwas verschoben ebenso kräftig mit. Sie konnten dank des 10-Mark-Zolls auf etwas höherem absoluten Niveau gehalten werden als die Preise für englisches Roheisen, stiegen und fielen aber fast gleichlaufend mit ihnen. Im Vergleich mit dem Preisindex für alle Industrierohstoffe zeichnete sich die Entwicklung beim teilkartellierten Roheisen sogar durch größere Amplituden aus[61]. Eine langfristig durchgehende Preiserhöhung ist im Gegensatz zur Kohle nicht gelungen (vgl. Abb. 2).

---

[56] Vgl. *Riesser* (1912), S. 154, *Blaich* (1973), S. 127 ff.

[57] So unfreundlich es klingt: unter dem Gesichtspunkt des wirtschaftlich-technischen Fortschritts ist die Ansicht des sozialdemokratischen Reichstagsabgeordneten und Konjunkturstatistikers Richard Calwer zu teilen, daß sie zurecht verschwunden sind. „Bei der Beurteilung der rivalisierenden Gruppen in der Öffentlichkeit (spielt) das Mitleid eine größere Rolle . . . als die Rücksicht auf den allgemeinen Fortschritt der Eisenindustrie". Handel und Wandel 1902, S. 115.

[58] *Leisse* (1912), S. 102, *Feiler* (1914), S. 184 f.

[59] Vgl. über Henckel *Lohse* (1917).

[60] *Klotzbach* (1926), S. 254.

[61] *Muhs* (1933), S. 41 ff., *Nußbaum* (1966), S. 57.

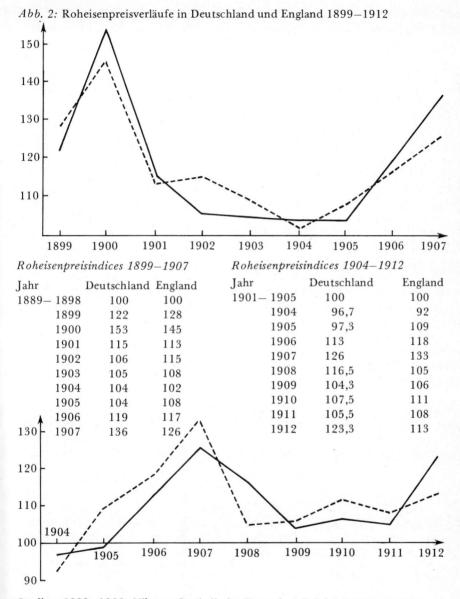

Abb. 2: Roheisenpreisverläufe in Deutschland und England 1899—1912

Roheisenpreisindices 1899—1907

Jahr	Deutschland	England
1889— 1898	100	100
1899	122	128
1900	153	145
1901	115	113
1902	106	115
1903	105	108
1904	104	102
1905	104	108
1906	119	117
1907	136	126

Roheisenpreisindices 1904—1912

Jahr	Deutschland	England
1901— 1905	100	100
1904	96,7	92
1905	97,3	109
1906	113	118
1907	126	133
1908	116,5	105
1909	104,3	106
1910	107,5	111
1911	105,5	108
1912	123,3	113

Quellen: 1899—1908: Vjh. zur Statistik des Deutschen Reiches I/1908, S. 232
1904—1912: Errechnet aus Volkswirtschaftliche Chronik 1904, S. 879, 1909, S. 917
1912, S. 945, 1914, S. 942.

Der Versuch, die Konjunktur durch Kartellpolitik gleichsam zu überlisten, ist in beiden Krisensituationen nach der Bildung des Verbandes gründlich fehlgeschlagen; besonders eklatant um die Jahrhundertwende.

1898 stieß die Nachfrage nach Roheisen bei relativ niedrigen Preisen an die Grenzen der Kapazität. Im April 1899 mußten bereits verteilte Aufträge von der Kartelleitung nachträglich gekürzt werden, damit weitere Bestellungen zumindest teilweise erledigt werden konnten. Die Produktions- und Absatzmengen sind den Mitgliedern damals völlig freigestellt worden. Um vollständig beliefert zu werden, sollen einzelne Abnehmer beträchtlich höhere als die Kartellpreise geboten haben. Diese „Verkäufermarktsituation" ist vom Kartell in einer Weise ausgenützt worden, wie es konkurrierenden Einzelunternehmen sicherlich nicht möglich gewesen wäre. Am 11.1.1900, als bereits Bestellungen vorlagen, mit deren Erledigung die Kartellwerke das ganze Jahr 1900 beschäftigt sein würden und die überdies 85% der Kapazität im Jahr 1901 beanspruchten[62], hat die Verbandsleitung die Preise noch einmal drastisch hinaufgesetzt. 102 Mark für gewöhnliches Gießereieisen und 90 Mark für Thomaseisen waren seit 1874 nicht und sind auch später nie wieder verlangt worden[63]. Anschließend forderte der Verband seine Käufer auf, die Gesamtmengen für 1901 endgültig zu ordern. Die Gießereien und die Stahlwerke, die keine eigenen Hütten besaßen oder Roheisen zukaufen mußten, sind der Aufforderung bis März notgedrungen nachgekommen[64], geleitet von der Furcht, andernfalls gar nicht oder nur unzureichend bedient zu werden und den Eisen- und Stahlboom wegen Rohstoffmangels nicht voll ausnützen zu können.

Im September setzte im Zeichen rasch abflauender Konjunktur ein rasanter Preisverfall am Halb- und Fertigwarenmarkt ein. Das Syndikat aber hielt an den überzogenen Abschlußpreisen fest und zwang seine Käufer, große Mengen unverbräuchliches, entwertetes Material auf Lager zu legen. Die Reaktion blieb nicht aus. 1902 fiel der Absatz um 29%, die Preise um mehr als 35%, beides auf Vorkartellniveau zurück. Für Gießereieisen wurden statt 102 Mark noch 65 Mark, für Thomaseisen statt 90 noch 55 Mark gezahlt[65]. Wenn man — nur um einen ganz unpräzisen, aber angesichts der großen Differenzen gleichwohl sehr aussagekräftigen Anhaltspunkt für die Erlösschwankungen zu bekommen — die Absatzmengen mit den Essener

---

[62]Später ist behauptet worden, die starke Nachfrage für 1901 sei nur vorgetäuscht gewesen, um bei den Abnehmern den Eindruck nahender Roheisennot zu erwecken. In einem langjährigen Prozeß ist der Verband von diesem Verdacht freigesprochen worden. Handel und Wandel 1901, S. 32 f., *Dörsam* (1932), S. 35.

[63]Handel und Wandel 1902, S. 35, *Vogelstein* (1903), S. 103. Bis Anfang 1899 hatte Gießereieisen 65—67 Mark gekostet und war dann zunächst um etwa 15 Mark teurer geworden.

[64]*Klotzbach* (1926), S. 101, 145.

[65]Handel und Wandel 1902, S. 35, *Vogelstein* (1903), S. 103, *Klotzbach* (1926), S. 254. Vgl. die Absatzschwankungen einiger „reiner" Hütten bei *Dörsam* (1932) nach S. 80.

Börsenpreisen für die gängigsten Sorten bewertet, haben die Werke des Roheisenkartells von 1902 bis 1904 nur noch 156 Millionen statt 267 Millionen Mark in den drei vorhergehenden Jahren umgesetzt[66]. Die Erträge blieben von derartigen Einbrüchen nicht unberührt. Der Reingewinn von Phönix sank von 5,1 Milionen Mark (1899/1900) auf 0,6 Millionen Mark[67], Hoesch und Hörde zahlten keine Dividende mehr, nachdem sie im Geschäftsjahr 1900/1901 noch 10% ausgeschüttet hatten[68]. Die Dortmunder Union, die seit je gekränkelt hatte und weder am RWK, noch am Roheisenkartell, noch am Halbzeugverband genas, mußte erst ihr Kapital im Verhältnis 5 zu 3 zusammenlegen und dann um 43% des verbliebenen Betrages aufstocken, um sich halbwegs zu sanieren[69].

Vielleicht hat die Kartelleitung etwas aus der Krise gelernt. In der nächsten Hochkonjunktur hat es ähnlich exzessives Preistreiben nicht wieder gegeben. Freilich war auch die Außenseiterkonkurrenz stärker geworden. 1907 sind drei Werke — unter ihnen die GHH — mit einer Beteiligung von insgesamt 110 000 Tonnen aus dem Verband ausgetreten, ist ein neues Hochofenwerk in Lübeck mit 120 000 Tonnen Produktionskapazität und direkt im Gebiet des Syndikats eine Hütte der unabhängigen Hasper Eisenwerke fertiggeworden[70], und ist schließlich die Abmachung mit dem lothringisch-luxemburgischen Comptoir erneut in die Brüche gegangen. All das und die Freigabe der Produktion haben zunächst dafür gesorgt, daß die Preise wie 1899/1900 Konkurrenzpreise und angesichts der hitzigen Nachfrage dennoch sehr hoch waren. Der Versuch, an diesen Preisen im Abschwung seit Herbst 1907 festzuhalten, war weniger erfolgreich als 1901 und hat den Absatz schneller und noch stärker als 1902 zugunsten der Außenseiter hinuntergedrückt, da sich die Abnehmer auf ähnlich lange Bestellfristen nicht wieder eingelassen hatten. Während Anfang 1907 noch Aufträge über 953 000 Tonnen vorgelegen hatten, waren es am 1.1.1908 nur noch 173 000 Tonnen. Der Absatz des Syndikats ist viel stärker gesunken als die gesamtwirtschaftliche Produktion. Im ganzen Reich sind 1908 10%, an Ruhr und Sieg 12,2% weniger Roheisen erzeugt worden als 1907. Die Erzeugung des Syndikats aber ist um 24,5%, der Absatz um 33,5% gesunken, nachdem er 1907 schon stagniert hatte. Dabei waren die Preise bis zum Herbst 1908 um 10—15% gefallen[71].

Auf die Auslandsmärkte konnte auch nicht ausgewichen werden. Die ganze industrialisierte Welt befand sich 1908 mit Deutschland in der Krise. Der Roheisenexport war bereits 1907 von 613 500 Tonnen auf 395 000 Tonnen gefallen und nahm

---

[66]*Müssig* (1919), S. 294 ff., *Klotzbach* (1926), S. 254.
[67]*Stillich* (1906), S. 159.
[68]*Vogelstein* (1903), S. 105.
[69]*Stillich* (1906), S. 135.
[70]*Hillringhaus* (1911), S. 1259, 1264, *Klotzbach* (1926), S. 145.
[71]Chronik 1908, S. 816. *Hillringhaus* (1911), S. 1265, 1798, *Leisse* (1912), S. 45, *Dörsam* (1932), S. 44.

im folgenden Jahr nur um 26 100 Tonnen zu. Erst 1909 — als der Roheisenverband bereits zerfallen war — ist die deutsche Produktion zu extrem niedrigen Preisen auf den Weltmarkt gedrückt worden. In den kartellosen Jahren ist die Exportmenge mehr als verdoppelt, bis 1912 auf 1,21 Millionen Tonnen sogar verdreifacht worden[72].

Zu dieser Zeit ist der Exportpolitik der Kartelle kaum mehr bemerkenswerte kritische Aufmerksamkeit zugewendet worden. In der vorhergehenden Krise war das anders gewesen. Damals hatte das Ausfuhrverhalten heftigen Anstoß erregt[73]. Die überschüssige Produktion ist in jenen Jahren zu extrem niedrigen Preisen ins Ausland abgestoßen worden, während die Preise in Deutschland nicht weiter gesenkt wurden. Am wenigsten ist noch der Export des RWK gestiegen, von 15,5% (1900) auf 21,2% (1903), stärker der des Roheisenkartells von 2,4% (1900) auf 24,9% (1902) und besonders eklatant der des Halbzeugverbandes von 4,3% (1900) auf 48% (1903)[74]. Das RWK, der Roheisenverband, der Halbzeugverband und der Trägerverband haben 1902 ihre bis dahin geübte Ausfuhrprämienpolitik zusammengefaßt und eine gemeinsame Abrechnungsstelle für Ausfuhrvergütung in Düsseldorf eingerichtet[75]. Den weiterverarbeitenden Werken wurden aus den Kartellgewinnen Exportvergütungen von 1,50 Mark für jede Tonne Kohle, die zur Produktion später exportierter Güter verwendet worden war, von 2,50 Mark für Roheisen und von 10 Mark für Halbzeug und Träger — einschließlich Kohle- und Roheisenvergütung — bezahlt[76]. Die Kartelle haben argumentiert, daß die forcierte Ausfuhr die Beschäftigung und die Arbeitsplätze erhalte. Die Abnehmer haben behauptet, niedrigere Inlandspreise könnten dazu verhelfen, die Ausfuhr auch im Inland abzusetzen. Es läßt sich im nachhinein schwerlich feststellen, wo die Wahrheit lag. Sicher ist jedenfalls, daß die deutschen Kohle- und vor allem die deutschen Eisen- und Stahlkonsumenten den billigen Bezug der ausländischen Abnehmer subventionieren mußten. Auf ihre Kosten sind aber auch die Rohstoff- und Halbmaterialproduzenten wahrscheinlich nicht gekommen. Auf keinen Fall, wenn sie tatsächlich „den Überschuß ihrer Produktion zu jedem beliebigen Preis auf dem Weltmarkt unterbrachten[77]. Preisdumping, bei dem die variablen Kosten nicht mehr hereinkommen, hat nur Sinn, wenn auf neue Märkte vorgedrungen werden soll. Das aber war nicht der Zweck der Übung. Es ging darum, die Kapazitäten ohne Stückverluste besser auszulasten.

[72] Chronik 1907, S. 772, 1910, S. 914, 1912, S. 938.

[73] Vgl. Kontradiktorische Verhandlungen, 1904, Bd. 3.

[74] *Morgenroth* (1907), S. 21 ff., 82, 88 f., 115 ff.

[75] Ebd. S. 52 ff.

[76] *Heymann* (1904), S. 338 ff., Anlage 16, vgl. auch *Küpper* (1933), S. 117 ff., *Kollmann* (1905), S. 42 ff.

[77] Diese Behauptung steht in gern und gern etwas schief zitiertem Zusammenhang. Der Geschäftsführer des Stahlwerksverbandes Voelcker hatte in einem Schreiben an Bülow vom 3. 1. 1905 auf einen Artikel der Revue Economique verwiesen, in dem stand, daß die deutsche Eisenindustrie den Inlandsmarkt in solchem Maße beherrscht, daß sie „. . .", und hatte hinzugefügt: „Der Stahlwerksverband hält eine solche Politik für schädlich".
Der Brief ist abgedruckt bei *Sonnemann* (1963), S. 253 und ohne den Kommentar Voelckers zum Revue-Artikel zitiert bei *Stegmann* (1970), S. 91, *Witt* (1970), S. 73, *Ullmann* (1976), S. 277.

Wenn das offenkundig nur zu extrem niedrigen Exportpreisen gelang, lag allemal die unternehmerische Überlegung nahe, ob es im Interesse der Gewinnmaximierung nicht doch sinnvoller war, die Binnenpreise zu senken und den inländischen Absatz anzuregen. Nun war freilich die Theorie der Preisdifferenzierung sowenig bekannt, wie all die anderen ausgefeilten Optimierungsrechnungen, die heutigentags in den betriebswirtschaftlichen Seminaren gelehrt werden. Die Unternehmer und Manager haben mit ihrer Kartell-Exportpolitik in der Krise wohl doch weniger den Kapitalismus zu ihrem Nutzen organisiert, als sie der anscheinend sehr naheliegenden, in jeder Krise seit 1874 wiederholten Devise gefolgt sind, mit dem Absatz ins Ausland auszuweichen, wenn der Markt im Inneren die Kapazitäten nicht mehr ausreichend beschäftigte. Zur Not ohne Ertrag. Sobald die auflebende Konjunktur den Binnenmarkt bei gleichbleibenden Preisen wieder erweiterte, ist der Export eingeschränkt und sind die Exportprämien reduziert oder gestrichen worden. Eines der wichtigsten Ziele, das sich der Stahlwerksverband 1904 gesetzt hat, war die Rückkehr zu vernünftiger Exportpolitik[78]. Gleich nach der Gründung ist das u. a. durch internationale Vereinbarungen nicht ohne Erfolg in Angriff genommen worden[79]. Der Verband schloß ein internationales Roheisenabkommen mit Belgien und Frankreich, in dem er eine Beteiligung von 73% genoß, und trat mit England, Belgien, Frankreich und den USA zu einem internationalen Schienenverband zusammen, in dem ihm eine Versandquote von 21% eingeräumt wurde. Der Export in Halbzeug ist von 723 000 t. zu Schleuderpreisen (1902/03) nach und nach auf 268 860 Tonnen (1907/08) zu einträglichen Preisen heruntergeschraubt worden[80]. Inlandspreise sind im Ausland freilich auch künftig nur ausnahmsweise erzielt worden. Ähnliches Preisdumping wie 1901/02 hat es aber nicht wieder gegeben[81].

Um nach diesem Exkurs zum Roheisenverband zurückzukehren. 1908 hatte sich gezeigt, daß auch das straffer geführte Syndikat angesichts starker, kostengünstig produzierender und so wettbewerbsfähiger wie aggressiver Außenseiter ein bloßes Schönwetterkartell war, das die Aufgabe, Absatz und Preise im Abschwung zu sichern, nicht erfüllen konnte. Das war auch den Mitgliedern bewußt geworden. Am 1.1.1909 sollte der erste Verbandsvertrag auslaufen. Im Juli 1908 begannen die Verhandlungen über seine Verlängerung. Von Anbeginn ist der Beitritt *aller* maßgeblichen deutschen Roheisenproduzenten zur zentralen Bedingung für die Vertragserneuerung gemacht worden. Das Eisenwerk Kraft freilich war damals weniger denn je bereit, sich einengenden Kartellregeln zu unterwerfen. In der Zwischenzeit hatte Henckel-Donnersmarck die Aktienmehrheit der Niederrheinischen Hütte erworben und konnte die Verhandlungen durch überzogene Beteiligungsforderungen auch von Innen sabotieren[82]. Nach den Erfahrungen des vergangenen Jahres war der Wille der Syndikatsmitglieder, zu neuen Vereinbarungen zu kom-

---

[78]Jahresbericht 1904, zit. bei *Spanier* (1926), S. 17.

[79]*Zöllner* (1907), S. 87 f., *Küpper* (1933), S. 113 ff., *Kollmann* (1905), S. 46 ff.

[80]Chronik 1905, S. 199 f., *Wiedenfeld* (1912), S. 102, *Sonnemann* (1963), S. 252.

[81]Über Exportmengen im Konjunkturverlauf vgl. auch das letzte Kapitel. Zur Exportpolitik der Kartelle allgemein *Liefmann* (1922), S. 112–120; *Gradenwitz* (1921).

[82]*Leisse* (1912), S. 42 f., *Klotzbach* (1926), S. 149 ff., Die Vorgeschichte mit dem Briefwechsel zwischen dem Kraftwerk und der Syndikatsleitung bei *Hillringhaus* (1911), S. 1268 ff.

men, nicht überwältigend stark. Der innere Zusammenhalt war nie sehr groß gewesen. Jetzt reichte er für eine Vertragsverlängerung nicht mehr aus. Am 10.9.1908 wurden die Verhandlungen abgebrochen. Ab 1.1.1909 gab es kein Roheisensyndikat mehr. Mit ihm zerfielen der Verein für den Verkauf von Siegerländer Roheisen und das Lothringisch-Luxemburgische Comptoir. Obwohl das Oberschlesische Roheisensyndikat überdauerte[83], herrschte bereits seit Oktober 1908 auf dem deutschen Roheisenmarkt freie Konkurrenz.

Unter dem Eindruck eines schroffen Preisverfalls — bis zum Sommer 1909 sind die Notierungen um 20—25% herunterkonkurriert worden[84] — sind freilich bereits nach anderthalb Jahren im März 1910 Vorverhandlungen über die Neugründung eines Roheisensyndikats aufgenommen worden. Mittlerweile hatten wohl auch das Eisenwerk Kraft und die anderen Küstenwerke gemerkt, daß es einen Unterschied machte, ob man den Versuch eines Kartells, in Abschwungjahren die Preise hochzuhalten, durch Unterbietungen ausnutzen konnte, oder ob man mit einer Vielzahl freier Werke in Konkurrenz geriet, die ihre Erzeugung fast für jeden Preis an den Mann bringen wollten. 1910 waren sie prinzipiell zum Beitritt bereit. Nach schwierigen Verhandlungen, die mehrfach vor dem endgültigen Abbruch standen, ist im Oktober tatsächlich ein neuer Vertrag zustande gekommen, den allerdings weder die Siegerländer, noch die Lothringisch-Luxemburgischen Hütten unterschrieben haben[85]. Der Gießereieisenpreis ist bis Ende 1911, allerdings auch im Zuge eines bis dahin kaum erlebten Stahl- und Eisenbooms, fast wieder auf den Stand vom Sommer 1908 gebracht worden. Thomaseisen, das allerdings überwiegend in die eigenen Stahlwerke ging, ist dagegen bis 1912 so billig geblieben, wie es 1909 geworden war[86].

Es hat noch bis zum 11.10.1912 gedauert, ehe es gelungen ist, auch die Werke an der Sieg und in Lothringen-Luxemburg in das neue Syndikat aufzunehmen. An diesem Tag hat es zum erstenmal ein Roheisensyndikat gegeben, in dem die gesamte deutsche Produktion erfaßt war. 1912 und 1913 ist jeweils etwa doppelt soviel Roheisen vom Verband abgeliefert worden, wie in den drei Jahren vor dem Bruch und dennoch nur 15,5 und 13,8% der Produktion im Deutschen Reich[87].

Es ist unübersehbar, daß über den Roheisenverband immer und zusehends mehr nur Restmengen verkauft worden sind, die in unternehmenseigenen Stahlwerken

---

[83]Die oberschlesischen Roheisenwerke produzierten fast völlig für den eigenen Bedarf und brachten um diese Zeit nur noch etwa 100 000 Tonnen auf den Markt, die westlich der Elbe ohne Bedeutung waren. *Leisse* (1912), S. 22 f.

[84]Thomaseisen sank von 65 auf 48, Gießereieisen von 72 auf 54 Mark. Konjunktur 1910, S. 32.

[85]Kartell-Jb. 1910, Heft 2 S. 24, Heft 3, S. 26. *Leisse* (1912), S. 74, *Hillringhaus* (1911), S. 1772 ff.

[86]Chronik 1911, S. 739.

[87]*Klotzbach* (1926), S. 254 und Anhang.

nicht gebraucht wurden. Das Kartell ist — so scheint es — betriebswirtschaftlich für die einzelnen Kombinate und gesamtwirtschaftlich für die eisenerzeugende Industrie von alles in allem nur geringem Belang gewesen.

Nur ein Kartell im Kaiserreich ist ebenso der positiv akzentuierten zeitgenössischen Kartellideologie gerecht geworden, wie es den Verdikten damaliger und nachgeborener Kritiker entsprochen hat. Nur dem RWK ist es gelungen, den Absatz zwar nicht völlig, aber in erstaunlichem Maße von den allgemeinen Konjunkturschwankungen zu emanzipieren[88], eine „stetige", aufwärtsgerichtete Preispolitik durchzuhalten und dank beidem wohl auch fortdauernd hohe Erträge zu sichern. Andererseits — und vielleicht war das die Voraussetzung des zweischneidigen „Erfolgs" — haben die Kirdorf, Unkel und Müser aber auch Hochkonjunkturen nie so rücksichtslos auszunutzen versucht wie der Roheisenverband. Die Essener Börsenpreise für Ruhrkohle sind von 1897 bis 1900 nur um 13,8% bis 16,3% in die Höhe gegangen, während englische Importkohle 65—71% teurer geworden ist; im letzten Boomjahr allein um 41—45%. Das Syndikat ist selbst in diesem Jahr mit Preissteigerungen von 6,8% bis 10% sehr moderat geblieben[89]. Es hat dann freilich auch unnachgiebig auf diesen Preisen beharrt. Und da Kohle weniger preis- und einkommensreagibel war als Eisen und Stahl mit einigem Erfolg. Der Absatz ist zu keiner Zeit stark gesunken[90]. Die Zechen haben, ließe sich argumentieren, im Auf-

[88] Das RWK hat durchgehend darauf bestanden, daß seine Abnehmer den ganzen Jahresbedarf zu den jeweils am 1. 4. für ein Jahr festgesetzten Preisen auf einmal orderten. Dadurch ist die Fähigkeit der Käufer, auf Konjunkturschwankungen zu reagieren, beträchtlich herabgesetzt und die Neigung provoziert worden, lieber etwas über den vermuteten Bedarf hinaus zu kaufen, als später ohne Kohle und Koks dazustehen.

[89] Handel und Wandel 1901, S. 279.

[90] Es ist dem Verband damals und dann später in der Literatur immer wieder vorgeworfen worden, er habe seit 1899 das Angebot künstlich verknappt, um die Preise hochtreiben zu können. Wenn das richtig ist, wäre es nicht erstaunlich, daß der Absatz in den Krisenjahren nicht stärker gesunken ist. Ganz wird sich der tatsächliche Sachverhalt wohl nicht klären lassen. Manches spricht gegen die Vermutung einer künstlich erzeugten Kohlennot. Einmal war es mit der Preistreiberei so weit nicht her. Die verkauften Mengen hätten, wie das Beispiel des Roheisenverbandes lehrt, mit einiger Wahrscheinlichkeit auch zu höheren Notierungen abgesetzt werden können. Wenn aber zu den laufenden Preisen mehr nachgefragt wurde, wäre es betriebswirtschaftlicher Unsinn gewesen, nicht auch mehr auszubringen, sofern — ja, sofern es die Kapazitäten zuließen. Schließlich ist die Förderung völlig freigegeben und die Produktion von 1898 bis 1900 auch um 16%, 1900 allein um 8,3% vermehrt worden. Das ist bei einem Gut, das so eigentümlichen Produktionsbedingungen unterliegt wie Kohle, eine ganze Menge. Es ist auch nicht richtig, daß der Export bewußt gefördert worden wäre. Er hat bei 13—14% stagniert. Sogar Calwer hat das Syndikat damals gegen den Vorwurf bewußter Förderbeschränkung in Schutz genommen. Die Kohlennot sei von der ungewöhnlich gesteigerten

schwung nicht alle Gewinnchancen ausgenutzt und den entgangenen Ertrag im Abschwung wieder hereingeholt[91]. Ein Vergleich mit der englischen Preisentwicklung illustriert diese langfristig sehr nutzbringende Politik.

Tabelle 31: Preisindices für Ruhrkohle und englische Kohle 1893–1914

Sorte	1893	1900	1905	1907	1911	1914
Ruhrkohle	6,42 M.p.t. −100	133	131	148	152	9,73 M.p.t. −175
Engl. Kohle	6,97 M.p.t. −100	156	100	130	117	8,18 M.p.t. −148

Quellen: Liefering (1910), S. 43–46, *Transfeldt*, S. 62, 65
Chronik 1914, S. 942, *Holtfrerich* (1973), S. 23 f.

Nach der Krise um die Jahrhundertwende haben die englischen Preise denen des RWK auch in Hochkonjunkturjahren nicht mehr folgen können, obwohl sie jedesmal rascher stiegen.

Aber nicht nur im Vergleich mit ausländischen, auch im Vergleich mit den anderen deutschen Revieren schnitt das RWK gut ab — oder schlecht, es kommt auf die Perspektive an. Zwischen 1893 und 1914 ist der Syndikatspreis um 75% gestiegen, während Kohle von der Saar nur um 65% und Kohle aus Oberschlesien gar nur um 58% teurer geworden ist[92].

Mögliche Gewinneinbußen im Abschwung haben die Syndikatszechen im Gegensatz zu den Saarwerken und den oberschlesischen Zechen aber noch auf andere Weise entgegenwirken können. Sie haben zwar antizyklische Preis-, aber durchaus

Nachfrage verursacht worden. Handel und Wandel 1901, S. 99, *Liefering* (1910), S. 51, *Wiedenfeld* (1912), S. 97 f., *Muthesius* (1943), S. 83. Die Kohlennot hat auf Antrag des Zentrums jedenfalls zum erstenmal den Reichstag und das Preußische Abgeordnetenhaus mit der Kartellfrage beschäftigt (Chronik 1901, S. 231 f.). Bald darauf — am 14. 11. 1902 — ist die bekannte Kartellenquete beim RdI eingeleitet worden. Seitdem ist das Problem im Parlament und in der Regierung virulent geblieben. Dazu neuerdings erschöpfend *Blaich* (1973), passim. Zur Kartellenquete Chronik 1902, S. 438, 1905, S. 724 ff. und sehr kritisch Handel und Wandel 1903, S. 17 ff., *Brentano* (1931), S. 231 ff. An neueren Betrachtungen auch *Nußbaum* (1966), S. 180 ff., *Kaelble* (1967), S. 26, 113.

[91]Es bedarf kaum der umständlichen Beweisführung Blaichs, damit man einsieht, daß die Abnehmer unter dieser Politik gerade in Krisenjahren schwer zu leiden hatten. *Blaich* (1973), S. 96 ff.

[92]*Bockoff* (1914), *Saitzew* (1914), S. 98 ff.

120

prozyklische Lohnpolitik getrieben. Der Lohnanteil am Umsatzwert stieg im Aufschwung und fiel in der Rezession: von 59,7% (1899) auf 55% (1902) und von 60,2% (1907) auf 54,4% (1910)[93]. Hoch war die Lohnquote im Vergleich zu Oberschlesien (maximal 37%) und zur Saar (maximal 48%) dennoch. Das lag auch an den schwierigeren Abbaubedingungen[94], vor allem aber an den höheren Schichtlöhnen und an deren größeren Zuwachsraten im Ruhrgebiet. 1903 war das Verhältnis noch 100 (Dortmund) zu 89 (Saar) zu 69 (Oberschlesien), 1913 schon 100 zu 79 zu 65. Die absoluten durchschnittlichen Jahresverdienste der Untertagearbeiter waren in diesen zehn Jahren um 45,5% auf 1 760 Mark in Dortmund, um 29,3% auf 1 380 Mark an der Saar und um 36,2% auf 1 140 Mark in Oberschlesien gestiegen[95]. Es sieht so aus, als seien alles in allem auch die Arbeiter nicht schlecht bei der Kartellpolitik gefahren.

Nun muß freilich der Eindruck vermieden werden, daß der Verband im ganzen Reich ungestört als preisdiktierender Monopolist aufgetreten ist. Ungestört ist er nicht einmal in seinem „unbestrittenen" Gebiet (Westfalen, Rheinprovinz, Schleswig-Holstein, Mecklenburg, Unterelbe, Unterweser) geblieben. Die Außenseiterkonkurrenz, die mit der Neugründung des Syndikats 1904 zunächst einmal beseitigt worden war, entstand bis zum Krieg nach und nach neu. 1913 wurden wieder über 11% der Ruhrförderung von Zechen hervorgebracht, die nicht dem Syndikat angehörten. Diese Konkurrenz tat nicht weh, solange sie sich im Kartellschatten hielt. Der preußische Fiskus hat jedoch schon 1904/1905 zum erstenmal ernsthafte Anstalten gemacht, nicht nur unabhängig von den Lieferungen der RWK zu werden, sondern als starker Außenseiter oder als Kartellmitglied mit hoher Beteili-

---

[93]*Becker* (1902), S. 41, *Jüngst* (1906), S. 14, *Wiedenfeld* (1912), S. 150, *Muthesius* (1943), S. 115. An der Saar ging der Lohnanteil im Aufschwung von 47,7% (1894) auf 36,8% (1901) zurück und stieg bis 1907 auf 42,8% wieder an. Oberschlesien: 37% − 31,6% − 36,9%.

[94]Mit der langsamen Verlagerung des Hauptabbaugebiets nach Norden wurden die Schächte immer tiefer. 1909 hatten schon 64 von 173 Ruhrzechen eine Tiefe von mehr als 600 Metern, 44% der Förderung kamen aus 500−700 Metern. *Steinberg* (1965), S. 232, *Wiel* (1970), S. 119. Zu den Abbaubedingungen in Oberschlesien − geringe Flöztiefe von 200−300 Meter und hohe Flözmächtigkeit − *v. Renauld* (1900), S. 39 f. Die durchschnittliche Schichtleistung auf die Gesamtbelegschaft berechnet, betrug 1907 im Ruhrgebiet 0,849 Tonnen, in Oberschlesien 1,185 Tonnen. Pro Hauer und Gedingeschlepper wurden im Ruhrgebiet 1,7 Tonnen gefördert. Diese Leistung ist in der Zeit des Kohlensyndikats bei leicht sinkender Schichtzeit geringfügig zurückgegangen. *Münz* (1909), S. 25, *Liefering* (1910), S. 63, *Transfeldt* (1926), S. 82, 224. Für die „Hibernia" Zahlen von 1873 bis 1904 bei *Stillich* (1906), S. 78. Ausführlich zu diesen Fragen auch *Wirbelauer* (1930), passim.

[95]Chronik 1905, S. 75, 1914, S. 92. Stat. Jb. f. d. Pr. St. 1913, S. 197 ff. Vgl. die Löhne für die Gesamtbelegschaft bei *Bockoff* (1914), S. 147 f. und über die Arbeitsverhältnisse allgemein die Arbeiten von *Pieper* (1903), *Münz* (1909), insbes. S. 61−99, *Imbusch* (1908), *Utsch* (1911), S. 107 ff. Für den Saarbergbau − freilich völlig aus offizieller Sicht − *Müller* (1903), S. 71 ff., 155.

121

gungsquote sogar Einfluß auf dessen Preisbildung nehmen zu können. Der Versuch, zu diesem Zweck die Zeche „Hibernia" aufzukaufen, ist gegen den vereinten Widerstand der Syndikatszechen und einer starken Bankengruppe gescheitert. Dennoch hat sich der Verband anschließend intensiv um den Beitritt der Außenseiter bemüht. Der preußische Staat ist dabei sogar mit dem Recht gelockt worden, das Syndikat wieder zu verlassen, falls die Mehrheit der Mitglieder Preissteigerungen beschließen sollte, die ihm unzuträglich erschienen. Gleichwohl ist es erst am 1.3.1912 zu einer Einigung gekommen. Und schon neun Monate später hat der preußische Fiskus von seinem Austrittsrecht Gebrauch gemacht[96].

Gegen die Außenseiter in seinem eigentlichen Einzugsgebiet hat das Syndikat seine Monopolstellung[97] jederzeit ohne Schwierigkeiten behaupten können, im „umstrittenen" deutschen Gebiet hat es eine Monopolstellung nie besessen, und im Ausland ist es als reiner „Mengenanpasser" aufgetreten[98]. Ins unbestrittene Gebiet sind aber kaum 50% des binnendeutschen und wohl nur gut ein Drittel des gesamten Versandes gegangen. Vor allem bei abflauender Konjunktur ist ein wachsender Anteil über seine Grenzen hinaus geliefert worden. Vom Gesamtversand des Ruhrbezirks gingen im Hochkonjunkturjahr 1907 34 Millionen Tonnen ins umstrittene Gebiet des Syndikats und 8 Mio Tonnen ins Ausland. 1910 waren es 43,6 und 11,9 Millionen Tonnen. Das entsprach zusammen 52,4% und 66,2% der Syndikatsproduktion. Wenn man den Anteil der Außenseiter berücksichtigt, dürfte der Verband etwa 48% und 60% seiner marktwirksamen Förderung unter Konkurrenz- oder vorsichtiger, jedenfalls *nicht* unter Monopolbedingungen abgesetzt haben. In Hessen, Hannover, Lothringen und im Industriebezirk um Mannheim hat er wohl immerhin eine deutliche Preisführerschaft ausgeübt. Dort war Ruhrkohle mit 65−80% am Gesamtverbrauch beteiligt. Im Saargebiet, im Elsaß, in der Pfalz, in Bayern, Württemberg und der Provinz Sachsen lag der Anteil schon nur noch bei 30−50%. Dort war „willkürliche" Preisbildung ebensowenig möglich, wie in Sachsen und in Ostelbien, wo Ruhrkohle keine Rolle spielte[99].

Über die tatsächlichen Verkaufspreise im westlichen Mitteldeutschland, im Süden und Südwesten ist wenig bekannt. Im Süden und Südwesten dürften sich der „Saarfiskus" und das Syndikat meist nicht wehgetan haben[100]. Zuweilen, vor allem als

[96] Zum immer wieder aufgegriffenen Hibernia-Konflikt: *Stillich* (1906), S. 124 ff., *Wiedenfeld* (1912), S. 75., *Lüthgen* (1926), *Fürstenberg* (1931), S. 400 ff., *Bacmeister* (1936), S. 113 ff., *Muthesius* (1943), S. 133 ff., *Nußbaum* (1963), *Wilhelm* (1966), S. 76, *Mottek* (1968).

[97] Da die Außenseiter nun einmal da waren, ist das ein theoretisch falscher Begriff. Richtiger wäre „Preisführerschaft", die sich freilich durch nichts von einer Monopolstellung unterschied.

[98] Konjunktur 1910, S. 54. *Nußbaum* (1966), S. 59.

[99] *Lüthgen* (1926), S. 226 f., Tabelle 17. *Wiedenfeld* (1912), S. 79, 101, *Lüthgen* (1928), S. 55, 61.

[100] *Blaich* (1973), S. 133.

Kartellpolitik und Marktmacht zum brisanten wirtschaftspolitischen Thema geworden waren, benutzte der preußische Staat seine Förderung an der Saar freilich auch, um das Syndikat zu Preiszugeständnissen zu nötigen[101]. Welchen Einfluß die englischen Importe auf die Preisbildung des RWK im nördlichen Deutschland und in Mitteldeutschland längs der Elbe gehabt haben, steht dahin. Immerhin ist die Einfuhr aus England zwischen 1900 und 1913 von 6 auf 9 Millionen Tonnen gestiegen. Hamburg wurde schließlich zu 60%, Berlin zu 40% mit englischer Kohle versorgt[102].

Gleichviel, das RWK ist für die Zechenbesitzer ohne allen Zweifel ein sehr erfolgreiches Kartell gewesen. Der Reingewinn der Zechen dürfte im Durchschnitt bei sehr hohen 10% der Erlöse gelegen haben und mit zunehmender Ausbringung gewachsen sein[103]. Da überdies die Preis- und Absatzpolitik des Syndikats den Vorstellungen der Kartellideologen und Kartellkritiker sehr nahekam, ist wahrscheinlich mehr über dieses Kartell geschrieben worden als über alle anderen Kartelle und Syndikate zusammen. Das hat den falschen Eindruck erweckt, das RWK sei eine Art Prototyp oder exemplarischer Fall der deutschen Kartelle gewesen. Es war aber viel eher ein Ausnahmefall, von dem nicht auf die strukturelle Bedeutung der Kartell,,bewegung" geschlossen werden darf.

Noch einmal: die Kartelle jener Zeit *waren* eine Erscheinung, die hohes wirtschaftsgeschichtliches Interesse beanspruchen kann. Einige von ihnen *haben* wirtschaftliche Macht ausgeübt und ihren Mitgliedern dauerhaft oder gelegentlich zu Differentialgewinnen verholfen. Sie sind aber *kein* neues Strukturprinzip gewesen, das

---

[101]Ebd. S. 287. Am 1. 10. 1908 hob die preußisch-hessische Eisenbahnverwaltung zugleich die Ausfuhrvergünstigungen bei den Eisenbahntarifen auf.

[102]*Gothein* (1901), S. 302, Kartell-Jb. 1910, Heft 2, S. 14, *Wiedenfeld* (1912), S. 85, Chronik 1913, S. 920. Am weiteren Vordringen ist die englische Kohle durch Differentialtarife der deutschen Eisenbahngesellschaften gehindert worden. Kohle wurde nur dann zum Rohstofftarif von 2,2 Pfg. pro Tonnenkilometer auf den ersten 350 und 1,4 Pfg. auf allen weiteren Kilometern befördert, wenn sie unmittelbar am Gewinnungsort verfrachtet wurde. Der Spezialtarif für ausländische Kohle betrug dagegen 2,6 Pfg. für die ersten 100 und 2,2 Pfg. für alle weiteren Kilometer. Bei 300 km Entfernung entstand dadurch ein Frachtnachteil von 50 Pfg. pro Tonne, bei 500 km schon von 1,70 Mark. *Wiedenfeld* (1912), S. 105. Nur in Jahren mit akuten Kohlenengpässen sind die Tarife angeglichen worden. Handel und Wandel 1900, S. 56, 85, *Blaich* (1973), S. 287. 1900 freilich ist dem Versuch, dadurch mehr Kohle nach Deutschland zu holen, durch einen englischen Kohleausfuhrzoll entgegengewirkt worden. Handel und Wandel 1901, S. 104.

[103]*Saitzew* (1914), S. 320 ff., *Jüngst* (1906), S. 17, *Bockoff* (1914), S. 161, Tabelle XIV, S. 204 f. Vgl. die Dividenden und die Kuxenerträge bei *Wiedenfeld* (1912), S. 169 ff., *Goetzke* (1905), S. 73 ff. Dem Versuch einer durchschnittlichen Kalkulation bei *Transfeldt* (1926), S. 80, 92, 95 sollte nicht zuviel Gewicht beigemessen werden. Zum einen hat seine Arbeit so auffällig beschönigenden Charakter, zum anderen arbeitet er mit so anfechtbaren durchschnittlichen Schätzwerten, daß viel Skepsis geboten ist.

den Funktionszusammenhang der deutschen Volkswirtschaft nachdrücklich verändert und bestimmt und das weitreichende soziale und politische Wirkungen gezeitigt hätte.

Schließlich spricht vieles dafür, daß sie in der Montanindustrie vor dem Weltkrieg bereits als „überwundener Standpunkt" betrachtet worden sind.

Auf dem Weg zum Trust?

Wenn man nämlich den Blick von der Marktpolitik jedes einzelnen Kartells einmal fortlenkt und sich ihrem wirtschaftlichen Wirkungszusammenhang zuwendet, wird eine sonderbare Erscheinung sichtbar: die Kartelle dienten den großen kombinierten Unternehmen auf allen drei Produktionsebenen vor allem dazu, mit der Zeit die kleineren „reinen" Werke, aber immer weniger dazu, die Konkurrenz untereinander auszuschalten. Der Eigenverbrauch an Kohle, Roheisen und Halbzeug wuchs, die Marktquoten sanken. Ein gleichfalls zunehmender Teil der Stahlproduktion aber war gar nicht, ein weiterer Teil wenig wirkungsvoll syndiziert. Die wirtschaftlichen Vorteile von betrieblicher Konzentration und produktionstechnischer Integration hatten den Nutzen der Kartellierung längst zu überholen begonnen und konnten von Kartellbedingungen gegebenenfalls schon beeinträchtigt werden. Die ursprünglichen Kartellvorteile für die gemischten Betriebe verloren zusehends an Bedeutung. Sie haben — da die Kombinate kaum Kohle und Eisen auf den Markt brachten — stets mehr im Bereich der Produktionskosten auf der nächst höheren Verarbeitungsstufe, als im Bereich der Preisbildung gelegen.

Daß Kartellpreise die Erträge des gewöhnlich geringfügigen Absatzes erhöhten, war für die kombinierten Betriebe viel weniger wichtig[104], als daß sie den „reinen" Eisenhütten die Energiekosten und den Stahlwerken ohne Hütten und Zechen dazu noch die Materialkosten verteuerten. Wie übel schließlich die reinen Walzwerke auf der nächsten Produktionsstufe dran waren, braucht nicht mehr auseinandergelegt zu werden[105]. Die Kostenvorteile wuchsen mit der Anzahl der Produktionsstufen, die in einem Unternehmen vereint waren. Ihre Bedeutung nahm anderer-

---

[104]Kockas Überlegung, daß die Gewinnregulierung „auf einem Teilmarkt (etwa Roheisen) zur Ausdehnung in noch nicht scharf kartellierte Bereiche (z. B. Stahlherstellung und Stahlweiterverarbeitung)" reizte, ist nicht ganz stichhaltig. Einmal war es mit der Gewinnregulierung bei Roheisen nicht so weit her, zum anderen war der Roheisenmarkt für die Kombinate im Vergleich zum Stahlmarkt uninteressant. *Kocka,* Unternehmer, S. 94.

[105]Vgl. die unsicheren und auseinandergehenden Versuche, die Kostenersparnis der integrierten Stahlproduzenten zu quantifizieren, bei *Heymann* (1904), S. 10 ff., *Mannstaedt* (1906), S. 18 ff., 22 ff.

seits freilich ab, je mehr Montanunternehmen auf allen Produktionsebenen arbeiteten. Mit ihr schwand das Interesse an Kartellen. Der lange Produktionsweg eröffnete den modernsten, rationellsten und kaufmännisch am geschicktesten geleiteten Werken neuerdings so weitgesteckte Möglichkeiten, sich technisch-organisatorische Kostenvorteile, und durch Produktdifferenzierung, Spezialisierung und Marktsegmentierung zudem Absatzvorteile zu verschaffen, daß jede Bindung an Preis- und Mengenabsprachen die gewinnversprechende Entfaltung nur hemmen konnte[106].

Überdies wurden unausgenutzte Kapazitäten immer „teurer", da die wachsende Kapitalintensität der Fertigung und die aufwendigen Produktionsanlagen die Fixkosten zusehends vergrößerten. Die Expansion und Integration der großen Konzerne, die nach der Jahrhundertwendenkrise sehr viel intensiver wurde[107], lag also merklich quer zur Kartellierung[108]. Man begann bereits 1905 über die „Vertrustung" der deutschen Montanindustrie zu diskutieren[109]. 1912 schließlich haben die wichtigsten Stahlwerke die Verlängerung des Stahlwerksverbandes davon abhängig gemacht, daß die sehr reichlich bemessene und bis dahin nie wirksame Kontingentierung der Fertigprodukte beseitigt werde. Die drei Syndikate waren

[106] So rechnete Mannesmann nach seinem Austritt aus dem Gas- und Siederohrsyndikat „mit einer Produktionssteigerung von 50%", da das Werk „nunmehr von allen Syndikatsfesseln frei ist". Geschäftsbericht, in: Kartell-Jb. 1910, Heft 3, S. 36 ff. 1906 gab ein gemischtes rheinisches Stahlwerk an, daß es an Stabeisen etwa zweieinhalbmal mehr verdiene als an Halbzeug, das es über den Stahlwerksverband verkaufe. Und in der Tat war in der zweiten Hälfte des Jahres der Preis für Thomasroheisen um 7%, der Preis für Blöcke und Knüppel um 10—12%, der Preis für Stabeisen aber um 17% in die Höhe gegangen. *Mannstaedt* (1906), S. 47, *Zöllner* (1907), S. 92.

[107] Es begann mit der großen Konzentrationsbewegung in Oberschlesien, die von der Bismarckhütte ausging und zu einem Konzern führte, der schließlich 257 000 Tonnen A-Produkte und 517 000 Tonnen B-Produkte produzierte. 1905 schloß sich Gelsenberg mit dem Aachener Hütten-Aktienverein und dem Schalker Gruben- und Hüttenverein zusammen, blieb freilich noch bis 1910 schwergewichtig Zechenbetrieb. Dann errichtete Kirdorf ein großes Hütten- und Stahlkombinat bei Esch und verlagerte den Schwerpunkt seines Unternehmens als letzter Montanindustrieller von Kohle auf Eisen. 1906 fusionierte Phönix mit Hörde, anschließend mit der Zeche Nordstern und hatte 1911 eine Beteiligung von 465 000 Tonnen A-Produkten und 861 000 Tonnen B-Produkten. Wirtschaftsjahr 1905, S. 41, *Jutzi* (1905), S. 33 f., *Stillich* (1906), S. 193 ff., *Rabius* (1906), S. 110 ff., *Zöllner* (1907), S. 114 f., *Leisse* (1912), S. 56 ff., *Riesser* (1912), S. 575 ff., *Hecht* (1924), S. 88 ff., *Arnst* (1925), S. 43 ff., *Bacmeister* (1936), S. 56 f., *Gebhardt* (1957), S. 213 f. Zur Konzentration an der Saar *Müller* (1935), S. 42 f.

[108] Zur kartellgefährdenden Wirkung der Kombinate auch *Kestner* (1912), S. 38 ff.

[109] Den Anfang machte der Wirtschaftsredakteur der Kölnischen Zeitung Wilhelm *Jutzi* (1905).

am Vorabend des ersten Weltkriegs wohl tatsächlich zu „äußerst labilen Organisationen" geworden[110], ihr Zerfall nur noch eine Frage der Zeit. Stinnes und Thyssen haben bloß auf eine günstige Gelegenheit gewartet, sie zu sprengen[111].

Bankenkonzentration und „Finanzkapital"

Kartelle, Syndikate und Ansätze zur Trustbildung waren *eine* der beiden Erscheinungen, die zwar die Wirtschaft des Kaiserreichs nicht völlig oder auch nur weitgehend bestimmt, wohl aber das wirtschaftsgeschichtliche Bild der Wilhelminischen Zeit in hohem Maße geprägt haben. Die *andere* war der Konzentrationsvorgang im Bankgewerbe, der mit der Aufnahme und Ausdehnung enger Beziehungen zwischen Banken und Industrieunternehmen einherging. Die beiden Erscheinungen sind als komplexer Wirkungszusammenhang interpretiert worden. Gerschenkron hat die These formuliert, daß die „Durchschlagskraft der Kartellbewegung eigentlich nur als natürliche Folge der Konzentration im Bankwesen" völlig zu erklären sei[112], und Wehler hat sie zu der unbelegten Behauptung zugespitzt, daß die „Bankenoligarchie den Industrialisierungsprozeß auch in Deutschland in hohem Maße gesteuert und koordiniert hat"[113]. Diese Pointe argumentiert schlicht an der Wirklichkeit vorbei[114]. Und was Gerschenkron angeht: So durchschlagend ist die Kartellbewegung nicht gewesen; und als die Großbanken das deutsche Bankwesen durch die Angliederung regionaler Institute und die zunehmende Einrichtung von Niederlassungen und Zweigstellen ins Stadium oligopolistischer Konkurrenz hinüberleiteten, war die industrielle Konzentrations- und Kartellbewegung längst in

[110]*Feldman*, in: *Winkler*, Hrsg. (1973), S. 157. Vgl. auch Feldmans treffende Skizze der drei Kartelle in *Feldman/Homburg* (1977), S. 34 ff., *Beckerath* (1930).

[111]Konjunktur 1913, S. 605, *Hecht* (1924), S. 16, *Böhme* (1968), S. 186. Vgl. zu Thyssens Trustplänen auch *Arnst* (1925), S. 39 ff., 61 ff.

[112]*Gerschenkron* (1973), S. 128.

[113]*Wehler* (1970), S. 102.

[114]Damit wird nicht bestritten, daß die Privatbanken den wirtschaftlichen Aufschwung nach 1895 gefördert, im erlebten Ausmaß vielleicht sogar erst ermöglicht haben. Seit damals ist ihre Mittelbereitstellung, wenn man der schlüssig anmutenden Argumentation von Eistert folgt, schneller gewachsen als das Sozialprodukt: bis 1911 um das siebeneinhalbfache gegenüber einer Vermehrung des Sozialprodukts um 160%. Der Anteil der Geschäftsbanken an der Mittelbereitstellung des gesamten Kreditapparats ist von 81% (von insgesamt 11,6 Mrd. Mark) im Jahr 1885 auf 93% (von 83,09 Mrd. Mark) im Jahr 1911 erhöht worden. *Eistert* (1970), S. 139, 146.

vollem Gange[115]. Seitdem ist beides sicherlich nicht mehr unabhängig voneinander gewesen. Wie auch anders in einer hochgradig kreditbedürftigen Industriewirtschaft. Gewiß haben die großen Banken zuweilen Einfluß auf Kartellbildungen und Fusionen genommen. Bekannt ist, daß sie die Zusammenschlüsse in der Elektroindustrie nach der Krise von 1900/01 finanziell unterstützt haben[116]. Ebenfalls bekannt ist die Aktivität der Diskontogesellschaft bei der Organisation und Reorganisation des RWK und sind die Maßnahmen, mit denen die Diskontogesellschaft, die Darmstädter Bank für Handel und Industrie und der Schaaffhausener Bankverein den industriellen Initiatoren des Stahlwerksverbandes dabei geholfen haben, die Direktion des „Phönix" zum Beitritt in das Syndikat zu bewegen. Die drei Banken verschafften sich durch forcierten Aktienkauf die Mehrheit in der Generalversammlung, während die verbandswilligen Werke mit einer Liefersperre für Halbzeug und das Kohlesyndikat mit dem Entzug der Ausfuhrvergütung drohten[117]. Die Rolle der Banken beim Versuch, die Zeche Hiberia zu verstaatlichen, wurde bereits angedeutet. Die Deutsche Bank, die Diskontogesellschaft, die Darmstädter Bank und vor allem Fürstenbergs Berliner Handelsgesellschaft haben damals an der Seite des RWK *gegen*, die Dresdner Bank hat an der Seite des Fiskus *für* die Verstaatlichung gestritten[118].

Die Interessenverbindungen zwischen Industrie und Banken sind also unverkennbar. Eine eindeutige Folgebeziehung im Sinne Gerschenkrons hat es jedoch nicht gegeben. Und von Koordinierung und Steuerung konnte schon gar die Rede nicht sein. Erst seit Ende der neunziger Jahre, als die Berliner Universalbanken den rasch beschleunigten „Zug in die Industriegebiete" antraten, haben die Beziehungen zwischen Großbanken und Großindustrie volkswirtschaftliche Bedeutung erlangt. Bis dahin waren sie eher punktuell und weitgehend auf die Emission von Aktien und Obligationen beschränkt gewesen. Die Wechseldiskontierung und die Vergabe laufender Kredite ist dagegen vergleichsweise unmaßgeblich geblieben. Eine bewußte, breit gestreute Industriepolitik der Berliner „Großen Sechs" — Deutsche Bank, Dresdner Bank, Discontogesellschaft, Berliner Handelsgesellschaft, Darmstädter

---

[115] Vgl. Borchardts Hinweis, daß die Universalbanken eine Reaktion auf industrielle Wachstumsprobleme waren, nicht zentrale Initiatoren wirtschaftlichen Wachstums. Eine analoge Beziehung bestand zwischen den Konzentrations- und Expansionsprozessen der Industrie und der Banken in den Jahren um die Jahrhundertwende. Die Banken haben zunächst eher auf die industrielle Konzentrationsbewegung an Rhein und Ruhr und in Oberschlesien reagiert als sie provoziert. *Borchardt*, Handbuch, S. 244. Ähnlich *Kocka*, Unternehmer, S. 10 f., dessen Interpretation des Bankproblems im Kaiserreich ich — von einigen nicht sehr belangvollen Ungereimtheiten abgesehen — völlig teile.

[116] *Loeb* (1903), S. 175, *Jeidels* (1905), S. 231 ff., *Riesser* (1912), S. 584 ff.

[117] *Jeidels* (1905), S. 147 f., *Steinberg* (1906), S. 51, *Kestner* (1912), S. 124, *Küppers* (1933), S. 125.

[118] *Riesser* (1912), S. 593, *Wilhelm* (1956), S. 76 f., *Mottek* (1968).

Bank für Handel und Industrie, Schaaffhausener Bankverein[119] — hat es nicht gegeben. Sie haben das tägliche Geschäft mit der Industrie den größeren Regionalbanken überlassen. Erst spät ist das Prinzip der „Hausbank"[120] zugunsten der Zusammenarbeit großer Industriekonzerne mit mehreren Banken zurückgetreten.

Gleichsam erprobt worden ist diese engere Zusammenarbeit beim Aufstieg der Elektroindustrie — und wahrlich nicht im Sinne irgendwelcher Steuerung und Koordinierung. Das unvergleichlich schnelle Emporwachsen der jungen Elektroindustrie glich eher völlig unreguliertem Wildwuchs, denn geplantem und kontrolliertem Wachstum. Wenn aber irgendwann und irgendwo, dann hätten die Banken hier lenken und koordinieren können. Der erste Elektroboom wäre gar nicht möglich gewesen, wenn die sieben großen, bald vorherrschenden Unternehmen der Branche nicht von unterschiedlich zusammengesetzten, einander vielfach überschneidenden Bankenkonsortien unterstützt worden wären[121]. Aber nicht zuletzt weil diese Unterstützung fast völlig regellos und unkontrolliert geleistet wurde, hat dieser Aufschwung 1900/01 schließlich im Desaster geendet und in eine tiefe, relativ lange Krise geführt, die mehrere große Elektrogruppen nicht überlebt haben. Im Montanbereich aber war nichts mehr zu steuern und zu koordinieren, als die Großbanken sich tiefer mit ihm einließen. Die Weichen in Richtung Kartelle und integrierte Großbetriebe waren längst gestellt. Der Zug war losgefahren. Bislang entgangene Geschäfte gab es freilich zu machen, zumal der industrielle Bedarf an Investitions- und Umlaufkapital im Zeichen der hochkonjunkturellen Anlage- und Geschäftsausweitung nach 1895 in bisher unbekanntem Maße wuchs. Erst der lange, ertragreiche Aufschwung hat den Konzernen wieder erhebliche Mittel zur Selbstfinanzierung zugeführt[122].

Um es noch einmal zu sagen: der Konzentrationsvorgang im Bankwesen hat die „zweite Industrialisierung" mit all ihren Besonderheiten nicht geprägt, er ist eine *Begleiterscheinung* der relativ spät in großem Stil aufgenommenen Verbindung zwischen den Großbanken und der Großindustrie gewesen.

[119] Zur Geschichte dieser Banken im einzelnen *Weber* (1957), S. 66—89, 92—100.

[120] Unter diesem Gesichtspunkt sind die nicht sehr häufigen Fälle von Industriefinanzierung in den achtziger und frühen neunziger Jahren zu sehen. So ist der Hörder Verein mehrfach vom Schaaffhausener Bankverein, die Dortmunder Union von der Diskontogesellschaft über die Runden gerettet und Gelsenberg bei der enormen Ausdehnung seines Fehlbesitzes finanziell ebenfalls von der Diskontogesellschaft gestützt worden. *Jeidels* (1905), S. 50 ff., *Liefmann* (1921), S. 57, *Bacmeister* (1936).

[121] *Jeidels* (1905), S. 222, *Steinberg* (1906), S. 43, *Noether* (1913), S. 31 ff., *v. Sothen* (1915), S. 50 f., *Wolff* (1915), S. 177 ff.

[122] Deshalb konnte Kirdorf 1905 mit gutem Recht sagen, daß die Industrie an Rhein und Ruhr neuerdings wieder weniger auf die Kredite der Banken angewiesen sei als vor der Jahrhundertwende. „Die Großbanken buhlen um das Wohlwollen der Industrie, aber nicht etwa umgekehrt". SVSP Bd. 116 (1916), S. 285. Vgl. *Böhme* (1968), S. 23 und *Kocka*, Unternehmer, S. 105, *Arnst* (1925), S. 67.

Die Deutsche Bank hat ihn 1897 mit der ausdrücklichen Absicht eingeleitet, sich durch Interessengemeinschaften mit der Bergisch-Märkischen Bank in Elberfeld, dem Schlesischen Bankverein in Breslau und der Hannoverschen Bank Zugang zur Schwerindustrie an Rhein und Ruhr, sowie in Oberschlesien und zur niederdeutschen Kaliindustrie zu verschaffen[123]. Die anderen Großbanken sind ihr in diesem Streben zunächst zögernd gefolgt[124]. Bis 1900 sind nur vier ähnliche Interessengemeinschaften eingegangen worden. Erst die Krise hat dem Konzentrationsvorgang stärkere Schubkraft verliehen. Der Boom der Vorjahre hatte zahlreiche kleine Privat- und mittelgroße Aktienbanken dazu verführt, bei der Vergabe ihrer Kredite zu wenig auf die Solidität ihrer Klientel zu achten. Das rächte sich in der Krise, als die Mittel zur Rückzahlung plötzlich nicht mehr da waren. Die Debakel der Leipziger Bank und der Dresdner Kreditanstalt für Handel und Industrie waren nur die bemerkenswertesten Beispiele akuter Liquiditätsschwierigkeit, weil sie in Zusammenbrüchen endeten[125]. Die Großen in Berlin nützten die Misere aus. Einige der zahlungsunfähigen Institute übernahmen sie selbst. Häufiger aber regten sie ihre lokalen Partnerbanken zur raschen und reibungslosen Fusion an. Oder sie rückten mit Filialen an die Stelle der Bankrotteure. Die Zahlungsunfähigkeit der Leipziger Bank war kaum bekanntgeworden, als die Deutsche Bank meldete, daß sie in Leipzig eine Niederlassung eingerichtet habe[126].

Allein in den akuten Krisenjahren 1901/02 sind 116 Firmen von Privatbanken erloschen und 41 Filialen neu eingerichtet worden. Die Zahl der „Interessengemein-

---

[123]Die Interessengemeinschaften kamen Übernahmen gleich. Die Deutsche Bank erhöhte ihr Aktienkapital um 50 Millionen Mark und bot den Aktionären der Bergisch-Märkischen Bank und des Schlesischen Bankvereins an, ihre Aktien im Verhältnis 5 : 4, bzw. 3 : 2 in neue Aktien der Deutschen Bank umzutauschen. Da tatsächlich drei Viertel der Aktionäre tauschten, war die Deutsche Bank künftig Mehrheitsaktionär und konnte die Geschäftstätigkeit der Provinzbanken bestimmen. In ähnlicher Weise ist dieses Verfahren später wiederholt worden. Die Deutsche Bank hat sich dann allerdings gewöhnlich mit geringeren Aktienhereinnahmen begnügt, um ihr Eigenkapital nicht über die Maßen aufzublähen. Das galt auch für die anderen Großbanken. *Blumenberg* (1905), S. 28 ff., *Wallich* (1905), S. 98, 124 ff., *Riesser* (1912), S. 724 ff.

[124]Vgl. die Tabelle über wichtige Beteiligungen bei *Wallich* (1905), S. 107, sowie Chronik 1902, S. 447, *Loeb* (1903), S. 102, *Jeidels* (1905), S. 73 ff., *Blumenberg* (1905), S. 28 ff., *Steinberg* (1906), S. 7, *Riesser* (1912), S. 724 ff.

[125]Die Dresdner Kreditanstalt hatte die exzessive, schließlich betriebswirtschaftlich völlig unsinnige Gründungstätigkeit des Elektrokonzerns Kummer finanziert und machte gemeinsam mit ihm bankrott. Chronik 1901, S. 257, *Loeb* (1903), S. 295, *Liefmann* (1921), S. 321 f. Die noch immer zur Notenausgabe berechtigte Leipziger Bank war bei einem Aktienkapital von 48 Mio. Mark mit 93 Mio. Mark bei der mehr als windig operierenden Kasseler Treber-Gesellschaft engagiert. 1901 ging das Unternehmen mit aplomb pleite. *Schumacher* (1906), S. 6. Weitere Illiquiditäten und Konkurse bei *Wagner* (1901) und *Steinberg* (1902), S. 22.

[126]*Blumenberg* (1905), S. 30 f., *Riesser* (1912), S. 517.

schaften" zwischen wichtigen, kapitalkräftigen Provinzbanken und den Berliner Großbanken ist bis 1902 auf neun, in den beiden folgenden „Schlüsseljahren" der Bankenkonzentration dann auf 30 gestiegen[127]. Die meisten großen Provinzbanken in Rheinland und Westfalen haben in diesen Jahren ihre Selbständigkeit eingebüßt. Etwas scharf pointiert hat Adolf Weber schon 1903 gemeint, daß die Geschichte der Deutschen Bank, des Schaaffhausener Bankvereins und der Diskontogesellschaft „fortan gleichzeitig im wesentlichen die Geschichte des rheinisch-westfälischen Bankwesens enthalten" werde[128]. Schon 1906, als die Konzentrationsbewegung weitgehend „vollendete Tatsache" war[129], sind etwa 80% der eigenen und fremden Mittel, die von den deutschen Banken verwaltet wurden, in Händen der Großbanken und der ihnen in irgendeiner Form angegliederten Institute gewesen[130]. Bis 1911 haben die Berliner Großbanken und ihre regionalen Partner schließlich 116 Privat- und 45 Gesellschaftsbanken in sich aufgenommen[131].

Parallel dazu sind die Beziehungen zur Industrie ausgeweitet und vertieft worden. Häufig war das ein- und derselbe Vorgang. Der Gedanke, der die Deutsche Bank beim Zusammenschluß mit der Bergisch-Märkischen Bank und dem Schlesischen Bankverein geleitet hat: mit den Banken deren Verbindungen zur heimischen Industrie zu übernehmen, ist von den anderen Banken adaptiert worden und hat fortgewirkt. Bis zum Krieg ist in der Tat ein kaum mehr durchschaubarer Industrie-Bankenkomplex in Deutschland entstanden. Man mag getrost von *Verflechtung* sprechen, wenn dem Wort der Ruch des Verschwörerischen und Verderblichen ge-

---

[127]Vgl. die minutiösen Berichte in jeder Nummer der Volkswirtschaftlichen Chronik von 1902 ff. Besondere Aufmerksamkeit hat die Verbindung zwischen dem Schaaffhausener Bankverein und der Deutschen Bank im Jahr 1903 erregt, weil sie eine weitere Stufe des Konzentrationsvorgangs vorwegzunehmen schien, die Stufe institutionalisierter Kooperation und Gewinnpoolung der Großen in Berlin. Die beiden Banken haben freilich bald gemerkt, daß sie sich in ihren traditionellen Geschäftsbereichen — die rheinisch-westfälische Schwerindustrie für den Schaaffhausener Bankverein und die sächsische Textilindustrie für die Dresdner Bank — gegenseitig eher störten als verstärkt zur Geltung brachten, und den Versuch 1909 wieder aufgegeben. Handel und Wandel 1903, S. 178 ff. (dort auch der Kooperationsvertrag); Chronik 1903, S. 501, *Jeidels* (1905), S. 86, *Blumenberg* (1905), S. 68 f., *Wallich* (1906), S. 104 f.

[128]SVSP Bd. 109 (1903), S. 336.

[129]*Warschauer* (1906), S. 145.

[130]*Schumacher* (1906), S. 10, 18. Die großen Sechs haben ihr Eigenkapital zwischen 1872/73 und 1895 von 112,8 auf 413, bis 1906 dann auf 909 Millionen zuzüglich 258 Millionen Mark Rücklagen ausgedehnt. Der Bestand an Kreditoren und Depositen war — ausgenommen die Berliner Handelsgesellschaft — von 167,3 Mio. M. im Jahr 1875 über 711,8 Mio. M. (1895) auf 4,66 Mrd. Mark (1914) gestiegen. *Weber* (1957), S. 230.

[131]*Riesser* (1912), S. 536. Vgl. im einzelnen auch *Blumenberg* (1905), S. 34 ff., *Schuma-*

nommen wird. Auf keinen Fall hat diese „Verflechtung" zur „Beherrschung der monopolistisch organisierten Industrie durch die Großbanken" geführt[132]. Diese These war wirklich „schon überholt, als sie formuliert wurde"[133]. Das Wort „Beherrschung" oder auch nur „Abhängigkeit" macht in einem Beziehungsgefüge, in dem die Interessen beider Seiten so sehr miteinander stehen oder fallen, einfach keinen Sinn mehr. Die Industrie ist zuzeiten auf die Mittel der Banken angewiesen gewesen, um andernfalls unrealisierbare Geschäfte in Angriff nehmen zu können; zuzeiten hat sie die Kreditinstitute aber auch mit überschüssiger Liquidität allimentiert. Im einzelnen zu quantifizieren ist das nicht. Nur eins scheint sicher zu sein: zur langfristigen Anlagenfinanzierung sind die Großbanken mit ihrer eigenen Kapitalkraft für die große Industrie im Zeichen guter Erträge, höherer Eigenfinanzierungsquoten und leichtem Zugang zum Kapitalmarkt immer weniger nötig gewesen. Wichtiger war ihre Rolle bei der Finanzierung des laufenden Geschäfts. 70—75% aller Bankkredite sind gewöhnlich als Kontokorrentkredite gegeben worden, nur noch 10—15% als Wechselkredite und rund 10% als Lombarddarlehen. Langfristige Wertpapierkredite und Kapitalbeteiligungen standen allenfalls mit 1—3% zu Buch[134].

Wegen dieser wechselhaften Kreditbeziehungen ist auch schwer abzuschätzen, wie nachdrücklich und nachhaltig der Einfluß der Banken auf die Geschäftspolitik der ihnen verbundenen Industrieunternehmen war[135]. Zu mehr als immer wieder aufgegriffenen plausiblen Überlegungen werden wir es solange nicht bringen, wie ausgiebige historische Unternehmensforschung nicht einer Vielzahl bedeutsamer unternehmerischer Investitions- und Finanzierungsentscheidungen in zahlreichen Betrieben auf den Grund gegangen ist. Und womöglich kommen wir auch dann nicht über die vage Feststellung hinaus, daß es hier so, dort anders gewesen ist; daß die Deutsche Bank bei Siemens so gut wie keinen Einfluß gehabt[136] und daß

cher (1906), S. 17 ff., *Wallich* (1906), S. 131 ff., *Riesser* (1912), S. 718—744, *Strauß* (1928), S. 57, 76 f. Zur Ausdehnung des Filialnetzes *Weber* (1957), S. 41.

[132] *Hilferding* (1915), S. 322.

[133] *Kocka,* Unternehmer, S. 105.

[134] *Eistert/Ringel* (1971), S. 161. Kontokorrentkredite konnten in der Praxis durchaus langfristigen Charakter haben und sind spätestens nach der Jahrhundertwende auch zuhauf langfristig festgelegt worden; eher aber wohl von kleinen und mittleren Unternehmen mit geringer Ertragskraft und mit Schwierigkeiten bei der Beschaffung langfristiger Mittel.

[135] Auch *Kocka,* Unternehmer, ist unsicher. „In allen wichtigen Investitionsentscheidungen der von ihnen betreuten Unternehmen sprachen (die Banken) mit" (S. 101 und im Hinblick auf die Rolle des Aufsichtsrats, in denen Bankiers stark vertreten waren, weiter ausgeführt S. 102 f.). Dann aber plötzlich: „In den Leitungsorganen der industriellen Großunternehmen hatten die Bankdirektoren oft einen schweren Stand. Die Zahl der Aufsichtsratssitze allein sagt wenig. Die Komplexität der technischen und kaufmännischen Probleme erhöhte das Gewicht der über mehr Sachverstand verfügenden, dauernd anwesenden Vorstandsmitglieder" (S. 105). Vgl. so ähnlich bereits *Beckerath* (1930), S. 178 f.

[136] *Kocka,* Unternehmer, S. 104.

131

die Württembergische Vereinsbank zusammen mit der Württembergischen Bankanstalt das Unternehmensgeschehen der Maschinenfabrik Eßlingen völlig und bis in Einzelheiten bestimmt hat[137]. Die oft zitierten Zahlen über die Aufsichtsratssitze[138], die von Bankenvertretern bei Industrieunternehmen besetzt wurden, sagen sicherlich eine Menge über den Willen, Einfluß zu nehmen, über den *tatsächlichen* Einfluß sagen sie wenig[139].

Und das scheint am Ende so tragisch nicht zu sein. Durch die Fragen: Wer „beherrschte" wen? Hingen die Unternehmer von den Banken ab oder war es eher umgekehrt? Wie stark war der Einfluß und die Mitentscheidungsgewalt der Banken?, schaut die unbewußte Vorstellung, daß die Beziehungen zwischen Banken und Industrie Konfliktverhältnisse gewesen seien. Die Vorstellung eines ausgeprägten Interessengleichklangs liegt aber viel näher. Eines *wirtschaftlichen* Interessengleichklangs. Es wäre sicherlich verkehrt, der Kapital- und Interessenverflechtung umgekehrt nun gleich auch einen gemeinsamen Komplex sozialer und politischer Absichten und Wirkungen zu vindizieren. Auf wichtige wirtschafts- und sozialpolitische Probleme der Zeit ist von Bankiers und Industrieführern häufig grundsätzlich anders reagiert worden. Der erste Vorsitzende des freihändlerischen, gegen die Schwerindustrie gerichteten Handelsvertragsvereins ist ebenso ein prominenter Bankier gewesen, wie der Initiator des liberalen, bald mit der Schwerindustrie entzweiten Hansabundes.

Folgenlos für die wirtschaftliche und damit in mancher Hinsicht auch für die soziale Entwicklung im Kaiserreich ist die Verbindung von Bankenkonzentration und Industriefinanzierung durch Großbanken auf keinen Fall geblieben. Die Poli-

---

[137]*Hentschel,* Wirtschaftsgeschichte, Teil II, passim.

[138]1911 wurden von den Bankdirektoren der großen Sechs 112 Aufsichtsratssitze in Bergbauunternehmen, davon 16 Vorsitzendenposten, 41 in metallverarbeitenden Betrieben (9 Vorsitze), 64 im Maschinenbau (15 Vorsitze), 27 in der Elektroindustrie (8 Vorsitze) und 34 in der Textilindustrie (5 Vorsitze) eingenommen. Branchenschwerpunkte der einzelnen Häuser waren damals kaum mehr festzustellen. Traditionell stark war Schaaffhausen noch im Bergbau, in der metallverarbeitenden Industrie und im Maschinenbau, die Deutsche Bank in der Elektroindustrie. *Riesser* (1912), S. 651–672; für die Elektroindustrie *Noether* (1913), S. 39 ff. Vgl. für eine etwas frühere Zeit die detaillierte Aufstellung bei *Jeidels* (1905), S. 169–171. Das Schwergewicht von Bankiers aller Art in den Aufsichtsräten von Aktiengesellschaften aller Art hat eine Untersuchung Eulenburgs über 1 000 Aktiengesellschaften mit 6 783 Aufsichtsratsmandaten deutlich gemacht. Bankiers besetzten 1 996 (= 29,4%) Aufsichtsratssitze, gefolgt von Fabrikanten mit 1 299 (= 19,9%). 815 Sitze (= 12%) wurden allein von *Bankdirektoren* eingenommen. Aktive Staats- und Hofbeamte besetzten nur 266 (= 3,9%) der Posten. *Eulenburg* (1906), S. 95 ff.

[139]Zuletzt hat Richard Tilly auf dem Mannheimer Historikertag die Häufung der Aufsichtsratsmandate als wesentlichen und mangels handgreiflicher Daten letztlich einzig quantitativen Indikator des Bankeneinflusses auf die industrielle Unternehmenspolitik erneut hervorgehoben.

tik der Großbanken hat vor allem zwei[140] gesamtwirtschaftlich wenig zuträgliche Erscheinungen hervorgerufen. Die Konzentration und Ausweitung der Kreditge-

[140]Den Großbanken ist in den letzten Friedensjahren von den Agrariern und den Sozialdemokraten überdies der Vorwurf gemacht worden, daß sie durch erheblichen Geld- und Kapitaltransfer ins Ausland zur latenten und häufig auch akuten Illiquidität des deutschen Geldmarkts beigetragen haben. Richtig ist, daß die Großbanken stark im Auslandsgeschäft engagiert waren. Das galt für Industrie- und Bankbeteiligungen, die schon in den achtziger Jahren gepflegt worden sind, wie für kurzfristige Wechselkredite. (Vgl. zusammenfassend *Feis* (1930/1964), passim). Der Umfang der internationalen *Geld*geschäfte ist relativ genau zu erfassen. Eistert hat errechnet, daß die deutschen Geschäftsbanken 1885 erst für 329 Millionen, 1911 aber für 5,2 Milliarden Mark Auslandswechsel angekauft haben. Das entsprach 6,7% der Kreditgewährung im Inneren (*Eistert* (1970), S. 149). Wesentlich anders ist diese Rate nie gewesen. Daß dieser eher bescheidene Anteil, dem überdies in starkem Maße Exportgeschäfte zugrunde lagen (*Seeger* (1968), S. 62), zur Liquiditätsmisere der deutschen Geldmärkte bemerkenswert beigetragen hat, erscheint zweifelhaft.

Weniger genau sind die *Kapital*geschäfte mit dem Ausland zu erfassen. Die Kapitalanlagen im Ausland sind von den Zeitgenossen mehrfach geschätzt worden, meist zu Zwecken, die sich auf die Schätzung ausgewirkt haben (vgl. z. B. die Rekapitulation früherer Schätzungen und die eigene Schätzung bei *Steinmetz* (1912), S. 140. Zusammenfassend *Arndt* (1915) und *David* (1919), insbes. S. 31–57. S. auch *Bloomfield* (1968), S. 42 ff.). Es ist daher einigermaßen anfechtbar, sie zur Grundlage so weitreichender Berechnungen zu machen, wie *Hoffmann* (1965) das getan hat. Das Sachverständigenkomitee der Reparationskommission ist bei Berücksichtigung aller vorhergehenden offiziellen und inoffiziellen Schätzungen 1924 auf Anlagen im Wert von 28 Mrd. Mark im Jahr 1914 gekommen (Die Sachverständigengutachten (1924), S. 166). Selbst die kontinuierlich ermittelten Emissionen ausländischer Werte auf dem deutschen Kapitalmarkt sind mit erheblichen Ungenauigkeiten belastet. Immerhin bieten sie noch den besten Anhaltspunkt für den Kapitalstrom ins Ausland. Sie vermitteln nicht den Eindruck eines starken Anstiegs der Kapitalausfuhr im Zeichen der Bankenkonzentration. Im Gegenteil: die Auslandsanlagen tendierten dazu, absolut leicht und im Verhältnis zu den inländischen Anlagen stark zu fallen (*Staab* (1912), S. 80 f.). Nach den Ermittlungen des Deutschen Ökonomist sind zwischen 1890 und 1913 9,4 Milliarden Mark im Ausland angelegt worden. Das war weniger als ein Fünftel aller auf dem deutschen Kapitalmarkt untergebrachten Emissionen. Nach der Jahrhundertwende, nach Beginn der Bankenkonzentration, ist der Anteil von 23,8% auf 14,1% gefallen. Die Struktur des Banksektors dürfte mit dem Ausmaß der Kapitalausfuhr wenig zu tun gehabt haben.

Feis und Bloomfield haben schließlich errechnet, daß Deutschland gewöhnlich weniger als 10% seiner Ersparnisse im Ausland anlegte, Frankreich mehr als die Hälfte. *Feis* (1930/1964), S. 61, *Bloomfield* (1968), S. 13. Vgl. auch *Lenz* (1922).

schäfts hat den mittleren und kleineren gewerblichen Unternehmern die Kreditbeschaffung nicht etwa erleichtert, sondern eher erschwert[141]. Je mehr kleine, regional und lokal bedeutsame Bankhäuser verschwanden, je stärker sich die Großbanken dem Geschäft mit der großen Industrie zuwendeten, um so schwieriger wurde es für die unscheinbareren Teilhaber am gewerblichen Leben, private Geldgeber zu finden, weil sie den hochgeschraubten Anforderungen, die die Banken an die Kreditsicherung und die Solidität des Unternehmens stellten, nicht genügten. Das war im Einzelfall bedauerlich, gelegentlich sicher auch existenzgefährdend. Von größerer Bedeutung war aber etwas anderes.

Da sich die Großbanken mit der Masse ihrer kurz- und mittelfristigen Gelder ins Diskontgeschäft eingeschaltet haben, ist der Reichsbank die ,,Fühlung" mit der konjunkturellen Entwicklung erschwert und schließlich die Zinsführerschaft streitig gemacht worden[142]. 1898 betrug das Wechselengagement der Privatbanken 492 Millionen Mark gegen 837 Millionen der Reichsbank. Bis 1906 hatten die Privatbanken mit 1,2 Milliarden Mark zur Reichsbank mit 1,28 Milliarden Mark aufgeschlossen[143]. Mit diesen Mitteln wurde vorzugsweise die Großindustrie bedient — in Zeiten knapper volkswirtschaftlicher Liquidität zu niedrigeren Zinssätzen als es den Geldmarktverhältnissen entsprach[144].

Es ist jüngst behauptet worden, daß das verfügbare Industriekapital wegen dieser einseitigen Kreditpolitik bei sehr unterschiedlichen Grenzerträgen in verschiede-

Anm. 140 (Forts.)
Emmision ausländischer Wertpapiere in Deutschland 1890—1913 (Mio. Mark)

Zeit	Staats- u. Gemeinde- anleihen	Pfand- briefe	Industrie- und Bank- papiere	Auslands- werte ins- gesamt	Emissionen insgesamt	Aus- lands- anteil
1890—1894	963,0	19,5	546,1	1.528,6	6.441,1	23,8%
1895—1900	975,6	264,8	1.214,2	2.444,6	10.233,7	23,8%
1901—1904	828,8	67,2	517,7	1.413,7	9.180,0	15,4%
1905—1909	1.176,9	51,8	839,8	2.068,5	15.507,6	13,3%
1910—1913	1.142,7	48,1	769,0	1.949,8	11.276,6	17,3%
1890—1913	5.087,0	451,4	3.886,8	9.415,2	52.639,0	17,9%

Quelle: Kleiner (1914), S. 120 ff. Die Angaben betreffen die Kurswerte.

[141]*Jeidels* (1905), S. 270, *Feiler* (1914), S. 32, Konjunktur 1914, S. 667, *Hecht* auf der 2. außerordentlichen Generalversammlung des mitteleuropäischen Wirtschaftsvereins am 15. 9. 1908, zit. *Nußbaum* (1966), S. 137 f.
[142]Bank-Archiv 1911, S. 65 ff., *Prion* (1907), S. 18 f., 74, *Lumm* (1909), S. 18., *v. Eynern* (1928), S. 46.
[143]*Schwarz* (1911), S. 82.
[144]Der Privatdiskont ,,hat aufgehört, Maßstab des Geldmarktes an sich zu sein, heute zeigt (er) nur die Absichten der Großbanken an". *Prion* (1907), S. 75.

nen Branchen eingesetzt gewesen und das deutsche Industrieprodukt deshalb unter seinen Möglichkeiten geblieben sei[145]. Das ist eine so interessante wie schwer belegbare These. Nachweisbar hingegen ist, daß die Reichsbank in Jahren knappen Geldes von den kleinen, refinanzierungsbedürftigen Kreditbanken oder unmittelbar von industriellen Kreditnehmern bestürmt worden ist. Gewöhnlich geriet sie in Deckungsschwierigkeiten und mußte den Diskontsatz hinaufsetzen. Das ging fast ausschließlich zu Lasten des mittelständischen Unternehmertums, das sich zu hohen Zinsen bei der Reichsbank mit Krediten versorgen mußte[146], während der Großindustrie billiges Geld gleichsam aufgedrängt wurde. Die Diskontpolitik der Reichsbank aber war nicht nur zum weitgehend untauglichen Instrument der Konjunkturbeeinflussung geworden, sie drohte auch als Mittel zur Ordnung und Sicherung der Währung auszufallen[147].

[145] *Neuburger/Stokes* (1974). „The industrial financing of the Kreditbanken in the period 1883 to 1913 was plagued by allocative inefficiency serious enough to have hampered the growth of non-agricultural output" (S. 729).

[146] 1910 hatte die Reichsbank 64 320 Kreditkunden, die keine Banken waren. Knapp 40% davon (24 794) hatten Kredite bis zu 10 000 Mark, nur 10% (= 5 294) Kredite von mehr als 100 000 Mark zu Buche stehen. Die Reichsbank 1901–1925, Tabelle 36. *Bopp* (1954), S. 42.

[147] *Prion* (1907), S. 104 ff., *v. Lumm* (1911), S. 183, *v. Eynern* (1928), S. 47.

III. Wirtschaftspolitik

Diskontpolitik, Geldmarkt, Staatsanleihen

Nun hat die Reichsbankleitung Konjunkturbeeinflussung und Ordnung der Währung nicht etwa als gleichrangige Aufgaben betrachtet und mit gleicher Intensität betrieben. Die Diskontpolitik ist nie betont als Instrument der Konjunktursteuerung im modernen Sinn gehandhabt worden[1]. Andere Interventionsmittel aber haben der Reichsbank bis zum Weltkrieg nicht zur Verfügung gestanden.

Dabei war die Vorstellung, mit geldmarktpolitischen Maßnahmen auf die Konjunktur einzuwirken, den Wirtschaftswissenschaftlern und dem Reichsbankdirektorium durchaus nicht fremd[2]. Sie hat aber weder auf einer durchgebildeten monetären Theorie geruht, noch hat sie die Praxis der Reichsbank maßgeblich bestimmt. Zudem war sie sehr einseitig ausgeprägt. Zurecht hat von Eynern vor nun schon fünfzig Jahren angemerkt, daß bei der Reichsbank zwar der Gedanke lebendig war, überschäumenden Boomsituationen entgegenwirken zu sollen und dadurch womöglich den Umschlag in die Krise verhindern zu können[3]. Aber weder publizistische Äußerungen führender Reichsbankbeamter, noch die praktische Diskontpolitik hätten je darauf hingedeutet, daß auch die Möglichkeit, mit Geldpolitik einen wirtschaftlichen Aufschwung zu initiieren oder zu unterstützen, bewußt gewesen sei[4]. In welchem Maße Diskontpolitik tatsächlich als Mittel zur Konjunkturdämpfung eingesetzt worden ist, läßt sich kaum mehr feststellen. Es hat den Anschein, als sei der Konjunkturverlauf der Reichsbankleitung solange ziemlich gleichgültig gewesen, wie er sich nicht in übermäßiger Beanspruchung des Reichsbankkredits äußerte. Erst dann hat sie mit vergleichsweise kräftigen und nachhaltigen Zinssteige-

---

[1] Hilferding hat sie freilich ausdrücklich zu den „Lenkungsmaßnahmen" gezählt. *Hilferding* (1924), S. 2.

[2] Das galt damals für alle Zentralbanken der Goldwährungsländer. Vgl. grundsätzlich *Bloomfield* (1964), S. 24 ff. und für die Reichsbank das Mitglied des Direktoriums Karl von *Lumm* (1911), S. 136: „Die Diskontpolitik soll auf den Geldmarkt und dadurch auf die ganze wirtschaftliche Produktion einzuwirken suchen, anstatt sich von diesen Kräften treiben zu lassen", sowie *v. Eynern* (1928), *Bopp* (1954), S. 180, *Borchardt*, Währung, S. 52.

[3] „Mit der Sorge um die unbedingte Erhaltung der eigenen Zahlungsfähigkeit und um die Sicherheit der deutschen Valuta ergab sich für die Reichsbank die Aufgabe, der mit jeder günstigen Konjunktur verbundenen Gefahr einer Übertreibung entgegenzuwirken; es galt dabei ebensosehr eine allzustarke Produktionsausdehnung und eine Überproduktion, wie eine Überspannung der Kredite nach Möglichkeit zu verhindern". Die Reichsbank 1876–1900, S. 169 f.

[4] *v. Eynern* (1928), S. 30.

rungen reagiert, um ihren Status gemäß dem Reichsbankgesetz vom 14. März 1875[5] zu sichern. Diese Bemühung hat immer im Vordergrund der Reichsbankpolitik gestanden. Daneben hat selbst die Stabilisierung des Außenwerts eine verschwindend geringe Rolle gespielt. Einundzwanzig- von dreiunddreißigmal zwischen 1892 und 1911 ist der Diskont ausdrücklich wegen gesteigerter inländischer Geldnachfrage erhöht worden, nur dreimal, um der Verschlechterung der Wechselkurse unter den Goldpunkt entgegenzuwirken[6]. Zwei dieser Erhöhungen fielen in die Ausnahmesituation des letzten Quartals von 1907. Die Diskontpolitik hat nie gleichsam ohnmächtig im Dienst eines rigiden Goldautomatismus und damit vornehmlich im Dienst des Zahlungsbilanzausgleichs gestanden[7]. Dieser fabelhafte Mechanismus ist in der Praxis allezeit und überall von geringerer Bedeutung gewesen, als die Theorie wahrhaben wollte[8]. Im Prinzip wäre der Diskontsatz auch unter den Bedingungen der Goldwährung, der Pflicht der Reichsbank, ihre Noten jederzeit gegen Gold einzutauschen, und des „Goldautomatismus" als binnenwirtschaftliches Steuerungsinstrument zu handhaben gewesen. Das ist freilich nicht geschehen. Die Reichsbank hat mit ihrer Diskontpolitik primär nie *wirtschaftspolitisch* begründete Vorstellungen über die konjunkturell angemessene Geldmenge in der deutschen Volkswirtschaft durchsetzen wollen, sie hat vielmehr mit dem Diskontsatz auf die umlaufende und beanspruchte Geldmenge aus *bankgesetzlichen* Gründen reagiert. Und selbst dabei ist sie nicht strikt und rücksichtslos verfahren. Denn sie hat sich ja überdies als Garantin ausreichender volkswirtschaftlicher Liquidität verstanden, ohne je hinlänglich formuliert zu haben, was „ausreichend" sei. In praxi hieß das: die Reichsbank kam allen „berechtigten" Kreditwünschen, nämlich allen Kreditwünschen, die ihren formalen Anforderungen genügten, weitestgehend nach[9]. Von der Notensteuer hat sie sich dabei trotz ihrer privatwirtschaftlichen Gewinnorientierung nicht beeinflussen lassen. In den Aufschwung-

---

[5] Die Reichswährung war eine Goldumlauf- und Goldkernwährung, deren Notenumlauf überdies flexibel kontingentiert war. Die umlaufenden Noten durften den Bestand der Reichsbank an Barrengold, ausländischen Goldmünzen, Reichskassenscheinen und fremden Banknoten nur um einen gesetzlich festgelegten Betrag kostenfrei überschreiten. Bis 1899 lautete dieser Betrag auf 250 Mio. Mark, von 1899 bis 1909 auf 450 Mio. Mark, schließlich auf 550 Mio. Mark, die an den Quartalsterminen auf 750 Mio. Mark erhöht wurden. Alle Noten, die über das freie Kontingent hinausgingen, mußten mit 5% ihres Wertes versteuert werden. Die Reichsbank „geriet in die Steuer". Vgl. *Lienhart* (1936), S. 39 ff., *Bopp* (1954), S. 36 f., 185 f., *Friedhofen* (1963), S. 13 ff., 23, *Borchardt*, Währung.
[6] *Lumm* (1911), S. 133, *Bopp* (1954), S. 196, *Werling* (1962), S. 34.
[7] So z. B. *Blessing*, Monatsberichte der Deutschen Bundesbank Nr. 11, 1961, S. 1, *Halm* (1957), S. 156.
[8] Grundsätzlich *Bloomfield* (1963), S. 2. Nirgendwo sei der Diskontsatz ausdrücklich wegen des starken Zustroms von Gold herabgesetzt worden. Vgl. *ders.* (1964), S. 24 und für Deutschland *Werling* (1962), S. 16 ff., *Seeger* (1968), S. 12 f., *Fechter* (1974) passim.
[9] *v. Eynern* (1928), S. 31, *Bopp* (1954), S. 56, *Friedhofen* (1963), S. 30.

jahren 1895 bis 1900 ist sie nicht weniger als vierundsiebzigmal, in den darauffolgenden fünf Jahren schwächerer Konjunktur immerhin noch dreißigmal in die Steuer geraten[10].

Angesichts dieser disparaten Zielsetzung und des eher reaktiven Verhaltens, ist es nicht verwunderlich, daß bis 1914 keine einigermaßen durchgehende Korrelation zwischen Diskontsatz, Geldmenge und Preisniveau festzustellen ist, die auf erfolgreiche Konjunkturbeeinflussung der Reichsbank schließen ließe[11]. Die kräftige Anhebung des Diskontsatzes hat in keiner der drei Boomsituationen (1899/1900, 1906/07, 1912/13) auch nur das Deckungsverhältnis der Reichsbank einigermaßen dauerhaft stabilisieren können, von ernsthafter Behinderung der volkswirtschaftlichen Kreditnachfrage und von Rückstau der überschwappenden Konjunktur gar nicht zu reden[12]. Andererseits haben auch extrem niedrige Zinsen — mochten sie nun konjunkturpolitisch motiviert sein oder nicht — niemals bemerkenswert konjunkturanregend wirken können.

Spätestens seit 1907 lief die Reichsbank sogar Gefahr, ihrer Stellung als Garantin ausreichender volkswirtschaftlicher Liquidität nicht mehr gerecht werden zu können[13]. Der grundsätzliche Konflikt zwischen den Deckungsbestimmungen des Reichsbankgesetzes und den Geldanforderungen der Wirtschaft war von der zunehmend eigenständigen Kredit- und Zinspolitik der Privatbanken seit geraumer Zeit verschärft worden. Die Zentralbank spielte für die kapitalstarken Großbanken als dauerhafte Refinanzierungsquelle nur noch eine höchst untergeordnete Rolle. Allenfalls an den Quartalsenden gaben die Aktienbanken Effekten zum Diskont, um den vorübergehend verschärften Anforderungen der Wirtschaft gewachsen zu sein; stets für so kurze Zeit, daß ihre Rentabilität auch von sehr hohen Diskontsätzen kaum beeinträchtigt wurde[14]. Deshalb schwand der Einfluß des Diskontsatzes auf die Höhe der Marktzinsen fast völlig. Der eben berufene Reichsbankpräsident Havenstein umriß die „Machtverhältnisse" auf dem Geldmarkt im Jahr 1908 vor dem Reichstag mit den Worten: „Die Zentralnotenbank kann. . . dem Zinsfuß des Geldmarktes nur folgen, sie kann ihn konstatieren, aber nicht schaffen, und unter Umständen und innerhalb maßvoller Grenzen kann sie ihn beein-

---

[10] *Landmann* (1909), S. 165. In der gesamten Konjunkturphase von 1895 bis 1913 ist die Bank 238mal in der Steuer gewesen. Bis 1895 war das Kontingent dagegen nur neunzehnmal mit maximal 148 Millionen Mark überschritten worden. Die Reichsbank 1876—1900, S. 46, *Feiler* (1908), S. 18, *Schwarz* (1911), S. 67, *Lienhart*, S. 61, 73, *Borchardt*, Währung, S. 41.

[11] *Werlin* (1962), S. 41 f., S. 45 f.

[12] Vgl. die Reichsbank 1876—1900, S. 117 f., *Lumm* (1909), S. 20, *Friedhofen* (1963), S. 35 f. Im Dezember 1906 wurde der Diskontsatz sogar bei 7% festgesetzt und die Notenbank geriet dennoch mit bislang nicht erreichten 572,6 Millionen Mark in die Steuer. *Ludewig* (1915), S. 35.

[13] *Lumm* (1909), S. 14, *Grunow* (1913), S. 26 f., 30 f.

[14] *Prion* (1907), S. 178, *Ullmann* (1931), S. 45 ff.

flussen"[15]. Tatsächlich ist die Spannung zwischen Reichsbankdiskont und Marktsatz nie zuvor so oft, so lange, so groß gewesen. Größer als in England und in Frankreich war sie sowieso[16]. Das schuf nicht nur die beiden angedeuteten Klassen von Kreditnehmern. Da die internationale Goldbewegung, solange sie aus staatspolitischen Rücksichten nicht umgelenkt wurde, dem Zinsgefälle der großen Geldplätze folgte, blieb der Goldstrom nach Deutschland auch dann schwächer als erwünscht, wenn ihm die Reichsbank mit hohen Diskontsätzen zu vergrößern versuchte. Schon seit der Jahrhundertwende hatte sich die monetäre Goldmenge nur noch unzulänglich vermehrt[17]. Zugleich geriet die Reichsbank anläßlich der kurzfristig übermäßigen Beanspruchung durch die großen Privatbanken zusehends näher an die Grenzen ihrer Deckungspflicht und öfter mit höheren Beträgen in die Steuer als je. Bis 1895 hatte der Barvorrat nie zwei Drittel der umlaufenden Noten unterschritten und im Jahresdurchschnitt bei 85–100% gelegen. Bis 1906 fiel die durchschnittliche Deckung auf etwa 70% ab. Der *niedrigste* Barvorrat aber betrug 1906 und 1907 nurmehr 41,1% und 41,7%. Die Golddeckung war unter 50% im Durchschnitt und unter 30% im ungünstigsten Fall gesunken[18].

Nun hätte die Reichsbank auch im Zeichen der „Deckungsgläubigkeit" den berühmten vorübergehenden Quartalsschwierigkeiten gegenüber sicherlich mehr „kühle Gleichgültigkeit bewahren"[19] können, als sie tatsächlich getan hat. Wirklich prekär wurde die Sache freilich, wenn die deutschen Geld- und Liquiditätsverhältnisse auch noch von internationalen, nicht immer genuin wirtschaftlich bestimmten Vorgängen komplizierend beeinflußt wurden. So sind die latenten Schwächen der Notenbank und des gesamten deutschen Geldmarktes zum erstenmal grell beleuchtet worden, als im Herbst 1907 ungemein starke Goldabzüge der krisengeschüttelten USA[20] aus Europa zu den konjunkturellen, binnenwirtschaftlichen Liquiditätserfordernissen hinzutraten. Innerhalb eines Monats, vom 15. Oktober bis zum 15. November, ist damals für 150 Millionen Mark Gold überwiegend nach London abgeflossen[21]. Die Zinsen sind dadurch auf bislang nicht gekannte Höhen getrieben worden[22] und haben der bereits von der güterwirtschaftlichen Seite her in Mitleidenschaft gezogenen Konjunktur einen heftigen Stoß versetzt, der nicht unwesentlich zur krisenhaften Verschärfung der Rezession beigetragen hat[23]. Obgleich

---

[15] Zit. *Borchardt*, Währung, S. 52.

[16] Bank-Archiv 1911, S. 67 ff., *Ullmann* (1931), S. 27 ff.

[17] Die Reichsbank 1901–1925, S. 19 und Tabelle 7. *Borchard*, Währung, S. 47.

[18] *Friedhofen* (1963), S. 161.

[19] *v. Eynern* (1928), S. 48.

[20] *Hasenkamp* (1908).

[21] *Schwarz* (1911), S. 187, *Lumm* (1909), S. 24 f.

[22] Der Reichsbankdiskont stand zum erstenmal in der Geschichte der Notenbank bei 8%. Chronik 1907, S. 802. Vgl. *Neubürger* (1913), S. 33 ff.

[23] *Eßlen* (1909), S. 3 ff., 212 f., *Feiler* (1914), S. 13 ff. Vgl. unten S. 243.

die Konjunkturlage dringend nach niedrigen Zinsen verlangte, sank der Reichsbanksatz auch im Frühjahr des folgenden Jahres nur auf 5 1/2%, der Privatdiskont auf 4 1/2%. Erst als die USA das forciert herangezogene Gold im Sommer 1908 freigaben und die liquide Masse des Londoner Geldmarkts wieder dem internationalen Zinsgefälle folgte[24], konnte der Reichsbankdiskont auf 4% gesenkt werden[25].

Die akute Geldmarktkrise war damit überwunden. Sie hatte aber eine strukturell-kritische Lage der deutschen Geld- und Liquiditätsverhältnisse sichtbar gemacht, die latent fortbestand. Es stellt sich zusehends mehr heraus, daß der enorme wirtschaftliche Aufschwung, der auf so wenige Jahre zusammengedrängt gewesen war, weder völlig solide, noch völlig aus eigener Kraft hatte finanziert werden können. Deutschland hatte sich in hohem — damals nicht genau bekanntem und heute nicht mehr auch nur annähernd genau erfahrbarem — Maße kurzfristig ans Ausland, insbesondere an Frankreich verschuldet[26]. Überdies sind erhebliche Geldmarktmittel langfristig in Anlagen festgelegt worden[27]. Die Gefahr, daß der deutsche Geldmarkt bei starker Geldnachfrage rasch illiquide wurde, ist den interessierten und maßgebenden Zeitgenossen spätestens seit den Vorgängen im Winter 1907/08 sehr wohl bewußt gewesen. Der Wechsel im Reichsbankpräsidium von Koch zu Havenstein war vermutlich eine, die 1908 eingeleitete Bankenquete eine andere Konsequenz der krisenhaften Erscheinungen. Die Enquete hat zugleich eine Diskussion um die Neubestimmung der Rolle der Zentralbank und ihres geldpolitischen Instrumentariums entfacht, die bis zum Krieg nicht mehr aussetzte[28].

Die Reichsbank beanspruchte fernerhin unter der Frage: ,,Von der Diskontpolitik zur Beherrschung des Geldmarkts?"[29] das gleichsam freigewordene Interesse, das zwischen 1902 und 1907 der Bankenkonzentration zugewendet worden war. Zu

[24] *Neisser* (1929), S. 185.

[25] Chronik 1908, S. 325, 552.

[26] *Seeger* (1968), S. 67. Der ,,Economist" Vol. 123, 1911, S. 221 hat die Verschuldung an Frankreich im Herbst 1911, auf 500 Millionen Mark, Neisser im Anschluß daran die deutsche kurzfristige Gesamtverschuldung auf eine Milliarde Mark geschätzt. *Neisser* (1929), S. 206. Vgl. auch *Borchardt*, Währung, S. 32 f.

[27] Es scheint schon lange vor den folgenschweren ,,Finanzierungssünden" in den Jahren 1925 bis 1929 oft geübte Praxis der deutschen Industrie gewesen zu sein, kurzfristige Akzeptkredite revolvierend als Anlage- und Betriebskapital zu verwenden. Vgl. entsprechende Äußerungen des Reichsbankpräsidenten Havenstein 1914 im Reichstag, zit. bei *Bopp* (1954), S 213, *Lumm* (1909), S. 16, *Lansburgh* (1909), S. 13, Bank-Archiv 1911, S. 236.

[28] Vgl. z. B. die Jahrgänge 1908 bis 1911 der Fachzeitschrift Bank-Archiv. Damals ist auch zum erstenmal überlegt worden, wie der Reichsbank eine gewisse Kontrolle über die Kreditpolitik der Privat- und Gesellschaftsbanken zu verschaffen sei. Vgl. z. B. *Heiligenstädt* (1907), S. 1539—1573, *Lansburgh* (1914), S. 46 f.

[29] Dies der freilich nicht als Frage formulierte Titel des streitbaren Buches von Johannes *Plenge* (1912). Vgl. die Replik von *Conrad* (1911/12), S. 331 ff.

handgreiflichen praktischen Ergebnissen hat freilich weder die Enquete noch die öffentliche Debatte geführt. Die Spannungen am Geldmarkt sind zusehends schärfer geworden. Im Zuge der wieder auflebenden Konjunktur geriet die Bank zwischen 1909 und 1913 trotz des erhöhten freien Kontingents einundneunzigmal in die Steuer[30]. Die Konjunktur wurde im monetären Bereich immer hektischer, kurzatmiger und gefährdeter, zumal die politisch motivierten internationalen Einflüsse seit 1911 kaum mehr aussetzten. In den letzten Friedensjahren ist der deutsche Geldmarkt womöglich stärker vom gespannten, unsicheren *politischen* Verhältnis zu Frankreich[31], als von binnen*wirtschaftlichen* Motiven bestimmt gewesen.

Zunächst hat die Marokkokrise, dann der italienisch-türkische Krieg starke französische Geldabzüge nicht nur aus Deutschland, sondern auch aus England provoziert[32]. Die Reichsbank hat in kurzer Zeit 700 Millionen Mark zur Befriedigung aller Ansprüche zur Verfügung stellen und gleichwohl am relativ niedrigen Zinsniveau festhalten müssen, um aus politischen Gründen allen Gerüchten entgegenzuwirken, daß sich Deutschland in einer Kreditklemme befände[33]. Mit französischem Geld ist seitdem in Deutschland kaum mehr zu rechnen gewesen. Das wurde besonders kritisch, als der Balkankrieg im Herbst 1912 den internationalen Geldverhältnissen einen zweiten Stoß versetzte[34] und zudem die amerikanische Wirtschaft mit hohen Forderungen an Europa herantrat[35]. Die Reichsbank war dem mit herkömmlichen Mitteln nicht mehr gewachsen. 1910 hatte sie zwar damit begonnen, ergänzend zu ihren diskontpolitischen Maßnahmen Devisenpolitik zu treiben[36]. Damit war das grundlegende Problem freilich nicht gelöst, sondern ver-

[30] *Lienhart* (1936), S. 61, 73.

[31] *Neisser* hat festgestellt, daß es schon seit 1900 häufig, seit 1905 fast unausgesetzt keine Parallelität mehr im Verlauf der französischen Wechselkurse und der Diskontspanne zwischen Paris und Berlin gegeben, die französisch-deutschen Kreditströme also auch vor 1911 schon anderen als rein wirtschaftlichen Motiven gefolgt seien. *Neisser* (1929/30), S. 188.

[32] Chronik 1911, S. 647, *Bloomfield* (1963), S. 86. London reagierte sofort mit Zinserhöhungen und scharfer Zurückhaltung bei der internationalen Geldleihe und hat der Reichsbank auf diese Weise den Ausgleich der verlorenen Mittel erschwert.

[33] *Borchardt*, Währung, S. 51 f.

[34] *Neisser* (1929/30), S. 185, *Axel/Flinn* (1925), S. 271.

[35] Chronik 1912, S. 172.

[36] Nachdem Havenstein Präsident geworden war, hatte die Reichsbank nach und nach in starkem Umfang Devisen angekauft, mit denen die Nachfrager anstelle von Gold abgefunden werden konnten. 1908 und 1909 waren für 1,074 Millionen Mark ausländische Wechsel von der Reichsbank erworben worden, 1910 und 1911 sogar für 1,787 Millionen Mark. In den beiden vorhergehenden Jahren waren es nur 560 Millionen Mark gewesen, davor für gewöhnlich weniger als 200 Millionen Mark pro Jahr. 1910 und im Frühjahr 1911 sind durch die Abgabe von Devisen, Goldexporte tatsächlich vermieden worden. Die Reichsbank 1901–1925, S. 12 ff., *Lumm* (1909), S. 39, *ders.* (1911), S. 164 f., *Bopp* (1954), S. 204, 208, *Bloomfield* (1963), S. 9, 96, *ders.* (1964), S. 55.

141

mutlich nur verschoben worden[37]. 1912 war dieses Mittel überdies bereits erschöpft. Die Auslandsguthaben der Bank waren auf 101, der Devisenbestand auf 33 Millionen Mark zusammengeschmolzen. Um der Binnennachfrage einigermaßen nachzukommen und zugleich das Reserveverhältnis verbessern zu können, ist 1913 schließlich die Grenze für die Ausgabe kleiner Banknoten aufgehoben und sind alles in allem 681 Millionen Mark Noten unter 100 Mark Wert in den Verkehr gepreßt worden[38]. Ob die kleinen Noten tatsächlich Umlaufgold in größerem Umfang dauerhaft substituieren und für den Barvorrat der Reichsbank frei machen konnten, hat sich nicht mehr erweisen können. Als sich Ende 1913 ein tiefer, auch strukturell begründeter Einbruch in die Konjunktur anbahnte, war zumindest unsicher, ob die monetäre Grundlage für einen ähnlichen Wiederanstieg wie 1905/06 und 1911/12 noch vorhanden war oder kurzfristig geschaffen werden konnte.

Über Organisation und Planung des Geldmarktes ist am Vorabend des Weltkriegs zwar heftig diskutiert worden, faktisch war er so ungeplant, desorganisiert und desorganisierend, wie es sich nur denken ließ.

Von den Regierungen und Kommunen ist die Reichsbank in ihrem Bemühen, den Geld- und Kapitalmarkt in ruhiger Bewegung zu halten, und mit diskontpolitischen Maßnahmen die Kreditnachfrage zu dämpfen, weder in den letzten kritischen Friedensjahren, noch überhaupt je unterstützt worden. Die Reichsleitung und die preußische Finanzverwaltung, die hier besonders ins Gewicht fallen, hätten durch konjunkturgerechtes „timing" ihrer Ansprüche durchaus volkswirtschaftlich spürbare Effekte erzielen können. Sie haben nichts dergleichen getan, sondern sich bei der Wahl des Eimissionszeitpunkts ihrer großen und wachsenden Anleihen ausgesprochen zyklisch verhalten. Ob das sehr bewußt geschehen ist, ob Zeiten abgeschwächter Konjunktur mit niedrigem Zinsniveau betont dazu benutzt worden sind, die Reichs- und Staatskassen mit billigem Geld zu versorgen, ist nicht mit

[37]Zwar brauchte dank des Devisenbestandes nicht allen ausländischen Ansprüchen in Gold nachgekommen zu werden, womöglich hatte aber der vorhergehende Ankauf der Devisen die Wechselkurse so sehr verschlechtert, daß ein andernfalls möglicher Goldzustrom dadurch verhindert worden ist. Die Überlegung ist freilich so hypothetisch, daß ich partielle Erfolge der Devisenpolitik nicht ganz so strikt verneinen würde wir *Friedhofen* (1963), S. 38 f. und *Borchardt*, Währung, S. 49 f.

[38]Bis zum 20. 2. 1906 waren nur Noten mit einem Nennbetrag von 100, 200, 500 und 1000, sowie einem Mehrfachen von 1000 Mark ausgegeben worden. Danach durften auch Noten im Wert von 20 und 50 Mark gedruckt werden. Erst jetzt konnten Noten allmählich in den Einkommenskreislauf gelangen. Zuerst gingen wohl die Berliner Elektrokonzerne dazu über, ihre Arbeiter mit Noten zu entlohnen. Es ist nicht leicht gewesen, das goldgewöhnte und goldgläubige Publikum vom Wert und von der Sicherheit des „Papiers" zu überzeugen. In der Furcht vor einer Papierinflation war die Gesamtmenge an kleinen Noten bis 1913 auf 300 Millionen Mark begrenzt worden. Die Reichsbank 1901–1915, S. 15, Tabelle 11, Bank-Archiv 1911, S. 313, *Feiler* (1914), S. 43, *Neubürger* (1913), S. 81 ff., *Neisser* (1929/20), S. 207, *Lienhart* (1936), S. 62, *Bopp* (1954), S. 204, *Borchardt*, Währung, S. 50.

Sicherheit zu sagen. Viele Anzeichen sprechen dafür, daß ganz einfach dann ohne jede Rücksicht auf die Geld- und Kapitalmarktsituation emittiert worden ist, wenn die Haushaltslage es erforderlich erscheinen ließ[39]. Es galt wohl nicht nur für die Wehrabgabe im Jahr 1913, daß „die Regierung in all ihren Entwürfen (mit) außerordentlicher Sorglosigkeit am Konjunkturproblem vorbeigegangen ist"[40].

In den drei kritischen Konjunkturphasen zwischen 1890 und 1913 haben die Gebietskörperschaften jeweils beträchtlich höhere Ansprüche an den Kapitalmarkt gestellt als in den vorhergehenden Jahren guter Konjunktur. Und vollends seit 1908 scheint die Kapitalkraft und die Liquidität der deutschen Wirtschaft von Reich, Ländern und Gemeinden schlechthin überfordert worden zu sein[41].

Besonders auffallend war die unzeitige Erhöhung ihres Geldbedarfs in der Depressionsphase nach der Jahrhundertwende. Die Reichsbank hat deswegen im Februar 1901 sogar Offenmarktpolitik gegen das Bedürfnis der Wirtschaft getrieben. Da der rasche und kräftige Sturz des Privatdiskonts zu umfangreichen Transaktionen französischen Kapitals von Berlin nach London geführt hatte, ist sie mit erheblichen Mengen Reichsschatzscheinen an den Berliner Markt gegangen, um das Zinsniveau für ausländische Anleger hinlänglich attraktiv und den deutschen Geld- und Kapitalmarkt für die avisierten Anleihen des Reichs und Preußens flüssig zu erhalten[42]. In den Prosperitätsjahren bis 1907 ist der Anspruch der Gebietskörperschaften dann zwar nicht mehr zurückgegangen, wie noch in der zweiten Hälfte der neunziger Jahre, wohl aber langsamer gestiegen, als in den krisenhaften Jahren zuvor und danach. Seit 1908, in der Zeit zunehmender Geld- und Kapitalmarktanspannung und mehrfacher akuter Liquiditätskrisen ist annähernd die Hälfte des Nominalwerts aller Papiere, die von deutschen Kapitalnachfragern emittiert worden sind, auf das Konto von Reich, Ländern und Gemeinden gegangen.

[39]Im Denkschriftenband, Teil IV, S. 3 klingen beide Motive an, das Schwergewicht liegt freilich auf dem zweiten: „Der Typus der öffentlichen Anleihe wird durch die Tatsache bestimmt, daß ein Schuldtitel von verhältnismäßig großer Sicherheit zu einem möglichst niedrigen Zinssatz untergebracht werden soll. Bei dem vorliegenden öffentlichen Bedarf aber handelt es sich keineswegs immer um Kapitalbedarf, der durch den derzeitigen Stand wirtschaftlicher Konjunkturen bedingt ist, sondern um die Befriedigung von Bedürfnissen, welche vielfach Selbstzweck sind . . . sind bisher Erwägungen über den Stand des Geldmarktes und dergl. für seine Inanspruchnahme seitens der öffentlichen Körperschaften doch nur in mäßigem Umfange mitbestimmend gewesen . . . der undurchbrechbare Rahmen der Etats- und Abrechnungsperiode war das Maßgebende."

[40]Konjunktur 1913, S. 395. Vgl. Bank-Archiv 1911, S. 377: „Es ist ein böser Mangel unserer Finanzwirtschaft, daß sie sich um den Geldmarkt so gar nicht bekümmert". Zu diesem Problem unergiebig die sonst informative Studie von *Stübel* (1935).

[41]Vgl. Tabelle 32 und 33, S. 144 f. und die öffentlichen Anleihen bis 1908 im einzelnen im Denkschriftenband, Teil IV.

[42]Dieses Verfahren ist 1903, 1905 und 1906 mit sinkendem Erfolg wiederholt worden. Dann hatte es seine Wirksamkeit vollends eingebüßt. *Ludewig* (1915), S. 8, *Bopp* (1954), S. 202, *Bloomfield* (1964), S. 45.

Tabelle 32: Emissionen in Deutschland 1890–1913 (Nominalwerte, Jahresdurchschnitte)

Art des Wertpapiers	1890–1894		1895–1900		1901–1904		1905–1907		1908–1910		1911–1913	
	Ausgabewert (Mio Mark)	Anteil an d.Gesamtemission	Ausg.-wert (Mio Mark)	Anteil	Ausg.-wert (Mio Mark)	Anteil	Ausg.-wert (Mio Mark)	Anteil	Ausgabewert (Mio Mark)	Anteil	Ausg.-wert (Mio Mark)	Anteil
Staats- und Kommunalanleihen	466,3	46,5%	311,9	23,6%	691,5	46,2%	884,4	45,1%	1.374,7	49,8%	915,8	46,4%
Pfandbriefe	396,3	39,5%	401,5	30,4%	423,1	28,4%	433,5	21,6%	694,6	25,2%	291,9	14,7%
Bank- u. Industrieaktien u. -obligationen	138,8	14,0%	607,8	46,0%	380,2	25,4%	630,3	33,3%	681,7	25,0%	766,8	38,9%
Summe d. inländischen Emissionen	1.001,4		1.321,2		1.494,8		1.985,2		2.761,0		1.974,5	

Quelle: Emissionsstatistik des Deutschen Ökonomist, zit. *Kleiner* (1914), S. 120 f.

Tabelle 33: Emissionen in Deutschland 1896–1913 (Sechsjahreswerte)

Art des Wertpapiers	1896–1901 Ausgabewert (Mio Mark)	Anteil Zuwachs	1902–1907 Ausgabewert (Mio Mark)	Anteil Zuwachs	1908–1913 Ausgabewert (Mio Mark)	Anteil Zuwachs
Staats- und Kommunalanleihen	2.583,21[1] (2.468,44)[2]	30,8% (25,6%)	4.570,98 (4.477,67)	43,8% (38,9%)	6.871,62 (6.842,58)	48,5% (42,3%)
Pfandbriefe	2.119,36 (2.119,36)	25,3% (22,0%)	2.782,41 (2.782,42)	26,8% (24,1%)	2.959,43 (2.959,43)	20,9% (18,3%)
Bank- u. Industrie-aktionen u. -obligationen	3.675,67 (5.049,70)	44,9% (52,4%)	3.057,79 (4.247,48)	29,4% (37,0%)	4.345,64 (6.380,43)	30,6% (39,4%)
Summe der inländischen Emissionen	8.378,24 (9.637,50)		10.411,18 (11.507,56)	24,3%	14.176,69 (16.182,44)	35,9%
Kurswert einschl. Ausland	12.267,52		14.916,68	22,0%	18.639,05	25,0%

[1] Nominalwerte
[2] Kurswerte

Quelle: wie Tabelle 32.

Während die Kapitalsumme, die von den Gebietskörperschaften zwischen 1896 und 1901 am Kapitalmarkt effektiv aufgenommen worden ist, noch nicht einmal die Hälfte der Kapitalkredite zu unmittelbar wirtschaftlichen Zwecken ausgemacht hat, ist sie in den letzten sechs Jahren sogar geringfügig höher gewesen. Der Anteil der öffentlichen Hände am Kurswert aller inländischen Emissionen war um 166%, der eigentlich privatwirtschaftliche Anteil war nur um 26% gewachsen. Der „Staat" gewann zunehmende Bedeutung am Kapitalmarkt, allerdings nicht als steuernder und ausgleichender Interventionsstaat, sondern als Konkurrent um die knapper werdenden Mittel mit höchst eigennützigen Motiven.

Staatsausgaben und Steuern

Die Verschuldungspolitik ist freilich nicht der wichtigste Aspekt der Rolle, die der „Staat" als Fiskus in der Volkswirtschaft spielt. Mit seiner Steuer- und Ausgabenpolitik greift er gewöhnlich tiefer und nachhaltiger in die gesamtwirtschaftlichen Zusammenhänge ein. Die temporäre Ausweitung und Beschleunigung oder die vorübergehende Umschichtung und Zurückhaltung staatlicher Ausgaben ist seit Keynes bekanntlich zum bevorzugten, rasch und *kurzfristig* wirksamen Instrument der Konjunktursteuerung in westlichen Staaten geworden[43]. Langsamer aber dafür *länger* wirkende Einflüsse auf das wirtschaftliche Wachstum und die Sozialstruktur gehen eher von der Steuerverfassung und Steuerpolitik aus. An beides ist im Konzept des „Organisierten Kapitalismus" beim Stichwort „Interventionsstaat" u. a. gedacht.
Zweierlei ist Voraussetzung für den Erfolg von Finanzpolitik als Politik der Konjunktur- und Wachstumslenkung, der Strukturveränderung oder Strukturverfestigung. Einmal muß der Umfang des „Staatsanteils" am Sozialprodukt und der Umfang frei verfügbarer, nicht langfristig durch Gesetz oder Vertrag gebundener Einnahmen verhältnismäßig groß sein. Zum anderen muß die ursprüngliche Absicht der zur Lenkung und Steuerung berufenen Institutionen in den Entscheidungen über Einnahmen und Ausgaben auch tatsächlich zur Geltung kommen können. Beides ist im Kaiserreich nicht gegeben gewesen.
Die Steuerpolitik stand stets im Spannungsfeld vielfältiger wirtschaftlicher, konstitutioneller, partikularstaatlicher, parteipolitischer und ressortegoistischer Inte-

---

[43]Seine Effektivität ist freilich unter den Strukturbedingungen der modernen *Welt*wirtschaft höchst fragwürdig geworden. Das gilt angesichts so unberechenbarer Erscheinungen wie den Euro- und Petrodollars im übrigen auch für die zu neuen Ehren gelangte Geldmengenpolitik — trotz der Verleihung des Nobelpreises an Milton Friedman. Wirtschaftliches Denken in *national*ökonomischen Kategorien ist auf dem besten Wege, anachronistisch zu sein.

ressen und Absichten. Zudem hat die gewohnheitsrechtliche Bestimmung, die — etwas vereinfacht gesagt — das Reich auf Zölle und indirekte Verbrauchs- und Verkehrsabgaben, die Länder auf die direkte Besteuerung des Einkommens und Vermögens verwies, den Handlungsspielraum für rationale Steuerpolitik erheblich eingeengt und eine dringend erforderliche, durchgreifende, zwischen Reich, Ländern und Gemeinden abgestimmte Steuerreform völlig verhindert.

Die Länder — Preußen nicht weniger als Bayern, Sachsen oder Württemberg — verteidigten mit dieser Regelung ja nicht nur ihre eifersüchtig gehütete Finanzhoheit, sondern zugleich ein gutes Stück ihrer praktisch-politischen Selbständigkeit[44]. Sobald es um die bessere, gesicherte, von Zuschüssen der Länder unabhängige finanzielle Ausstattung des Reichs ging, traf sich ihr Interesse mit dem konstitutionellen Interesse der Parteien. Mochten sich die Nationalliberalen und das Zentrum auch noch so sehr als „staatserhaltende Kräfte" verstehen und lieber im Einklang mit der Regierung handeln als gegen sie streiten — ihr Recht, über die endgültige Höhe des Reichsbudgets zu befinden, haben sie nachdrücklich und alles in allem erfolgreich gewahrt. An dieser Interessenübereinstimmung ist 1879 selbst Bismarck gescheitert. Die Franckensteinsche Klausel lief den ursprünglichen und grundlegenden Absichten, mit denen er an die umstrittene Steuer- und Zollreform herangegangen war, geradewegs zuwider. Das System der Überweisung und Matrikularbeiträge, das damals geschaffen worden ist, hat die finanzpolitischen Auseinandersetzungen und Reformüberlegungen dreißig Jahre lang kompliziert und mit beträchtlichem Zündstoff versehen, zumal die Eintracht der Länder und der Reichstagsparteien zu Ende war, sobald es um die formelle Ordnung, um Umfang, Zusammensetzung und Quellen der Reichsfinanzen ging. Freilich sind die maßgebenden Parteien auch untereinander nie eins gewesen. Mehrfach ist es bei Reichssteuerreformversuchen wegen auseinanderstrebender sozialer und wirtschaftlicher Rücksichten und aus koalitionstaktischem Kalkül zu schwerwiegenden Zerwürfnissen, neu gebildeten und wieder zerbrochenen Koalitionen und schließlich zu unzulänglichen Kompromissen gekommen. Kurz, die Reichssteuerpolitik ist allemal das Ergebnis langwieriger, umstrittener und deformierender Entscheidungsprozesse gewesen. Kaum irgendwo ist die komplizierte, vielschichtige Machtverteilung auf konkurrierende Institutionen im Kaiserreich[45] bestimmender hervorgetreten. Deshalb ist sie durchweg Stückwerk geblieben, dessen Stücke unter struktur-, ordnungs- und ganz simpel einnahmepolitischen Gesichtspunkten in ihrer Mehrzahl nicht einmal viel taugten. Zu überdenken bleibt, ob dabei — und in der kaum weniger weitreichenden preußischen Steuerpolitik — trotz allem „verteilungspoliti-

[44] „Für die Finanzbürokratie des Reiches stelle sich daher die Frage, wie und mit welchen Methoden Finanzpolitik getrieben werden sollte, immer vorrangig als ein Problem des Föderalismus". *Witt* (1975), S. 4 f.

[45] W. J. *Mommsen* (1974), S. 10.

sche" Effekte im Interesse einflußreicher und durchsetzungsfähiger traditioneller Kräfte angestrebt und erzielt worden sind[46].

Zunächst gilt es freilich, den aphoristischen Bemerkungen über finanzpolitische Einflußmöglichkeiten mit einigen Zahlen etwas mehr Substanz zu geben.

Steuerlast, Staatsanteil, Ausgaben der öffentlichen Hand

Die Steuerlast pro Kopf der Bevölkerung ist gut begründeten zeitgenössischen Schätzungen zufolge zwischen 1890 und 1913 von 38 auf 73 Mark gestiegen[47]. Das entsprach einer so gut wie unveränderten Steuerbelastung des durchschnittlichen Pro-Kopf-Einkommens mit 10%[48]. Die individuelle Belastung der Privathaushalte hat um diesen Wert geschwankt. Sie dürfte 12% kaum überschritten, 6% kaum unterschritten haben. Die vergleichsweise geringe Streubreite resultierte aus der gegenläufigen Entwicklung der Verbrauchsabgaben- und der direkten Steuerquote bei zunehmendem Einkommen. Die Verbrauchsabgabenbelastung fiel von etwa 5% bei Haushaltseinkommen unter 800 auf etwa 1% bei Einkommen über 10 000 Mark ab, die regelmäßige direkte Steuerlast stieg von rund einem auf etwa 10% an[49]. Volkswirtschaftlich und sozialstrukturell bedeutsame Umverteilungseffekte konnten weder von der Höhe der individuellen Steuerlast noch von der Spannbreite der Steuerlastquoten ausgehen.

Freilich ist mit der Steuerquote nicht der gesamte Anteil der öffentlichen Hand am Sozialprodukt erfaßt. Er war um die Betriebseinnahmen der öffentlichen Erwerbsgesellschaften und um die kräftig zunehmenden Staats- und Kommunalanleihen größer und ist im Gegensatz zur Steuerbelastung zwischen 1890 und 1913 beachtenswert gestiegen: von 13% auf 16,5% des Nettosozialprodukts zu Faktorkosten, wenn die Sozialversicherung unberücksichtigt bleibt, von 13,8% auf 18,8%, wenn man sie einbezieht[50]. Die Staatsausgaben pro Kopf der Bevölkerung

[46]Dies - zusammengefaßt — die Charakterisierung der Miquelschen und der Reichssteuerpolitik bei *Wehler* (1973), S. 143 ff.

[47]*Gerloff* (1916), S. 32.

[48]Berechnet aus *Hoffmann* (1965), S. 172 f., 507, 509.

[49]Vgl. dazu ausführlicher unten S. 201 ff. Dort auch Bemerkungen zur Charakteristik des empirischen Materials und der Methode, mit denen zu diesen Ergebnissen gelangt worden ist.

[50]Ich stütze mich bei der folgenden Analyse auf die sehr detaillierte Arbeit von *Weitzel* (1967), ohne die meist aus zahlreichen Einzelangaben zusammengesetzten Werte einzeln zu belegen. Zur Problematik der Daten, ihrer Aggregation und Zuordnung ebd. S. 151 ff. Vgl. auch *Andic/Veverka* (1963), die im Unterschied zu Weitzel die Schuldentilgung unberücksichtigt lassen und dafür die Sozialversicherung einbeziehn, *Witt,* Finanzpolitik und sozialer Wandel, *Neumark* (1976), *Lehmann,* in: *Zumpe* (1976), S. 85–110. Zur Schwierigkeit, hinreichende und richtige Daten für Gemeindehaushalte zu erhalten *Bolenz* (1965), S. 4 ff., 20 ff.

hatten sich von 54 auf 120 Mark mehr als verdoppelt. Im internationalen Vergleich zeichnete sich das Reich durch einen hohen „Staatsanteil" aus. Und gleichwohl befähigte er die öffentliche Hand nicht, bemerkenswerte steuerungs- und strukturpolitische Aufgaben zu erfüllen, wenn sie es denn beabsichtigt hätte. Das lag stärker noch als am begrenzten Umfang der Ausgabenmasse[51] an zweierlei: Erstens waren die 13% bis 19% nicht in einer Hand vereint, sondern auf eine Vielzahl von Fisci verteilt. Der Anteil des Reichs, das über den größten Einzeletat verfügte, ist zunächst von etwa 34% (1890) auf 29% (1910) gefallen und erst im Zuge der Heeresvermehrung in den letzten Vorkriegsjahren wieder auf 35% angestiegen. Die Quote der Länder dagegen ist zugunsten des völlig zersplitterten Anteils der Kommunen nachhaltig von 41% (1891) auf 32% (1913) zurückgegangen[52]. Zweitens war der weitaus überwiegende Teil von vornherein für durchweg feststehende Zwecke bestimmt. Eine finanzielle Manövriermasse hat es angesichts der stets angespannten und überforderten Haushalte nicht gegeben.

Tabelle 34: Funktionale Gliederung der öffentlichen Ausgaben im Deutschen Reich 1891 bis 1913 (Millionen Mark)

	1891	1900	1910	1913
Allgemeine Verwaltung	616 – 22,9%	868 – 21,7%	1.329 – 20,4%	1.346 – 16,7%
Bildung	459 – 17,1%	703 – 17,6%	1.246 – 19,1%	1.498 – 18,6%
Soziales, Gesundheit	201 – 7,5%	326 – 8,1%	638 – 9,7%	786 – 9,6%
Wirtschaft, Verkehr[1]	352 – 13,1% (307)	486 – 12,2% (407)	840 – 12,9%	1.025 – 12,7% (838)
Bau- u. Siedlungswesen	103 – 3,8%	229 – 5,7%	405 – 6,2%	488 – 6,1%
Rüstungsausgaben	692 – 25,7%	979 – 24,4%	1.372 – 21,0%	2.038 – 25,2%
Schuldendienst	267 – 9,9%	414 – 10,3%	699 – 10,7%	895 – 11,0%
	2.690 – 100 %	4.005 – 100 %	6.529 – 100 %	8.076 – 100 %
Sozialversicherungsleistungen	173	405		1.127

[1] Ausgaben für Verkehr in Klammern
Quelle: Weitzel (1967), passim.

Bemerkenswerte Veränderung der funktionalen Aufgabengliederung hat es freilich gegeben. Sie hingen nicht zuletzt mit der veränderten Aufteilung des gesamten Staatsanteils auf die drei Gebietskörperschaften zusammen.

Der größte Einzelposten ist von Anfang bis Ende der Heeres- und Marineetat gewesen[53]. Den Reichshaushalt hat er mit rund 90% der Gesamtausgaben völlig beherrscht. An den Aufwendungen aller Gebietskörperschaften gemessen, nahm er sich mit langfristig einem Viertel weit bescheidener aus. Der Rüstungsetat hat das Nettosozialprodukt im letzten Friedensjahr mit 4,7% belastet. In England war die Quote nicht geringer. Es ist umso weniger gerechtfertigt, Deutschland unter diesem Gesichtspunkt als Militärstaat zu kennzeichnen, als der Anteil der Militäraufwendungen nach der Caprivischen Heeresreform bis 1910 auffällig langsamer gewachsen ist, als die Ausgaben für soziale und infrastrukturelle Zwecke im weiteren Sinn. Die — überwiegend kommunalen — Ausgaben für Bildung und Gesundheit sind 1891 mit zusammen 660 Millionen Mark noch um 22 Millionen Mark niedriger gewesen als die Rüstungsausgaben. Bis 1910 sind sie fast aufs Dreifache gewachsen, während der Rüstungsetat nur verdoppelt worden ist. Für Bildung und Gesundheit wurden jetzt 512 Millionen Mark mehr ausgegeben als für Heer und Marine. Die jeweiligen Anteile an allen Ausgaben der öffentlichen Hand hatten sich von 24,6% zu 25,7% auf 18,8% zu 21% verkehrt. Nach den Heeres- und Flottennovellen von 1912 und 1913 ist der Unterschied etwas zusammengeschrumpft, betrug aber immer noch 246 Millionen Mark zugunsten der „sozialen" Leistungen. Dazu kam gut eine Milliarde Mark, die für „infrastrukturelle" Zwecke ausgegeben worden ist. Man darf sich das nicht allzu großartig vorstellen. Der weitaus überwiegende Teil ging in den kommunalen Kanal- und Wegebau.

Das geringste Wachstum haben die Aufwendungen für die allgemeine Verwaltung erlebt. Die Ausgabensumme hat sich von 1891 bis 1913 nur gut verdoppelt, der Anteil ist von 23% auf 17% gefallen.

Der Eindruck, daß der bedeutend größere Teil der Staatsausgaben in „kleiner Münze" ausgezahlt worden ist und deshalb keine wesentlichen gesamtwirtschaftlichen oder sozialstrukturellen Effekte erzielen konnte, wird von einem Blick auf die einkommenstheoretische Gliederung unterstrichen.

[51] Gegenwärtig (1973) beträgt der Staatsanteil am NSP zu Faktorkosten ohne Sozialversicherung 38,7% und bei Berücksichtigung der Sozialversicherungsausgaben etwa 52%. Stat. Jb. f. d. BRD 1976, S. 406, 413, 522.

[52] *Wolfslast* (1967), S. 28, 31.

[53] Vgl. dazu im einzelnen auch *Kandler* (1930) und *Junghänel* (1932).

Tabelle 35: Einkommenstheoretische Gliederung der öffentlichen Ausgaben im Deutschen Reich 1891—1913 (Millionen Mark)

	1891	1900	1910	1913
Personal-ausgaben	945 − 35,1%	1.389 − 34,6%	2.260 − 34,6%	2.538 − 31,4%
lfd. Sach-ausgaben	928 − 34,5%	1.303 − 32,6%	2.080 − 31,8%	2.791 − 34,6%
staatlicher Konsum	1.873 − 69,6%	2.692 − 6,2%	4.340 − 66,4%	5.329 − 66,0%
Investi-tionen	238 − 8,8%	430 − 10,7%	767 − 11,7%	1.063 − 13,2%
Transfer-zahlungen	579 − 21,6%	883 − 22,1%	1.422 − 21,8%	1.684 − 20,8%
davon: Sozial-leistungen[1]	309	435	683	744
Zinsen	209	290	455	490
Vermögen	54	122	238	400
	2.690 − 100 %	4.005 − 100 %	6.529 − 100 %	8.076 − 100 %

[1] Pensionen, Renten, Sozialversicherungsbeiträge
Quelle: Weitzel (1967) passim.

Durchweg sind rund zwei Drittel zu Konsumzwecken, die Hälfte davon als Personalausgaben, und weitere zehn Prozent für Pensionen, Renten und Sozialversicherungsbeiträge verwendet worden. Der Anteil, der in staatlichen Investitionen angelegt worden ist, ist zwar langsam gewachsen, betrug aber auch 1913 noch nicht wesentlich mehr als eine Milliarde Mark oder 13% der gesamten Staatsausgaben. Kurz, die Rolle des Staats als Konsument, Investor und Arbeitgeber hat an Gewicht zugenommen, und dennoch muß man sie sich bescheiden denken. Die Investitionen der Gebietskörperschaften sind von 8,4% der gesamtwirtschaftlichen Nettoinvestitionen im Jahr 1900 auf 13% im letzten Friedensjahr angewachsen[54].

[54] Errechnet nach *Hoffmann* (1965), S. 260.

Der Anteil an den Bruttoinvestitionen dürfte aber immer noch unter 10% gelegen haben. Die Teilhabe am gesamtwirtschaftlichen Verbrauch war mit 12,2% etwas größer. Seit 1890 war sie um 3 Prozentpunkte gestiegen. Die Anzahl der öffentlichen Bediensteten hat ebenfalls kräftig zugenommen: von 1,265 Millionen bei der Berufszählung von 1882 auf 2,692 Millionen im Jahr 1907, stärker als die Gesamtbeschäftigtenzahl. Während 1882 erst 7,2% aller Erwerbstätigen bei Reich, Ländern und Gemeinden ihr Geld verdienten, waren es 1907 10,6%[55]. Sonderlich viel freilich war für die Masse nicht zu verdienen. Der Anteil des staatlichen am gesamtwirtschaftlichen „Arbeitseinkauf" ist zusehends hinter dem staatlichen Beschäftigtenanteil zurückgeblieben. 1906 betrug er nur 7,3% gegenüber 10,6% der Erwerbstätigen. Annähernd ein Drittel der Beschäftigten im öffentlichen Dienst hat 1907 bei der Post und der Eisenbahn gearbeitet, nur noch ein Viertel gehörte zu den Streitkräften. 1895 waren es noch 34% gewesen. Nicht ganz so stark war der Anteil der Verwaltungsbeamten und der Lehrer im weitesten Sinn gefallen, von 26% auf 22% zwischen 1882 und 1907. Alles in allem aber ist der Gewichtsverlust der drei klassischen Bereiche staatlicher Betätigung — Verwaltung, Bildung und Verteidigung — zugunsten neuer, wirtschaftlicher Betätigung auch in den Beschäftigtenziffern unverkennbar. Der Rückgang (von 61,6% im Jahr 1882 auf 46,1% im Jahr 1907) nähme sich noch viel deutlicher aus, wenn statistische Gründe nicht dazu nötigten, 1882 als Ausgangsjahr zu wählen, sondern ein Jahr vor der Verstaatlichung der preußischen Eisenbahn zum Vergleich herangezogen werden könnte.

Ein letztes Mal muß die fast schon überstrapazierte Frage aufgenommen werden, ob Umfang und Struktur der öffentlichen Haushalte geldwirksame Staatsintervention[56] im Kaiserreich erlaubten. Mag auch als sicher gelten können, daß *gesamt*wirtschaftliche Stabilisierungs- und Wachstumsmaßnahmen von den Regierungen und Verwaltungen absichtsvoll nie in Angriff genommen worden sind und angesichts der mäßigen, überbeanspruchten finanziellen Ausstattung auch nicht in Angriff genommen werden konnten — offen geblieben ist, ob nicht zumindest begünstigte Branchen den öffentlichen Haushalten stabileres *privat*wirtschaftliches Wachstum verdankten. Am unverhülltesten ist das, mit dem Blick auf den Marine-

---

[55]Vgl. dazu *Cullity* (1967).

[56]Es braucht kaum eigens darauf hingewiesen zu werden, daß Staatseinnahmen und -ausgaben nicht alleiniger Ausdruck staatlicher Aktivität im sozialen und wirtschaftlichen Bereich sind. Wohl aber sind sie *der* Teil staatlicher Aktivität, mit dem sich kalkulierbare, relativ kurzfristig wirksame, und immerhin einigermaßen meß- und kontrollierbare Wachstums- und Konjunktureffekte erzielen lassen. Zum Verhältnis von Staatsausgaben und Staatsaktivität *Zimmermann* (1973).

etat, in den letzten Jahren von Berghahn behauptet worden; behauptet, freilich nicht überzeugend belegt[57]. Sicherlich haben einige Branchen von Staats- und Gemeindeaufträgen mehr profitiert als andere. Das Baugewerbe z. B., das gleichwohl von einer Krise in die andere geriet; dann die Produzenten von Eisenbahnbedarf; schließlich — und sie haben das stärkste Interesse hervorgerufen — alle Betriebe, die Rüstungsgüter herstellten. Viel sind es freilich nicht gewesen. Die Rüstungsproduktion wog leicht, wenn man sie im Verhältnis zum Wachstum der deutschen Schwerindustrie sieht[58]. Selbst der Flottenbau hat keine ausgeprägten Abhängigkeiten zwischen Rüstungsaufträgen und privatwirtschaftlichen Konjunkturen geschaffen, weder für *die* Werften, noch gar für deren Zulieferbetriebe. Man sollte sich den Blick vom Beispiel des Kruppschen Panzerplattenmonopols[59] und *einiger* Werften nicht gar zu sehr trüben lassen.

[57]Vgl. *Berghahn* (1970, Tirpitz-Plan, 1972, 1973). In der letzten Arbeit hat Berghahn sogar von einem „militärisch-industriellen Komplex" gesprochen, in dem bei genauer Hinsicht freilich nur das Marineamt, Krupp und ein paar Werften zu finden sind.
Da Berghahn zu den vehementen Befürwortern moderner Wirtschafts- und Sozialgeschichte gehört und jüngst in einer einflußreichen englischen Zeitung das geringe Interesse deutscher Historiker an wirtschafts- und sozialgeschichtlichen Fragestellungen beklagt hat (Times Literary Supplement v. 5. 11. 1976), dürfte es nicht ganz verfehlt sein, an seinen Arbeiten kurz zu exemplifizieren, wie „sozialökonomische" Geschichtsschreibung sicherlich nicht aussehen darf, wenn sie ihre längst gewonnene Reputation behaupten will.
Die Ansicht, daß „Krupp und *die* Schwerindustrie . . . zu sehr von regelmäßigen Rüstungsaufträgen abhängig" waren (1972, S. 101, vgl. 1973, S. 59), oder daß der Flottenbau Beträchtliches zur „Glättung des Konjunkturzyklus" beigetragen hätte (1973, S. 33, vgl. 1970, S. 382 und Tirpitz-Plan, S. 1) verrät nur einen erheblichen Mangel an Fähigkeit, in wirtschaftlichen Kategorien und Dimensionen zu denken; daß „die Wirtschaft" in den neunziger Jahren „exportabhängig" war und „zunehmend in Märkten operieren" mußte, „die bereits von anderen Staaten beherrscht und territorial besetzt waren" (1973, S. 26), ist schlicht falsch, und daß „die Industrie Anfang der neunziger Jahre im Zuge der sich abzeichnenden konjunkturellen Aufschwungphase nach günstigen Handelsverträgen . . . drängte" (1973), S. 15, vgl. auch Tirpitz-Plan, S. 137), ist sprachlicher und sachlicher Unsinn. Schlimm genug und ginge dennoch hin, wenn von der Diagnose vermeintlicher wirtschaftlich-materieller Interessen oder gar Abhängigkeiten nicht weitreichende historisch-politische Folgerungen hergeleitet würden.
Schließlich ist der berühmte Briefwechsel zwischen dem Fürsten Salm und Tirpitz vom Dezember 1901 eher ein Beispiel für die Unfähigkeit der Marineverwaltung, den Werften in Krisenzeiten mit Aufträgen zur Seite zu stehen, als ein Beweis für die konjunkturbelebende Wirkung des Flottenbaus. Vollständig abgedruckt bei *Kehr* (1976), S. 146 ff. Zit. *Berghahn* (1973), S. 50.
[58]Der größte einigermaßen geschlossene Posten des im übrigen ungemein aufgesplitterten Heeresetats, waren die Ausgaben für die Reparatur und Ergänzung von Waffen. Er hat bis 1914 100 Millionen Mark nicht überschritten, gewöhnlich vielmehr weit darunter gelegen. Denkschriftenband, Teil I, S. 5. Vgl. *Kandler* (1930), S. 63 ff.
[59]Zur tatsächlich staatlich geförderten Sonderstellung Krupps der Brief des preußischen Kriegsministers v. Verdy vom 20. Juli 1890 bei *Boelcke* (1970), S. 123 ff.

So sind in den drei krisenhaften Jahren 1900 bis 1902 auf den deutschen Werften Kriegsschiffe im Wert von 80,7 Millionen Mark gebaut worden. Das entsprach 14% der gesamten Schiffsproduktion[60]. Der Anteil ist zunächst etwas gesunken, hat aber seit 1907 ansehnlich über diesem Wert, jedoch nie über 25% gelegen. Zugleich ist freilich der beim Seeschiffbau verwendete Anteil der gesamtwirtschaftlichen Produktion an Fasson- und Profileisen, an Platten und Blechen von knapp 6% (1900/01) auf 2,2% (1910) abgesunken. Kaum je hat mehr als ein Prozent der gesamtwirtschaftlichen Eisenproduktion der Kriegsschiffherstellung gedient[61]. Und nicht viel anders sah es beim Verbrauch von Erzeugnissen der Elektroindustrie aus. 1899 haben die zehn größten Elektrizitätskonzerne gerade 2,4% ihrer Produktion an die deutschen Werften geliefert[62]. Im Zeichen der weiteren Ausdehnung der Elektrizitätsverwertung für industrielle Zwecke dürfte dieser Anteil immer unbeträchtlicher geworden sein.

Für diese oder jene Werft, für wenige Stahlwerke und den einen oder anderen Elektrokonzern vielleicht, mag der Flottenbau und mag die Heeresrüstung maßgeblich auf Umsatz und Ertrag eingewirkt haben. Es wird freilich nach wie vor mehr darüber orakelt als davon gewußt. Die tatsächlichen Gewinne aus Rüstungsaufträgen liegen im Dunkeln. Bekannt ist hingegen, daß Tirpitz außerordentlich haushälterisch war. Der Kreis der Werften, an die Kriegsschiffsaufträge gingen, ist jedesmal erweitert worden, wenn das Bautempo gesteigert wurde. Dadurch sollten den Werften preisregulierende Absprachen erschwert werden. Mit großem Erfolg, wie es scheint. Howaldt und die Weserwerft sind spätestens in den letzten Friedensjahren völlig unrentabel gewesen. Vulkan mußte ihre Dividende laufend kürzen und hat 1913 schließlich gar nichts mehr ausgeschüttet. Blohm und Voß zahlte nie mehr als sieben Prozent. Durchweg gut verdient hat nur Schichau[63]. Auch das Krupp-Monopol war Tirpitz allezeit ein Dorn im Auge. Der Panzerplattenpreis ist denn auch kräftig gedrückt worden, von 2 320 Mark pro Tonne im Jahr 1901 auf 1 860 Mark 1905. Vielleicht ist es deshalb gar nicht erstaunlich, daß Tirpitz' Versuch, Thyssen als Krupp-Konkurrenten zu gewinnen, bis 1914 gescheitert ist. Bis zum Kriegsbeginn hat Thyssen seine Platten nicht einmal zur Beschußprobe zur Verfügung gestellt. Bemühungen, qualitativ gleichwertige Platten im Ausland zu kaufen, sind ebenfalls fehlgeschlagen[64].

Sowenig man allen Anzeichen zufolge die Gewinne aus Rüstungsaufträgen überschätzen darf, sowenig sind übertriebene Vorstellungen vom relativen Umfang dieser Aufträge am Platz. Um die Dimensionen und Proportionen etwas zurechtzu-

---

[60] *Schachner* (1903), S. 165 f.
[61] *Leckebusch* (1963), S. 114 f., 123.
[62] *Schachner* (1903), S. 181.
[63] *Kehr* (1930), S. 227.
[64] *Berghahn* (1973), S. 60, *Leckebusch* (1963), S. 64 f., 69 f., *Witt* (1970), S. 140. Vgl. auch *v. Klass* (1961), S. 65 ff., 257, *Boelcke* (1970), S. 105, *Kubitschek* (1963), S. 115 ff.

rücken: Bis 1900 sind wenig mehr als 50, bis 1906 dann um die 100 Millionen Mark für den Kriegsschiffbau, einschließlich Reparaturen, ausgegeben worden. Dann stiegen die Aufwendungen im Zeichen des Dreadnoughtbaus über 128,4 (1907) und 171 (1908) auf schließlich rund 250 Millionen Mark (1911). Allein für Neubauten sind 1908 110 und 1912 160 Millionen Mark verwendet worden. Der cash-flow (Gewinne plus Abschreibungen) von 16 großen kombinierten Schwerindustriebetrieben, über deren Geschäftsergebnisse die Volkswirtschaftliche Chronik regelmäßig berichtete, wuchs zugleich kontinuierlich von 144 Millionen (1907/08) auf 192,5 Millionen Mark (1911/12). Krupp und Thyssen waren unter diesen 16 Kombinaten nicht vertreten. Gelsenberg allein machte 1907/08 siebzehn Millionen und 1911/12 sechszehn Millionen, Phönix 14 bzw. 23 Millionen Mark Reingewinn. Nimmt man eine hohe Umsatzrendite von 12% an, entsprach das Umsätzen von 145 und 133, sowie 125 und 192 Millionen Mark. Krupp soll in den Jahren 1906 bis 1909 um 300 Millionen Mark schwankende Umsätze gehabt haben, von denen etwa 15% mit deutschem Kriegsmaterial erwirtschaftet wurden. Mit anderen Worten und eingedenk der mangelhaften Exaktheit der Umsatzwerte: jedes der großen Kombinate erlöste bis 1907 im Jahr mehr oder etwa ebensoviel, wie die Reichsregierung für die Marinerüstung ausgab, nach 1907 nicht sehr viel weniger und wohl immer noch mehr, als die reinen Materialaufwendungen der Werften für Kriegsschiffe ausmachten[65]. Macht es da noch Sinn, von Abhängigkeit zu sprechen? Nein, weder Flottenbau noch Heeresrüstung können zu einem hervorragenden Angelpunkt der Verflechtung privatwirtschaftlicher und staatspolitischer Interessen gemacht werden.

Steuerpolitik im Widerstreit wirtschaftlicher und politischer Interessen

Die Ausgabenpolitik hat denn auch wenig Streitwert gehabt. Sie hat bei den interessierten und engagierten Zeitgenossen nicht entfernt die publizistische Beachtung gefunden, wie die Einnahmenpolitik. Die Auseinandersetzungen um Steuern und Zölle waren gleichsam eine Stufe höher angelegt. Es ging dabei nicht um die Extraerlöse und -erträge von ein paar Konzernen, es ging um die wirtschaftliche, soziale und politische Gestaltung und Zukunft des Reiches. Die Steuer-, und später noch die Zollpolitik ist dabei maßlos überschätzt worden. Deshalb ist die berühmte aka-

[65]Schiffsbauquote bei *Junghänel* (1932), S. 68 f., 77, Schiffsbaukosten bei *Witt* (1970), S. 143. Erträge in Chronik 1908, S. 680, 1912, S. 775. Krupp-Umsätze bei *v. Klass* (1961) zwischen S. 216 und 217. Vgl. die Schiffsbauten auf Krupps Germaniawerft bei *Leckebusch* (1963), S. 90 f. Der Kostenwert zwischen 1898 und 1914 hat etwa 400 Millionen Mark betragen.

demische Agrar- und Industriestaatsdebatte seit 1897[66] zwar ein eindrucksvolles Abbild der Wertvorstellungen, der Befürchtungen, Ängste und Phobien, der Hoffnungen, Erwartungen und Wünsche, kurz, des zerklüfteten Zeitbewußtseins der aufmerksamsten, diskutier- und schreibfreudigsten Beobachter ihrer Zeit, sie ist kein Abbild der tatsächlichen Verhältnisse und Verläufe. Sowenig die Argumentation der Verfechter des „überwiegenden Agrarstaats", trotz aller agrar-romantischen Untertöne anachronistische Apologie eines halbfeudalen Großgrundbesitzes war[67], so überspannt waren die Wirkungen, die von den „Industriestaatlern" an eine Steuer- und Zollpolitik im agrarischen Interesse geknüpft wurden[68]. Es ist unübersehbar, daß landwirtschaftliche Interessen bei steuer- und zollpolitischen Maßnahmen dann und wann bevorzugt berücksichtigt worden sind. Gemessen an dem unvergleichlichen wirtschaftlichen und gesellschaftlichen Transformationsprozeß, der in den siebziger Jahren begann, in den neunziger Jahren rascher und durchgreifender wurde, und in dem die Agrarier ihre Stellung als wirtschaftlich und sozial dominierende Klasse eindeutig verloren haben, sind das freilich Palliative, wenig heilsame Trostpflaster gewesen. Die Diskrepanz zwischen der industriewirtschaftlichen Entwicklung mit all ihren sozialstrukturellen Implikationen und der Fortdauer konservativ-agrarischer Herrschaft — man nennt das neuerdings ohne zusätzlichen Erkenntnisgewinn auch politischen Modernisierungsrückstand — ist durch sie nicht verfestigt, die politische Präponderanz der „Junker" nicht wirtschaftlich-materiell abgesichert worden. Die ruhte auf anderen Fundamenten. Was denn aber heißt eigentlich „politische Präponderanz" in Entscheidungszusammenhängen, die immer mehrzügiger, vielschichtiger, irrationaler, und deren Ergebnisse allmählich so diffus und inkonsequent wurden, daß sie kaum mehr hemmend oder fördernd auf die wirtschaftliche und soziale Entwicklung einwirken konnten? Wenig, wenn man darunter die Durchsetzung einer Politik versteht, die mit Erfolg eine ganz bestimmte, an ein gesondertes Standes- und Klasseninteresse gebundene wirtschaftliche und soziale Ordnung konserviert. Es wäre näheren Zusehens wert, ob späte-

[66]Vgl. immer noch als beste Zusammenfassung, wenn auch mit „industriestaatlichem" Akzent, den Art. „Agrar- und Industriestaat", in: Hwb. d. Stwiss., 3. Aufl. Bd. 1, Jena 1909, S. 226 ff. Neuerdings *Lebovics* (1967), *Barkin* (1970) und die älteren Arbeiten von *Weingärtner* (1937), *Klingner* (1931).

[67]Vgl. die scharfen Verdikte von *Kehr* (1930), S. 273.

[68]Mit dem Pathos, das der Zeit eigen war und mit der schroffen Einseitigkeit, die entschiedene Verfechter einer Ideologie, einer Theorie oder einer aus beiden zusammengesetzten Überzeugung kennzeichnet, hat Dietzel sie bis aufs äußerste pointiert formuliert: „Die industriestaatliche Entwicklung verlangsamen mittels Agrarschutz, heißt die Gesamtheit auf niedrigeres materielles Niveau herabdrücken — zugunsten der Klassen der Grundrentner. Heißt damit die Masse aufreizen wider die gesellschaftliche Ordnung. Heißt weiter: entweder die Einwohnerziffer mindern (oder) deren Leistungsfähigkeit schmälern .... Unter dem wirtschaftlichen, wie dem sozialen, wie dem nationalen Gesichtspunkt betrachtet, ist die industriestaatliche Entwicklung zu begrüßen — als Hebel des Reichtums, als Bürge des inneren Friedens, als Helfer zur Macht". Hwb. der Stwiss. (1909), Bd. 1, S. 237.

stens seit Bismarcks Abgang nicht *mehr* wirtschafts- und sozialpolitische Entscheidungen gegen den Willen, als mit Unterstützung der „herrschenden Schicht" getroffen worden sind. Es kann mit guten Gründen vermutet werden. Hier aber steht nur zur Debatte, ob „die Aufbringungspolitik des Reiches (tatsächlich) ein vollendetes System der agrarischen Begünstigungspolitik"[69] gewesen ist. Diese Frage soll zunächst am Beispiel der preußischen Steuerreform von 1891/93 und der Reichsfinanzreformen von 1906 und 1909 verfolgt und in einer späteren Betrachtung der Handels- und Zollpolitik wiederaufgenommen werden.

Die preußische Steuerreform 1891/93

Die Miquelsche Steuerreform gehört mit der Caprivischen Handelsvertragspolitik und der Arbeiterschutzgesetzgebung von Berlepschs zu den bedeutsamen und nachwirkenden Neuansätzen in der deutschen Innenpolitik nach dem Sturz Bismarcks. Ihre finanzpolitischen Kennzeichen waren mehr Sicherheit und Stetigkeit bei der Beschaffung staatlicher und kommunaler Einkommen und damit bei der öffentlichen Haushaltsführung, sowie mehr Gerechtigkeit bei der individuellen Steuerbelastung. Ihre gesellschaftspolitische Bedeutung lag in dem alles in allem nicht erfolglosen Bemühen, ein längst veraltetes, immer nur notdürftig neu zurechtgestutztes Steuerrecht an die sozial und wirtschaftlich tiefgreifend veränderte Wirklichkeit anzupassen. Die Steuerlast ist nicht so sehr grundlegend neu verteilt, als vielmehr zulasten hoher Privat- und Gewerbeeinkünfte neu bemessen worden. Von dieser Feststellung müssen die ostelbischen Gutsherren wohl ausgenommen werden, weil die Überweisung der Grund- und Gebäudesteuer an die Gemeinden die höhere Einkommenssteuerbelastung wahrscheinlich ausgeglichen, die Gesamtsteuerlast in manchen Fällen vielleicht sogar verringert hat. Gleichwohl sind die Reformen weder Reformen in Anführungszeichen, noch ist ihr „harter Kern" die „massive materielle Bevorzugung. . . der Großlandwirtschaft und der Großindustrie" gewesen. Man muß in der Tat „die konkrete, beabsichtigte Auswirkung der Gesetzgebung prüfen"[70]. Zunächst freilich ihren Gehalt.

---

[69] *Witt* in: H. *Mommsen* u. a., Hrsg. (1973), S. 405.

[70] Diese und ähnliche Kernsprüche („unerhörte Begünstigung", „enorme Entlastung", „wohltönende Reformphraseologie") bei *Wehler* (1973), S. 143. Die Prüfung bleibt freilich aus. Vgl. auch *Rosenberg* (1969), S. 69. Daß die hohen Einkommen und Vermögen auch nach der Reform sehr mäßig belastet waren, daß es keine „schmerzhaften Eingriffe" gegeben hat, ist völlig unbestreitbar, aber kein historisches Argument. Schmerzhafte Eingriffe im Sinne Wehlers wären allen Theorien der zeitgenössischen Finanzwirtschaft über die Grenzen der Belastbarkeit von Einkommen und Vermögen und allen Präzedenzfällen zuwider gelaufen. Dergleichen gehört aber zu den realen Bedingungsfaktoren wirtschafts- und sozialpolitischer Entscheidungen, an denen die Geschichtsschreibung sowenig vorbeigehen kann, wie an den ermüdend oft beschworenen Interesseneinflüssen.

Die direkten preußischen Steuern[71] bestanden traditionell aus einer Grundsteuer, einer Gebäudesteuer, einer Gewerbesteuer und einer Einkommenssteuer. Die durchgreifende Reform aller vier Steuern war überfällig und bei Miquels Amtsantritt in die Wege geleitet[72]. Nicht ihre grundlegende Neukonzeption war seine Leistung. Die hat er im Rahmen hergebrachter Besteuerungsgrundsätze und im Einklang mit der zeitgenössischen Steuertheorie vorgefunden und übernommen. Seine Leistung war es, sie im einzelnen so formuliert und nötigenfalls modifiziert zu haben, daß sie mit viel taktischem Geschick als Einheit durch Kabinett und Abgeordnetenhaus gebracht werden konnte. Vor dem Hintergrund des späteren Reichssteuerreformchaos sollte das als Leistung anerkannt werden. Es mag ihm die Sache leichter gemacht haben, daß Miquel keine sofortige Vermehrung der Steuereinnahmen, sondern vor allem eine veranlagungs- und erhebungstechnische Neuordnung, die mehr Klarheit und Gerechtigkeit verbürgen sollte, angestrebt hat. Überdies war eine Neuverteilung des Gesamtaufkommens auf Staat und Gemeinden beabsichtigt. Der Staat sollte völlig auf eine ergiebige Personalsteuer verwiesen, den Gemeinden die Ertragssteuern überlassen und der steuerliche Griff nach den Einkommen entzogen oder zumindest weitgehend beschränkt werden. Dem ersten Ziel ist Miquel immerhin nahe gekommen. Das zweite hat er nicht erreicht.

Im Mittelpunkt der Reform hat die Einkommenssteuerneuordnung von 1891 gestanden. Mit ihr hat sie sich die hohe Wertschätzung der Zeitgenossen verdient, die von den Historikern lange Zeit geteilt worden ist. Ihr finanzieller Erfolg war die Voraussetzung für die Reorganisation und Überweisung der Ertragssteuern. Deshalb mußte mit der Fortführung der Reform annähernd zwei Jahre gewartet werden. Da der Ertrag der reformierten Einkommensteuer geringer als erwünscht war, ist der zweite Ansatz, 1893, nicht mehr so konsequent gewesen wie der erste, und weniger einhellig wohlwollend von der öffentlichen Meinung begleitet und von der Nachwelt beurteilt worden.

Das neue Einkommenssteuergesetz hatte die obsolete Unterscheidung in Klassen- und klassifizierte Einkommenssteuer beseitigt. Die Progression des Steuersatzes endete nicht mehr wie zuvor bei 3 000 Mark Einkommen mit drei Prozent, sondern erst bei 100 000 Mark mit vier Prozent. Der ehemalige Maximalsatz wurde neuerdings erst bei 9 500 Mark fällig. Einkommen unter 900 Mark blieben steuer-

---

[71] Sie machten im übrigen kaum ein Viertel der disponiblen Staatseinnahmen aus. Von 790 Millionen Mark im Haushaltsansatz 1892/93 wurden 180 Millionen aus direkten Steuern, 440 Millionen aus privatwirtschaftlichen Erträgen, der Rest aus Einkünften der Staatsverwaltung, aus Gebühren, Verbrauchsabgaben und Reichsüberweisungen erwartet. Jb. f. NatStat., 1892, S. 270 ff.

[72] Zu den Entwürfen der Vorgänger Bitter und Scholz vgl. *Heckel* (1904), S. 192 ff. Zur Entwicklung seit 1820 vor allem immer noch die halboffizielle Schrift von *Schwarz/Strutz* (1902), passim.

frei[73]. Das war faktisch bereits seit 1883 so gewesen, obgleich die Steuerpflicht rechtlich weiterhin bei 420 Mark begonnen hatte. Der Steuersatz für die niedrigste Steuerstufe (900—1 050 Mark) war mit 0,57—0,67% geringer als vorher mit 0,85— 1%[74], die Progression weniger stark. Da aber ebenfalls seit 1883 ein Viertel der Klassensteuer auf Einkommen zwischen 900 und 3 000 Mark nicht mehr erhoben worden war, dürfte die Belastung dieser Einkommen gleich geblieben sein. Die Gewinner der Reform waren unter diesem Gesichtspunkt die Zensiten, die zwischen 3 000 und etwa 8 000 Mark Einkommen zu versteuern hatten[75]. Nicht zu unrecht ist von einem vorwiegend mittelstandsfreundlichen Gesetz gesprochen worden. Auf Einkommen zwischen 3 000 und 6 000 Mark sind im Etatjahr 1892/93 tatsächlich im Durchschnitt 11,5% weniger Steuern bezahlt worden als 1891/92. Die Zensiten mit 900—3 000 Mark haben dagegen nur 4,6%, die Zensiten mit 6 000 bis 9 500 Mark 2,4% Steuern gespart[76].

Wahrscheinlich wäre die Ersparnis größer ausgefallen, wenn für Einkommen über 3 000 Mark nicht zugleich die Deklarationspflicht eingeführt und Fehldeklarationen mit einschneidenden Sanktionen bedroht worden wären[77]. Bei der Neuveranlagung stellt sich freilich heraus, daß Steuerhinterziehung in *allen* Einkommensklassen sehr verbreitet gewesen war. Das gesamte steuerpflichtige Einkommen in Preußen ist 1892/93 mit 5,72 Milliarden Mark um 34% höher als im Jahr zuvor, 438 225 oder 18% aller Zensiten sind überhaupt zum erstenmal veranlagt worden[78]. 31 der 115 Millionen Mark personaler Einkommenssteuer, die neuerdings erhoben wurden, waren allein der konsequenteren Veranlagung gutzuschreiben. Etwa 20 Millionen davon gingen auf das Konto der knapp 57 000 Zensiten mit mehr als 9 500 Mark Einkommen. Mit jeweils 5 bis 6 Millionen sind die 2,1 Millionen veranlagter Einkommen bis 3 000 Mark und die 260 000 Einkommen zwischen

[73]Überdies ist die Besteuerung von Kapitalgesellschaften neu eingeführt worden. Vgl. *Wagner* (1891), S. 663, *Herzfeld* (1938/39), Bd. 2, S. 239.

[74]Die Steuer war als absoluter Betrag für eine bestimmte Einkommensspanne fixiert, die Steuer*quote* variierte also innerhalb der Steuerstufe leicht.

[75]Das hatten sie weniger Miquel als den Liberalen im Abgeordnetenhaus zu verdanken. Im Entwurf war vorgesehen, mit der Progression bei 3% und 9 000 Mark Schluß zu machen. Der Steueranstieg bis 9 000 Mark war entsprechend steiler. Die Liberalen haben die Vorlage umformuliert und die Progression auf 4% bis 100 000 Mark Einkommen ausgedehnt. Das Herrenhaus hatte die Vorlage zunächst wiederhergestellt, sich schließlich aber gemeinsam mit dem Finanzminister beugen müssen. Zur parlamentarischen Behandlung der Reform *Geiger* (1934).

[76]*Schwarz/Strutz* (1902), S. 1212 f. Die Mehrbelastung der Großverdiener ist dagegen durchaus spürbar gewesen. Einkommen bis 30 500 Mark haben 7,3%, bis 100 000 Mark 23%, über 100 000 Mark 47% mehr gesteuert.

[77]Gewöhnlich wurde ein Viertel bis ein Drittel aller Steuererklärungen von den Veranlagungskommissionen beanstandet und die Einkommen um 25 bis 30%, die Steuer um ein Drittel höher veranschlagt. *Nitzschke* (1902), S. 24, *Meisel* (1911), S. 293, *ders.* (1914), S. 145.

[78]*Nitzschke* (1902), S. 22, *Schwarz/Strutz* (1902), S. 1212.

Tabelle 36: Relatives Steuerveranlagungssoll in Preußen 1891/92—1910

Einkommen	*1891/92*	*1892/93*	*1900*	*1910*
900 — 3000 Mark	35,5%	28,6%	28,0%	33,5%
3000 — 9500 Mark	33,5%	26,1%	24,4%	23,8%
3000— 6000 Mark	23,5%	16,3%		
6000— 9500 Mark	10,0%	9,8%		
9500 — 30 500 Mark	16,3%	18,7%	17,8%	16,1%
30 500 — 100 000 Mark	7,7%	13,6%	13,7%	12,2%
100 000 Mark u. mehr	7,0%	13,0%	16,0%	، 14,4%

Quelle: Schwarz/Strutz (1902), S. 1212, *Kühnert* (1917), S. 29.

3 000 und 9 500 auf diese Weise mehr belastet worden. Die nachhaltige Umschichtung der Steuerlast ist nicht zu leugnen.

Daß der Steueranteil der unteren Einkommen im neuen Jahrhundert wieder angestiegen ist, lag in der Natur des Gesetzes. Je mehr Zensiten die 900-Mark-Einkommensgrenze überschritten — zwischen 1900 und 1912 waren es 4,33 Millionen, von 1892/93 bis zur Jahrhundertwende nur 1,5 Millionen[79] — umso umfangreicher mußte das Steueraufkommen der unteren Klassen werden.

Die Einkommensteuerreform[80] hatte dem Fiskus auf Anhieb 45 Millionen Mark mehr Einnahmen verschafft als im Jahr zuvor, und dennoch nicht genug, um den Gemeinden die Ertragssteuer künftig ohne weiteres überlassen zu können.

Die Gemeindesteuern waren das schwächste, anfechtbarste Glied in der preußischen und deutschen Steuerverfassung. Die Kommunen verfügten gewöhnlich sowenig wie die Kreise und Provinzen über eigene ergiebige Steuerquellen. Sie behalfen sich überwiegend mit proportionalen Zuschlägen auf die Staatseinkommenssteuer. Die Grund-, Gebäude- und Gewerbesteuern sind dagegen z. T. aus erhebungstechnischen Gründen, vor allem aber wohl, weil die Eigentümer und Gewerbetreibenden in den Gemeinderäten saßen, zumeist nicht zur Grundlage von Gemeindesteuern gemacht worden[81]. Die Beseitigung dieses unsicheren, undurch-

[79] Ebd., Einzelschrift 24, S. 104 f., 126.

[80] Bis zum Weltkrieg haben alle größeren Länder im Reich Einkommenssteuern nach dem preußischen Vorbild eingerichtet, oder die bestehenden Systeme danach reformiert. Während 1891 erst 29% aller direkten Landessteuern Einkommenssteuern gewesen sind, waren es 1913 61%. *Gerloff* (1916), S. 29. Zu den Steuersystemen der Länder in den letzten Vorkriegsjahren detailliert Denkschriftenband, Teil I, S. 358 ff. Vgl. *Heckel* (1904), *v. Nostitz* (1003), *Neubrand* (1915).

[81] 1891/92 beliefen sich die kommunalen Abgaben in den preußischen Städten mit mehr als 10 000 Einwohnern auf 128 Millionen Mark, 104 Millionen Mark davon waren Einkommenssteuerzuschläge, 17 Millionen Mark Zuschläge auf Ertragssteuern, 7 Millionen Mark sonstige Einnahmen. In den Kleinstädten war das Verhältnis 76% Einkommenssteuer- zu 19% Ertragssteuerzuschläge, in den Landgemeinden 62% zu 35%. *Jastrow* (1892), S. 586.

schaubaren und die Angehörigen verschiedener Gemeinden unterschiedlich belastenden Zuschlagswesens war aus fiskalischen wie sozialpolitischen Gründen nur zu wünschen. Es ist der schwache Punkt der Miquelschen Reform, daß dies nur unzulänglich gelungen ist.

Zunächst galt es, Ersatz für den Staatssteuerausfall zu schaffen. Die Grundsteuer und die Gebäudesteuer hatten fixe Beträge von jährlich 40 und 35 Millionen Mark erbracht, die Gewerbesteuer zuletzt um die 20 Millionen. Diese zwanzig Millionen sollten und konnten durch eine Änderung des Lex Huene ausgeglichen werden[82]. Da aber für 1892/92 nur 40 Millionen Mark mehr Einkommenssteuern veranschlagt waren, fehlten 35 Millionen Mark. Der Versuch, die wenig ergiebige Erbschaftssteuer auf Seitenverwandte und Deszendenten auszudehnen, war im ersten Reformansatz vor allem am Widerstand der Konservativen gescheitert. Im zweiten Anlauf gelang es dann, zum erstenmal in einem deutschen Steuergesetz, eine laufende Vermögenssteuer durchzusetzen. Auf alle Vermögen von mehr als 6 000 Mark[83] wurde eine „Ergänzungsabgabe" von 5⁰/oo erhoben. Eine Lapalie, und dennoch der wissenschaftlich, publizistisch und parlamentarisch am heftigsten umstrittene Teil der ganzen Reform. Selbst die halboffiziellen Kommentatoren der Gesetzgebung haben sich über die „beinahe komisch wirkende Angst vor dem „sozialistischen" und „kommunistischen" Charakter" jeglicher Vermögensbesteuerung in allen Fraktionen des Abgeordnetenhauses mokiert[84]. In jedem Fall aber war die finanzielle Grundlage für die Übertragung der Ertragssteuern an die Gemeinden geschaffen worden. Etwa 75 Millionen Mark neuer Staatssteuern hatte die Reform hervorgebracht. Davon wurden fünfzig Millionen Mark von Zensiten aufgebracht, die Einkommen von mehr als 9 500 Mark und/oder Vermögen von über 52 000 Mark hatten, zehn Millionen Mark von Kapitalgesellschaften[85]. Vom Vorwurf massiver materieller Bevorzugung der Besitzenden bleibt da nicht viel übrig, trotz der verkappten Grundsteuerbefreiung der Junker im Kommunalabgabengesetz vom 14.7.1893.

Auch dieses Gesetz hat steuertechnische und geringe sozialpolitische Fortschritte gebracht. Sie verblassen angesichts seiner Schwächen. Da die Ertragssteuern an die Gemeinden übertragen worden sind, ohne daß sie zuvor im Sinne einer sicherlich gerechtfertigten und zeitgemäßen Mehrbelastung der Besitzenden reformiert wor-

[82] Die Lex Huene war im Zusammenhang mit der Getreidezollerhöhung von 1885 angenommen worden und bestimmte, daß die Mehrerträge des Getreidezolls, die gemäß der Franckensteinschen Klausel Preußen zustanden, an die Gemeinden weitergegeben wurden.

[83] Nur wenn das Einkommen höher als 900 Mark war, begann die Besteuerung bei 6 000 Mark. Andernfalls wurde die Steuer erst bei 20 000 Mark Vermögen fällig. Betroffen waren von der Steuer im Jahr 1900 rund 1,2 Millionen Zensiten, mit Angehörigen etwa 14% der Bevölkerung. *Nitschke* (1902), S. 12.

[84] *Schwarz/Strutz* (1902), S. 1181.

[85] Ebd. S. 1212, 1224. 27 Millionen Mark Einkommenssteuer, 23 Millionen Mark Ergänzungssteuer.

den wären, ist nicht verhindert worden, daß weiterhin Gemeindezuschläge zur Staatseinkommensteuer erhoben wurden und eine gewisse Steuerunsicherheit und regionale Steuerungleichheit erhalten blieb. Der Ertrag der Realsteuern reichte nicht aus, um diese überständige Art der Besteuerung gänzlich zu beseitigen. Und da die Grundsteuer weiterhin bei 40 Millionen Mark für den gesamten Grundbesitz im Staat fixiert blieb, und das Gebäude- und Gewerbesteueraufkommen zu langsam wuchs[86], tendierte sie dazu, mit den stark zunehmenden Finanzbedürfnissen der Gemeinden wieder an Gewicht zu gewinnen. Eine vorausschauende Reform ist das Gesetz deshalb sicherlich nicht gewesen. Durch zwei Bestimmungen ist das Zuschlagsunwesen aber immerhin in geregeltere Bahnen gelenkt und kontrollierbar gemacht worden. Ungemessene, beliebige Zuschläge, bevor die Haus- und Grundbesitzer und die Gewerbetreibenden überhaupt zur Gemeindebesteuerung herangezogen wurden, waren fernerhin nicht mehr möglich. Zum einen wurde den Kommunen zwar der Ertrag der Realsteuern, nicht aber deren Veranlagung übertragen. Zum anderen wurden die Einkommensteuerzuschläge in feste Relation zu den Ertragssteueraufgeldern gesetzt und Zuschläge zu den Ertragssteuern damit erzwungen. Bis zu 150% Einkommensteuerzuschlag mußten zugleich ebenso hohe Zuschläge auf die Grund-, Gebäude- und Gewerbesteuern eingefordert werden. Von 150% an aufwärts durften die Gemeinden 2% Einkommensteuerzuschlag pro Prozent Ertragssteuerzuschlag erheben. 250% Einkommensteuerzuschlag waren Maximum[87]. Gleichviel, die Gemeindesteuerreform war Stückwerk geblieben, das ursprüngliche Reformprinzip kaum im Ansatz verwirklicht worden. Die Einkommensteuerzuschläge lagen in den letzten Vorkriegsjahren erneut bei durchschnittlich 200%[88]. In der Hälfte aller 1 381 preußischen Ge-

---

[86]Das Gebäudesteueraufkommen nahm bis 1901 auf 62,2 Millionen Mark zu. Das Gewerbesteueraufkommen nur auf 32,7 Millionen Mark. Das waren zusammen 40 Millionen Mark mehr als 1891/92. Vgl. *Schwarz/Strutz* (1902), S. 1158, 1184, 1198 ff., *Heckel* (1904), S. 209 f., *Gerloff* (1916), S. 263, *Herzfeld* (1938/39), Bd. 2, S. 241.

[87]Der schwerwiegendste Mangel dieser Regelung war es, daß Zensiten mit weniger als 900 Mark Einkommen weiterhin zur Gemeindesteuer beitrugen. Einkommen bis 420 Mark steuerten gewöhnlich 1,20 Mark, Einkommen von 420 bis 660 Mark zahlten 2,40 Mark, höhere Einkommen 4,– Mark. *Birnbaum* (1914), S. 41. Vgl. die Zuschlagssätze der preußischen Städte mit mehr als 25 000 Einwohnern im Jahr 1905 von 1895–1907 bei *Silbergleit* (1908), S. 450 f.

[88]*Zedlitz-Neukirch* (1901), S. 1 ff., *Gerloff* (1906), S. 42. Zum preußischen Gemeindesteuersystem grundsätzlich *Birnbaum* (1914), S. 13–51, insbes. S. 29 ff. Dort auch Erörterungen der Gemeindesteuern in den anderen deutschen Ländern.

meinden wurde das Einkommen wieder stärker zur Gemeindebesteuerung herangezogen als die Erträge[89].

Vor diesem Hintergrund nimmt sich das „Geschenk" an die Großgrundbesitzer besonders anfechtbar aus. Für die gemeindefreien Gutsherren gab es fernerhin keine Instanz, an die Grundsteuer hätte entrichtet werden können. Sie ist ihnen faktisch erlassen worden. Das haben bereits die Zeitgenossen aus verschiedenen Gründen kritisiert[90]. Allzu übertriebene Vorstellungen darf man sich von dem materiellen Gewinn freilich nicht machen[91]. 1894/95 sind die ostelbischen Regierungsbezirke mit 17 Millionen Mark zur Grundsteuer veranlagt gewesen. Davon entfielen 7,8 Millionen auf die 16 000 Gutsbezirke, pro Gut im Durchschnitt keine 500 Mark[92]. Es wäre interessant, ist aber nicht mehr feststellbar, wieviel davon durch die neue Veranlagung zur Einkommenssteuer und durch die Ergänzungsabgabe ausgeglichen worden ist[93].

Und sowenig der harte Kern der Gesetze die Begünstigung der Besitzenden war, sowenig sind mit ihnen die „institutionellen Vorbedingungen für den das Volkseinkommen umverteilenden Wohlfahrts- und Steuerstaat" grundlegend verbessert

---

[89] 1910 setzte sich das Steueraufkommen der preußischen Gemeinden folgendermaßen zusammen (Mio. M.)

Einkommenssteuer	352,9	=	52,8%
Grund/Gebäude/Gewerbesteuer	244,3	=	36,5%
Umsatz- u. Wertzuwachssteuer	45,1	=	6,7%
Sonstiges[+]	27,6	=	4,0%
	669,9		

[+]Biersteuer, Schankkonzessionssteuer, Lustbarkeits-, Hunde-, Betriebssteuern. *Birnbaum* (1914), S. 48 f.

[90] Der „Agrarstaatler" Adolf Wagner, der die Reform im übrigen vollauf unterstützt hat, hätte es aus Gründen der Steuergerechtigkeit lieber gesehen, wenn die Grundsteuer, wie es zunächst geplant war, an die Kreise übertragen worden wäre. Der Innenminister Herfurth hat wohl zurecht befürchtet, daß die Regelung die Durchführung der Landgemeindeordnung v. 3. 7. 1891 schwer beeinträchtigen werde. *Wagner*, in: Finanzarchiv 1891, S. 619, *Herzfeld* (1938/38), 2. Bd., S. 269 f.

[91] Die „relative Demokratisierung" der Steuerbelastung seit 1861 ist dadurch jedenfalls nicht wieder aufgegeben worden — sofern der Begriff „Demokratisierung" in diesem Zusammenhang überhaupt irgendwelchen Sinn macht. *Puhle* (1976), S. 46.

[92] *Gothein* (1910), S. 322, *Puhle* (1976), S. 45.

[93] Wegen der nachgewiesenen, amtlich geduldeten und sogar unterstützten Fehldeklarationen der ostelbischen Großgrundbesitzer ist einerseits Zurückhaltung bei der Einschätzung der Mehrbelastung geboten. Andererseits sind die „Junker" bei aller Minderdeklaration und Steuerhinterziehung nach 1891/92 in die 4%-Steuerklasse geraten. Immerhin für das veranlagte Einkommen mußten sie jetzt 1% mehr bezahlen. Bei einem veranlagten Einkommen von 50 000 Mark waren das bereits 500 Mark. Zur Steuerhinterziehung *Witt* (1974), S. 205–219.

worden[94]. Auch hier wollen die Proportionen beachtet sein. Die direkten Staatssteuern in Preußen machten damals etwa anderthalb Prozent des preußischen Volkseinkommens aus[95]. Viel umzuverteilen war da nicht. Nein, die Miquelsche Steuergesetzgebung war eine steuertechnisch und sozialpolitisch gelungene Staatssteuerreform, die von einer unzulänglicheren Gemeindesteuerreform ergänzt worden ist. Nichts anderes. Aber das war mehr, als von all den Reichssteuerreformversuchen nach 1890 gesagt werden kann.

Reichssteuerreformen 1905 bis 1913

An den ersten ist Miquel selbst beteiligt gewesen. Sie sind vollständig gescheitert. Die späteren haben zwar mehr Einnahmen gebracht, die grundsätzliche Kalamität aber nie beseitigt.

Das Grundproblem war, kurz gesagt, dies: die indirekten Reichssteuern waren im Konjunkturverlauf nach oben weniger elastisch, nach unten sehr viel elastischer, und sie waren weniger kalkulierbar als die Einkommenssteuern der Länder. Ihr Aufkommen blieb seit Ende der neunziger Jahre hinter dem ordentlichen Finanzbedarf des Reichs zusehends zurück. Das Defizit mußte mit wachsenden Matrikularumlagen oder mit Anleihen gedeckt werden. Die Zuschüsse aus den Länderetats schmerzten die Länderregierungen zwar. Empfindlicher noch reagierten sie aber auf alle Versuche, mit direkten Reichssteuern in ihre sachliche Steuerdomäne einzugreifen. Gewöhnlich fanden sie dabei die nachdrückliche Unterstützung des Zentrums und der Konservativen. Andererseits wehrten sich die Liberalen und das Zentrum im Reichstag gegen eine überzogene Ausdehnung der Verbrauchsbesteuerung, die vorrangig den täglichen Bedarf oder den bescheidenen Genuß des „kleinen Mannes" traf – und fanden dabei nun wiederum von Fall zu Fall mal dieses mal jenes Land an ihrer Seite. Sobald die Reichsleitung an Erhöhung der Branntwein- oder Biersteuer dachte, bekam sie es mit Bayern zu tun; alle Versuche, die Tabaksteuer zu reformieren, stießen sofort auf den entschiedenen Widerspruch Badens, Sachsens und Württembergs.

Bis zur Jahrhundertwende haben diese und darüberhinausgehende wirtschaftlich-materielle Interessendivergenzen die geordnete Haushaltsführung von Zeit zu Zeit erschwert und alle Reformansätze Miquels und Posadowskys zunichte gemacht[96], im Zeichen der Hochkonjunktur seit 1895 bei steigenden Steuereinnahmen und staatlichen Unternehmenserträgen aber keine allzu schwerwiegenden finanzpolitischen Probleme geschaffen. Auf Matrikularumlagen hatte in den Haushaltsjahren 1895/96 bis 1898/99 verzichtet werden können. Den Ländern waren vielmehr 33 Millionen Mark Reichsüberweisungen nach der Franckensteinschen Klausel zuge-

---

[94]*Wehler* (1973), S. 144 f.
[95]Errechnet nach *Hoffmann/Müller* (1959), S. 86 f.
[96]Vgl. insbes. *Gerloff* (1913), S. 320 ff.

flossen. Die Reichsschuld war zwischen 1895 und 1900 nur um 217 Millionen Mark vermehrt worden[97].

Die Wirtschaftskrise um die Jahrhundertwende machte dem etwas oberflächlichen Gefühl finanzieller Saturiertheit, das sich angesichts dieser Entwicklung bei der Reichsleitung breitgemacht hatte, ein Ende. Der Haushalt des schwersten Krisenjahres schloß mit einer Etatüberschreitung von 48,4 Millionen Mark ab, die Entwürfe für 1902 und 1903 wiesen von vornherein Fehlbeträge von 58,9 und 119 Millionen Mark aus, von denen nur jeweils 24 Millionen durch Matrikularbeiträge gedeckt werden sollten. Mehr glaubte die Reichsleitung den Ländern nicht zumuten zu dürfen. Der Rest mußte durch Zuschußanleihen ausgeglichen werden. Die Zeit der unsoliden[98] Haushaltsführung begann. Der außerordentliche Etat, der mit Anleihen finanziert werden konnte, schwoll immer mehr an. Bis 1904 wuchs die Reichsschuld um 805 Millionen Mark[99]. Die internen Auseinandersetzungen über die richtige Haushaltspolitik nahmen zu[100]. Die Neuordnung der Reichsfinanzen war bereits 1903 oder 1904 überfällig und wurde dennoch bis zum Beginn des Rechnungsjahres 1906 hinausgezögert.

Mit dem Steuerreformentwurf, der dem preußischen Staatsministerium am 15.3.1905 vom Reichsschatzsekretär Stengel zur Begutachtung vorgelegt wurde, begann dann eine bis zum Krieg anhaltende Auseinandersetzung auf und zwischen den verschiedenen mitentscheidungsbefugten Ebenen der komplizierten Reichsgesetzgebung. Es ging dabei um die Einführung und den Ausbau einer direkten Reichssteuer zulasten der Besitzenden, um die Vermehrung der Verbrauchsabgaben, um das rechte Verhältnis zwischen direkten Steuern und Verbrauchsabgaben, schließlich um die Ordnung des finanziellen Verhältnisses zwischen Reich und Ländern. Vor allem die Reform des Jahres 1909 ist von ähnlich vielfältigen Zerwürfnissen und Neugruppierungen geprägt gewesen und hat das Land in ähnliche Aufregung versetzt, wie die Zollreform von 1879, ist aber vom Standpunkt der Reichsleitung und im Sinne einer geordneten Finanzwirtschaft wesentlich erfolgloser gewesen. Aus relativ geschlossenen Entwürfen ist 1906 wie 1909 gesetzliches Stückwerk gemacht worden, bei dessen Beurteilung zu sagen schwerfällt, wem damit eigentlich gedient war. Im Grunde hat es nur Verlierer gegeben. Wie auch anders in einem Streit ohne klare Fronten und konstruktive Ziele, in dem es allen nur auf Abwehr ankam. Politik in irgendjemandes besonderem, nachweislichem Interesse ist dabei nicht herausgekommen. Nicht einmal die beschlossenen und veranschlagten Mehreinnahmen sind erreicht worden.

[97] Ebd. S. 521, 526.
[98] Das gilt allerdings nur unter der damals weitgehend akzeptierten Voraussetzung, daß laufende Ausgaben mit Steuern finanziert zu werden haben. Vgl. die Anleihe-Grundsätze im Denkschriftenband, Teil I, S. 29.
[99] *Gerloff* (1913), S. 362 f.
[100] *Witt* (1970), S. 97 ff. Der wachsende Bedarf ist nicht zuletzt von der forcierten Marinerüstung verursacht worden. Vgl. dazu die äußerst detaillierte Darstellung von *Berghahn* (1971), passim.

In der Reform von 1906[101] sind anfänglich 200 Millionen Mark angestrebt worden. Etwa ein Drittel sollte eine allgemeine Erbschaftssteuer erbringen, die sich zunächst auch auf Gatten und Kinder erstreckte. Den Ländern versuchte das Reichsschatzamt die direkte Reichssteuer schmackhaft zu machen, indem es die von Reichsüberweisungen nicht gedeckten Matrikularumlagen fernerhin bei 24 Millionen Mark fixieren und ihnen ein Drittel der Erbschaftssteuer überlassen wollte. Nur die zweite Empfehlung hat das preußische Staatsministerium passiert. Gegen die Fixierung der Matrikularumlagen haben sich die Minister gewehrt, die auch und überwiegend Reichsverantwortung trugen: Posadowsky, Tirpitz und Bethmann Hollweg. Ihnen hat sich Bülow angeschlossen. Die Besteuerung des Gatten- und Kindererbes ist bereits vor der Sitzung, in der über den Entwurf endgültig entschieden werden sollte, vom Schatzsekretär Stengel zurückgezogen worden[102].

Die Erbschaftssteuer war das politische und steuerrechtliche Kernstück und die Bruchstelle des Entwurfs. Das Reich erwartete 48 Millionen Mark jährlichen Ertrag von ihr. Finanziell schwerer wogen die Erhöhung der Tabaksteuer um 250% und die Einführung einer ergiebigeren Brausteuer. Beides zusammen sollte einschließlich einer Zigarettensteuer 110 Millionen Mark bringen. Dazu kamen mehrere recht großzügig angesetzte Stempelabgaben, die den Ertrag der gesamten Vorlage auf 230 Millionen Mark erhöhen sollten.

Eine tiefgreifende Reform, die den Zusammenhang der Finanzwirtschaft des Reichs und der Länder auf neue Grundlagen stellen konnte, versprach dieser Entwurf gewiß nicht. Es war aber auch kein preußisch-konservativer Entwurf, der die Lebenshaltung der minderbemittelten Bevölkerung bemerkenswert zu verteuern drohte[103]. Es war ein halbherziger und wenig glücklicher Kompromißvorschlag, der im vorhinein die partikularen Interessen der Länder, das konstitutionelle Interesse des Reichstags und die steuerlichen Vorstellungen der Parteien und wirtschaftlichen Interessenten in Einklang zu bringen versuchte. Mit geringem Erfolg. Durch den Bundesrat ist die Vorlage nach einigem Taktieren Stengels zwar so gut wie unverändert gekommen. Die Reichstagskommission begann die Behandlung mit einer Kürzung der Steueranforderungen um 50 Millionen Mark. Dann wurde das Steuerbukett völlig zerrupft. Die Tabaksteuer wurde von allen Parteien gänzlich abgelehnt, die Biersteuersätze von den Nationalliberalen, dem Zentrum und den Konservativen so reduziert und umgestaffelt, daß nicht nur das Besteuerungsprinzip völlig verändert, sondern zudem das erwartete Aufkommen auf gut vierzig Prozent gesenkt wurde. Keine der Stempelsteuern blieb unverändert. Die Streich-Koalition bestand wieder aus den Nationalliberalen und dem Zentrum, denen sich diesmal aber nicht die Konservativen, sondern die Linksliberalen und die Sozial-

---

[101]Die Steuerreformen sind in all ihren Aspekten von *Witt* (1970) erschöpfend untersucht und dargestellt worden. Die anders angelegten Arbeiten Gerloffs bleiben neben seiner Studie von Wert. Alle anderen Darstellungen sind durch sie überholt.

[102]*Witt* (1970), S. 107.

[103]Ebd. S. 113, dagegen *Gerloff* (1913), S. 430.

demokraten zugesellten. Der Erbschaftssteuerentwurf schließlich wurde zwar im konservativen Sinn zugunsten der landwirtschaftlichen Erbschaften umformuliert, freilich nicht so durchgreifend, daß er für die Deutschkonservativen annehmbar geworden wäre. Am erwarteten Ertrag hatte sich nichts geändert. Hereingekommen ist dann freilich nur die Hälfte. Die verwässerte Erbschaftssteuer ist *mit* den Stimmen der Freisinnigen und der Sozialdemokraten, *gegen* die der Konservativen angenommen worden, während die Linke im übrigen gegen alle anderen Steuern gestimmt hat. Die Einführung der direkten Reichssteuer war das wichtigste Ergebnis der Reform. Unter finanziellen Gesichtspunkten erwies sie sich in den beiden folgenden Haushaltsjahren als gescheitert.

Während die Ausgaben im Gefolge der Heeresnovelle von 1905 und der Flottenvorlage von 1906 hochschnellten wie nie zuvor, beliefen sich die Mehreinnahmen auf jeweils 110 Millionen Mark. Vom 1.1.1907 bis zum 31.12.1909 wurde die Reichsschuld um 1,35 Milliarden oder 38% vermehrt[104].

Die Reform von 1906 war nicht einmal eine Überbrückungsmaßnahme geworden. Das hat auch das Reichsschatzamt frühzeitig gesehen. An Überlegungen und Vorbesprechungen zwischen dem Schatzamt, dem preußischen Finanzminister und den Parteiführern der Regierungsmehrheit hat es in den folgenden Jahren nicht gefehlt. Die vielfältigen Divergenzen waren aber kaum zu überbrücken. Und als sich dann doch eine Kompromißlösung abzeichnete, schoben ihr die Vertreter der Bundesstaaten einen Riegel vor, bevor auch nur eine formgerechte Vorlage entworfen worden war. Die vorgezogenen Neuwahlen von 1907, der gerade hinsichtlich seiner wirtschafts- und sozialpolitischen Ziele brüchige konservativ-liberale „Bülow-Block", dessen Zusammenhang einer Finanzreform großen Stils nicht gewachsen schien, die Schwäche der Regierung und die außenpolitischen Verwicklungen waren die wesentlichsten Ursachen eines mehrjährigen Weiterwurstelns bis 1909.

Der Reformentwurf des neuen Schatzsekretärs von Sydow war in jeder Hinsicht großzügiger als alle vorhergehenden. Er strebte ein Mehraufkommen von nicht weniger als 500 Millionen Mark an, und ging so ungefähr keinem der traditionellen Streitpunkte der deutschen Steuerverfassung aus dem Weg. Die direkte Reichssteuer tauchte in Gestalt einer Nachlaßsteuer und der Beschränkung des Intestaterbrechts wieder auf (105 Millionen). Die Matrikularbeitragspflicht sollte von derzeit 40 Pfennig auf 80 Pfennig pro Kopf der Bevölkerung hinaufgesetzt werden (24 Millionen). Die Branntweinsteuer sollte abgeschafft und dafür ein Absatzmonopol des Staats eingerichtet werden, das der Reichskasse Monopolgewinne (90 Millionen) und den Brennern garantierte und einträgliche Preise verhieß. Tabak und Bier waren erneut (177 Millionen), Wein, Elektrizität, Gas und Inserate zusätzlich als Steuerquellen vorgesehen (116 Millionen)[105]. Durchs preußische Staatsministe-

---

[104]Denkschriftenband, Teil I, S. 27. *Witt* (1970), S. 114–132, 165, *Gerloff* (1913), S. 439, 521.

[105]*Witt* (1970), S. 211. Vgl. zu den Reformbemühungen bis zum Bruch des Blocks auch *Hartmann* (1950), S. 192–236.

rium und durch den Bundesrat ist diese Vorlage gegen den üblichen Widerstand erstaunlich glatt gekommen. Rheinbaben und der neue Landwirtschaftsminister von Arnim hatten ohne spürbaren Erfolg die bekannten agrarisch-konservativen Bedenken gegen die Erbschafts- und Nachlaßsteuer vorgebracht. Die süddeutschen Länder hatten sich mit dem Erfolg, gewisse Reservatrechte zugesichert zu bekommen, gegen das Branntweinmonopol verwehrt.

Im Reichstag freilich ist die relativ geschlossene Vorlage dann völlig zerfranst worden. Die finanzpolitischen Überlegungen sind dabei von vornherein noch stärker als ehedem in den Hintergrund gedrängt, koalitionstaktische neben den hergebrachten interessenpolitischen Motiven nachdrücklicher zur Geltung gebracht worden. Der Bülow-Block ist an der Reform zerbrochen, der neue schwarz-blaue Block, der statt seiner entstand, mit so zahlreichen Bruchstellen belastet gewesen, daß sein Zerfall nur eine Frage der Zeit war. Zu Bülows Sturz hat sie nicht unwesentlich beigetragen[106]. Das Parlament hat sich spätestens bei der Arbeit an diesem Gesetz als machtvollster Faktor der Reichsgesetzgebung erwiesen und den Regierungen den Willen einer Mehrheit aufgenötigt[107], die nicht mehr von staatswegen inspiriert war wie 1879 oder 1902. Über den hergebrachten konstitutionellen Gedanken und damit über die ideellen Grundlagen der Bismarck'schen Verfassung wies diese Entscheidung weit hinaus. Ob Blockbildung, Blockbruch und Kanzlerdemission als Zeichen zunehmender Parlamentarisierung gewertet werden können oder nicht[108], scheint ein müßiger Streit zu sein, weil er zuletzt auf einen Streit um den rechten Parlamentarismusbegriff hinausläuft. Auf die Ernennung des Kanzlers und der Staatssekretäre hat der Reichstag weiterhin ebensowenig Einfluß nehmen können, wie er sie durch ein überwältigendes Mißtrauensvotum stürzen konnte. Das sollte sich anläßlich der Zabern-Interpellation am 4.12.1913 zeigen. Auch die grundsätzliche Formulierung der Reichspolitik[109], zumal der Außenpolitik, ist völ-

[106]Vgl. *Bertram* (1964), S. 15 ff.

[107]Von ungebrochen überlegener Stellung des Reichskanzlers gegenüber dem Reichstag konnte sicherlich keine Rede mehr sein. So *Geiß* (1976), S. 45. Vgl. dagegen *Dorpalen* (1951), S. 194.

[108]Dies bejahen z. B. *Hartung* (1920), S. 215 ff., *Eschenburg* (1929), passim. *ders.* (1964), S. 23 ff., *Bergsträsser* (1952), S. 170 f. (ob der Kaiser Bülow „gegen den Willen der Parlamentsmehrheit nicht (mehr) halten" konnte, steht dahin. Er hat es wohl nach der Daily-Telegraph-Angelegenheit nicht mehr gewollt.), *Frauendienst* (1957), S. 731, 739, *Bermbach* (1967), S. 19 ff. Dagegen *Witt* (1970), S. 303 f. Der Gegensatz scheint freilich so groß nicht zu sein. Vgl. z. B. S. 362, 366, 370. Siehe auch *Gerschenkron* (1966), S. 85 f.

[109]Dieter Grosser hat überzeugend dargelegt, daß starke parlamentarische Gruppen gar nicht daran interessiert waren, die Regierung grundsätzlich von der Parlamentsmehrheit abhängig zu machen. *Grosser* (1970), S. 3 f., 69 ff., 75 ff., 86. Vgl. auch Lepsius Überlegung, daß die Verhaftung der vier Parteigruppen – Konservative, Liberale, Zentrum, SPD – an bestimmte sozialkulturelle Milieus der politischen Demokratisierung entgegengewirkt hat. *Lepsius* (1966) und die partielle Zustimmung, partielle Kritik an beiden Ansätzen bei *Schmidt* (1972), S. 22 ff.

lig Sache der Krone und der Reichsleitung geblieben. Und eine Frage bleibt, ob eine Parlamentsmehrheit, die nicht aus Konservativen und Zentrum bestanden, sondern von „Bassermann bis Bebel" gereicht hätte, in ähnlicher Weise hätte erfolgreich sein können. Die Antwort scheint nahezuliegen. Freilich mutet schon die Frage einigermaßen unhistorisch-theoretisch an. Außer für die kleine, stets etwas desorientierte Gruppe um Naumann, war solch ein „Block" auch im Lager der Sozialdemokraten und der Nationalliberalen eine Undenkbarkeit.

Parlamentarisierung im staatsrechtlichen oder im Verständnis moderner Parlamentarismustheorien: gewiß nicht. In jedem Fall aber hatte sich gezeigt, daß Bewegung in die politische Struktur des Kaiserreichs gekommen war. Diese Auflockerung ist die Voraussetzung künftiger Parlamentarisierung gewesen. Es mochte zu den Eigenheiten der Strukturbedingungen jener Zeit gehören, daß die bewegenden Elemente zunächst Negation, Ablehnung und im Falle des Zentrums zudem politische Rach- und Eifersucht gewesen sind, und daß wenig Ersprießliches dabei herausgekommen ist.

Die angeforderten 500 Millionen Mark waren am Ende nominell zwar bewilligt worden. Aus der geplanten Steuerreform aber war ein Steuerchaos geworden. Zunächst hatte die Reichstagskommission, die aus fünfzehn Blockabgeordneten und dreizehn Oppositionellen bestand, die Nachlaßsteuer wie das Branntweinmonopol rundweg abgelehnt. Das Monopol galt allen Parteien außer den Konservativen als völlig unannehmbar. Eine Subkommission wurde beauftragt, statt dessen neue Branntweinsteuervorschläge auszuarbeiten. Die Nachlaßsteuer war den Konservativen zuwider, den Nationalliberalen und den Freisinnigen reichte sie als Ergänzung der erhöhten Verbrauchsbesteuerung nicht aus. Sie favorisierten wieder eine allgemeine Vermögenssteuer. Das Zentrum vermutete in der Nachlaßsteuer die Bruchstelle des Blocks, hatte schon bei der ersten Lesung der Vorlage im Plenum des Reichstags versichert, daß es ihr „als Geburtshelfer (nicht) fördersam sein" werde und sich den Konservativen damit als neuer Partner angeboten[110]. Der längst zerrüttete Block fand allerdings einen Formelkompromiß, der den äußeren Zerfall noch einmal hinausschob. Als Ersatz für die Nachlaßsteuer sollten ungemessene Matrikularbeiträge eingefordert werden, die von den Ländern durch eine ihnen freistehende neue Besitzabgabe aufgebracht werden sollten. Die süddeutschen Bundesländer, Sachsen und Hessen protestierten dagegen sofort als Eingriff in ihre Budgethoheit. Und den Block hielt der wenig aussichtsreiche Vorschlag dann doch nur noch drei Wochen am Leben. Am 4. März 1909 hatten sich die Konservativen und die Liberalen auf ihn geeinigt, am 23. März wurden die Bera-

[110] *Witt* (1970), S. 263 ff., *Hennicke* (1929), S. 44, 67, 89 ff.

tungen über die Branntweinbesteuerung[111] wiederaufgenommen. Dabei zerstritten sich die Konservativen und der Freisinn so sehr, daß der konservative Fraktionsführer am 24. März den Block sprengte, zumal das Zentrum zu erkennen gegeben hatte, daß es den agrarischen Branntweinsteuerwünschen sehr nahestand[112].

Eine Regierungsmehrheit, wie sie der Block gewesen war, gab es fortan nicht mehr. Als Bülow dem Reichstag dann im Juni als Ersatz für die abgelehnte Nachlaßsteuer eine Erbanfallsteuer vorlegte, die auch Gatten- und Kindeserben betraf, und zugleich erklärte, daß er nur im Amt bleiben werde, wenn die Steuer in der vorgelegten Form mit den Stimmen der Nationalliberalen angenommen würde, geriet die Abstimmung über die direkte Besitzsteuer zumindest für das Zentrum zu einem Votum über den Block-Kanzler. Die Steuer wurde am 24.6. mit den Stimmen der Konservativen, des Zentrums und einiger Nationalliberaler knapp abgewiesen. Bülow reichte sofort seine Entlassung ein. Sie wurde bis zur Verabschiedung des gesamten Steuergesetzes verweigert, damit der Eindruck einer direkten Verbindung zwischen der Niederlage im Parlament und der Demission vermieden werde. Bülow hat sich dann freilich seinerseits geweigert, die gegen seinen Willen entstandenen Gesetze gegenzuzeichnen[113].

Lediglich *eine* Steuer, die Brausteuer, war etwa in der Form, die der Entwurf vorgesehen hatte, Gesetz geworden. Das Branntweinmonopol war aufgegeben, dafür die Branntweinsteuer unter Wahrung hergebrachter agrarischer und partikularistischer süddeutscher Begünstigungen erhöht worden. Die Tabaksteuer war anders eingerichtet, ihr Ertragssoll von 77 auf 43 Millionen Mark reduziert worden. Die Gas-, Elektrizitäts- und Anzeigensteuern waren bereits in der ersten Lesung verworfen, die Weinsteuer zur Amendierung an eine Subkommission verwiesen, aber nicht wieder aufgegriffen worden. Statt ihrer hatte die neue Mehrheit den Tee- und Kaffeezoll erhöht, und Zündwaren und Beleuchtungsmittel neu besteuert. Unter der „unklaren und unzutreffenden Bezeichnung"[114] „Besitzsteuern" sind neben all diesen Verbrauchsabgaben schließlich Stempelsteuern auf bestimmte Effekten, Talons, Schecks und Wechsel sowie bei Grundstücksübertragungen eingeführt wor-

---

[111]Die Branntweinbesteuerung ist damals und später als herausragendes Beispiel einer Steuerpolitik im agrarischen Interesse interpretiert worden. Daran ist richtig, daß sie die landwirtschaftlichen vor den gewerblichen Brennereien massiv begünstigt hat. Darüber sollte aber nicht vergessen werden, daß dieser *relative* Vorteil anfänglich das Trostpflaster für einen *absoluten* Einkommensnachteil gewesen ist. Das Branntweinsteuergesetz vom 24. 6. 1887 ist zwar von den Klagen der norddeutschen Brenner über sinkende Preise und Erträge mitangeregt, aber bald — nach einem ersten, gescheiterten Versuch, ein Reichsbranntweinmonopol einzurichten — völlig unter fiskalische Vorzeichen gestellt worden. Es galt, eine Heeresvermehrung zu finanzieren. Die Besteuerung wurde völlig neugeordnet (zur vorhergehenden Regelung vgl. Hwb. d. Stwiss. 3. Aufl., Bd. 3, S. 214 f.). Ihr Kernstück war fortan eine Verbrauchsabgabe

von teils 50, teils 70 Mark pro Hektoliter. Um dieses teils-teils ist künftig der Streit gegangen. Steuerbegünstigt waren nur 2,2 Millionen Hektoliter Gesamtproduktion, 4,5 Liter pro Kopf der Bevölkerung. Dieses „Kontingent" wurde im Verhältnis der bisherigen Produktion auf die bestehenden, überwiegend landwirtschaftlichen Brennereien verteilt. Für Überkontingentmengen mußten 70 Mark Verbrauchsabgabe verrechnet werden. Das hat die mutmaßliche Rentabilität neu zu gründender gewerblicher Brennereien stark herabgesetzt und Neugründungen außerordentlich behindert. Andererseits sind den Kontingentsbrennern nun aber nicht 44 Millionen Mark im Jahr vom Staat zugewendet worden. (*Gothein* (1910), S. 169, *Witt* (1970), der bis 1912 auf eine „Zuwendung" von 960 Millionen Mark kommt. S. 46, 48). Das träfe allenfalls zu, wenn sich die Erzeugerpreise an den Kosten (Produktionskosten plus Überkontingentsteuer) der Brennereien mit den höchsten Produktionskosten orientiert hätten. Dann wäre die Kontingentspanne ein Zusatzgewinn inform eines Steuerverzichts gewesen. Es ist aber völlig offen, für welchen Teil der volkswirtschaftlichen Gesamtproduktion der Verkaufspreis tatsächlich 70 Mark über den Erzeugungskosten lag. Kontingentbrenner profitierten ja auch dann noch, wenn die Spanne um 5 oder 10 oder 15 Mark kleiner war. Sobald sie 70 Mark überschritt, hätte es gelohnt, Überkontingent zu produzieren, bis die Grenzspanne auf Null abgesunken wäre. Der größere Teil der Kontingentbrenner hat das nachweislich nicht getan. Gerloff hat deshalb wohl zurecht angenommen, daß der Preis für die meisten Brenner unter den Kosten des Überkontingents geblieben ist (*Gerloff* (1913), S. 450 f.). Das ist eins. Nicht zu quantifizieren und daher nur plausibel zu begründen, aber nicht zu belegen. Wichtiger aber ist, daß den Brennern mit der Kontingentspanne nur zum Teil wiedergegeben wurde, was ihnen die Neuregelung zuvor wegnahm. Denn die Absatzmengen und die Erzeugerpreise sind sofort scharf und anhaltend gesunken. In den sieben Jahren nach der Einführung des Gesetzes sind noch 15 Millionen Hektoliter Trinkbranntwein gegenüber 19,4 Millionen in den sieben Jahren zuvor verbraucht worden. Die Erzeugerpreise sind von 45–50 Mark auf etwa 35 Mark gefallen. Zwischen 1880/81 und 1886/87 haben die Erzeugererlöse 1,35 Milliarden Mark betragen, zwischen 1887/88 und 1894/95 unter der Annahme, daß für Kontingentsbrand durchweg 20 Mark mehr erlöst worden sind, nur noch 1,09 Milliarden Mark (*Teichmann* (1955), S. 398 f., vgl. *Briefs* (1912), S. 110). Es ist nicht anzunehmen, daß 20% niedrigere Umsätze höhere Gewinne eingetragen haben. Schließlich bleibt völlig offen, wie sich Nachfrage und Preise bei wachsender Bevölkerung ohne die verbrauchshemmende Steuer entwickelt hätten. Kurz, das vom Konservativen Wedell-Malchow erfundene Schlagwort „Liebesgabe" mutet angesichts dieser Zahlen wie ein, womöglich sogar ironisch gemeinter, Euphemismus an, der von den Gegnern der Regelung zu ernst genommen worden ist.

Daß die Agrarier und mit ihnen die süddeutschen Länder, denen ein besonders hoher Kontingentanteil eingeräumt worden war, diese „Liebesgabe" dann mit Klauen und Zähnen verteidigt haben, ist dennoch nicht erstaunlich. Unter den Bedingungen der neuen Besteuerung *war* sie natürlich von Vorteil und verteidigenswert. Man verteidigte damit bis zu 20 Mark Ertrag pro Hektoliter Kontingentbranntwein, womöglich die Existenzfähigkeit der Brennerei und in jedem Fall den Konkurrenzvorsprung vor potentiellen und existenten gewerblichen Betrieben. Und da die Absatzmengen und die Preise allmählich wieder stiegen, ist die Aufrechterhaltung der Kontingentspanne nach geraumer Zeit tatsächlich auf beträchtliche materielle Begünstigung der Landwirtschaft hinausgelaufen. Zur Branntweinpolitik vgl. auch *Ginsberg* (1903), *Briefs* (1912), *Häußler* (1914), *Herlemann* (1952), *Kaufmann* (1921), *Krischer* (1928).

[112] *Witt* (1970), S. 268 f., *Teschenmacher* (1915), S. 35–55, *von Westarp* (1935), S. 57 ff.
[113] *Witt* (1970), S. 289–304, *Bertram* (1964), S. 9 ff.
[114] *Hesse* (1909), S. 752.

den[115], die sich schon bald rein veranlagungs- und erhebungstechnisch als unzulänglich erwiesen[116].

Im übrigen waren nicht nur alle Steuerverfassungsprobleme ungelöst geblieben und die Reform wesentlich zulasten der Verbraucher gegangen. Es zeigte sich rasch, daß die Sollaufkommen fast aller Steuern zu optimistisch angesetzt waren. Die Branntwein-, Brau- und Tabaksteuern, die pro Jahr zusammen etwa 225 Millionen Mark mehr erbringen sollten, haben bis 1913 im Jahresdurchschnitt nur 130 Millionen Mark zusätzlich abgeworfen. Die neuen Steuern blieben ebenfalls weit hinter den Erwartungen zurück. Statt 125 Millionen Mark betrug das Aufkommen der Zündwaren- und Beleuchtungssteuer, sowie der Effektenstempel 1911 erst gut 85 Millionen Mark[117]. Die Reichsfinanzen befanden sich weiterhin in „fast unhaltbarem Zustande"[118].

Das Steuergesetz von 1909 ist sicherlich der reinste Ausdruck des Erfolgs agrarischer Interessenpolitik in der Wilhelminischen Zeit gewesen, eines Erfolgs, der freilich weder ins Konzept der „Sammlung" paßt, noch mit struktureller politischer Rückständigkeit zu erklären ist. Die Konservativen verdankten ihn vielmehr einer gleichsam verfassungsändernden Entwicklung, die ihnen im Grunde zuwider war[119], weil sie die Gewichte von Regierung und Parlament im Reich deutlich zugunsten des Reichstags verschoben hatte. Dem Erfolg haftete deshalb etwas durchaus Paradoxes an. Und da er überdies im finanz- und wirtschaftspolitischen Opportunismus des Zentrums begründet war, war es ein wenig gesicherter Erfolg. Schließlich sind die Agrarier sowenig um die direkte Besteuerung des Vermögens durch das Reich herumgekommen, wie um die Beseitigung der „Liebesgabe".

Bei der Beratung der Deckungsvorlage der Heeres- und Flottenvermehrung im Frühjahr 1912 trennte sich das Zentrum wieder von den, nach einem verbissen-erbitterten Wahlkampf schwer geschlagenen Konservativen[120] und trat zusammen mit den Nationalliberalen für die Abschaffung der Branntweinsteuervergünstigungen ein. Zugleich forderten die beiden Fraktionen den Reichskanzler auf, bis zum 30.4.1913 ein allgemeines Besitzsteuergesetz vorzulegen[121]. Obgleich sich Beth-

---

[115]Damit ist man der alten agrarischen Forderung nach stärkerer Belastung des „mobilen Kapitals" gefolgt. Vor allem aus Protest gegen diese Steuern ist zwei Tage nach der Annahme des Gesetzes als neue Kampforganisation der Industrie, der Banken, des Handels und zur Verteidigung wirtschaftsliberaler Prinzipien der Hansa-Bund ins Leben getreten. Vgl. neuerdings die ausführliche Monographie von *Mielke* (1976).

[116]*Hesse* (1909), S. 727–764 mit einer detaillierten Erläuterung jeder einzelnen Steuer. Vgl. auch *Teschenmacher* (1915), S. 66 f., *Hartmann* (1950), S. 236–248.

[117]*Gerloff* (1913), S. 473, 476, *Witt* (1970), S. 379, vgl. auch S. 311.

[118]Wermuth an die Chefs der obersten Reichsbehörden. Zit. *Witt* (1970), S. 316.

[119]Vgl. z. B. *v. Westarp* (1935), S. 77 f.

[120]Zur Reichstagswahl von 1912 vgl. *Bertram* (1963), insbes. S. 200–261.

[121]*Zmarzlik* (1957), S. 58.

mann Hollweg anhaltend bemühte, die laufenden Ausgaben der Heereserweiterung von 1913 mit der Unterstützung der Konservativen, des Zentrums und der Nationalliberalen zu finanzieren, ist er an der Intransigenz der Konservativen gescheitert. Jetzt freilich bedeutete dies nicht mehr auch eine parlamentarische Niederlage des Reichskanzlers, sondern völlige Isolierung der beiden zusammengeschrumpften Fraktionen. Gegen ihre Stimmen hat das ganze Haus Ende Juni 1913 eine Reichsvermögenszuwachssteuer angenommen[122]. „Der fünfjährige Kampf um die allgemeine Reichsbesitzsteuer" hatte für die Konservativen „mit einer vollen Niederlage geendet"[123]. Die Reichstagsmehrheit war endgültig zur bestimmenden Kraft bei steuerpolitischen Entscheidungen geworden, auch dann, wenn ihr die Konservativen nicht angehörten[124].

Die grundsätzlichen Probleme der Reichssteuerverfassung aber sind bis zum Krieg ungelöst geblieben und erst von der Steuerreform Erzbergers beseitigt worden.

[122]Chronik 1913, S. 489 ff., *Köppe* (1914), S. 254–318, *Teschenmacher* (1915), S. 83, *Barth-Haberland* (1950), S. 119–163, *Zmarzlik* (1957), S. 60–75, 78, 82, *Witt* (1970), S. 370 ff.

[123]*v. Westarp* (1935), S. 270.

[124]Die Konservativen hatten ihren „Startvorsprung in der preußisch-deutschen Politik" in der Tat weitgehend verloren. *Schmidt* (1972), S. 6, vgl. auch S. 12 f.

Handelspolitik und Zollwirkungen

Nein, die Wirtschaftspolitik im Kaiserreich ist keine Abfolge aufeinander abgestimmter, von rein sachlichen Erwägungen geleiteter rationaler Entscheidungen über Maßnahmen gewesen, mit denen qualitativ oder gar quantitativ hinlänglich genau formulierte *wirtschaftliche* Ziele erreicht werden sollten. Sie war vielmehr das in letzter Konsequenz zufällige Ergebnis vielfältiger Interessenauseinandersetzungen, die sich auf und zwischen verschiedenen Entscheidungsebenen abspielten und von teilweise ganz unvergleichbaren Motiven bestimmt waren. Ebenso beispielhaft dafür und als Objekt für die Demonstration der Qualität staatlicher Intervention auch aus mancherlei anderen Gründen gut geeignet ist die Zoll- und Handelspolitik. Sie ist, im Gegensatz zur Finanz- und Geldpolitik, auch von den Zeitgenossen als wirtschaftspolitisches Instrument des Staates gesehen — und in ihrer Wirkung maßlos überschätzt worden[1]. In dieser Überschätzung sind ihnen nicht wenige Historiker einigermaßen unkritisch gefolgt[2]. Die Zollgesetze gelten nun aber nicht nur als herausragende Beispiele staatlicher Intervention, sondern zudem als Beispiele für die zunehmende Verschränkung öffentlicher und privater Macht und für die Ausnutzung öffentlichen Einflusses für privatwirtschaftliche Zwecke. Hierin gehören die überstrapazierten Worte vom „Solidarprotektionismus", vom „Kondominium von Roggen und Eisen", von der „Sammlungspolitik" und was es an dergleichen sprachlich mehr oder weniger ansprechenden Formeln sonst noch gibt. In allen steckt unverkennbar der Kern einer richtigen historischen Erkenntnis. In ihrem Absolutheitsanspruch sind sie falsch, weil sie sich um die Vielzahl der Motive und Bezüge kaum bekümmern.

[1] Vgl. die erregten Vorgänge, die öffentlichen und parlamentarischen Debatten um die Wiederbelebung der Schutzzollpolitik seit 1875 und die weitausgreifende Industrie- und Agrarstaatsdebatte um die Jahrhundertwende. Zu 1879 u. a. *Böhme* (1966), *Lambi* (1963), *Hardach* (1967), *Stürmer* (1974) und zusammenfassend aus der Sicht der „geschlagenen" Freihändler *Hentschel* (1975). Zur Industrie- und Agrarstaatsdebatte s. Anm. 66, S. 155. Auf die theoretischen Implikationen der Wirkung von zollpolitischen Maßnahmen, auf Preis/Nachfrage-Elastizitäten, den Einfluß auf die Wechselkurse und dergleichen kann hier nicht eingegangen werden. Vgl. jedes Lehrbuch zur Makroökonomie und die einschlägigen Monographien zur Außenwirtschaftstheorie, z. B. *P. Samuelson*, Volkswirtschaftslehre, Bd. 2, Köln 1973, S. 347—455. *F. Dernburg, D. McDougall*, Macroeconomics, New York 1968, S. 237 ff., *W. Ehrlicher* u. a., Kompendium der VWL, Bd. 2, Göttingen 1975, darin der Beitrag von *Jürgensen, K. Rose*, Theorien der Außenwirtschaft, mehrf. neu aufgel., *ders.* (Hrsg.), Theorie der internationalen Wirtschaftsbeziehungen, Köln — Berlin 1971, insbes. 3. Teil: Zolltheorie.
[2] Insbesondere im Hinblick auf das Zollgesetz von 1902, mit dem die politische Vormachtstellung der Großagrier wirtschaftlich abgesichert, und der Anstieg der Reallöhne entscheidend gehemmt worden sei. Zuletzt *Stegmann* (1970), S. 89.

Zweierlei sollte bei der historischen Untersuchung handelspolitischer Maßnahmen im Kaiserreich von vornherein und in jedem Fall auseinandergehalten werden: Zollgesetzgebung als *wirtschaftspolitische* Maßnahme mit *wirtschaftlichen* Zielen und Folgen, und Zollgesetzgebung als vordergründig wirtschaftlich motiviertes Streitobjekt mit eigentlich sozialen und politischen Zielen und Folgen. Der zweite Gesichtspunkt ist in letzter Zeit vergleichsweise eingehend und dennoch, scheint mir, bedenklich spekulativ und affirmativ zugleich dargestellt[3], der erste dagegen weitgehend vernachlässigt worden. Da es im Konzept des „Organisierten Kapitalismus" um die integrierende Betrachtung von Wirtschaft und Politik geht, verdient der ideologisch-politische Gehalt der Zollpolitik dort sicherlich ebenso starke Beachtung, wie ihre Rolle als Kristallisationspunkt für die Gruppierung wirtschaftlicher und politischer Interessenten. Konstitutiv für ihren „Stellenwert" muß gleichwohl die reale wirtschaftliche Wirkung im Sinne der Wachstumssicherung und der Konjunkturbeeinflussung bleiben. Und hier kommen theoretische Zweifel, ehe die konjunktur- und wachstumsstatistischen Daten auch nur angesehen worden sind. Handelspolitik ist wohl das diskontinuierlichste, am schwersten und unsichersten zu bewegende wirtschaftspolitische Instrument, das sich vorstellen läßt. Im Kaiserreich um so mehr, als damals eine Politik gewöhnlich langfristig bindender Handelsverträge getrieben wurde. Als konjunkturpolitisches Mittel war sie mithin völlig untauglich. Überdies aber ist die Außenwirtschaft, und war es in einer Zeit raschen und beträchtlichen naturwissenschaftlich-technischen Fortschritts mit bemerkenswerten Folgen für die internationale Konkurrenzfähigkeit in erhöhtem Maße, von einer Vielzahl wirkungsmächtiger Einflüsse bestimmt, die nicht einmal mittelfristig hinlänglich genau vorauszusehen oder gar zu kontrollieren sind. Die Wirksamkeit zollpolitischer Maßnahmen kann sich daher schon nach kurzer Zeit erschöpfen und deshalb keinerlei Bedeutung mehr für die nationale wirtschaftliche Gestaltung haben.

Nach 1879 im Schutz von Zöllen produzieren und absetzen zu können, mochte für die Roheisen- und Stahlproduzenten, für die Spinner und Weber eine erfreuliche Sache gewesen sein[4], weil ihnen der Zoll erlaubte, ihre Preise bei günstiger Konjunktur oberhalb des Weltmarktpreises festzusetzen und dabei dennoch einen größeren Marktanteil zu gewinnen. In welchem Ausmaß das anfangs der achtziger Jahre gelungen ist, ist eine bislang kaum beantwortete Frage. Und es ist zu fürchten, daß sie wegen erheblicher methodischer Schwierigkeiten, die vom Mangel an aussagekräftigem statistischem Material noch vergrößert werden, auch kaum je überzeugend beantwortet werden kann. Aber gleichviel. Selbst wenn Zollerhöhungen zunächst konjunktur- und wachstumsanregende Impulse geben sollten, sobald

---

[3] *Stegmann* (1970), S. 59 ff., *Witt* (1970), S. 63 ff., *Böhm* (1972), S. 190 ff., *Ullmann* (1976), S. 165 ff. Abweichend *Eley* (1974).

[4] Für die Stahlwerke und die Weber freilich nur, solange sie auf die Stahl- und Gewebezölle blickten, nicht mehr angesichts der Roheisen- und Garnzölle.

die betroffenen Branchen mit dem neuen Preisniveau und dem womöglich größeren Marktanteil zu rechnen begonnen haben, ist der Anregungs- und Wachstumseffekt verpufft. Neue Impulse sind nötig. Seit 1887 aber sind „strategische" Industriezölle nicht mehr bemerkenswert erhöht worden. Andererseits haben die „industriefreundlichen" Zölle und Handelsverträge Caprivis sowenig starke Exporte und über sie schließlich den Aufschwung von 1894 hervorgerufen, wie die „agrarfreundlichen" Zölle Bülows den Abschluß von Handelsverträgen verhindert oder zu statistisch nachweisbaren Exportnachteilen der Industrie geführt haben.

Um das Ergebnis noch vor der detaillierten Analyse pointiert zusammenzufassen: Umfang, Struktur und Richtung des deutschen Außenhandels sind entgegen der Erregung, mit der zollpolitische Maßnahmen diskutiert worden sind, von der Zoll- und Handelspolitik nicht entscheidend beeinflußt worden. Wohl auch deshalb ist die Aus- und Einfuhr für die Phasenlänge und die Amplituden der binnenwirtschaftlichen Konjunkturbewegung bis weit ins erste Jahrzehnt des neuen Jahrhunderts hinein wirkungslos geblieben[5]. Es war gerade andersherum: ob der Import und der Export rascher oder weniger rasch zunahmen, ist von der konjunkturellen Entwicklung im Inneren bestimmt worden. In Aufschwungjahren ist der Export eher vernachlässigt und der Import angeregt, in Abschwungjahren der Import abgeflaut und Ersatz für die geringere inländische Nachfrage zu gewöhnlich niedrigeren Preisen[6] auf den Auslandsmärkten gesucht worden[7]. Mit dem Erfolg, daß die Ausfuhr die Binnenkonjunktur nachhaltig belebt hätte, ist das aber eben nie gelungen, zumal die europäischen Partnerländer, die bis zum Krieg Hauptabnehmer deutscher Produkte waren, meist tiefer und länger in der Depression steckten als das Reich. Erst der letzte Aufschwung der deutschen Wirtschaft nach dem Einbruch von 1907/08 ist von kräftig steigenden Exporten mitgetragen worden. Das geschah im Zeichen der angeblich exportschädigenden Bülowschen Handelsverträge.

Vergegenwärtigt man sich die Geschichte der Caprivi-Marschall'schen und der Bülow-Posadowsky'schen Handelspolitik samt der öffentlichen Diskussion, die sie entfacht hat, könnte man auf den ersten Blick meinen, daß ihre *industrie*wirtschaftlichen Wirkungen den Absichten und Befürchtungen ihrer jeweiligen Förderer und Gegner geradewegs zuwidergelaufen sind, während ihre Wirkungen auf die *Landwirtschaft* diesen Absichten und Befürchtungen genau entsprochen hat. Die

---

[5]Vgl. *Borchardt,* Handbuch, S. 267. Zur geschätzten Exportquote verschiedener Branchen *Jacobsohn* (1908).

[6]Während die Inlandspreise den Berechnungen Wagenführs zufolge zwischen 1895 und 1913 im Jahresdurchschnitt um 1,2% gestiegen sind, wuchsen die Exportpreise nur um 0,4%. *Wagenführ* (1936).

[7]Ebd. S. 36 ff., 44. Mithilfe eines elastizitätstheoretischen Ansatzes ist *Pesmazoglu* (1950), S. 82 f., 97 zum gleichen Ergebnis gekommen. Vgl. auch *Borchardt,* Handbuch, S. 368: „Die vorübergehende Verbesserung der Handelsbilanz war ein Krisenanzeichen".

Agrarpreise und die landwirtschaftlichen Erträge sind in den neunziger Jahren tatsächlich eklatant gefallen und im neuen Jahrhundert wieder auf bemerkenswerte Höhen gestiegen. Nur war beides zum geringeren Teil der deutschen Zollpolitik, zum größeren Teil Entwicklungen auf dem Weltmarkt zuzuschreiben.

Beim zweiten Hinsehen zeigt sich freilich, daß nicht einmal die Befürchtungen aller scheinbar nachteilig Betroffenen, gewiß nicht die Absichten der heterogen zusammengesetzten Gruppe aus positiv Interessierten und Begünstigten eindeutig gewesen sind. Zumal die Absichten der Reichsleitung lassen sich nicht über den groben Leisten: rücksichtslose Förderung der Industrie auf Kosten der Landwirtschaft unter Caprivi und agrarstaatliche Restauration unter Bülow schlagen. Bei Caprivi haben ganz andere Motive die hervorragende Rolle gespielt, die Motive Bülows waren zumindest differenzierter. Und in beiden Fällen, 1892/94 wie 1902/06, sind eben diese Motive im Zollgesetz und in den Handelsverträgen am deutlichsten zur Geltung gekommen, nicht etwa die Wünsche und Forderungen „mächtiger" Interessenvereinigungen. Mit kaum abgeschwächtem Nachdruck hat Fritz Sterns auf die Bismarckzeit gemünzte Feststellung auch für die Wilhelminische Zeit Gültigkeit behalten: „One is struck by the penetration of economic power. . . but also by it's limits and indeed by it's inferiority as compared to the power of the state"[8].

Stil und Durchführung der Zoll- und Handelsgesetzgebung hatte sich in kaum zehn Jahren allerdings bemerkenswert geändert. An der Entstehung des Zollgesetzes von 1902 ist nicht umsonst immer wieder exemplifiziert worden, daß neuerdings partikulare wirtschaftliche und soziale Interessen in einem sehr frühen Stadium in den politischen Willensbildungsprozeß einbezogen worden sind. Sie *ist* das beste Beispiel für diese fortwirkende politische „Innovation". Allerdings heißt „einbezogen worden sein" noch nicht „durchgesetzt haben". Mögen wirtschaftliche Gruppeninteressen von Anbeginn zur Leitlinie der Zollreformbestrebungen seit 1897 gemacht und die Vertreter dieser Interessen von vornherein institutionell zur Mitarbeit herangezogen worden sein, am Ende ist ein Gesetz gegen ihren Willen und nach dem Willen der Regierung entstanden. Nachdem die Regierung ihren eigenen Gesetzenwurf an die Öffentlichkeit lanciert hatte — einen Entwurf, der sich in seinen entscheidenden Punkten weit von den Vorstellungen der Interessenten im wirtschaftlichen Beirat des Innenamtes entfernte —, ist dieser Beirat kurzerhand nicht mehr einberufen worden. Es spricht alles dafür, daß der Zolltarif von 1902 nicht viel anders ausgesehen hätte, wenn er gar nicht erst in Aktion getreten wäre. Die Regierung hatte die Revision des Caprivi-Tarifs mit der Absicht in Angriff genommen, die Agrarzölle und einige Zölle auf industrielle Halbfabrikate zu erhöhen, die Zölle auf Montangüter unverändert zu lassen und auf dieser Grundlage neue Handelsverträge zu schließen. Es wird zu zeigen sein, daß genau dies geschehen ist.

[8] Fritz *Stern,* Bismarck and his bankers, in: Times literary supplement v. 5. November 1976.

Handelspolitik als Bündnispolitik

Die Caprivi-Verträge sind ganz anders, nämlich vorrangig mit außenpolitischen Erwägungen motiviert gewesen[9] und von Anfang bis Ende als Staatspolitik reinsten Wassers durchgeführt worden; unbeeinflußt und unbeeindruckt von partikularen wirtschaftlichen Interessen und gegen den zunehmenden Widerstand aus konservativ-agrarischen Kreisen.

Die ursprünglichsten Absichten der Handelspolitik Caprivis[10] klingen ja keineswegs in dem meist- und unvermeidlich immer wieder zitierten Satz der zurecht berühmten Reichstagsrede vom 12. Dezember 1891 an: „Wir müssen exportieren, entweder wir exportieren Waren, oder wir exportieren Menschen"[11]. Es ist dem Mann „ohne Ar und Halm" vorrangig nicht um die Umkehr der bismarckschen Zollpolitik und die betonte Begünstigung der industriestaatlichen Entwicklung zu tun gewesen[12]. Schon gar nicht hat er daran gedacht, die Landwirtschaft „zu opfern". Als er im Frühsommer 1890 die Vertragsverhandlungen mit Österreich-Ungarn, Belgien, Italien und der Schweiz einleitete, war er wesentlich von außen- und bündnispolitischen Erwägungen bestimmt. Ihm schwebte eine Politik der innereuropäischen Befriedigung und Entspannung vor, auch als Voraussetzung der Stärke gegenüber der Wirtschaftsmacht der USA oder eines möglichen russisch-asiatischen Komplexes. Die Handelspolitik diente zunächst vor allem als naheliegendes Vehikel. Denn die handelspolitische Situation in Europa war in Bewegung geraten und unsicher geworden, seit Frankreich Anstalten machte, 1892 zum Hochschutzzoll und zum Doppeltarif überzugehen[13].

Frankreich war, nachdem das Deutsche Reich 1879 zum Schutzzoll und zur Tarifautonomie zurückgekehrt war, gleichsam zum Kristallisationspunkt des handelspolitischen Systems im kontinentalen Europa geworden[14]. Es hatte mit fast allen

---

[9] Dazu grundsätzlich *Ibbeken* (1928), S. 137 ff.

[10] Trotz der Diss. von *Leibenguth* (1975) gehört die Persönlichkeit Caprivis und gehören die Zusammenhänge seiner Politik zu den auffällig unterbelichteten Stellen der Geschichte des Kaiserreichs. *Röhl* (1969) ist zu sehr an den Machenschaften im engeren Kreis um Wilhelm II. interessiert. An älteren Studien über Caprivi und den „neuen Kurs" *Hammann* (1918), *Gothein* (1917), *Stadelmann* (1953), *Meißner* (1955), *Nichols* (1958) und die von Leibenguth angesichts seiner „Innovationen" etwas zu pauschal abgefertigten Diss. von *Öhlmann* (1953) und *Sievers* (1953). Zur Handelspolitik vgl. auch *Döpfer* (1962), S. 124 ff., *Barkin* (1970), S. 47 ff. Angekündigt ist *Rolf Weitowitz*, Deutsche Politik und Handelspolitik unter Reichskanzler Leo von Caprivi 1890–1894. Düsseldorf 1978.

[11] Stenogr. Ber. 1890/92, Bd. 5, S. 3307.

[12] Die Caprivi-Tarife waren keine „Verbeugung vor der Industrie". *Berghahn* (1971), S. 144.

[13] *Hilsheimer* (1973).

[14] Vgl. *Lotz* (1901), S. 62 ff., *Schippel* (1902), S. 268 ff., *Eßlen* (1925), S. 240 f., *Döpfer* (1962), S. 122 f.

wichtigen Handelspartnern auf vergleichsweise niedrigem Tarifniveau Verträge abgeschlossen, die ein kompliziertes Netz von Meistbegünstigungsverträgen zwischen den anderen Ländern zusammenhielten. Die grundsätzliche Revision der französischen Politik würde dieses Netz zerreißen. Am 1.2.1892 liefen die wichtigsten französischen Handelsverträge aus. Nicht nur Frankreich, sondern auch seine Vertragspartner rüsteten sich mit hohen autonomen Tarifen für diesen Tag[15], an dem eine Periode kostspieliger handelspolitischer Kämpfe zu beginnen drohte, bei denen es am Ende vielleicht nur Verlierer geben konnte. Deutschland jedenfalls würde angesichts seiner Außenhandelsstruktur mit Sicherheit zu den Verlierern gehören.

Während die Einfuhr des Reiches zu rund 40% aus Industrierohstoffen und zu weiteren 30% aus Nahrungs- und Genußmitteln bestand, waren annähernd 55% der Ausfuhr industrielle Fertig- und gut 15% industrielle Halbprodukte[16]. Auf sieben Zehntel der Importe konnte schwerlich verzichtet werden, sieben Zehntel der Exporte waren relativ leicht substituierbare, sicherlich in hohem Maße preisreagible Güter. Das bislang geringe Handelsbilanzdefizit, das sich in den achtziger Jahren auf insgesamt etwas mehr als eine halbe Milliarde Mark oder 1,6% des Importwerts belaufen hatte, mußte sich im Zeichen eines europäischen Hochschutzzollsystems stark ausweiten.

Es erstaunt unter diesen Umständen auch aus wirtschaftlicher Sicht nicht, daß die eben inaugurierte Reichsregierung den österreichischen Wunsch, das handelspolitische Verhältnis mit Deutschland wieder in gesicherte Bahnen bei erniedrigten Tarifen zu lenken[17], mit hohem Interesse aufgriff. Der Gedanke wurde freilich umgehend mit der Idee verknüpft, die deutsch-österreichische Einigung zum Kern einer europäischen Handelsunion zu machen. Im Juli 1890 wurden zunächst informelle, sondierende Verhandlungen aufgenommen. Die beiden Regierungen kamen schnell überein, nach der Verständigung über einen neuen Konventionaltarif gemeinsam in Verhandlungen mit anderen Staaten einzutreten. Gedacht wurde vor allem an die Schweiz, an Italien, Belgien, Spanien, Portugal, Serbien und Rumänien. Frankreich sollte nicht von vornherein ausgeschlossen sein. Da die Schutzzollbewegung dort aber vorerst so deutlich die Vorhand gewonnen hatte, wollte man auf die Annäherung Frankreichs warten und nicht selbst initiativ werden. Zumindest in Deutschland hegte man eine Weile die Hoffnung, daß Frankreich von der „Kraft der realen Verhältnisse" schließlich genötigt werde, den Weg in den Bund zu gehen

---

[15] *Vosberg-Rekow* (1898), S. 45.

[16] *Hoffmann* (1965), S. 520, 534. Die Zunahme des Imports von Rohstoffen und Nahrungsmitteln und des Exports von Halb- und Fertigwaren war eine seit 1870 andauernde, in die Zukunft weisende Erscheinung der deutschen Außenhandelsstruktur. Vgl. *Hoffmann* (1967), S. 297 ff.

[17] Österreich nahm etwa 10% der deutschen Exporte auf, setzte aber 60% seiner Ausfuhr in Deutschland ab. Vgl. *Suter* (1930), S. 8 ff., *Öhlmann* (1953), S. 167 ff.

und seine finanzpolitisch gestützte Annäherung an Rußland eine Episode blieb. Die Einstellung zu Rußland war zwiespältig. Es wurde zwar verabredet, nichts zu unternehmen, was ein Übereinkommen mit Rußland endgültig verhindern konnte, zugleich behandelte die Reichsregierung unverbindliche russische Anfragen im Februar 1891 aber höchst dilatorisch, damit die näherliegende, problemreiche mitteleuropäische Einigung nicht zusätzlich gestört und aufgehalten werde[18].

Wenn man das Ergebnis an den Absichten mißt, sind Caprivi und Marschall mit ihrem weitreichenden Entwurf gescheitert, obwohl sie im Laufe der langwierigen und schwierigen Vertragsverhandlungen wirtschaftliche Interessen verschiedener Art mehrfach ausdrücklich hintangestellt haben, um das politisch motivierte Einigungswerk weiter voranzutreiben. Ein Gravitationsfeld weiterer wirtschaftlicher oder gar politischer Bindungen in Europa hat die reduzierte und nicht einmal in sich sonderlich stabile mitteleuropäische Handelsgemeinschaft nie sein können. Aber wie auch immer, für die deutschen Zoll- und Handelsverhältnisse hat diese Politik Tatsachen geschaffen, die zwölf bis vierzehn Jahre gültig geblieben sind. Es geht nur an, von „kurzlebiger Caprivischer Außenhandelspolitik" zu sprechen[19], wenn man ihre langlebige Wirksamkeit vergißt.

Da die Verhandlungen mit dem überwiegend agrarischen Österreich-Ungarn aufgenommen wurden und zunächst mit Italien und den südosteuropäischen Staaten fortgesetzt werden sollten, stand von vornherein fest, daß Deutschland Konzessionen bei den Agrarzöllen machen mußte[20] und dafür niedrigere Industriezölle der Partner einhandeln wollte. In einer Serie kommissarischer Verhandlungen im Reichsamt des Inneren wurde im Oktober 1890 die deutsche Verhandlungsgrundlage formuliert. Gegen die Reduktion der österreichischen Zollsätze auf den Stand von 1882 und die Wiedereinführung des zollfreien Veredelungsverkehrs sollte eine

---

[18]Die große Politik der europäischen Kabinette 1871–1914, Bd. 7, Nr. 1626 ff. Vgl. *Barkin* (1970), S. 74.

[19]*Puhle* (1976), S. 65. So ähnlich schon *Rosenberg* (1943), S. 104.

[20]Im Zeichen mehrjähriger Mißernten, steigender Getreidepreise und Getreideimporte, von Brotteuerung und Hungerkrawallen stieß das im preußischen Staatsministerium auf keinerlei Widerspruch. Miquel verhieß im Juli 1890 einer allgemeinen Zollsenkung sichere Zustimmung im Reichstag und der Landwirtschaftsminister Lucius von Ballhausen protestierte zwar routinemäßig gegen jegliche Herabsetzung von Agrarzöllen, gestand aber zugleich ein, daß unter den derzeitigen Umständen auf die Tarife von 1885 (auf 30 Mark pro Tonne gegen jetzt 50 Mark für Roggen und Weizen und auf 1,50 Mark gegen 4 Mark resp. 2,25 Mark für Hafer und Gerste) zurückgewichen werden könne. *Öhlmann* (1953), S. 169 ff., Ernteerträge und Importe bei *Hoffmann* (1965), S. 284, 292, 542, Preise bei *Schmitz* (1903), S. 59 f., 67 f., Lebensmittelteuerung z. B. *Brutzer* (1912), S. 22, 44, *Martin* (1903), S. 13. Ein Berliner Arbeiterhaushalt hatte 1887 durchschnittlich 126 Mark allein für Brot ausgeben müssen, 1890 schon 166 Mark, 1891 dann sogar 190 Mark. Der Preis für ein kg. Roggenbrot war von 20,65 Pfg. auf 31,7 Pfg. gestiegen. Über Hungerkrawalle *Dawson* (1904), S. 100.

Senkung der Getreidezölle um 30% angeboten werden. Nach schwierigen Verhandlungen[21] gelang es, diesen Vorschlag unwesentlich modifiziert am 3.5.1891 in einen Vertrag zu verwandeln.

Es stellte sich freilich bald heraus, daß damit erst der kleinste und leichteste Schritt auf dem Weg zur europäischen Handelsunion getan war. Ein zweiter ist nach den Vorstellungen Caprivis schon nicht mehr gelungen. Schon die Schweiz und Belgien erwiesen sich als äußerst sperrige Verhandlungspartner und verstanden sich nur zu so geringen Tarifzugeständnissen, daß es Deutschland und Österreich unvertretbar erschien, ihnen die gegenseitigen Zollermäßigungen ihres Vertrages zu konzedieren. Das Prinzip einer gemeinschaftsbildenden Zolleinheit war damit aufgegeben. In den anschließenden Verhandlungen mit Italien ist es schließlich am Ende nur noch darum gegangen, durch handelspolitische Zugeständnisse wenigstens den brüchig gewordenen Dreibund wieder zu kitten.

Unterdessen hatte nämlich auch Frankreich begonnen, mit Zöllen Außen- und Bündnispolitik zu treiben. Und es hatte wirtschaftspolitisch einiges in die Waagschale zu legen. Frankreich war bis in die achtziger Jahre Italiens bevorzugter Exportkunde gewesen und hatte das Land mit ausgedehnten Krediten versorgt. Seit Italien dem Dreibund beigetreten war, hatte sich das wirtschaftliche Verhältnis stark abgekühlt. Aber obwohl sich Italien und Frankreich spätestens seit 1888 im offenen Handelskrieg befanden, nahm Frankreich immer noch 17% aller italienischen Ausfuhren auf, Deutschland nur 10%[22]. Italien steckte seit geraumer Zeit in einer Finanz- und Wirtschaftskrise, die vom Rückgang der Exporte nach Frankreich und vom Abzug französischer Kredite aus Italien noch vertieft wurde. Auf der Suche nach Entlastung und Belebung von außen, war es zunächst zu einer finanziellen und wirtschaftlichen Annäherung an Deutschland gekommen. Im August 1890 war unter staatlichem Protektorat das Istituto di Credito Fondiano gegründet und mit den Mitteln eines deutschen Bankenkonsortiums ausgestattet worden, an dessen Spitze die Deutsche Bank und Bleichröder standen. Fünf Monate später stürzte Crispi und wurde von Rudini ersetzt. Der neue Ministerpräsident begann bald in Paris den Preis der Entspannung sondieren zu lassen. Frankreich nützte die Gelegenheit umgehend zu dem Versuch, Italien mit dem Angebot niedriger Differentialzölle und finanzieller Hilfe zur Neutralität im Falle eines deutsch-französischen Krieges zu verpflichten, und rüstete es — mochte die Art seiner Verhandlungsführung antifranzösische Ressentiments in Italien auch eher verstärken — mit einem

---

[21] Österreich hatte verlangt, daß die deutschen Zölle halbiert und ihm allein, nicht aber künftigen Handelvertragspartnern eingeräumt würden. Das lief den Zollunionsplänen Caprivis glatt zuwider und wurde erfolgreich abgelehnt.

[22] 1882 war Frankreich noch mit 46,3% an der italienischen Ausfuhr beteiligt gewesen. *Öhlmann* (1953), S. 180. Zu den finanziellen Beziehungen zwischen Italien, Frankreich und Deutschland vgl. *Feis* (1930/1964), S. 175, 235–243. Zu den politischen Implikationen *Nichols* (1958), S. 115 ff., 120 f.

starken Druckmittel für die von Deutschland und Österreich angeregten Verhandlungen aus.

Die Verhandlungen waren dementsprechend dramatisch und standen mehrfach vor dem Abbruch. Um den Verdacht zu vermeiden, man wolle irgendwelchen Druck auf Italien ausüben, hatten Deutschland und Österreich ihr Vorhaben aufgegeben, gemeinsam mit Italien um *einen* Vertrag zu verhandeln. Seit August 1891 wurde in München um zwei bilaterale Abkommen gerungen. Schließlich war Italien bereit, zwar mit Deutschland, beim gegenwärtigen Stand der Verhandlungen aber nicht mit Österreich abzuschließen. Caprivis dictum: beide Verträge oder gar keinen, beantwortete Italien mit der Drohung, die Verhandlungen abzubrechen und den Nutzen der Trippel-Allianz zu überdenken. Um den Dreibund zu erhalten und den Charakter eines integrierten Vertragssystems nicht völlig aufgeben zu müssen, erkaufte Caprivi die Zustimmung Italiens zu einem italienisch-österreichischen Handelsvertrag mit zwölfjähriger Laufzeit mit einer weiteren Herabsetzung des deutschen Weinzolls. Überdies behielt Italien seine hohen Leinenzölle. Es war unter rein zollpolitischen Gesichtspunkten Sieger auf der ganzen Linie geblieben, als die Verträge am 20.11.1891 unterschrieben wurden.

Caprivi und Marschall hatten wenigstens einen Teil ihrer großen Idee gerettet. Immerhin die Dreibundstaaten hatten identische Tarife. Im übrigen aber war nur ein vergleichsweise loses bilaterales Vertragswerk mit zahlreichen Differentialzöllen, keine europäische Handelsunion geschaffen worden, als sich die fünf Staaten Ende 1891 entschlossen, die bis dahin ausgehandelten Verträge zu unterschreiben, zu ratifizieren und noch vor dem 1.2.1892 inkraft zu setzen, um einem vertragslosen handelspolitischen Zustand in Europa zu entgehen und möglichen zollkriegerischen Maßnahmen mit vereinter Kraft entgegenwirken zu können. Und daß solch eine Union auch fernerhin nicht geschaffen werden könne, stand trotz der Absicht fest, im folgenden Jahr Verhandlungen mit Spanien, Serbien und Rumänien aufzunehmen.

Dennoch ist es verkehrt, die akute handels- und staatspolitische Bedeutung der Verträge in der historischen Betrachtung gänzlich hinter dem Interesse an den nachwirkenden innenpolitischen Konflikten, die sie provoziert haben, zurücktreten zu lassen. Insbesondere ausländische Zeitgenossen haben es anders gesehen. Der Präsident des Schweizer Nationalrats hat sie die „rettende Tat" genannt, mit der Deutschland „einer allgemeinen volkswirtschaftlichen Anarchie in Europa vorgebeugt" habe. Die „Times" hielt sie für „as least as significant as the Cronstadt demonstration". Und auch Frankreich und Rußland selbst haben dem bündnispolitischen Aspekt hohe Bedeutung beigemessen. Der „Temps" sprach von einem „industriellen Sedan", russische Zeitungen von einer geschickt vorbereiteten Antwort auf Kronstadt[23]. In Deutschland sind diese Gesichtspunkte von der heftigen Pole-

---

[23]Zit. nach *Suter* (1930), S. 81 f. Vgl. auch das Urteil *Schmollers*, in: Schm. Jb., 1895, S. 372 ff.

182

mik, die der Gesetzesvorlage vom 12.12.1891 vorangegangen war, und von den fortdauernden parlamentarischen und öffentlichen Auseinandersetzungen über einzelne Zollsätze und den „industriestaatlichen" Charakter der ganzen Politik überschattet worden. Gleichwohl erwecken die meisten großen Reden in den Reichstagsdebatten vom 12.–19.12.1891 den Eindruck, als sei bei den Abgeordneten damals noch der Gedanke lebendig gewesen, daß Handelspolitik nicht nur eine Frage wirtschaftlich-materieller Gruppeninteressen sei, sondern von höherer, allgemeiner, staatspolitischer Warte aus gemacht und beurteilt zu werden habe[24]. Die Abstimmung kam schließlich einer Akklamation gleich. Die Sozialdemokraten stimmten zum erstenmal für eine Regierungsvorlage und auch 21 Deutsch- und 11 Freikonservative — mehr als ein Drittel der konservativen Fraktionen — sagten „ja" zu Caprivis Politik. Der bekannte Zug krasser materieller Interessenvertretung ist erst in den folgenden Jahren in die Argumentation und Politik der Agrarier geraten und nach der Gründung des Bundes der Landwirte (BdL)[25] unaufhaltsam verstärkt worden. Ausgelöst hat ihn ein rapider Getreidepreisverfall, der freilich nichts mit den Handelsverträgen zu tun hatte[26]. Erst Ende 1892 begannen die Großgrundbesitzer zu „schreien, daß es das ganze Volk hört" und in die Parlamentssäle, die Ministerien und an die Stufen des Thrones drang[27]. Dies Geschrei hat die nächste Serie der Vertragsverhandlungen begleitet, bei denen Deutschland und Österreich nicht mehr gemeinsam verhandelt haben. Aber es hat nicht verhindern können, daß schließlich — nach einem schmerzhaften Zollkrieg[28] — auch Rußland der neue Getreidetarif eingeräumt worden ist.

„Sammlung" und „Solidarprotektionismus"?

Diese „politischen" Handelsverträge, die wahrlich nicht im Interesse irgendwelcher „herrschenden Klassen" abgeschlossen worden sind, haben vierzehn Jahre unverändert Gültigkeit besessen, obwohl die neuerdings im BdL schlagkräftig vereinten Agrarier von Anbeginn darauf gedrängt haben, sie zu beseitigen und die Zollpoli-

---

[24]Stenogr. Ber. 1890/92, Bd. 5, S. 3310 ff. Zur grundsätzlichen Zustimmung der Industrie vgl. *Stegmann* (1974), S. 165, 168.

[25]*Puhle* (1966), *ders.* (1972), *David* (1967), *Lindig* (1954), *Tirrell* (1951).

[26]Vgl. Chronik 1900, S. 496, *Gothein* (1901), S. 92 f., *Treue* (1933), S. 59 f., *Hoffmann* (1965), S. 292., *Desai* (1968), S. 128 f., *Schmitz* (1903), S. 68.

[27]Dies die Forderung des schlesischen Gutspächters Ruprecht in Ransern in seinem berühmten offenen Brief in der „Landwirtschaftlichen Tierzucht" vom 21. 12. 1892, der den ersten Anstoß zur Gründung des BdL gegeben hat. Zit. nach *Kiesenwetter* (1903), S. 14 ff.

[28]Der Zollkrieg ist Caprivi von den Agrariern allerdings nicht aufgezwungen worden, wie Stegmann behauptet. *Stegmann* (1970), S. 61. Vgl. *Human* (1900), *Hellwig* (1936), S. 485 ff., *Nichols* (1958), S. 291 ff., 303 ff., *Barkin* (1970), S. 74 f.

tik in „bewährte Bahnen" zurückzulenken, obwohl der Kaiser schon bald von einer Revision gesprochen hat und obwohl so wichtige Regierungsmitglieder wie Miquel und Posadowsky dieses Verlangen nachdrücklich unterstützt haben. Zwar ist die Revision der Caprivischen Handelspolitik tatsächlich bereits 1897 in die Wege geleitet worden. Es hat aber gut fünf Jahre gedauert, ehe sie in Gesetze gefaßt und mehr als drei weitere Jahre, ehe sie in die wirtschaftspolitische Praxis umgesetzt worden ist.

Die Entscheidung über den Tarif von 1902 ist bereits von der interessierten Öffentlichkeit jener Zeit über Gebühr zum Votum über die wirtschaftliche und politische Zukunft des Reichs emporstilisiert worden[29]. In neuer Zeit haben Historiker daraus das (Teil)ergebnis erfolgreicher „Sammlungspolitik"[30] der wirtschaftlich und sozial Privilegierten gegen die Interessen der Arbeiterklasse, die Arbeiterbewegung und den Liberalismus gemacht. An alldem ist unbestreitbar richtig, daß der neue Tarif den minderbemittelten Volksschichten das Brot verteuert hat. Ebenso richtig aber ist, daß das Gesetz und die neuen Handelsverträge an den wirtschaftlichen und sozialen Strukturen, den Tendenzen ihrer Weiterentwicklung und den politischen Machtverhältnissen sowenig geändert haben wie die Caprivi-Tarife zuvor. Ob man von erfolgreicher „Sammlungspolitik" sprechen kann, ist zumindest fraglich.

Von wem die Initiative zu einem ständigen „Ausschuß zur Vorbereitung von Handelsverträgen" ausgegangen ist, läßt sich kaum genau feststellen. Es ist auch nicht so wichtig. Seit Caprivi bei den Handelsvertragsverhandlungen mit Rußland ein ad-hoc-Gremium aus Vertretern des Handels, der Industrie und der Landwirtschaft berufen hatte, dem die Landwirte freilich bald ferngeblieben sind, und das schließlich auch keinen Einfluß auf die Tarifgestaltung genommen hat, ist man in Industrie- und Handelskreisen vom Nutzen eines dauerhaften wirtschaftspolitischen Beirats der Interessenten weitgehend überzeugt gewesen. Über die Zusammensetzung gingen die Ansichten auseinander. Die treibende Kraft bei der Etablierung

---

[29] Albert Ballin, ein entschiedener, im Handelsvertragsverein engagierter Gegner des Gesetzes, hatte ja nicht unrecht, als er am 17. 11. 1902, kurz vor der Abstimmung im Reichstag an Ernst Francke von der „künstlich extremen Erregung über den Tarif" schrieb. *Stubmann* (1926), S. 210.

[30] Zu diesem topoi mit verschiedenem Akzent vor allem *Stegmann* (1970) und *Berghahn* (1971). Vgl. Stegmanns Argumente gegen Berghahn in *Stegmann* (1974), S. 181. Die Einschränkung „(Teil)ergebnis" ist nötig, weil gewöhnlich Tarifvorlage, Flottenbau und Mittellandkanal als Kompromiß-Komplex oder als „rüstungspolitisch fundierte Integrationsstrategie" (*Berghahn* (1973), S. 33) behandelt werden. Zum Kanal *Horn* (1964), und grundlegend für die maßgebenden Interpretationslinien *Kehr* (1930). Kritisch *Puhle* (1966), S. 158 f. und vor allem *Eley* (1974): „The conventional model of the interdependence of naval expansion and tariff settlement as the toil components of a tactical unity therefore does not seem to fit the facts in 1897/98 ... the combination of navy and tariffs in 1900 resultes from a confrontation with reality rather than the conscious implementation of a political blueprint..." S. 36 und 42.

des Ausschusses im Jahr 1897 ist dann sicherlich Miquel gewesen. Seine Vorstellungen sind in der Zusammensetzung am deutlichsten zur Geltung gekommen. Deshalb steht der Ausschuß an seinem Beginn durchaus mit der Sammlungsidee im Zusammenhang. Diese Idee hat sich in seiner Praxis nur vergleichsweise rasch verflüchtigt. Bereits Posadowsky hat den Gedanken erst nach anfänglicher Skepsis[31] aufgegriffen. Und auch die Landwirte sind ihm zunächst sehr zögernd begegnet. Am 25. September 1897 haben sich der CdI, der Deutsche Landwirtschaftsrat (DLR) und der Handelstag dann doch unter Posadowskys Vorsitz über die Organisation eines handelspolitischen Beirats beim Reichsamt des Inneren geeinigt, am 19.11. ist er zu seiner konstituierenden Sitzung zusammengetreten. Er bestand aus je fünf Delegierten der drei Interessengruppen und fünfzehn weiteren Mitgliedern, die von der Regierung ernannt worden waren. Fünf davon waren Landwirte, fünf standen dem CdI nahe[32]. Es war ein ganz offenkundig schutzzöllnerisch orientiertes Gremium zustandgekommen. Nichts anderes war zu erwarten gewesen. Posadowsky hatte schon Anfang des Jahres gemeint, daß die Handelsverträge im schutzzöllnerischen Sinn revidiert werden müßten. Seit in den USA am 24.7. der hochschutzzöllnerische Dingley-Tarif angenommen worden war[33], hatte sich diese Ansicht nur verfestigt und neue Anhänger gewonnen. Und eine Regierung, die vorhat, die Zölle zu erhöhen, wird sich keine Freihändler in ihren wirtschaftspolitischen Beirat setzen.

Die Exportindustrie und der Handel haben sich von Anfang an keinen Illusionen darüber hingegeben, daß die Rückkehr zu höheren Agrarzöllen und die Erhöhung einiger Halbfabrikatezölle bei der Bildung des wirtschaftlichen Ausschusses nicht schon abgemachte Sache war[34]. Für sie kam es darauf an, exzessive Zollerhöhungen zu vermeiden und die Bereitschaft und Möglichkeit, neue Handelsverträge abzuschließen, wach und offen zu halten. Nicht umsonst haben die wenig schlagkräftigen Gegenorganisationen nicht etwa die Worte „Freihandel" oder „Handelsfreiheit" im Namen geführt, sondern sich „Zentralstelle für Vorbereitung der Handelsverträge" und „Handelsvertragverein" genannt[35]. Und ihr erster Vorsitzender, der

[31] *Schmidt* (1935), S. 64 f. Posadowsky war nicht gegen ein beratendes Gremium der Interessenten, hatte aber erhebliche Bedenken gegen dessen halboffizielle Stellung.

[32] Die Namen und die Aufteilung auf die verschiedenen Tarifausschüsse in: Handel und Gewerbe, 1898, S. 32. Vgl. auch *Wermuth* (1922), S. 219 f., *Tischert* (1901), S. 4, *Röhl* (1969), S. 246 ff., *Stegmann* (1970), S. 71, ders. (1974), S. 182 f. Mit einer grandiosen Überschätzung dieses Gremiums: „. . . dritte Reichsgründung", *Ullmann* (1976), S. 170f.

[33] Der Dingley-Tarif soll amerikanische Importe im Durchschnitt mit 54,5% ihres Wertes belastet haben. Vgl. *S. v. Waltershausen* (1898), S. 39 f.

[34] Vgl. auch *Conrad* (1900), S. 166. Gothein hat zurecht von einer „Koalition schutzzöllnerischer Interessen" gesprochen. *Gothein* (1901), S. 87.

[35] Über die Zentralstelle *Kaelble* (1967), S. 174. Über die Entstehung des Handelsvertragsvereins *Borgius* (1903), *Nußbaum* (1966), S. 151 ff., *Stegmann* (1975) mit dem Protokoll des Gründungsgespräches am 5. 5. 1900, *Böhm* (1972), S. 252 f., *Mielke* (1976), S. 23 ff.

Bankier Georg von Siemens, sah die Hauptaufgabe des Vereins im „Widerstand gegen die agrarischen Angriffe auf die Handelsverträge"[36].
Das Verlangen nach neuen Handelsverträgen wurde vom CdI im Gegensatz zum DLR geteilt[37]. Die Zusammenarbeit im wirtschaftlichen Ausschuß ist von vornherein von schwerwiegenden und vielfältigen Konflikten gekennzeichnet gewesen; von Konflikten zwischen Industriellen und Agrariern, zwischen „gemäßigten" und „bündlerischen" Agrariern, zwischen „sammlungsbereiten" und weniger agrarfreundlichen Schwerindustriellen. Ein frühes Beispiel ist der verkrampfte Versuch, einen gemeinsamen Aufruf zur Reichstagswahl von 1898 zu formulieren, zumal dabei auch noch parteipolitische Gegensätze ins Spiel kamen. Die Landwirte haben dabei stark zurückstecken müssen. Zunächst verlangte Ballestrem namens des Zentrums mit Erfolg, daß aus dem Entwurf, über den im Februar 1898 beraten wurde, die Forderung nach Beseitigung der Meistbegünstigungsklausel und Abbruch der bisherigen Handelsvertragspolitik herausgenommen werde[38]. Aber nicht einmal auf die nichtssagende Phrase, daß anstelle des wirtschaftlichen Kampfes der friedliche Ausgleich der Interessen treten solle, konnten sich alle Konferenzteilnehmer

[36] Auf der Gründungsversammlung am 11. 11. 1900, zit. *Stegmann* (1970), S. 80. Die Widersacher des Ausschusses beim RdI und der eingeleiteten Politik setzten sich unter parteipolitischen Gesichtspunkten aus den Freisinnigen und den Sozialdemokraten, unter wirtschaftlichen Interessengesichtspunkten — grob gesprochen — aus dem Handel, der exportorientierten Industrie und den Banken zusammen. Dazu kam der größere Teil der akademischen Nationalökonomen. Die Argumente waren nicht neu und daher wenig durchschlagend. Vgl. die Resolution der Freisinnigen Vereinigung auf dem Görlitzer Parteitag am 21. 10. 1900, in: Chronik 1900, S. 373, Parteitagsresolution der SPD vom 20. 9. 1900, in: Chronik 1900, S. 325, Resolution der Deutschen Volkspartei vom 23. 9. 1901, in: Chronik 1901, S. 369 f., Entschließung des Deutschen Handelstages vom 14. 3. 1898 und vom 8. 1. 1901, in: Chronik 1898, S. 70, Chronik 1901, S. 7. Der Handelstag war allerdings als Zentrum des Widerstandes gegen die neue Politik wenig tauglich, da er seit langer Zeit auch Industrieinteressen vertrat und Mühe hatte, überhaupt zu Resolutionen zu gelangen, die sich gegen Zollerhöhungen aussprachen. Am 30. 9. 1901 gelang es nur noch mit 151 gegen 145 Stimmen. HStA Stuttgart E 74, I, 267. Zur Rolle des BdI neuerdings *Ullmann* (1976), S. 165 ff., zum akademisch-publizistischen Widerstand *Düding* (1972), S. 167 ff., zur allgemeinen Diskussion *Barkin* (1970) und *Lebovics* (1967).
[37] Im Februar betonten Bueck und der spätere preußische Handelsminister Theodor von Möller, damals noch Abgeordneter der Nationalliberalen Partei und Mitglied im Vorstand des CdI, daß der CdI an langfristigen Tarifbindungen interessiert sei. Daran hat sich auch in den nächsten Jahren nichts geändert. Auch im Oktober 1900 hielt das Direktorium des CdI „den Abschluß von Handelsverträgen auf tunlichst lange Zeit im Interesse des deutschen Wirtschaftslebens (noch) für unbedingt notwendig". Vorwärts v. 19. 2. 1898, zit. *Eley* (1974), S. 51, Chronik 1900, S. 373, 457, *Stegmann* (1970), S. 74.
[38] Vgl. Erklärung des DLR vom 7. 2. 1898 in: Chronik 1898, S. 49 ff. und die Erklärung des BdL vom 14. 2. 1898, in: Jb. des HVV 1901, S. 29.

186

sofort einigen. Von 22 unterschrieben nur elf[39]. Das war am 25.2. Es brauchte dann noch zwei Wochen, ehe der Aufruf nach schweren inneren Auseinandersetzungen in beiden Lagern — auch mit den Unterschriften von Miquel und Posadowsky — am 11.3.1898 an die Öffentlichkeit gelangte[40].

Die grundsätzlichen *handels*politischen Differenzen im Ausschuß sind wegen der eigentümlichen Organisation der Tarifberatungen lange Zeit hintangehalten worden. Das gesamte Gremium war in sechs Kommissionen aufgeteilt worden, die sich zwar personell überschnitten, in dem die Interessenten an den Zollpositionen, die jeweils beraten werden sollten, aber die Mehrheit hatten. Im Juni 1900 legte die Kommission für die Agrarzölle dem Gesamtausschuß und der Regierung ihren Tarifvorschlag vor. Damit gerieten die beiden wesentlichen Streitpunkte des ganzen Gesetzgebungsvorgangs in die öffentliche Diskussion. Die Landwirte forderten Doppeltarife[41] für alle Agrargüter und hatten die Minimalsätze bei sehr hohen 6,50 Mark für Roggen und Weizen und 6,— Mark für Hafer und Gerste angesetzt[42]. Die Industriellen waren in der Frage des Doppeltarifs[43], wie in der Frage der Zollhöhe uneins, aber geschlossen gegen die vorgeschlagenen Sätze. Die „agrarischen" Industriellen um den saarländischen Glasfabrikanten Vopelius, der 1904 Vorsitzender des Verbandes werden sollte, hatten in der Kommission für 60,— und 40,— Mark, die „mittelbetrieblichen"[44] Industriellen um den einflußreichen Direktor der MAN, Anton von Rieppell, für 5,50 und 4,— Mark gestimmt. Das kam den Vorstellungen, die sich in der preußischen Regierung und bei der Reichsleitung schließlich durchsetzten, noch am nächsten.

[39] Jb. d. HVV 1901, S. 30.

[40] Zur Vorgeschichte des wirtschaftlichen Aufrufs *Eley* (1974), S. 52 ff. Gegen seinen Hang zur Breite knapp *Stegmann* (1970), S. 75. Auf dieser wenig verbindlichen Grundlage bewegten sich die Sammlungskandidaten dann im Wahlkampf aber gar nicht. Das Prinzip der Sammlung verschwand hinter fortwährenden Disputen über Einzelheiten der Wirtschaftspolitik. Weder die großen konservativen und liberalen Parteien noch das Zentrum haben sich zu dem Aufruf bekannt. *Eley* (1974), S. 58, Jb. d. HVV 1901, S. 31. Alle zusammen haben übrigens die bemerkenswerteste Wahlniederlage im Kaiserreich hinnehmen müssen. Vgl. dazu *Conze,* Politische Willensbildung, S. 339 ff.

[41] Doppeltarif heißt, daß ein autonomer Zollsatz, der alle Handelspartner betraf, die keine Handelsverträge mit Deutschland schlossen, und ein Minimalzoll festgelegt wurde, der auch bei Vertragsverhandlungen nicht unterschritten werden durfte. Das war keine Erfindung der deutschen Landwirte, sondern von Frankreich und Rußland vorexerziert worden. Der DLR hat den Doppeltarif — mit einem Minimalzoll von 6 Mark für Roggen und Weizen — erstmals am 10. 2. 1898 gefordert. *Witt* (1970), S. 66.

[42] HStA Stuttgart E 74, I, 266.

[43] Auf der Ausschußsitzung des CdI vom 19. 6. 1900 wurde wegen der latenten Uneinigkeit kein Beschluß herbeigeführt. Schreiben an das RdI v. 28. 9. 1900. HStA Stuttgart E 74, I, 266, DVC 58 v. 24. 7. 1900.

[44] Zu dieser nicht sehr tief begründeten, heuristisch aber ganz nützlichen Unterscheidung vgl. *Kaelble* (1967), S. 62 ff., 80 ff.

Dort waren die Ansichten viel schroffer gegeneinandergekehrt als bei den Industriellen. Der Entscheidungsprozeß war langwierig, die Auseinandersetzungen waren erbittert[45]. Die treibenden Kräfte der neuen Handelspolitik — Miquel, Posadowsky[46] und Hammerstein — traten für den Doppeltarif und für Mindestzölle von 6,— Mark für Roggen und Weizen ein, Bülow, Brefeld und Tiedemann lehnten dagegen den Doppeltarif ab und waren allenfalls bereit, 5,— bis 5,50 Mark Roggen- und Weizenzoll zuzugestehen[47]. Diese Gruppe hat schließlich die Oberhand behalten, zumal auf ihrer Seite der Kaiser stand. In der Frage des Doppeltarifs wurde ein Kompromiß geschlossen. Minimalsätze sollte es nur für die vier Getreidearten geben, niedrigere freilich als der wirtschaftliche Ausschuß vorgeschlagen hatte.

Womöglich um den Auseinandersetzungen im Staatsministerium etwas von ihrer Schärfe zu nehmen, hat Bülow im Sommer 1901 in einem relativ frühen Stadium die Länder in den Entscheidungsprozeß eingeschaltet. Am 4. und 5. Juni fand eine zollpolitische Konferenz der Innen- und Finanzminister statt. Dabei einigte man sich gegen den Widerspruch Württembergs, Badens und Hessens auf den Doppeltarif für Getreide und auf eine für die Mehrheit akzeptable Tarifvorlage, die den Vorstellungen Bülows entsprach[48]. Kurz darauf ließ Bülow die beschlossenen und geheimgehaltenen Tarife durch eine gezielte Indiskretion im Stuttgarter „Beobachter" bekanntwerden[49]. Am 26.7.1901 wurden sie dann auch im „Reichsanzeiger" veröffentlicht. Die Sätze lagen deutlich unter denen des wirtschaftlichen Ausschusses und den noch weitergehenden Wünschen der „bündischen" Agrarier[50]. Für

---

[45] *Herzfeld* (1938), Bd. II, S. 588 ff., *Ullmann* (1976), S. 176 ff., bes. S. 184.

[46] Mit hoher Wahrscheinlichkeit hat Posadowskys entschiedenes Eintreten für die agrarischen Forderungen den CdI zu dem Versuch veranlaßt, ihn zu desavouieren und dadurch seinen Rücktritt zu provozieren. Am 21. 10. 1900 veröffentlichte ausgerechnet die Leipziger Volkszeitung einen Brief Buecks v. 3. 8. 1899, in dem stand, daß das RdI 12 000 Mark zur Propagierung der Zuchthausvorlage vom Zentralverband erbeten und erhalten habe. Es wurde bereits damals vermutet, daß der Brief dem sozialdemokratischen Blatt vom Industriellenverband zugespielt worden war. Lerchenfeld am 26. 10. 1900, in: *Rassow/Born*, Hrsg., (1959), S. 131, *Tischert* (1901), S. XIII, Handel und Gewerbe 1900/01, S. 76, *Schmidt* (1935), S. 121 ff.

[47] *Witt* (1970), S. 66, *Böhm* (1972), S. 255. Die Gruppierung überdauerte, was die Ressorts angeht, auch das Ministerrevirement vom Juni 1901, bei dem Miquel vom bisherigen Innenminister Rheinbaben, Brefeld von Möller und Hammerstein von Podbielski abgelöst wurden.

[48] HStA Stuttgart E 74, I, 267. Vgl. *Neumann* (1949), S. 53.

[49] *Bülow* (1930), Bd. I, S. 532 f.

[50] Sogar der exportorientierte BdI erklärte am 16. 9. 1901, „daß die Regierung eine bemerkenswerte Festigkeit gegenüber agrarischen Forderungen an den Tag gelegt hat (und) die Möglichkeit des Abschlusses langfristiger Handelsverträge durch den veröffentlichten Zolltarifentwurf keineswegs ausgeschlossen ist". Zit. Jb. d. HVV 1901, S. 104. Vgl. *Ullmann* (1976), S. 188 f.

Weizen waren 55,—, für Roggen und Hafer 50,— und für Gerste nur 30,— Mark Zoll vorgesehen. Die Zölle für die anderen Agrarprodukte waren zwar gegenüber 1892 ebenfalls erhöht worden, machten aber teilweise nicht einmal die Hälfte oder ein Drittel der Sätze des wirtschaftlichen Ausschusses aus.

Bülow hatte gehofft, daß die Veröffentlichung der Tarife einen Proteststurm der Zollgegner hervorrufen und die Agrarier dadurch an die Seite der Regierung treiben würde[51]. Die Hoffnung erfüllte sich nur zum Teil. Die Gegner protestierten zwar, die Landwirte protestierten aber ebenso heftig, ja heftiger mit. Der BdL reagierte auf den Regierungsentwurf mit einer ebenso empörten wie aussichtslosen Kampfansage an Regierung und Reichsleitung. Er forderte zur Ablehnung des Entwurfs auf und agitierte fortan für einen prohibitiven Vertragszoll von 7,50 Mark für alle Getreidearten und für eine drastische Heraufsetzung — teilweise eine Vervielfältigung — der Vieh- und Fleischzölle[52]. Das preußische Landesökonomiekollegium war kaum moderater und verlangte auf seiner Direktoriumssitzung am 29. und 30. Oktober 1901 ebenfalls 7,50 Mark für Roggen und Weizen, aber nur 6,— Mark für Hafer und Gerste[53]. Der Landwirtschaftsrat beharrte auf seiner Forderung aus dem wirtschaftlichen Ausschuß[54]. Der CdI stimmte der Höhe der Getreidetarife im August zwar zu, wandte sich nun aber geschlossen gegen jeglichen Doppeltarif und gegen die Beschränkung des Verhandlungsspielraums durch unumstößliche Minimalzölle[55]. Die agrarische „Deutsche Tageszeitung" sah deshalb „die sogenannte Sammlung" zu diesem Zeitpunkt bereits „in die Brüche gegangen"[56]. Die offizielle Denkschrift des BdL hat dem CdI zwei Jahre später gar „emsige Arbeit hinter den Kulissen" gegen die Interessen der Landwirtschaft, sowie „offenen Verrat. . . Felonie und Treuebruch" vorgeworfen[57]. Der Handelsvertragsverein, der Handelstag und die meisten Handelskammern schließlich lehnten sowohl den Doppeltarif wie die Zollerhöhungen auf landwirtschaftliche Produkte rundweg ab[58].

---

[51] *Böhm* (1972), S. 256.

[52] Vgl. die Kommentare in der „Deutschen Tageszeitung" bei *Pacyna* (1958), S. 112 ff., sowie die Pressekundgebungen und Resolutionen bei *Kiesenwetter* (1903), S. 137 ff.

[53] Chronik 1901, S. 407.

[54] Handel und Gewerbe 1900/01, S. 580. Was daran doppelte Taktik der Agrarier war, vermag ich nicht recht zu erkennen. *Stegmann* (1970), S. 86. *Delbrück* hat in den Preußischen Jbb. vom Juli 1902, S. 182 vielleicht richtiger von „schräger Schlachtordnung" gesprochen.

[55] Direktoriumsbeschluß v. 9. 8. 1901, in: Jb. d. HVV 1901, S. 101 f. So auch die Resolution, die am 1. 10. 1901 von der Delegiertenversammlung angenommen wurde: „. . . ist endlich damit einverstanden, daß ein Minimalsatz . . . überhaupt nicht festgestellt werden dürfe und Abs. 2 des § 1 somit zu streichen sei". (S. 108).

[56] Jb. d. HVV 1901, S. 103.

[57] *Kiesenwetter* (1903), S. 159 f.

[58] Handel und Gewerbe 1900/01, S. 580 ff., 598 ff., 617 ff.

Der eigentliche Gesetzgebungsvorgang nahm nun freilich seinen gewöhnlichen Lauf, ohne daß die Interessenvertretungen noch einmal eingeschaltet worden wären[59]. Die Vorlage war einen Tag nach der Veröffentlichung an den Bundesrat weitergeleitet worden und wurde dort am 12.11. so gut wie unverändert gegen die Stimmen Württembergs, Hamburgs und Hessens angenommen[60]. Am 25.11. ging sie dem Reichstag zu. Die Motive der Regierung verhehlten ihren Zweck keineswegs: Erhöhung der landwirtschaftlichen Preise und Erlöse, damit dem Ackerbau ein angemessener und zur Betriebserweiterung ermunternder Gewinn übrigbliebe. Sie unterstrichen aber zugleich die Notwendigkeit neuer Handelsverträge, da bloße Meistbegünstigung kein Ersatz der geltenden handelspolitischen Abmachungen sei[61]. Spätestens bei der Behandlung der Gesetzesvorlage im Reichstag, die sich ein Jahr hinzog und von zusehends heftigerer öffentlicher Polemik begleitet wurde, sollte sich zeigen, daß der Sammlungsgedanke längst auf der Strecke geblieben war — wenn er denn je tragfähigen Boden gehabt haben sollte. Am 26.2.1902 beschloß die Kommission, in die der Entwurf nach der ersten Lesung überwiesen worden war, gegen zehn Stimmen der Nationalliberalen, des Freisinns und der Sozialdemokraten und bei Enthaltung der Führer des BdL und der christlichen Bauernvereine, die Mindestzölle für Weizen, Roggen und Hafer um 5,— Mark, für Gerste um 25,— Mark pro Tonne heraufzusetzen. Die Tarife für andere landwirtschaftliche Produkte sollten den Vorschlägen des wirtschaftlichen Ausschusses wieder angenähert werden oder sogar erheblich über diese Vorschläge hinausgehen[62].

Die Reichsleitung[63] erklärte die Beschlüsse sofort für unannehmbar. Der Bruch mit den Agrariern war vollkommen[64]. Die in ihrer Mehrheit von landwirtschaftlichen Interessen geprägte Kommission nahm die Ablehnung zum Anlaß, bis zum Herbst eine beträchtliche Anzahl Industriezölle zu reduzieren[65]. Diese Kürzungen sind im Gesetz nur zum geringen Teil wieder rückgängig gemacht worden.

---

[59] *Ullmann* (1976), S. 384.

[60] HStA Stuttgart E 74 I, 267. Vgl. *Neumann* (1949), S. 57—64.

[61] Chronik 1901, S. 448, 460, Jb. d. HVV 1902, S. 368 f., 372.

[62] Ausschußzölle: HStA Stuttgart E 74. I, 266. Sätze der Regierung und der Kommission in: Handel und Gewerbe 1901/02, Anlage 3, S. 1 ff. und Nr. 20 v. 1. 3. 1902, S. 280 f., Chronik 1902, S. 42. Zu den Reichstagsverhandlungen (Ausschuß und Plenum) sehr ausführlich *Neumann* (1949), S. 64—80.

[63] Das galt auch für Posadowsky und Podbielski, auf die inzwischen auf Wunsch Bülows vom Kaiser eingewirkt worden war. *Witt* (1970), S. 70 f.

[64] Als Graf Limburg-Stirum Bülow am 2. 6. 1902 im Abgeordnetenhaus aufforderte, im Bundesrat für die Kommissionsvorlage einzutreten, bestritt der Ministerpräsident dem Abgeordnetenhaus die Kompetenz in Zollangelegenheiten und verließ mit seinen Ministern den Plenarsaal. *Kiesenwetter* (1903), S. 171.

[65] Jb. d. HVV 1902, S. 68 f., 71. Handel und Gewerbe 1901/02, Anlage 9, 1902/03, S. 37 (11. 10. 1902).

Die zweite Lesung begann am 16.10.1902. Obwohl die Kommissionssätze nach heftigen Obstruktionsversuchen der Sozialdemokraten und der freisinnigen Parteien und nach mehrfachen, höchst bedenklichen und umstrittenen Änderungen der Parlaments-Geschäftsordnung[66] mit einer Mehrheit von 182 gegen 136 Stimmen angenommen wurden[67], beharrte die Regierung auf der Wiederherstellung ihrer Vorlage und hatte in der dritten Lesung am 13. und 14. Dezember weitgehend Erfolg. Die Roggen-, Weizen- und Haferzölle des Entwurfs wurden endgültig verabschiedet[68]. Der Gerstenzoll wurde in 40 Mark pro Tonne Malzgerste und 13 Mark pro Tonne Futtergerste geteilt. Das war ein Zugeständnis an das Zentrum, dessen bayerischen Abgeordneten 30 Mark Zoll für Malzgerste zu niedrig, dessen rheinisch-westfälischen Abgeordneten andererseits 30 Mark Zoll für Futtergerste zu hoch gewesen war. Überdies war das Zentrum der Annahme durch eine weitere Konzession geneigt gemacht worden. Im § 15 des Zollgesetzes wurde bestimmt, daß die zusätzlichen Zolleinkünfte dem Reich nicht zur beliebigen Verfügung stünden — und dadurch das sowieso schwach ausgeprägte Einnahmebewilligungsrecht des Parlaments weiter ausgehöhlt werde —, sondern für eine Witwen- und Waisenrente zu verwenden seien. Die Modalitäten sollten bald gesetzlich geregelt, die Mittel bis dahin thesauriert werden[69].

[66] Die Sozialdemokraten und der Freisinn hatten versucht, durch mehrstündige Reden und durch je vierzig bis fünfzig Minuten dauernde Einzelabstimmungen über die 960 Zollsätze die Beratungen über das Ende der Reichstagssession hinaus auszudehnen und den Tarif im folgenden Jahr zum Wahlkampfthema zu machen. Daraufhin wurde zunächst der namentliche Aufruf abgeschafft und das Abstimmungssystem der französischen Kammer eingeführt. Künftig wurden bei Abstimmungen nur noch farbige Stimmkarten hochgehoben (Antrag Aichbichler). Nach vertraulichen Beratungen zwischen den Führern der Mehrheitsparteien und der Regierung (Chronik 1902, S. 439) beantragte Kardorff dann, die gesamte Vorlage en-bloc anzunehmen. Darüber entspann sich eine Geschäftsordnungsdebatte, die vom 27. 11. bis zum 9. 12. 1902 dauerte und erst durch einen dritten Geschäftsordnungsantrag beendet wurde. Reden zur Geschäftsordnung wurden auf fünf Minuten begrenzt (Antrag Gröber). Vgl. *Schöne* (1934), S. 23 ff., *Beidler* (1929), S. 9 ff., *Kardorff* (1936), S. 346 ff. Zu Obstruktionsversuchen bei der ersten Kommissionslesung vgl. Die parlamentarischen Kämpfe um den Zolltarif (Hrsg. v. Centralbureau der Nationalliberalen Partei), Berlin o. J., *Wermuth* (1922), S. 225 ff.
[67] *Beidler* (1929), S. 50. Die Mehrheit bestand aus den Konservativen, dem Zentrum und sechs Nationalliberalen.
[68] Es ist angesichts der fortdauernd hohen Weizeneinfuhr schlicht unsinnig, von „fast prohibitiven Zöllen" zu reden. *Witt* (1970), S. 73.
[69] Dem Fonds sollte das Zollaufkommen zufließen, das über den Betrag pro Kopf der Bevölkerung hinausging, den die Getreide-, Vieh- und Fleischzölle zwischen 1898 und 1903 durchschnittlich erbracht hatten. Der Gedanke, mögliche Mehreinnahmen aus den Lebensmittelzöllen zu sozialpolitischen Zwecken zu verwenden, war schon früher in der Diskussion aufgetaucht. Bülow hatte ihn zum erstenmal am 3. März 1901 im Reichstag artikuliert. In den Motiven zur Reichstagsvorlage war er wiederholt worden. Kanitz hatte dagegen in der Tarifkommission namens der Konservativen gefordert, die Überschüsse für die Ermäßigung der Arbeiter- und Arbeitgeberbeiträge zur Invalidenversicherung zu verwenden. *Conrad* (1900), S. 168, Chronik 1901, S. 87, 460. Chronik 1902, S. 305.

Mit 202 gegen 100 Stimmen der Sozialdemokraten, der Freisinnigen, der Antisemiten und der Mitglieder des BdL ist das Zollgesetz schließlich angenommen worden[70].

Der Landwirtschaft hat es ohne jeden Zweifel erhebliche Begünstigungen verschafft[71]. Die schutzzollinteressierte Industrie hat dagegen durch den „Bülow-Tarif" wenig oder nichts gewonnen. Einige Branchen schienen sogar verloren zu haben. Die Industriezölle waren nach Möglichkeit unter dem Gesichtspunkt normiert worden, den Absatz von Fertigwaren im Inneren zu erleichtern und die Roh- und Halbfabrikate durch Zollmaßnahmen nicht weiter zu verteuern. Der Roheisenzoll blieb auf seiner alten, schon traditionellen Höhe. Das galt auch für die Stahlzölle auf Halbzeug, Schienen und Formeisen. Allenfalls im Fertigwarenbereich hat die stärkere formale Untergliederung des Tarifs einige Zollerhöhungen bewirkt. Die im übrigen schwer bedrückten reinen Walzwerke sind durch die Zollpolitik nicht weiter belastet, sondern ebenso wie die Gießereien wenigstens gegen die Auslandskonkurrenz etwas besser geschützt worden. Gar nicht glücklich dürfte die Textilindustrie über den neuen Tarif gewesen sein. So schwer es ist, die neuerdings weit untergliederten Garn- und Gewebezölle mit dem gröberen Tarifschema der Vorzeit zu vergleichen: insgesamt dürfte der Zollschutz eher herabgesetzt worden sein; für die Woll- und Baumwollspinner mit Sicherheit[72].

Auf der Kostenseite ist der Fertigwaren- und Exportindustrie durch das Gesetz kein Schaden zugefügt worden. Aber auch die Furcht, daß die Reichsregierung auf der Grundlage des Tarifs keine, oder jedenfalls keine günstigen Handelsverträge abschließen könne und der Export durch sinkende Nachfrage beeinträchtigt werde, hat sich bald darauf als verfehlt erwiesen[73].

---

[70] Stenogr. Ber. 1900/03, Bd. 3, S. 7170.

[71] Es war nicht nur Ideologie, sondern barer Unsinn, wenn von Wangenheim am 12. 12. 1902 im Reichstag von schwerer Schädigung der Landwirtschaft sprach. *Croner* (1909), S. 257. Vgl. auch die sechs „Unannehmbar!"-Artikel in der DT v. 29. 12. 1902 – 10. 1. 1903. Es ist andererseits nicht richtiger, den Tarif einen „der größten politischen Erfolge der organisierten Agrarier" zu nennen. Die Getreidezölle lagen *nicht* erheblich über den Sätzen der Regierungsvorlage, sie entsprachen ihnen genau. *Puhle* (1966), S. 230, *ders.* in: *Stürmer*, Hrsg. (1970), S. 352, 370. In einem als akademisches Lehrbuch gedachten Band sollten nicht so eklatant falsche Zollsätze stehen wie bei *Klein* (1973), S. 147. Zur Stellung des BdL und der Parteien zu Vorlage und Gesetz *Schöne* (1934), passim.

[72] Vgl. die entsprechenden Positionen in: Systematische Zusammenstellung der Zolltarife des In- und Auslands, Hrsg. im RdI, Berlin 1898, Teil A: Textilindustrie, S. 4 ff., 104 ff., Teil B: Industrie der Metalle, Steine und Erden, S. 29 ff. Der Zolltarif vom 25. 12. 1902 mit den auf den Handelsverträgen beruhenden Bestimmungen. Nach dem Stande vom 1. 2. 1911, Hrsg. im RdI Berlin 1911, Tarifpositionen 417–433, 438–457, 777–800, 892–906.

[73] Gleichwohl wird es bis heute unbeirrt behauptet. Zuletzt *Mielke* (1976), S. 25, im Tenor auch *Ullmann* (1976), S. 101, 201.

Außenhandel, Getreidepreise und Brotteuerung

Von entscheidender Bedeutung für den deutschen Export war während der ganzen Zeit des Kaiserreichs das handelspolitische Verhältnis zu Großbritannien, Rußland, den USA, Österreich, Belgien, Holland, der Schweiz und Frankreich, die insgesamt rund 70% der deutschen Ausfuhr aufnahmen[74]. Die Beziehungen zum wichtigsten Käuferland England (20,3%)[75] sind von den neuen Zöllen überhaupt nicht tangiert worden. England war an niedrigen deutschen Getreidezöllen nicht interessiert, und die Eisen- und Garnzölle sind nicht einschneidend erhöht, teilweise sogar erniedrigt worden. Der Jahr um Jahr verlängerte Meistbegünstigungsvertrag hat unverändert fortgegolten[76]. Mit Rußland (7,7%) ist lange verhandelt worden. Das Land hat sich mit guten Gründen gegen die deutschen Zollerhöhungen gesträubt und zumindest eine differentielle Begünstigung gegenüber den USA verlangt. Schließlich hat es die neuen Getreidezölle — wohl auch unter dem Druck des unglücklichen Krieges gegen Japan — dennoch akzeptiert und als Gegenmaßnahme eine Reihe Industrieeinfuhrzölle mäßig heraufgesetzt[77]. Der Vertrag mit den USA (8,5%), die mit der Verabschiedung des Dingley-Tarifs zu erkennen gegeben hatten, daß ihnen die Zollpolitik ihrer Handelspartner bei der Bestimmung ihrer Zolltarife ziemlich gleichgültig war, wurde am 1.3.1906 zunächst als Meistbegünstigungsvertrag verlängert[78]. Im November ist der Vertrag dann gekündigt und am 2. Mai 1907 ein einjähriges, mehrfach verlängertes Handelsabkommen auf der Grundlage der neuen Tarife ohne allgemeine Meistbegünstigung, aber mit einigen namentlich genannten gegenseitigen Zollerleichterungen abgeschlossen worden[79]. Die Verträge mit den kontinentaleuropäischen Handelsvertragspartnern sind ebenfalls 1904 und 1905, gewöhnlich rasch und reibungslos als Meistbegünstigungsverträge erneuert worden. Die neuen Tarife sind dabei durch Zusatzabkommen in die bestehenden Verträge eingefügt worden. Am langwierigsten waren die Verhandlungen mit Österreich-Ungarn (10,9%); allerdings weniger aus handelspolitischen Gründen, da Österreich

---

[74] *Lotz* (1900), S. 55–57, Jb. d. HVV 1902, S. 381, mit einer genauen Aufschlüsselung für 1899–1901. Zu den Vertragsverhandlungen vgl. *Neumann* (1949), S. 142–145.

[75] Die Zahlen gelten für 1901.

[76] Chronik 1905, S. 673.

[77] *Gerloff* (1913), S. 410 ff., Chronik 1904, S. 484, *Wermuth* (1922), S. 236–251. Stegmann irrt, wenn er unbelegt feststellt, daß Rußland keine höheren Industriezölle durchsetzen konnte. *Stegmann* (1970), S. 93.

[78] Chronik 1906, S. 93. Die Diskussion, ob Deutschland gegen die Behinderung der Einfuhr nach Amerika mit zollkriegerischen Maßnahmen vorgehen können und sollte, hatte bereits 1897 eingesetzt und hat bis zum Weltkrieg nicht aufgehört.

[79] Chronik 1907, S. 265. Zur Entwicklung der handelspolitischen Beziehungen und des stark passiven Handelsverkehrs mit den USA bis zum Weltkrieg vgl. *Prager* (1926), S. 14 ff., 44 ff.

schon kurz nach dem deutsch-russischen Handelsvertrag von 1894 als Getreidelieferant so gut wie ausgefallen war, als wegen innerer Auseinandersetzungen zwischen Österreich und Ungarn. Am 25.1.1905 kam auch dieser Vertrag zustande[80]. Bereits sechs Tage später sind die sieben Verträge mit den Caprivi-Partnern — Rußland, Rumänien, Serbien, Italien, Schweiz, Belgien, Österreich-Ungarn — vom Bundesrat angenommen, am 1.2.1905 sind sie dem Reichstag vorgelegt worden. Drei Wochen später hat sie das Parlament allesamt mit großer Mehrheit angenommen[81]. In Kraft getreten sind sie allerdings einheitlich erst am 1.3.1906.

Sie haben dem deutschen Export sowenig geschadet, wie die Caprivi-Verträge ihm besonders genützt hätten. Das deutsche Exportvolumen ist in den acht Jahren vor dem Krieg prozentual ebenso stark gewachsen wie in den zwölf Jahren, in denen die Caprivi-Verträge gültig gewesen sind[82], absolut viel stärker. Der letzte Konjunkturaufschwung seit 1910 ist nicht unwesentlich von einem Exportboom mitgetragen worden[83]. Die Bedeutung von Handelsverträgen und Zöllen, wenn sie nicht gerade prohibitiven Charakter annahmen, ist damals wohl in beide Richtungen überschätzt worden.

Der Anteil der Vertragsstaaten am deutschen Export *ist* im Zeichen der Caprivi-Verträge in die Höhe gegangen, die Steigerungsrate war aber gering. Das Gewicht des deutschen Außenhandels ist sowenig auf die Vertragsstaaten verlagert worden, wie der Gesamtexport Bemerkenswertes zum industriewirtschaftlichen Aufschwung seit 1895 beigetragen hatte[84]. 1890 hatten die Vertragspartner noch

[80]Chronik 1904, S. 744 f., 1905, S. 23.

[81]Chronik 1905, S. 78, *Eßlen* (1925), S. 248 f., *Kardorff* (1936), S. 359, *Stegmann* (1970), S. 92.

[82]Setzt man den Exportvolumenindex 1893 = 100, dann lag er 1905 bei 188 und 1913 bei 323. *Hoffmann* (1965), S. 531.

[83]Vgl. unten S. 251 ff.

„Die Unzufriedenheit fast der gesamten deutschen Industrie über die *Auswirkungen* der 1904/05 ausgehandelten Handelsverträge" mit Stellungnahmen von Interessenverbänden aus dem Jahr 1905 zu belegen, ist ein, gelinde gesagt, eigentümliches Verfahren. So *Stegmann*, Hugenberg, S. 339, Anm. 50.

[84]Das vermuten *Puhle* (1966), S. 31 f. und *Barkin* (1970), S. 109 ff. Vgl. dagegen unten S. 212 ff. Die Jahresexportquote ist kein sehr geeigneter Indikator für die konjunkturbelebende Wirkung der Ausfuhr, da der Anstoßeffekt nicht unbedingt in einer höheren Exportrate zur Geltung kommen muß, wenn die binnenwirtschaftliche Reaktion sehr schnell erfolgt. Gleichwohl sollte darauf hingewiesen werden, daß der Exportanteil am NSPF in den beiden Aufschwungsjahren 1895 und 1896 auffällig niedrig war. Überdies wäre bei einer nicht sehr hohen Ausfuhrquote von rund 15% ein Exportzuwachs von mehr als 357 Mio. (1895) und 207 Mio. Mark (1896) — das entsprach 12% und 6,2% des vorjährigen Gesamtexports oder 1,6% und 0,9% des NSPF — nötig gewesen, um den Aufschwung seit 1896 zu initiieren. Umso mehr als 1894 eine ausgesprochene Exportflaute gebracht hatte und sich die Zunahme von 1893 bis 1895 mit nur 226 Mio. Mark bescheidener ausnimmt. *Hoffmann* (1965), S. 508 f., 520.

29,4% der deutschen Ausfuhr aufgenommen, bei Beginn des Aufschwungs, 1895, waren es 32,4%. 1899, im letzten durchgehenden Hochkonjunkturjahr 34,3%[85]. Ein Teil dieses Anstiegs ist sicherlich den drastischen Exportrückgängen in die USA nach der Einführung des Dingley-Tarifs, 1897, zuzuschreiben. Nachdem sich die Ausfuhr nach Amerika wieder erholt hatte, ist der Anteil der Vertragsstaaten sogar auf den Anfangsstand von weniger als 30% zurückgefallen und bis 1913 nur noch leicht auf 31,8% wieder angestiegen[86]. Das waren Zufallsschwankungen, die sich nicht handelspolitisch interpretieren lassen.

Nun ist „Exporterschwerung" nur ein Gravamen gegen den Bülow-Tarif gewesen, das später ein bißchen unreflektiert in die historische Interpretation eingegangen ist. Das andere lautete: das Gesetz begünstige die Landwirtschaft, insbesondere die getreidebauende und getreideverkaufende Großgrundbesitzwirtschaft Ostelbiens zulasten des täglichen Verbrauchs breitester Schichten der Bevölkerung. In jüngster Zeit schließlich ist der Tarif gar als wirtschaftliche Sicherung der agrarisch-schwerindustriellen Vorherrschaft in Staat und Gesellschaft gedeutet worden[87]. Das zunächst ist zumindest kurzschlüssig und wenig überzeugend. Die Schwerindustrie war technisch und wirtschaftlich seit langem so erstarkt, daß sie den Zoll vielleicht um den Preis von Differentialerträgen, aber nicht um den Preis ihrer „vorherrschenden" Stellung in der Volkswirtschaft[88] und ihres, bis heute freilich eher vermuteten als beweiskräftig bekannten Einflusses auf politische Entscheidungen von einiger Tragweite hätte entbehren können. Und was die perhorreszierten Agrarier angeht: hätte ihre soziale und politische Stellung im Kaiserreich wirklich essentiell an den 10 bis 15 Mark mehr oder weniger Zoll pro Tonne Getreide gehangen — sie hätten sie in den vierzehn Jahren verlieren müssen, in denen der Caprivi-Tarif gültig war, die Weltmarktpreise überwiegend miserabel standen und der Zoll den Inlandspreis keineswegs durchweg um seinen vollen Betrag über den Weltmarktpreis hob. Es sei kurz an das grundlegende Problem der getreidebauenden Landwirtschaft im Osten erinnert.

Bis in die siebziger Jahre hatte es wegen der hohen Transportkosten von Übersee nach Europa keinen „homogenen" Weltmarkt für Getreide gegeben. Die ostelbi-

---

[85] *Gothein* (1901), S. 99.

[86] *Barkin* (1907), S. 216. Die gesamte Ausfuhr war zwischen 1891 und 1903 um 55,4%, die in die Handelsvertragsstaaten um 56,5% gestiegen. DWZ 1905, Sp. 27 f.

[87] Z. B. bereits *Stillich* (1908), Bd. I, S. 140, *Gerschenkron* (1966), S. 56, 67. *Stegmann* (1970), S. 80, ders. (1974), S. 182. *Witt* (1970) schwankt. Auf Seite 74 ist das Ziel der Agrarier, die Machtverteilung im Staat „auch ökonomisch besser abzusichern", nicht erreicht worden. Auf S. 302 hat der Tarif dann die „materielle Basis für die politische Herrschaft der ostelbischen Agrarier abgesichert".

[88] So hält *Stegmann* den Roheisenzoll für „das Instrument, die Machtstellung der Rohstoffindustrie gegenüber der verarbeitenden Industrie zu behaupten" (1974, S. 182). Vgl. dagegen die Bedeutung der marktwirksamen Roheisenproduktion im Verhältnis zur Gesamtproduktion oben S. 118.

schen Landwirte hatten bis dahin große Mengen Weizen nach England und Skandinavien exportiert, auf diese Weise das Angebot im Inneren verknappt und die Preise auf beträchtlicher Höhe gehalten. Dann sanken die Überseefrachten drastisch. Der Weltmarkt wuchs zusammen. Die USA und Argentinien traten in Europa als Konkurrenten mit großen Mengen dank niedriger Anbaukosten billigen Weizens auf den Plan, verdrängten Deutschland vom englischen Markt und drückten überdies auf den deutschen Preis, der wegen des vermehrten inländischen Angebots sowieso schon zu fallen neigte. Mit den bekannten Zollerhöhungen von 10 Mark (1879) über 30 Mark (1885) auf 50 Mark (1887) pro Tonne Weizen und Roggen hat die Reichsleitung versucht, diesem Druck zu begegnen. Mit geringerem als dem gewünschten Erfolg für die ostelbischen Landwirte, ohne die Importe schwer zu treffen und mit schwerwiegenden Nachteilen für die Getreidekonsumenten im Westen des Reichs. Das lag an der Wirtschaftsgeographie des Landes. Im Osten, jenseits der Elbe, wurden erhebliche Getreideüberschüsse produziert, in den westlichen Industriegebieten gab es einen Massenbedarf an Getreide, der von der regionalen Produktion bei weitem nicht gedeckt wurde[89]. Der Ferntransport von Massengütern aber war teuer, wesentlich teurer jedenfalls als neuerdings die überseeische Verschiffung[90].

So kam es zu der eigentümlichen Erscheinung, daß der zusammenwachsende Weltmarkt den deutschen Getreidemarkt zerriß. Es gab künftig zwei Märkte mit sehr unterschiedlichen Preisen. Im Westen kostete Getreide gewöhnlich den Weltmarktpreis zuzüglich Zoll und Fracht. Dorthin drang ostelbisches Getreide aber kaum mehr vor[91]. Die „Junker" standen nämlich vor einem „Maximierungsproblem bei Preisdifferenzierung". Sie werden es als schlichtes Dilemma empfunden haben. Transportierten sie ihr überschüssiges Getreide in den Westen, schluckten die Transportkosten den überwiegenden Teil des Gewinns, den ihnen der Zoll einbrin-

[89]Vgl. z. B. *Backhaus* (1898), S. 50, 54 f.

[90]Die Bahnfracht betrug einheitlich 4,5 Pfg. pro Tonnenkilometer plus 1,20 Mark Abfertigungsgebühr pro Tonne. Eine Tonne Roggen oder Weizen von Breslau oder Marienwerder nach Köln oder Frankfurt/M. zu verfrachten, kostete etwa 40 Mark, 37 Mark mehr als eine Tonne von New York nach Hamburg Seefracht kostete. Handel und Wandel 1901, S. 86. *Johannes* (1902), S. 34.

[91]Im Jahresdurchschnitt gelangten folgende Mengen aus dem Osten nach Süd- und Westdeutschland (in Tonnen):

	Weizen	Roggen	
1885/90	45.100	9.490	
1891/94	18.894	14.554	
1895/99	30.808	7.436	*Hailer* (1902), S. 142f.

Vgl. auch *Backhaus* (1908), S. 56 f.

gen sollte[92]. Ließen sie es im Osten, drückte der Überfluß die Preise dort in Richtung Weltmarktpreis. Es hätte gegolten, Jahr für Jahr neu abzuwägen, welche Mengen in den Westen verfrachtet, welche im Osten behalten werden mußten, damit sich die Preise so einpendelten, daß die Erträge auf beiden Märkten zusammen ein Maximum an Gewinn ergaben. Das ist angesichts der bescheidenen Mengen, die in den Westen gelangten, ganz offensichtlich nicht geschehen. Fast die gesamte Produktion ist in Ost- und Mitteldeutschland abgesetzt worden; zu Preisen, die keineswegs um Zoll und Fracht über den Weltmarktpreisen lagen. Selbst in den Jahren der Kornknappheit und Kornteuerung Ende der achtziger, Anfang der neunziger Jahre nicht. Und auch dann nicht, als den ostelbischen Landwirten gleichsam als Trostpflaster und zur Beruhigung ihres zornigen Wehgeschreis 1894 ein alter Wunsch erfüllt und der Identitätsnachweis außer Kraft gesetzt wurde[93].

Bislang war der Getreideeinfuhrzoll zurückerstattet worden, wenn importiertes Korn wieder ausgeführt und dabei nachgewiesen wurde, daß eingeführte und ausgeführte Mengen, sowie Importeur und Exporteur identisch waren. Beides sollte künftig nicht mehr nötig sein. Damit wurde die Regelung für die ostelbischen Landwirte interessant. Es war nun möglich, im Osten Getreide auszuführen, dafür einen „Einfuhrschein" zu erhalten, der zum zollfreien Import der gleichen Menge gleichen Getreides berechtigte, und diesen Schein mit geringem Disagio an einen westdeutschen Importeur zu verkaufen[94].

[92]Wenn es den Interventionsstaat im Interesse wirtschaftlicher Gruppen tatsächlich gegeben hätte, wäre es sehr naheliegend gewesen, die Eisenbahntarife zu senken und für eine Preisangleichung in West und Ost zu sorgen, die für die ostelbischen Landwirte sicherlich gewinnträchtig gewesen wäre. Die Agitation für die „Staffeltarife" hat ja nie aufgehört. Im Zeichen des Kornmangels sind sie 1891 vorübergehend tatsächlich eingeführt worden. Im übrigen ist Tarifpolitik aber als fiskalische Einnahmepolitik getrieben worden. Miquel hat das einmal drastisch formuliert. Als der freisinnige Abgeordnete Gothein ihn einst an das Versprechen erinnerte, die Verwaltungen der Bahnen im wirtschaftlichen Interesse des Landes zu führen, hat er erwidert: „Wenn man dieses Versprechen gegeben hätte, so hätte man nicht so dumm sein dürfen, es zu glauben". *Gothein* (1905), S. 9.

[93]Von Berlepsch hat diese Maßnahme schon 1890 als Ergänzung der Zollreduktion empfohlen und Caprivi hatte sie den Landwirten vor den Handelvertragsverhandlungen mit Rußland vm 5. 1. 1894 im Reichsanzeiger als Ausdruck seiner Einsicht in die Notlage der Landwirtschaft konzediert. *Öhlmann* (1953), S. 170, *Tischert* (1898), S. 294, *Nichols* (1958), S. 296. Ob der BdL die Aufhebung des Identititätsnachweises „durchgesetzt" hat, mag dennoch nur eine Frage der Terminologie sein. Die Aufhebung der Staffeltarife, die auf Verlangen der bayerischen Regierung wieder abgeschafft wurden, hat er sicher nicht „durchgesetzt" – er hätte denn gegen die Interessen seiner Mitglieder gehandelt. *Puhle* (1976), S. 65. Vgl. *Barkin* (1970), S. 98 f.

[94]Zum Einfuhrscheinsystem *Beckmann* (1911), *Junge* (1912), *Eßlen* (1925), S. 295 ff., *Teichmann* (1955), *Gerschenkron* (1966), S. 68 ff., *Plachetka* (1969).

Vielleicht hat die offenkundige Tatsache, daß die Vergütung für die ostdeutschen Landwirte auf etwas umständliche Art aus der Staatskasse gezahlt wurde, im Verein mit einer gewissen „engagierten" Voreingenommenheit zu der Ansicht verleitet, daß die Zollrückerstattung nunmehr eine Exportprämie in Höhe des Zolls gewesen sei. Das ist aber nicht ganz richtig[95]. Der Exporteur bekam den Zollbetrag keineswegs auf den Inlandpreis draufbezahlt. Um auf dem Weltmarkt absetzen zu können, *konnte* er höchstens zum Weltmarktpreis verkaufen, *mußte* er wegen der wenig geschätzten Qualität ostelbischen Roggens und Weizens aber gewöhnlich darunter anbieten. Die Zollvergütung ermöglichte ihm, die Weltmarktnotierung so weit zu unterschreiten, wie der ostdeutsche Binnenpreis unter Weltmarktpreis plus Zoll stand, ohne Grenzverluste zu machen[96].

Eine Prämie entstand erst, wenn es gelang, höhere Absatzpreise zu erzielen. Wenn man die Zunahme der Getreideausfuhr als sinnvollen Indikator akzeptiert, scheint das in den folgenden Jahren nicht sonderlich gelungen zu sein. Die Weizenausfuhr ist von 80 000 t im Jahr 1894 bis 1899 auf knapp 200 000 t, der Roggenexport von 50 000 t auf 125 000 t gewachsen. Das entsprach auch 1899 erst 14 bzw. 22% der Einfuhr und 5% bzw. 1,4% der Produktion[97]. Wegen dieses geringen Zuwachses ist aber auch die zweite, wesentlichere Hoffnung unerfüllt geblieben. Der steigende Export hat das Angebot im Inland nicht so stark vermindert, daß der Preis deshalb bemerkenswert gestiegen wäre. Es war die Dialektik des Verfahrens, daß es den Binnenpreis durch Verdünnung des Angebots auf die Höhe des Weltmarktpreises plus Zoll heben sollte und zugleich auf diese Höhe weder heben konnte noch durfte, weil bereits die Annäherung die Ausfuhr unattraktiv machte. Es war seine Konsequenz, daß der Zoll im ostdeutschen Preis nie voll zur Geltung kam. Und es war schließlich ohne wirtschaftliche Logik, daß die Gegner des Einfuhrscheinsystems dies dennoch immer wieder behauptet haben.

Die Differenz zwischen dem deutschen Verkaufspreis im Osten und dem Weltmarktpreis ist von der Zollsenkung nicht und nicht von der Aufhebung des Identitätsnachweises bemerkenswert verändert worden. Der Weizenpreis hat von 1888—1890 in Breslau und Königsberg gewöhnlich um 22 bis 31 Mark, zwischen 1895 und 1905 von 18 bis 31 Mark über dem durchschnittlichen Importpreis gelegen.

---

[95] Z. B. *Stegmann* (1970), S. 62. Die Staatskasse ist die Sache freilich teuer zu stehen gekommen. Die Aufwendungen für Exportvergütungen haben nach 1906 verhindert, daß die Zollerhöhungen Mittel für die Witwen- und Waisenrente laut § 15 des Zollgesetzes eingebracht haben. Deshalb mag man von 170 Millionen Mark staatlicher Förderung der landwirtschaftlichen Exporte durch Einfuhrscheine im Jahr 1813 sprechen. Man darf sich nur nicht vorstellen, daß diese 170 Millionen Mark als staatliche Subvention und Zubuße in die Taschen der Landwirte geflossen sind. *Witt*, Reichsfinanzminister, S. 31.

[96] Sobald der Preis unter diesen Wert sank, war es lohnender, im Inland abzusetzen und auf die Zollvergütung zu verzichten.

[97] *Gothein* (1901), S. 97 f., *Hoffmann* (1965), S. 186.

In Breslau war die Differenz in einigen Jahren viel, beim Roggen war sie wegen der größeren Angebotsmengen allezeit etwas geringer[98]. Am besten sind sicher die brandenburgischen Großgrundbesitzer dran gewesen. Vor ihrer Tür lag der „Großmarkt" Berlin, auf dem zumeist fünf bis acht, manchmal auch zehn Mark mehr für die Tonne erlöst wurden. Dort ist der Zoll nach 1894 zuzeiten tatsächlich voll zur Geltung gekommen. Allerdings nicht wegen der Aufhebung des Identitätsnachweises, sondern wegen günstigerer Konkurrenzverhältnisse. Vor 1892/94 ist die Differenz zum durchschnittlichen Importpreis dank des höheren Zolls im allgemeinen etwas größer gewesen.

Für die Landwirte in den östlichsten Provinzen scheint erst die *Verbindung* von höherem Zoll und Einfuhrscheinsystem seit 1906 die positiven Effekte erzielt zu haben, die man sich von jeder der Maßnahmen einzeln versprochen hatte. Die Zollvergütung beim Getreideexport hat genau um den Wert der Zollerhöhung zugenommen. Deshalb — aber nicht *nur* deshalb — ist die Weizen-, Roggen- und Haferausfuhr seit 1908 bemerkenswert gestiegen. In den letzten sechs Jahren vor dem Krieg sind 1,913 Millionen t Weizen, 4,547 Millionen t Roggen und 2,575 Millionen Tonnen Hafer exportiert worden, gegenüber 0,884, 1,466 und 1,136 Millionen Tonnen in den sechs Jahren zuvor[99]. Deutschland hat seit 1908 wieder mehr Roggen aus- als eingeführt. Dadurch ist auch der Binnenpreis höher über den durchschnittlichen Einfuhrpreis gehoben worden als zuvor: Roggen um 26 bis 40, Weizen um 22 bis 42 Mark in Breslau, Danzig und Königsberg. Der Abstand zu den Berliner Roggenpreisen ist etwas geringer geworden.

Alles in allem dürften die ostelbischen Landwirte dank Zollerhöhung und Exportsteigerung zukünftig etwa 10—12 Mark mehr für die Tonne Getreide erlöst haben. Das war sicherlich erfreulich für sie und dennoch nur eine Zugabe zu der beträchtlich ertragreicheren nachhaltigen Erhöhung der Weltmarktpreise seit 1907[100]. Im Durchschnitt der Jahre 1894 bis 1905 hat der Weizeneinfuhrpreis 131 Mark, der Roggeneinfuhrpreis 101 Mark betragen. In den acht Jahren bis zum Kriegsausbruch sind diese Werte auf 163 und 130 Mark gestiegen. In Berlin waren die Weizengroßhandelspreise unterdessen von 161 auf 208, die Roggengroßhandelspreise von 135 auf 173 Mark geklettert, in Königsberg von 157 auf 200 und von 126 auf 166 Mark[101]. Kurz, für Roggen sind hier wie dort rund 40, für Weizen rund 45 Mark mehr erlöst worden. Davon waren vielleicht 12 Mark dem Zoll und den Einfuhr-

---

[98]*Desai* (1968), S. 128.

[99]*Teichmann* (1955), S. 205. Die Militärverwaltung ist spätestens seit 1911 höchst beunruhigt über die steigenden Exporte zulasten der inländischen Lager für Krisenzeiten gewesen und hat mehrfach die Abschaffung der Einfuhrscheine gefordert. Vgl. *Burchardt* (1968), S. 207 f.

[100]Auch das hat, vielleicht mehr als die Zollerhöhung, zu der starken Exportvermehrung beigetragen. Es ist doch auffällig, daß der große Sprung erst ins Jahr 1908 fällt.

[101]*Desai* (1968), S. 128 f.

scheinen gutzuschreiben. Das entsprach 25–30% des Mehrerlöses und 6–8% der Verkaufspreise. Dies zum Schlagwort „wirtschaftliche Absicherung politischer Herrschaft" durch Zollerhöhung und Einfuhrscheine[102].

Um sechs bis acht Prozent, im Westen und Südwesten vielleicht um zehn Prozent, ist denn auch das oft beschworene „Brot des kleinen Mannes" durch das Zollgesetz von 1902 verteuert worden. Das war – zumal im Zusammenhang mit der Fleischteuerung[103] – schlimm genug, macht das Gesetz aber immer noch nicht zum schieren Menetekel staatlich geförderter agrarisch-schwerindustrieller Perfidie.

Nimmt man an, daß eine vierköpfige Familie in den Jahren vor der Zollerhöhung in Berlin im Jahr etwa 145 Mark für Brot ausgab[104], kommt man zu einem zusätzlichen Aufwand von 12 bis 15 Mark. Das waren 1% bis 1,5% des durchschnittlichen Arbeiterhaushaltseinkommens. Mombert hat damals ausgerechnet, daß zehn Mark Zoll pro Tonne Getreide das durchschnittliche Arbeiterfamilienbudget mit 1,04% belasteten, auf der Grundlage eines sehr ungleichgewichtigen und wohl auch etwas kleinen „samples" freilich. 29 der 75 erfaßten Familien waren Zittauer Weberfamilien mit extrem niedrigen Einkommen. Bei 36 der 46 restlichen Familien war die Belastung geringer als 1%. Im Durchschnitt lag sie bei 0,5%[105]. Das

---

[102]Unbestritten ist, *daß* es den Großgrundbesitzern seit der Jahrhundertwende wirtschaftlich wieder sehr gut gegangen ist. Die Erhöhung der Rentabilität läßt sich an der Steigerung der Güterpreise ablesen. Von 1895 bis 1918 sind Höfe mit 2–5 ha Fläche um 92%, Güter mit 20–100 ha um 125% und Güter mit mehr als 1 000 ha um 192% teurer geworden. Die durchschnittliche jährliche Wachstumsrate hat von 3% bis 1903, über 5% (1903–1908) auf 10% zugenommen. *Rothkegel,* in: *Beckmann,* Hrsg. (1932), S. 409, vgl. *Puhle* (1976), S. 71.

[103]Auch die Fleischteuerung hat weniger mit der Zollerhöhung zu tun, als man anzunehmen geneigt ist. Daß die Fleischpreise von Januar bis September 1905 um 27% gestiegen sind, kann dem Zoll nicht angelastet werden. *Witt* (1970), S. 73. Er war um diese Zeit noch nicht in Kraft. Ein gewisser Teil der Preiserhöhung mag auf die Fleischbeschauverordnungen von 1900 und den folgenden Jahren zurückzuführen gewesen sein. Stets gefördert worden sind Fleischpreissteigerungen von den zahlreichen Einfuhrverboten der Länder. Vgl. *Eßlen* (1912), S. 117–127, 199. Seit 1906 sind die Schweine- und Rindfleischpreise zunächst beträchtlich gefallen. Die schlimmste Fleischteuerung hat erst nach 1910 eingesetzt und war eine weltweite Erscheinung. Gewinn haben daraus im übrigen weniger die „Junker" als die Bauern gezogen. 1907 wurden 56,4% aller Schweine in Betrieben bis zu 10 ha, weitere 32,3% in Betrieben mit 10–50 ha gehalten. Bei Rindern betrug der Anteil jeweils 41,2%. Vgl. Konjunktur 1910 ff., passim, *Eßlen* (1912), S. 146 f., 230 und sehr detailliert auf der Grundlage von 31 badischen Familienbudgets *Bittmann* (1914), passim, zur Fleischteuerung von 1905 *Grünfeld* (1906), zur Schweinepreisentwicklung in Berlin *Gerlich* (1911), Graphik nach S. 48, Tabellen S. 88 f., 102 ff.

[104]*Brutzer* (1912), S. 44 f. Überdies wird wohl zurecht angenommen, daß die Erhöhung der Getreidegroßhandelspreise voll im Brotpreis zur Geltung kamen. Vgl. die Brotpreisentwicklung in Berlin von 1899 bis 1908, in: Jb. f. NatStat., III. Folge, Bd. 37, 1909, S. 807 ff.

[105]*Mombert* (1901).

kommt den Ergebnissen einer späteren, differenzierteren und auf breiterer Grundlage ruhenden Studie von Gerloff nahe. Gerloff hat zwischen 1900 und 1905 180 Budgets städtischer Arbeiter- und Mittelstandsfamilien beobachtet, die im Durchschnitt aus 4,2 Personen bestanden[106], und festgestellt, daß der gängige Getreidezoll, wenn er sich vollständig im Marktpreis mitteilte, Einkommen bis 800 Mark mit 2,28%, Einkommen zwischen 800 und 1200 Mark mit 2,14% und Einkommen zwischen 1200 und 2000 Mark mit 1,6% belastete. Das entsprach 0,65%, 0,61% und 0,46% pro zehn Mark Zoll[107]. Die Getreidezollerhöhung hat Arbeiterfamilien demnach 1 bis 1,2% ihres Einkommens gekostet.

Freilich ging von den Getreidezöllen nur ein Teil der Belastung des täglichen Verbrauchs aus. Erst wenn man auch die Abgaben — ob nun in Form von Zöllen oder von Steuern — auf Fleisch, Salz, Zucker, Kaffee, Tabak, Branntwein und Bier und schließlich den Petroleumzoll berücksichtigt, wird so recht deutlich, *wie* verfehlt die extensive und umstrittene Verbrauchssteuerpolitik nicht nur unter fiskalischen, sondern auch unter sozialpolitischen Gesichtspunkten gewesen ist. Auch dafür bieten Gerloffs Studien eindrucksvolle Anhaltspunkte. Ungeachtet der methodischen Problematik, deren Gerloff sich völlig bewußt war — die Untersuchung gründet auf nicht immer ganz zuverlässigen Haushaltsrechnungen, sie ebnet Unterschiede des Wohnorts, der Familiengröße und der Verbrauchsstruktur ein und benützt Schätzwerte und Umrechnungskoeffizienten, die plausibel aber sicher nicht exakt waren — bleiben die Ergebnisse schon deshalb von hohem Wert, weil an andere nicht mehr zu gelangen ist. An der Richtigkeit ihrer Grundaussagen ist im übrigen auch nicht zu deuteln (vgl. Tabelle 37, S. 202).

Gerloffs Daten stimmen sehr gut mit den Ergebnissen einer fast gleichzeitigen Berechnung Conrads für Haushalte in Halle überein und weichen angesichts der Unsicherheiten bei der Erhebung und Verarbeitung des Materials nicht wesentlich von den Werten ab[108], die Günther ein paar Jahre später für 50 Haushalte mit ausschließlich mittelständischen Einkommen ermittelt hat[109] (vgl. Tabelle 38, S. 203). Die sozialethisch völlig unvertretbare Regression der Verbrauchssteuerbelastung von fast 5 auf 1% ist auch von der progressiven Einkommensteuer nur unzureichend wettgemacht worden. Eine Steuerprogression in des Wortes wahrer Bedeu-

---

[106] Fünf Familien hatten Einkommen bis 800 Mark, 29 Familien zwischen 800 und 1200 Mark, 76 Familien zwischen 1200 und 2000 Mark, 61 Familien zwischen 2000 und 4000 Mark, 9 Familien zwischen 4000 und 6000 Mark. Gerloff hat angenommen, daß der Zoll und die Steuer voll auf den Preis des Konsumguts durchschlugen.

[107] *Gerloff* (1907).

[108] *Gerloff* (1909), S. 456, *Conrad* (1908), S. 621. Vgl. zu den Einkommen- und Realsteuersätzen auch Denkschriftenband Teil I, S. 788 ff.

[109] *Günther* (1918) hat 50 Technikerhaushaltsbudgets zwischen April 1912 und März 1913 ausgewertet. Nur zwei Familien hatten zwischen 1200 und 2000 Mark, der Rest höhere Einkommen bis zu 6400 Mark.

Tabelle 37: Belastung von Familieneinkommen mit Verbrauchsabgaben

Belastetes Konsumgut	Einkommen bis 800 Mark (1)	(2)	800 bis 1200 Mark (1)	(2)	1200 bis 2000 Mark (1)	(2)	2000 bis 4000 Mark (1)	(2)	4000 bis 6000 Mark (1)	(2)
Lebensmittelzölle	18,70	2,58%	26,20	2,44%	30,50	1,86%	34,60	1,31%	32,60	0,72%
Getreide	16,50	2,28%	22,20	2,14%	25,00	1,60%	28,00	1,05%	22,80	0,50%
Fleisch	1,20	0,16%	2,60	0,16%	4,00	0,16%	4,90	0,20%	8,30	0,18%
Fett/Schmalz	1,00	0,14%	1,40	0,14%	1,50	0,10%	1,70	0,06%	1,50	0,04%
Lebensmittelsteuern	10,50	1,47%	14,80	1,44%	15,20	1,01%	12,90	0,50%	15,20	0,33%
Salz	2,40	0,33%	3,20	0,31%	2,40	0,15%	1,90	0,07%	1,50	0,03%
Zucker	4,10	0,59%	4,40	0,43%	5,60	0,40%	6,20	0,25%	7,30	0,16%
Kaffee	4,00	0,55%	7,20	0,70%	7,20	0,46%	4,80	0,18%	6,40	0,14%
Petroleumzoll	3,20	0,44%	4,00	0,39%	5,20	0,32%	7,50	0,28%	3,10	0,07%
Genußmittelzölle u. -steuern	3,20	0,44%	5,90	0,57%	9,00	0,58%	9,70	0,37%	13,50	0,28%
Tabak	1,10	0,15%	2,70	0,26%	2,70	0,17%	3,90	0,15%	4,30	0,09%
Branntwein	0,50	0,07%	0,60	0,06%	1,30	0,09%	2,10	0,08%	3,80	0,08%
Bier	1,60	0,22%	2,60	0,25%	5,00	0,32%	3,70	0,14%	5,40	0,11%
	35,60	4,90%	50,90	4,84%	59,90	3,77%	64,70	2,46%	64,40	1,40%

(1) Steuer- und Zollbetrag in Mark
(2) Anteil am Jahreseinkommen
Quelle: Gerloff (1907). Die Prozentwerte sind auf ein mittleres Einkommen in den jeweiligen Einkommensklassen gerechnet. Die Maximalbelastung war also etwas höher.

tung hat es bei Haushaltseinkommen unter 4000 Mark im Grunde nicht gegeben. Erst bei sehr hohen Bezügen, bei denen der absolute Steuerabzug kaum mehr spürbar war, ist der Anstieg der Steuerquote einigermaßen bemerkenswert gewesen. Zumal, wenn die freilich sehr vage geschätzte Realsteuerbelastung[110] mit einkalkuliert wurde. Bei 50 000 Mark waren etwa 12% erreicht.

Ohne dieses verfehlte System in apologetischer Weise beschönigen zu wollen[111], sei abschließend dennoch erneut auf zweierlei hingewiesen. Der unerfreuliche Zustand war weniger einer bewußten und konsequenten Steuerpolitik im ausschließlichen Interesse konservativer Führungsschichten anzulasten, als das Ergebnis eines seit Beginn des Reichs verfahrenen und wegen der Vielfalt divergierender Interessen nie gründlich reformierten anachronistischen Steuerordnungsrechts. Und zum anderen war die fast unterschiedslose relative steuerliche Belastung jeglicher Einkommen zwar ungerecht und individuell höchst schmerzlich, sie hatte aber keine konfiskatorischen Züge. Die Zoll- und Steuerpolitik hat der Anteilnahme der Ar-

Tabelle 38: Steuerbelastung im Deutschen Reich 1906/1912 (in % des Eink.)

Einkommen	Verbrauchssteuerbelastung			Einkommenssteuerbel.		Realst.	Gesamtbelastung	
	Gerloff	Conrad[109]	Günther	Gerloff[109]	Conrad	Conrad	Gerloff	Conrad
Bis 800 (900)[1] M.	4,9	4,8		1,2	0,8	0,6	6,1	6,2
800 (900) – 1200 M.	4,8	4,8		1,8	1,8	0,7	6,8	7,3
1200 – 2000 M.	3,8		4,5	3,8			7,6	
1200 – 1500 M.		2,9			2,5	0,8		6,2
1500 – 2000 M.		4,0			3,8	1,2		9,0
2000 – 4000 M.	2,5			4,8			7,3	
2000 – 3000 M.		2,0	3,0		4,7	2,0		8,7
3000 – 4000 M.			2,8					
4000 – 6000 M.	1,4		2,3	6,8			8,0	
3000 – 10000 M.		1,2			8,0	2,3		11,5
m. a. 10000 M.	1,0	1,2		8,5	8,0	2,3	9,5	11,5

[1] Bis 800 Mark: Gerloff und Günther; bis 900 Mark: Conrad

[110] Gerloff hat die Realsteuern wegen der Unsicherheiten der Schätzungen betont außer acht gelassen. *Gerloff* (1909), S. 461 f.

[111] Gerloff, dem der sozialpolitische Impetus gewiß nicht abzusprechen war, ist übrigens zu dem Schluß gelangt, daß „die bisherige Lastenverteilung im großen und ganzen eine gerechte zu sein scheint". *Gerloff* (1909), S. 465. Im Tenor auch *Conrad* (1908), S. 622.

beiterklasse und des kleinen Mittelstandes am allgemeinen wirtschaftlich-materiellen Aufstieg auch im letzten Vorkriegsjahrzehnt nicht unüberwindlich im Weg gestanden.

Gewiß ist das Wachstum der Reallöhne flacher geworden. Aber das war weniger der Verbrauchsbesteuerung als der Entwicklung der Weltmarktpreise für Nahrungsmittel zuzuschreiben und ist nicht auf Deutschland beschränkt gewesen. Während die Reallöhne in Deutschland im Jahresdurchschnitt zwischen Jahrhundertwende und Weltkrieg immerhin noch um mehr als ein Prozent zunahmen, stagnierten sie in Großbritannien bereits oder waren sogar leicht rückläufig[112].

Das Résumé dieser Betrachtungen über Möglichkeiten und Realität „privatwirtschaftlichen Planungsersatzes" und „interventionsstaatlicher" Wirtschaftspolitik im letzten Vierteljahrhundert vor Ausbruch des Ersten Weltkriegs: Die Volkswirtschaft hat infolge ihres beschleunigten Wachstums und ihres einschneidenden Strukturwandels die Aufmerksamkeit der Regierungen und Parlamente zweifellos in höherem Maße erregt als zuvor. Dazu hat die organisierte Artikulation wirtschaftlicher und sozialpolitischer Interessen nicht unerheblich beigetragen. Die voraussichtlichen Auswirkungen administrativer und gesetzgeberischer Maßnahmen auf die Wirtschaft und die sozialen Verhältnisse haben im politisch-bürokratischen Entscheidungsprozeß eine zunehmende Rolle gespielt. Man mag das — so scheußlich es klingt — Sozialökonomisierung der Politik nennen. Wirtschaftspolitik im Sinne von Wachstumssicherung und Konjunkturglättung hat es nicht gegeben. Dazu fehlten die theoretischen Kenntnisse und das Instrumentarium für die Praxis. Weder der höhere Grad privatwirtschaftlicher Konzentration und Organisation, noch die zunächst diskontinuierliche und von vielen Zufällen bestimmte Sozial- und Wirtschaftspolitik haben den wirtschaftlichen Erscheinungen und Abläufen im Kaiserreich den Stempel aufgedrückt, sondern der naturwissenschaftlich-technische Fortschritt und dessen mehr oder weniger nachhaltig und umfassend wirkende wirtschaftliche Nutzung.

---

[112]*Eßlen* (1912), S. 261, *Orsagh* (1969), S. 81, *Phelps Brown* (1973), S. 62 ff. Vgl. die zahlreichen Einzelbeispiele bei *Bittmann* (1914), S. 171—174, die ein eindrucksvolles Bild der Vielfalt von starken und weniger starken Reallohnsteigerungen seit 1890 bieten. Die geringste Erhöhung betrug 91%, die größte 223%, der Mittelwert lag bei 133%.

IV. Wirtschaftliche Konjunkturen und Krisen

Wirtschaftlich-technische Innovationen sind in der Sozial- und Wirtschaftsge-schichte freilich kaum je zu ähnlich zentraler und weitreichender Bedeutung hochstilisiert worden wie politisch-soziale Ereignisse und Entscheidungen. Aber ist es eigentlich so sicher, daß die wirtschaftliche und soziale Entwicklung im Kai-serreich von der als „konservative Neugründung" wohl doch etwas überschätzten Zoll- und Steuergesetzgebung des Jahres 1879, von der Bismarck'schen Sozialpoli-tik oder von der Gründung des RWK und des BdL nachhaltiger richtungsweisende Impulse erhalten hat, als von der simplen Tatsache, daß es der AEG im Jahr 1891 zum erstenmal gelungen ist, Starkstrom über 175 km von Lauffen nach Frankfurt zu übertragen und daß die Verbesserung des Drehstromverfahrens in den folgen-den Jahren die Voraussetzung dafür schuf, diese Fähigkeit wirtschaftlich auszu-nutzen?

Die Elektrizitätsindustrie hatte bis dahin schätzungsweise 45 Millionen Mark zur Wertschöpfung der deutschen Industrie beigetragen und war eine unbeträchtliche Größe in der deutschen Volkswirtschaft gewesen. Um 1900 soll der Umsatz bereits bei 270 Millionen Mark gelegen haben. Bis 1913 ist er auf 1,3 Milliarden Mark wei-tergewachsen. Die Zahl der Beschäftigten ist zwischen den beiden Gewerbezählun-gen fast verfünffacht worden, von 24 343 auf 118 693[1]. Die Elektrizitätsindustrie war in kürzester Zeit zur fortwirkenden Antriebskraft der „zweiten Industrialisie-rung" geworden, die weite Teile Deutschlands endgültig vom Agrar- zum Indu-striestaat wandelte. Die Zäsur liegt im Jahr 1895.

„Große Depression" 1873 bis 1895

In dieses Jahr ist von älteren und jüngeren Vertretern der „Lange-Wellen-Theorie" denn auch der Wendepunkt der langfristigen konjunkturellen Entwicklung in Deutschland zwischen 1873 und dem Krieg gelegt worden[2].

Die Diskussion, ob „lange Wellen" in der wirtschaftlichen Entwicklung überhaupt nachzuweisen sind, und ob — selbst wenn sie es seien — nicht gerade Deutschland

---

[1] *Fasolt* (1904), S. 207, *Riedler* (1916), S. 71 ff., *Pinner* (1918), S. 160 f., *Siemens* (1947), S. 277, *Schulz-Hanssen* (1970), S. 31.

[2] *Spiethoff* (1925, 1955), *Kondratieff* (1926), *Schumpeter* (1961), *Rosenberg* (1968), *Wehler* (1972[3]). Bei Schumpeter liegt die Wende im Jahr 1896.

ein Sonderfall gewesen ist, wird sobald nicht ausgestanden sein. Borchardt hat jüngst wohl zurecht angenommen, daß die „lange Welle" zur Deutung des deutschen Konjunkturverlaufs seit 1873 zumindest nicht *nötig* sei[3]. Nun wöge die Frage tatsächlich nicht weiter schwer, wenn die konjunkturelle Entwicklung zwischen 1873 und 1895 nicht als „Große Depression" dramatisiert und mit hohem sozialhistorischen Erklärungswert ausgestattet worden wäre[4]. Unter anderem wird mit ihr auch der Übergang zum „Organisierten Kapitalismus" begründet.

Noch gibt es für die Analyse des Konjunkturverlaufs bis in die neunziger Jahre wenig anderes Material als die Hoffmannschen Zeitreihen[5], die den *langfristigen* Wachstumspfad und Strukturwandel der deutschen Volkswirtschaft sicher hinlänglich genau quantifizieren, die wegen zahlreicher Schätzungen, Hypothesen und Rechenkonventionen auf gelegentlich dürftiger Datengrundlage[6] für die Untersuchung *kurzfristiger* Veränderungen aber von geringerem Wert sind. Andererseits bietet die komparativ-statische Betrachtung von Gesamtzuwachsraten für längere Perioden nur sehr vordergründige Eindrücke vom Charakter der wirtschaftlichen Entwicklung. Denn ob es sie nun gibt oder nicht gibt, erlebt werden die „langen Wellen" von den Menschen ganz sicher nicht. Wirtschaft wurde und wird als Abfolge kurzfristiger Veränderungen empfunden, und prägt als Abfolge kurzfristiger Veränderungen der Beteiligten Handlungen, Haltungen und Erwartungen. Freilich mißdeuten Daten, die einen langen Zeitraum überspannen, die Abläufe und Ereignisse innerhalb des Zeitraums nicht völlig. Ähnlich große Wachstumsraten können schwerlich einmal im Lauf einer überwiegend stagnierenden und gestörten, einmal im Lauf einer überwiegend prosperierenden und harmonischen gesamtwirtschaftlichen Entwicklung hervorgebracht werden. Der Vergleich einiger punktueller Indikatoren bietet deshalb durchaus brauchbare Anhaltspunkte dafür, ob sich die Perioden vor und nach dem „Epochenjahr" 1895 wirtschaftlich wirklich so sehr voneinander unterschieden haben, wie es die Rede von der „Großen Depression" glauben machen will. Die Zeit der unbestreitbar *großen* Krise von 1873 bis 1879[7] sollte bei solchen Überlegungen freilich ausgenommen werden. Aus einem historischen und einem methodischen Grund, der vom historischen herzuleiten ist. Gründerboom und Gründerkrise, die eine viel logischer begründbare Einheit bilden als die Jahre 1873—1894, waren eine exzeptionelle Erscheinung der deutschen und europäischen Wirtschaftsgeschichte im 19. Jahrhundert, die stark von äußerst wirkungsmächtigen exogenen Einflüssen mitbestimmt wurde. Sie fällt völlig aus dem Rahmen des säkularen Konjunkturverlaufs. Das ändert nichts an ihrer historischen,

---

[3]*Borchardt*, Handbuch, S. 209.
[4]Exemplarisch *Rosenberg* (1968), *Wehler* (1973); dagegen *Henning* (1973), S. 211, *Mottek* u. a. (1974), S. 181.
[5]Eine zeitgenössische amtliche oder halbamtliche Konjunkturforschung hat es bis zum Ende des Kaiserreichs nicht gegeben. Deshalb gab es auch keine kontinuierliche, einigermaßen umfassende Erhebung konjunkturstatistischer Daten. Seit den neunziger Jahren wird die Quel-

lenlage dennoch besser. Man muß freilich bereit sein, den fraglos berechtigten Wunsch, konjunkturhistorische Untersuchungen ausschließlich oder überwiegend auf fortlaufendes präzises statistisches Material zu stützen, als unrealisierbar aufzugeben und sich auf die mühselige Auswertung des schier unübersehbaren, meist punktuellen, zum geringen Teil quantitativ-statistischen, zum größeren Teil qualitativ-berichtenden publizistischen Materials einzulassen. Mögen die Möglichkeiten, den Konjunkturverlauf statistisch zu erfassen, auch noch gering gewesen sein, das Interesse an der Konjunkturbeobachtung und an der gedanklichen Reflektion der wirtschaftlichen Wechsellagen hat damals enorm zugenommen. 1895 hat sich das Jahrbuch für Nationalökonomie und Statistik eigens eine bis heute weitgehend unbeachtete „Volkswirtschaftliche Chronik" zugelegt, die auf bald mehr als 1 000 Seiten jährlich ein sehr detailliertes Panorama des Wirtschaftsjahres entwarf. Im Krisenjahr 1900 begann der wohl einfallsreichste und verdienstvollste Konjunkturchronist jener Zeit, der sozialdemokratische Reichstagsabgeordnete Richard Calwer, im Alleingang sein Konjunkturhandbuch „Handel und Wandel. Das Wirtschaftjahr. . ." herauszugeben, dem bald ein „Jahrbuch der Weltwirtschaft" beigefügt wurde. Seit 1910 hat Calwer dann überdies das Wochenblatt „Die Konjunktur" ediert, dessen Verbindung von Information, Analyse und Kommentar in ihren statistischen, methodischen und theoretischen Grenzen beispielhaft und kaum völlig auszuschöpfen ist. Diese Periodika sind für die folgende Untersuchung systematisch ausgewertet worden. Äußerst nützliche Ergänzungen lieferte außer den Enqueten des VSP zu wirtschaftlichen Sonderproblemen und den interessegebundenen Zeitschriften und Monographien der Verbände, die Unzahl wirtschaftlicher Detailuntersuchungen, die damals in den Seminaren Schmollers, Brentanos, Conrads, Herkners, Lotz', Serings, Schulze-Gävernitz und der anderen Vertreter der historischen Schule der Nationalökonomie erarbeitet worden sind.

In den „Staats- und sozialwissenschaftlichen Forschungen" (Schmoller, Sering), der „Sammlung nationalökonomischer und statistischer Abhandlungen des staatswissenschaftlichen Seminars zu Halle a. d. S" (Conrad), den „Münchener volkswirtschaftlichen Studien" (Brentano/ Lotz), den „Abhandlungen des staatswissenschaftlichen Seminars" zu Jena (Pierstorff), den „Volkswirtschaftlichen Abhandlungen der badischen Hochschulen" (Herkner/Schulze-Gävernitz) und in manchen anderen weniger wichtigen Reihen hat das seinen publizistischen Niederschlag gefunden. Dazu kam als Ausdruck einer schier abundanten, herrlich unbefangen-positivistischen Registrier-, Schreib- und Diskutierfreudigkeit die Fülle der informationshaltigen Aufsätze und Miszellen in den großen, wichtigen sozialwissenschaftlichen Zeitschriften, vor allem in den Jb. f. NatStat., der Zs. f. d. ges. Stwiss., Schmollers Jb., dem Deutschen Ökonomist oder dem Bank-Archiv.

Gewiß war all das inhaltlich und methodisch an die Grenzen seiner Zeit gebunden. Vollwertiger Ersatz für den Mangel an „exakten" Zahlen für eine volkswirtschaftliche Gesamtrechnung ist es nicht. Dafür erhellt dieses Material Hintergründe und Zusammenhänge, die reine Zahlenreihen häufig im Dunkeln lassen. Es ist weniger exakt im Sinne des Meß- und Zählbaren, aber aussagekräftiger als Meßziffern, wenn es um Ursachen, reale Wirkungen und Betroffenheiten geht. Für eine konjunkturgeschichtliche Darstellung, der es nicht nur um die konjunkturstatistische und -theoretische Periodisierung von Wirtschaftszyklen geht, ist es vielleicht eine brauchbarere Grundlage als die bekannten Zahlenwerke, die gewöhnlich das wirtschaftsgeschichtliche Unterfutter sozioökonomisch orientierter Geschichtsschreibung liefern.

[6]Insbesondere bei den „zusammengesetzten" Reihen besteht die nicht geringe Gefahr, daß sich verzerrende Wirkungen von unsicheren Annahmen und Schätzungen kumulieren oder gar potenzieren.

[7]Vgl. *Mottek* (1966), S. 57, 129; *ders.* (1974), S. 153 ff.; *Hentschel* (1976), S. 339 ff.

gewiß über 1879 hinauswirkenden Bedeutung für Wirtschaft, Gesellschaft und Staat im Kaiserreich, wohl aber an der Kennzeichnung der Jahre 1873–1894 als „Große Depression".

Langfristige Prosperität und Depression werden gewöhnlich nach dem Verhältnis der Aufschwung- und Stockungsjahre in einer vergleichbar langen Periode voneinander unterschieden. Überwiegen die Stockungsjahre, wird von Depression gesprochen. Dieses schlichte Zählkunststück verzeichnet die Tatsache allerdings erheblich, wenn eine so ermittelte Stockungsspanne mit einer außergewöhnlich langen Reihe depressiver Jahre begonnen hat. Deren Schwergewicht kann unter Umständen die Nomenklatur eines zwanzig- bis fünfundzwanzigjährigen Zeitraums bestimmen, dessen letzte fünfzehn Jahre sich unter Umständen kaum vom Verlauf einer Aufschwungspanne unterschieden haben. Die Konstellation in der „Großen Depression" war alles in allem so[8]. Zu einem ähnlich schiefen Bild gelangt, wer gesamtwirtschaftliche Wachstumsraten für die Perioden 1873 bis 1894 und 1895 bis 1913 miteinander vergleicht[9]. Langfristige Verhältnis- und Wachstumszahlen, die auf der Basis der schnell und einigermaßen künstlich hochgetriebenen Werte des Boomjahres 1873 berechnet werden, müssen fast notgedrungen niedriger ausfallen als Vergleichsdaten, die vom Stand des Depressionsjahres 1894 ausgehen. Über die Entwicklung zwischen 1880 und 1895 ist damit wenig und wahrscheinlich Irreführendes gesagt. Wenn man nämlich die Daten für 1880 zugrundelegt und Zuwachsraten für die gleichlangen Perioden 1880–1894 und 1895–1908 berechnet[10], sieht die Sache wesentlich anders aus.

[8]*Spiethoff* kommt zwar auch ohne die Gründerkrise noch zu neun Stockungs- und nur sechs Abschwungsjahren. Das müßte aber auf breiterer empirischer Basis noch tiefer begründet werden. Spiethoff scheint dazu geneigt zu haben, die Intensität und Dauer der Abschwünge in „Stockungsspannen" zu über-, in „Aufschwungspannen" zu unterschätzen. Für die Zeit nach 1895 kann das gleich aufgrund größerer Materialdichte besser gezeigt werden als für die Jahre davor. Aber irgendwie muß ja auch die recht beträchtliche Steigerung des Sozialprodukts zwischen 1880 und 1895 zustande gekommen sein. *Spiethoff* (1926), S. 53 ff.

[9]*Borchardt*, Wandlungen, S. 12, *ders.,* Handbuch, S. 267 f.

[10]Damit wird 1895 allen Anzeichen nach zurecht als erstes Aufschwungjahr nach der Stagnation seit 1891 angesehen. Beide Perioden beginnen mit einem Aufschwungjahr, die erste endet mit dem letzten, die zweite mit dem ersten Jahr einer krisenhaften Rezession. Die zweite wird also in gewisser Weise „begünstigt".

Tabelle 39: Nettosozialprodukt zu Marktpreisen und Industrieproduktion
1880—1908 (in Preisen von 1913)

Jahr	NSP (Mrd.M.)	Zu- wachs	NSP pro[11] Kopf (M)	Zu- wachs	Industrie- produktion	Zu- wachs
1880	19,9	— —	442	— —	5,65	— ·
1894	30,2	52,0%	588	33,0%	9,77	72,8%
1908	46,4	53,5%	737	25,2%	16,97	74,0%

Quelle: Hoffmann (1966), S. 172 ff., 204, 454 f. und 827 f.

Weder die Zunahme des Nettosozialprodukts noch das Wachstum der gesamten Industrieproduktion geben Anlaß, die beiden Perioden schroff voneinander zu trennen[12]. Die Summenwerte sind nach 1895 nur unwesentlich stärker gewachsen als zuvor. Das Nettosozialprodukt pro Kopf der Bevölkerung hat sogar merklich langsamer zugenommen. Und das nicht etwa, weil die landwirtschaftliche Pro-Kopf-Produktion stark zurückgeblieben wäre. Sieht man sich nur Industrie und Handwerk an, fällt der Unterschied sogar noch deutlicher auf. Das Industrieprodukt pro Kopf der Berufsbevölkerung im industriellen Sektor wuchs zwischen 1882 und 1907[13] mit 76,8% zwar schneller als das Nettosozialprodukt mit 66,7%. Der weitaus größere Teil dieses Anstiegs ist aber bereits in der Zeit der sogenannten „Großen Depression" erreicht worden. Von 1882 bis 1895 wuchs das Industrieprodukt pro Kopf der industriellen Berufsbevölkerung um 43%[14], von 1895 bis 1907 dann nur noch um 23,7%.

Angesichts dieser Zahlen ist der Begriff „Große Depression" als gesamtwirtschaftliche Erscheinung nicht nur „mißverständlich und insgesamt wohl nicht erkenntnisförderlich"[15]. Er ist falsch und irreführend.

[11]Vgl. auch *Green/Urquhart* (1976), S. 236 f.

[12]Eher schon die Preisentwicklung. Die Zeit von 1874 bis 1895 ist eine langwierige Deflationsperiode gewesen. Auch die Deflationseffekte dürfen freilich nicht überschätzt werden. Von 1880 bis 1886 ist der Preisindex des NSP nur noch um gut 7% gefallen, hat sich bis 1892 wieder erholt und ist danach noch einmal um die gleiche Quote gesunken. Diese Schwankungen haben sicherlich manche Erwartungen enttäuscht und Unsicherheiten erzeugt, aber sie haben nicht lähmend gewirkt. *Hoffmann* (1966), S. 601 f. Trotz der eher deflationären Preisentwicklung sind die Umsätze der Reichsbank zwischen 1880 und 1890 ums Doppelte gewachsen: von 52 Mrd. auf 108 Mrd. Mark. Bis 1894 haben sie stagniert und sind dann bis 1900 auf 189 Mrd. M. hochgeschnellt. Die Reichsbank 1876—1900, S. 272.

[13]Da ich für diese Rechnung die Zahlen der Berufszählungen verwendet habe, verschieben sich die Zeiträume geringfügig auf 1882—1895 und 1895—1907. RSt 211, S. 40* f.

[14]Das entspricht 56% des Gesamtzuwachses gegenüber 50% beim NSP p.K.

[15]*Borchardt,* Handbuch, S. 267.

Eine Art konjunktureller Wegscheide ist die Zeit um 1895 dennoch gewesen. Freilich keine eindeutige, weil es sich zugleich um eine strukturelle Wegscheide gehandelt hat. Das Wachstumstempo der Produktionsgüterindustrie ist seitdem tatsächlich beschleunigt worden. Die Zuwachsraten der Konsumgüterindustrie dagegen sind stark abgefallen.

Tabelle 40: Produktionsindices nach Wagenführ 1880—1908 in Preisen von 1913
(1913 = 100)

Jahr	Insgesamt		Produktionsgüter		Konsumgüter	
	Index	Zuwachs	Index	Zuwachs	Index	Zuwachs
1880	24,6	—	21,6	—	34,8	—
1894	44,9	82,5%	39,9	80,0%	61,9	78,0%
1908	78,8	75,5%	76,0	95,5%	87,0	40,2%

Quelle: Wagenführ (1933), S. 58.

Die Tendenz dieser zusammenfassenden Zahlen wird sowohl von der Entwicklung der Erwerbstätigenstruktur im Gewerbe[16], wie von den Produktionsindices einzelner Branchen bei Hoffmann gestützt. Der Zuwachs der Textilproduktion ist von 81% auf 32% zurückgefallen, das Baugewerbe hat statt 73% nur noch 56% mehr erzeugt. Dagegen ist die Zuwachsrate im Bergbau von 63% auf 93,3% und in der Metallerzeugung- und -verarbeitung von 94% auf 157,7% emporgeschnellt[17]. Die Steinkohlenförderung in Preußen ist von 42,2 Mio. Tonnen (1880) bis 1895 nur um 72,2% auf 72,6 Mio. Tonnen gestiegen, bis 1910 dann aber fast verdoppelt worden (143,8 Mio. Tonnen)[18]. Der Verbrauch an Eisen ist bereits in der ersten Phase auf mehr als das Doppelte angewachsen (von 1,75 Mio. Tonnen auf 3,66 Mio. Tonnen), bis 1910 dann aber um 140% auf 8,81 Mio. Tonnen gestiegen. Die Stahlerzeugung hat bis 1895 immerhin um das Eineinhalbfache von 2 auf 5 Mio. t zugenommen, bis 1913 ist sie dann allerdings auf rund 20 Mio. t. weiter gewachsen[19].

[16]Vgl. oben, S. 59 f., Tabelle 11.

[17]*Hoffmann* (1966), S. 392 f. Die Zuwachsraten anderer wichtiger Branchen zwischen 1880 und 1894, sowie 1894 und 1908: Steine und Erden — 106% und 60%; Chemie — 155% und 123%; Holz- und Schnitzstoffe — 69% und 42%. Vgl. auch die Graphiken bei *Hoffmann* (1971), S. 79 ff. Hoffmanns Résumé, daß es berechtigt zu sein scheint, eine Große Depression in den achtziger Jahren anzunehmen, kommt freilich etwas überraschend (S. 92).

[18]*Holtfrerich* (1973), S. 17 f. Vgl. die Förderleistungen einzelner Zechen bei *Fischer* (1965), Tabelle 5, S. 43 ff.

[19]Stahl und Eisen (1896), S. 396 und Chronik (1910), S. 914, *Wiel* (1970), S. 235 f.

So wenig die Jahre *vor* 1895 für die Montan- und die metallverarbeitenden Industrien depressiv gewesen sind, so sehr hat die auf hohen Touren laufende Produktion dieser Branchen der Konjunkturphase *nach* 1895 den Stempel allgemeinen, bis dahin unbekannt starken und scheinbar kaum mehr aufgehaltenen Wachstums und Wohlergehens aufgedrückt. In der historischen Konjunkturforschung umsomehr, als sich ihre vergleichsweise gut dokumentierten Produktions- und Ertragsdaten zur Indizierung der gesamtwirtschaftlichen Entwicklung geradezu anboten. Es ist ja auch durchaus sinnvoll, die Schwerindustrie, den Maschinenbau und die Elektroindustrie in den Mittelpunkt einer Konjunkturanalyse der beiden letzten Vorkriegsjahrzehnte zu stellen. Überdies entspricht es dem Empfinden zeitgenössischer Beobachter. Man darf dabei nur nicht vergessen, daß diese Branchen eine Sonderstellung einnahmen[20], nur 15% (1895) bis 20% (1907) der hauptberuflich Erwerbstätigen im Industriesektor oder 6,6 bis 9,6% *aller* hauptberuflich Erwerbstätigen ohne mithelfende Familienangehörige beschäftigten und – zumindest die eigentliche Schwerindustrie – räumlich sehr konzentriert waren. Weitere Gebiete auch des fortgeschritten industrialisierten Deutschlands sind vom kräftigen Aufschwung der Produktions- und Investitionsgüterindustrien gar nicht oder nur am Rande berührt worden. Für sie gilt die Trennung der Jahre 1880–1912 in eine Zeit der „Großen Depression" und eine Zeit der „Großen Prosperität" auch den Berechnungen Jecks zufolge ganz gewiß nicht. Dort hat es nach 1895 eher deutliche Abschwächungserscheinungen gegeben. So ist das reale Volkseinkommen in Sachsen von 1880 bis 1894 um 79%, bis 1908 dann nur noch um 43,2% gestiegen. Noch bemerkenswerter ist die Zuwachsrate des Pro-Kopf-Einkommens gefallen, von 43,3% auf 13,4%. Die badischen Werte lagen niedriger und dichter beisammen. Von 1885 bis 1894 ist das reale Volkseinkommen bei steigender Bevölkerungs- und Beschäftigtenzahl um 24,4%, bis 1903 um weitere 22,3% und bis 1911 um noch einmal 22,8% gewachsen. Das Pro-Kopf-Einkommen hat nur um 16,8%, 9,4% und 9,9% zugenommen[21].

[20]Vgl. auch *Fischer*, Handbuch, S. 537.

[21]*Jeck* (1970), Tabellen 28, 33, S. 162: „Die weitaus günstigste Wachstumsphase der sächsischen Wirtschaft fällt in die Zeit zwischen 1884 und 1893...". Die Werte zeigen, „daß die häufig beklagte „Stagnationsperiode" nach 1874 möglicherweise gar keine war und sich durchaus mit den offensichtlich stark überschätzten zwei Jahrzehnten vor Ausbruch des ersten Weltkriegs zu messen vermag, sobald sich die Beurteilung am Realeinkommen ausrichtet". Vgl. auch Vjh. Kjforsch. 1. Jg., 1926, Heft 4, S. 21. Für Baden liegen vor 1885 und nach 1911 keine Daten vor. Zur Konjunkturphase von 1873–1895 vgl. auch *Pinner* (1937), S. 239 ff.

Der Elektroboom 1895 bis 1900

Es wäre zu wünschen, daß diesen Zahlen entsprechende Werte für die Schwerindustriebezirke an Rhein und Ruhr und in Oberschlesien gegenübergestellt werden können. Möglich ist es nicht. Orsagh bietet solche Zahlen zwar an, seine Werte für Sachsen und Baden weichen aber so eklatant von denen Jecks ab, daß jeder Vergleich völlig ausgeschlossen ist[22]. Die Diskrepanz führt nur einmal mehr vor Augen, auf welch unsicherem Boden die wirtschaftsgeschichtliche Argumentation ruht, wenn dieser Boden allein aus mehr oder weniger künstlich hergestelltem quantitativem Material besteht.

Nicht zuletzt deshalb ist es dann und wann nützlich, sich darauf zu besinnen, daß wirtschaftliche Konjunkturen nur im Ergebnis und ganz äußerlich eine Abfolge von Wertveränderungen sind, zuvörderst aber eine Abfolge von Ereignissen, Handlungen, Entscheidungen und Wirkungen, die sich *erzählen* lassen. Man fällt damit weder in „überwundene" Methoden und Darstellungsformen der Wirtschaftsgeschichte, noch notgedrungen hinter den theoretischen Erkenntnisstand seiner Zeit zurück, gelangt womöglich jedoch zu einer differenzierteren Betrachtung. Das soll am Beispiel der konjunkturellen Entwicklung der zwei Jahrzehnte vor dem Krieg versucht werden. Das Résumé läßt sich vorwegnehmen. Die Jahre seit 1895 sind auch für die Produktions- und Investitionsgüterbranchen keine Periode ungetrübter Freude gewesen. Sie alle haben 1900/02 und 1907/08 krisenhafte Entwicklungen durchgemacht[23], die mehrere Jahre nachgewirkt haben und sie waren 1913 auf dem Weg in eine neue Krise, die vermutlich schwerer ausgefallen wäre als die beiden vorigen. Die Aufschwünge sind jedesmal kürzer, flacher und kurzatmiger geworden. Der erste[24] hat etwa fünfeinhalb Jahre gedauert (1895–1900), der nächste noch drei (Ende 1904 bis 1907), der letzte kaum mehr zweieinhalb Jahre

---

[22]*Orsagh* (1968), S. 305 f. Nachdem man die Prozentwerte in absolute Größen umgerechnet hat, erhält man im Vergleich zu Jeck folgende Pro-Kopf-Einkommen und Zuwachsraten:

	Sachsen		Baden		Arnsbg./D'dorf
	Orsagh	Jeck	Orsagh	Jeck	Orsagh
1882	575	445	330	427	490
1895	634 + 10 %	617 + 39 %	438 + 33 %	508 + 19 %	525 + 7 %
1913	1066 + 68 %	754 + 22 %	804 + 84 %	601 + 18 %	885 + 69 %

[23]Die Elektroindustrie ist 1907/08 weitgehend verschont geblieben, war aber 1900/01 besonders schwer und langwierig betroffen und geriet 1913 als erste der Wachstumsbranchen in den Abschwung.

[24]Vgl. auch die Konjunkturkurven von *Axe/Flinn* (1925), S. 168, die mit den teils qualitativen, teils quantitativen Aussagen der Zeitgenossen vorzüglich übereinstimmen.

212

(1911 bis Anfang 1913). Die akuten Krisensituationen sind 1903 und 1909 zwar überwunden worden. Es hat dann aber noch jeweils eineinhalb bis zwei Jahre ,,des Zögerns" und der leichten Rückschläge gegeben, ehe sich ein neuer Aufschwung durchgesetzt hatte.

Die im Sinne Schumpeters grundlegende Innovation und fortwirkend treibende Kraft der gesamten Konjunkturphase ist die wirtschaftliche Verwertung von Elektrizität in immer weiteren Bereichen der Produktion und des alltäglichen Lebens gewesen. Sie hat der deutschen Industriewirtschaft zunächst die nötige, anhaltende Schubkraft und später nach vorübergehenden Ermattungen, wesentliche Wiederbelebungsenergien verliehen. Diese Energien verloren freilich von Mal zu Mal an Intensität. Deshalb wurden die Aufschwünge kürzer. Es ist ja unschwer einzusehen, daß nurmehr abgeleitete Innovationen weniger anlage- und ertragsintensiv und ihre anregenden Kräfte rascher erschöpft sind, als das bei Primärinnovationen der Fall ist. Die branchenübergreifende Investitionswelle, die von der neuentdeckten Fähigkeit, Starkstrom wirtschaftlich zu verwerten, 1893/94 ausgelöst worden ist und sich 1895 zum ersten Mal merklich in den gesamtwirtschaftlichen Produktions- und Absatzziffern äußerte, ist eine einmalige Angelegenheit geblieben. Dem Aufschwung nach der Jahrhundertwendenkrise ,,fehlte eine derartige ,Entraineur'. . ., die neue Hochkonjunktur war im wesentlichen eine Fortsetzung der früheren in breiterer Ausdehnung"[25]. Der lange Aufschwung bis 1900 findet seinesgleichen tatsächlich nur im Gründerboom. Auch in seiner branchenweise geradezu rauschhaft unüberlegten, spekulativen Investitions- und Anlagelust.

Gleichwohl brachte das Wirtschaftsjahr 1895/96 nicht etwa die Erlösung aus einem langwährenden wirtschaftlichen Marasmus. Als der rasche Aufschwung der letzten achtziger Jahre 1890 ziemlich abrupt abgebrochen war, waren die Wachstumskurven zwar stark abgeflacht und zahlreiche Hoffnungen zerstört worden. Es hatte aber keine krisenhaften Einbrüche in die Konjunktur gegeben. Die Steinkohleförderung war bis 1894 um 6,5 Millionen Tonnen (= 9,3%), die Hochofenproduktion um 0,72 Millionen Tonnen (= 15,5%) gewachsen. Das waren bescheidene Werte, die im Aufschwung dann in ein bis zwei Jahren erreicht wurden. Das Beschäftigungsniveau in der Schwerindustrie ist aber immerhin erhalten geblieben oder sogar leicht gestiegen[26]. Und das dürfte für die ganze Industriewirtschaft gegolten haben. Die Zunahme des Wechselumlaufs[27], der als recht guter Indikator für die

---

[25] *Eßlen* (1909), S. 17.

[26] *Gothein* (1901), S. 301, Stahl und Eisen (1895), S. 396. In England war die Roheisenerzeugung dagegen von 1890 bis 1892 um 15% gefallen und erholte sich seitdem nur langsam wieder. 1895 lag sie noch immer 2,5% unter dem Stand von 1890. Der Abstand zu Deutschland war von 3,4 Millionen Tonnen auf 2,4 Millionen Tonnen geschrumpft. Einen noch schlimmeren Absturz hatten die USA erlebt, um 28% von 1890 bis 1894. Chronik (1899), S. 226.

[27] 1894 waren von knapp 8 Milliarden Mark Geld und Geldsurrogaten in der deutschen Volkswirtschaft 3,4 Milliarden Mark Wechsel. *Lotz* (1895), S. 1302, *Helfferich* (1903), S. 28.

gesamtwirtschaftliche Umsatztätigkeit gelten kann[28], deutet darauf hin. Jahr für Jahr sind für einige hundert Millionen Mark mehr Handelswechsel in den Umlauf gebracht worden, 1890 noch für 14,02, 1895 bereits für 15,24 Millionen Mark[29]. Die Vermehrung reflektiert wahrscheinlich einen größeren Zuwachs des realen Umsatzvolumens. Denn um bei abflauender Nachfrage das Absatz- und Produktionsniveau erhalten oder noch leicht erhöhen zu können, mußten teilweise nicht unerhebliche Preiszugeständnisse gemacht werden. Dabei kam es, auch ohne daß Kartelle das Preisgefüge künstlich durcheinanderbrachten, zu auffälligen Ungleichmäßigkeiten auf verschiedenen Produktionsstufen, die sich später immer wieder zeigten. Etwas vereinfacht und zugespitzt gesagt: Die Preise gaben umsomehr nach, je näher die Produkte dem Endverbraucher waren. Wenn man einmal das Ausnahmejahr 1890 unberücksichtigt läßt, waren die Grobblech- und Stabeisenpreise von 1889 bis 1894 um 25%, die Halbzeugpreise um 24,5%, die Roheisenpreise aber nur um 12% gesunken. Die Kohlenpreise waren zwar auch vom Hochstand der Jahre 1890/91 wieder heruntergefallen, sie blieben aber beträchtlich über dem Niveau der achtziger Jahre[30]. Da zugleich die Löhne gar nicht[31] oder nur geringfügig[32] fielen, ist die Spanne zwischen Kosten und Preisen im Halb- und Fertigwarenbereich der eisenverarbeitenden Industrie enger geworden. Zu Investitionen konnte also weder die zurückhaltende Nachfrage noch die Ertragssituation anregen[33].

Daran änderten auch das hohe Maß an volkswirtschaftlicher Liquidität[34] und die niedrigen Zinssätze nichts[35]. Beides hat freilich den Aufschwung später erleichtert und gestützt, zumal Mitte der 90er Jahre überdies eine nachhaltige, zunächst zögernde, bald beschleunigte Geldmengenvermehrung einsetzte[36].

---

[28]Vgl. *v. Lumm* (1912), S. 129, *Lienhart* (1936), S. 128, *Eistert* (1970), S. 45 ff.

[29]*Eistert* (1970), S. 66.

[30]*Müßig* (1919), S. 66.

[31]*Desai* (1968), S. 109.

[32]*Kuczynski* (1909), S. 9, *ders.* (1913), S. 158, 308, *Prerauer* (1929), S. 368 f.

[33]Verdient haben die Unternehmen freilich auch in diesem Jahr noch. Die steuerpflichtigen Einkommen der AG, KG aA und Bergwerkschaften in Preußen sind zwischen 1892 und 1895 von 329,38 auf 251,77 Millionen Mark um nur 23,6% gesunken. *Nitschke* (1902), S. 15. Nun orientieren Unternehmer ihre Investitionspolitik weniger an der absoluten Größe des Gewinns als an der Ertrags*entwicklung*. Und es ist zu vermuten, daß die Gesellschaftseinkommen von 1890 bis 1892 nicht weniger kräftig gesunken waren, als sie bis 1895 weitersanken, mochte der hohe Verlust des Hörder Vereins (1890/91−1892/93 6,35 Millionen Mark) auch eine Ausnahmeerscheinung gewesen sein. *Stillich* (1906), S. 42.

[34]*Martin* (1903), S. 30.

[35]Der Reichsbank-Diskontsatz hat seit 1892 nur noch zwischen drei und vier Prozent geschwankt, der Marktsatz hat weit darunter gelegen. 1894 stand er durchweg unter 2%. *Hellferich* (1903), S. 34.

[36]Vgl. dazu *Tilly* (1973), S. 330−361.

Es hat deshalb nicht die geringsten Schwierigkeiten gemacht, den „Elektroboom" zu finanzieren, der 1894/95 durch die Verbesserung des Drehstromverfahrens eingeleitet wurde. Bis 1900 sind immerhin 99 neue Aktiengesellschaften in der Elektroindustrie gegründet worden. Das Aktienkapital der Branche ist von 156 Millionen auf 891 Millionen Mark erhöht worden. Die Anzahl der Elektrizitätswerke ist von 180 auf 774 gestiegen. 1895 hat es 854 km Gleisanlagen für elektrische Bahnen gegeben, 1900 5 308 km. Die AEG und Schuckert haben bei Beginn des Aufschwungs Elektromotoren mit insgesamt 107 460 PS im Jahr gebaut. Bis zur Jahrhundertwende ist der jährliche PS-Wert verfünffacht worden. Damals beschäftigten die beiden Werke und Lahmeyer zusammen 27 038 Arbeiter und Angestellte, gegenüber nur 10 288 im Jahr 1895. Und dennoch mußte mit Überstunden gearbeitet werden[37].

Dieser Aufschwung der Elektroindustrie war von Anbeginn mit bemerkenswerter betrieblicher Expansion verbunden, die nach der Jahrhundertwende zugleich zum Konzentrationsprozeß wurde. 1899 haben sieben ausgedehnte Gruppen — jede von einem vielgliedrigen Bankenkonsortium finanziell unterstützt — zwar nicht den Markt, aber immerhin „das Feld" beherrscht[38]. 1912 waren es noch zwei.

Nicht nur die enge Verbindung zwischen Industrie und Banken war eine neuartige Erscheinung im deutschen Wirtschaftsleben, neuartig waren auch die Absatzmethoden, die von den großen Elektrokonzernen dank dieser Verbindung entwickelt werden konnten. Sie haben die Nachfrage nach ihren Produkten und Leistungen und deren Finanzierung gleichsam selbst organisiert. Zunächst galt es ja für Gemeinden oder Unternehmungen, die Betriebsanlagen für die Elektrizitätsverwertung zu schaffen. Entweder waren die notwendigen Mittel dazu nicht vorhanden oder die „Anlaufzeit", bis die Anlage rentabel wurde, erschien so lang, daß vor der Investition zurückgeschreckt wurde. Die Elektrokonzerne gingen deshalb sehr schnell dazu über, Elektrizitätswerke in eigener Regie und auf eigenes Risiko einzurichten, rentabel zu machen und mit Gewinn zu veräußern, oder Gemeinden und Unternehmen das erforderliche Investitionskapital über sogenannte Finanzierungsgesellschaften zunächst zur Verfügung zu stellen[39]. Beides konnte zum lukra-

---

[37]*Loewe* (1903), S. 31, 84, 90 f., 114, *Koch* (1907), S. 15, *Noether* (1913), S. 16 ff. Die AEG verdreifachte ihr Aktienkapital von 20 auf 60 Millionen M., die Summe der Aktiva ging sogar von 37 auf 135 Mio. M. in die Höhe, der Reingewinn von 2,7 auf 10,7 Mio. M. *AEG* (1908), S. 30 f.

[38]Vgl. die Zusammensetzung der Industriegruppen und ihrer Banken bei *Koch* (1907), S. 8 f. und *Riesser* (1912), S. 582 ff.

[39]Für die AEG, die zwischen 1890 und 1904 an 78 Gründungen beteiligt gewesen ist vgl. *AEG* (1908), S. 12 f., *Wolff* (1915), S. 179 ff., *Sothen* (1915), S. 50 ff., *Riedler* (1916), S. 173 ff., *Pinner* (1918), S. 170 ff., 192 ff., Allgemein: *Loewe* (1903), S. 120 ff., *Koch* (1907), S. 26, *Fehr* (1939), S. 19 ff., *Liefmann* (1921), S. 312 ff., 402 ff., *Nußbaum* (1966), S. 79, *Kocka* (1969), S. 320.

tiven Geschäft werden. Es barg aber auch seine Gefahren. Die leichte, ja mühelose Kapitalbeschaffung über die Finanzierungsgesellschaften hat spätestens in den Hochkonjunkturjahren 1898/99 mehrere Unternehmen dazu verführt, ohne weitere Rücksicht auf die präsumptive Rentabilität planlos weiterzugründen, nur noch von dem Willen geleitet, das Letzte aus dem zunächst gesättigten Markt herauszupressen. Das hat schließlich zu einem, mit „großer Krach" nicht übertrieben bezeichneten, Zusammenbruch des Elektromarktes und in eine langwierige, schmerzhafte Gründerkrise geführt, die zugleich eine Konsolidierungskrise gewesen ist.

Es ist fraglich, wiewohl letztlich nur eine Frage der Terminologie, ob die Elektroindustrie tatsächlich ein „Leitsektor" wie einst der Eisenbahnbau gewesen ist. Schumpeter hat das bejaht und die wirtschaftliche Entwicklung, die 1893/95 von der Elektrizitätsverwertung eingeleitet worden ist, „in jeder Beziehung (mit der) ,industriellen Revolution', wie sie in den Lehrbüchern dargestellt wird" verglichen[40]. Vielleicht hat er damit aber Unvergleichbares verglichen. Es ist ein Unterschied, ob eine relativ ausgebaute Industriewirtschaft neue Energien zugeführt bekommt oder ob eine gewerblich untermischte Agrarwirtschaft aus ihrem Traditionalismus in die Modernität gerissen wird, wie unvollkommen und im Widerstreit zu welch weiterhin durchsetzungsfähigen Beharrungskräften auch immer. In jedem Fall aber hat die Elektroenergie der deutschen Industriewirtschaft entscheidende und wegweisende Impulse gegeben, als die kontinuierliche Wachstumskraft der herkömmlichen Produktionsbereiche erschöpft zu sein schien[41].

Die Fortschritte in der wirtschaftlichen Verwertung der Elektrizität haben in kürzester Zeit auf alle Branchen ausgestrahlt, die irgendwie mit Kohle und Eisen zu tun hatten. Unmittelbar betroffen waren zunächst der Maschinen- und der Eisenkonstruktionsbau. Die enorme Vermehrung der Kessel- und Maschinenanlagen in den großen Elektrizitätszentralen und der forcierte Ausbau des elektrischen Gleisnetzes haben mittelbar und mit geringer Verzögerung 1895 aber auch die Kohle-, Roheisen- und Stahlindustrie besser beschäftigt.

[40] *Schumpeter* (1961, I), S. 409.

[41] Das gilt nicht auch für die chemische Industrie, die neben der Elektroindustrie gern und nicht ganz zu unrecht zu den „Prunkstücken der deutschen Industriewirtschaft" (W. Fischer) jener Zeit gezählt wird. Im Gegensatz zur Elektroindustrie hat sie keine sprunghafte, sondern eine ruhige, stetige Entwicklung genommen, die bereits in der ersten Industrialisierungsphase begonnen hatte. In die Konjunkturperiode, die 1895 begann, ist sie in ihren wesentlichen Produktionsbereichen als voll ausgebildete, großbetrieblich organisierte, finanz- und ertragsstarke Industrie eingetreten. Während die Elektroindustrie hektisch emporschoß und die metallverarbeitende Industrie sowie der Maschinenbau nicht viel ruhiger folgten, ist das Wachstum der chemischen Industrie verhalten geblieben. Vgl. *Schultze* (1908), S. 16 ff., *Grabover* (1910). Für die Teerfarbenindustrie als bedeutendster Branche der chemischen Industrie *Redlich* (1914), insbes. S. 15, 28 f., 36 f.

Während der Aufschwung im Maschinenbau nur mit Zufallsdaten aus einigen Unternehmungen zu belegen ist[42], liegen für die Schwerindustrie gesamtwirtschaftliche Produktions- und Beschäftigtenzahlen vor. 1895 ist die Steinkohlenförderung um 2,45 Millionen Tonnen (= 3,1%), 1896 dann um 6,5 Millionen Tonnen (= 8,2%) ausgedehnt worden. Bis 1900 ist sie kontinuierlich um jährlich fünf bis sechs auf schließlich 109,3 Millionen Tonnen weitergewachsen. Das waren 38% mehr als 1896. Viel bemerkenswerter war der Anstieg der Hochofenproduktion. Allein von 1895 auf 1896 ist die Roheisenerzeugung um 908 000 Tonnen (= 16,6%) vermehrt worden. Dazu war zuvor die Zeit seit 1889 nötig gewesen. Und dennoch konnte der Bedarf nicht befriedigt werden. 1896 ist der geringe Ausfuhrüberschuß von 53 000 Tonnen in einen Einfuhrüberschuß von 182 000 Tonnen umgeschlagen. Der Eisenverbrauch pro Kopf der Bevölkerung ist innerhalb eines Jahres um ein Viertel von 71,9 kg auf 90,1 kg und bis zur Jahrhundertwende weiter auf 131,7 kg gestiegen[43].

Im Zeichen dieser enormen Produktionsausdehnung ist die Anzahl der Industriearbeiter wie wohl nie zuvor in so kurzer Zeit gewachsen. Mit einem Viertel dürfte die Zunahme eher unterschätzt sein[44]. Und die umfangreiche Aufnahme zusätzlicher Arbeitskräfte hat der gleichzeitigen Erhöhung der Löhne und Jahresverdienste keineswegs im Weg gestanden. Desai hat Steigerungen der Jahresverdienste um 24% im Bergbau, 15% im Maschinenbau und um 12% in der Eisen- und Stahlindu-

---

[42]Der Produktionswert der Maschinenbau AG Halle ist von 1895 bis 1898 um zwei Drittel auf 10 Millionen Mark gestiegen, der Umsatz der Hannoverschen Maschinenbau AG zugleich um mehr als 50% auf 9,7 Millionen Mark. Die Maschinenfabrik Augsburg hat 1894 5,8 Millionen Mark, 1897, als sie sich mit der Maschinenfabrik Nürnberg zur MAN zusammenschloß, 8,8 Millionen Mark umgesetzt. Die Maschinenfabrik Eßlingen produzierte 1900 für 7,5 Millionen Mark statt für nur 4,9 Millionen im Jahr 1895. In den anderen großen Maschinenfabriken dürfte die Entwicklung nicht viel anders gewesen sein. Steller hat die Erhöhung der Leistungsfähigkeit bis 1900 mit ein Viertel bis ein Drittel eher unterschätzt. *Steller* (1903), S. 10, 28, 39, *Büchner* (1940); *Hentschel,* Wirtschaftsgeschichte, S. 115.

[43]Stahl und Eisen (1895), S. 396, *Gothein* (1901), S. 301, 356, *Bosselmann* (1903), S. 25, 31 f., *Vogelstein* (1903), S. 100 f.

[44]Für Sachsen, Bayern und Baden, wo die boomartig wachsende Schwerindustrie deutlich unterrepräsentiert war, liegen genaue Zahlen vor:

	1895	1900	Zuwachs
Sachsen	420 499	527 523	25,45%
Bayern	450 607	321 708	28,37%
Baden	150 265	195 434	30,52%

Handel und Wandel (1900), S. 23. Die Arbeiterschaft im deutschen Steinkohlenbergbau ist von 303 937 (1895) auf 413 625 (1900) gestiegen. Jb. d. HVV (1901), S. 322. In der eisenerzeugenden und -verarbeitenden Industrie der Bezirke Arnsberg/Düsseldorf ist die Zahl der Arbeiter zwischen 1894 und 1900 von 74 794 auf 121 689, in Lothringen/Luxemburg von 19 300 auf 32 600 hochgegangen. *Bosselmann* (1903), S. 33.

strie von 1895 bis 1900 errechnet[45]. 1894 betrug der Schichtverdienst eines Hauers im Ruhrgebiet noch 3,16 Mark, 1900 dagegen 4,18 Mark. Da die Zahl der gefahrenen Schichten ebenfalls zugenommen hatte, war der durchschnittliche Jahresverdienst um 38,6% von 961 auf 1 332 Mark geklettert. Die Lohnsumme des preußischen Bergbaus war von 1895 bis 1901 mit 85% (= 238 Millionen Mark) beträchtlich schneller gewachsen als die Zahl der Arbeitskräfte. Schneller zunächst auch als die Erlöse; trotz, vielleicht auch *wegen* der Preispolitik des 1893 gegründeten RWK. Nach einer Rechnung des sozialdemokratischen Wirtschaftspublizisten Richard Calwer ist der Lohnanteil am Erlös von 50% (1892) auf 58,5% (1899) angestiegen. Dennoch haben die Zechen glänzend verdient[46].

Und das galt nicht nur für sie. Die steuerpflichtigen Einkommen der AG, KGaA und Bergwerkschaften in Preußen, die von 1892 bis 1895 um 79,6 Mio. Mark (= 31,4%) auf 173,9 Mio. Mark zurückgegangen waren, stiegen bis 1900 um mehr als das Doppelte auf 400,6 Mio. Mark an[47].

Zumindest an einer Branche scheint diese rundherum erfreuliche Entwicklung aber vorbeigegangen zu sein: an der Textilindustrie. Es gab freilich Unterschiede. Die leinenverarbeitenden Betriebe haben alles in allem besser abgeschnitten als die Woll- und Baumwollverarbeiter, die Spinner alles in allem besser als die Weber[48]. Überdeckt wurden diese Abstufungen allerdings von der allen Produktionszweigen der deutschen Textilindustrie eigenen Kalamität, wegen hergebrachter und fortwährend erweiterter Überkapazitäten[49] in hohem Maße auf Exportabsatz zu meist niedrigen Preisen angewiesen, und von den unbeeinflußbaren Weltmarktpreisen für Rohstoffe abhängig zu sein.

Während für die anderen Industriebranchen mit dem Jahr 1895 eine fünf- bis sechsjährige Prosperitätsphase begann, war der gleichsam vorweggenommene, kurze, flache Aufschwung der Textilindustrie in diesem Jahr schon wieder zu Ende. Der Versand der Webgarnspinner, die dem Verein deutscher Wollkämmer und Kammgarnspinner angeschlossen waren, ging 1896 um 6%, 1897 um weitere 10%

---

[45]*Desai* (1968), S. 109 ff. Vgl. auch *Prerauer* (1929), S. 368 f. Danach sind die Schichtlöhne im Oberbergamtsbezirk Dortmund von 3,75 Mark (1895) auf 5,16 Mark (1900), die Stundenlöhne der Metalldreher in Berlin von 44,3 Pfg. auf 60,9 Pfg. und die Stundenlöhne der Bauarbeiter im Landesdurchschnitt von 51,3 Pfg. auf 63,4 Pfg. gestiegen. *Kuczynski* (1937), S. 16, 21, 35 und die Indices S. 40. Kuczynski hat den Lohn von 1900 mit 100 angesetzt. 1894 stand der Index im Baugewerbe, in der Textilindustrie und im Holzgewerbe bei 87, in der Metallindustrie bei 88, in der chemischen Industrie bei 92 und im Bergbau bei 77. Die Ernährungskosten sind unterdessen nur von 98 auf 100 gestiegen (S. 43).

[46]*Desai* (1966), S. 109 ff.

[47]Denkschriftenband, Teil III, S. 14 f., *Nitschke* (1902), S. 15.

[48]Vgl. *Potthoff* (1903), S. 40 f., *Sybel* (1903), S. 129, *Friedrich* (1903), S. 129.

[49]Es ist eine interessante Frage, ob in der Textilindustrie bis ins zwanzigste Jahrhundert hinein volkswirtschaftliche Fehlinvestitionen erheblichen Ausmaßes vorgenommen worden sind.

zurück. Die Produktion aber war kräftig ausgedehnt, die Lager deshalb verdoppelt worden. Das drückte auf die Absatzpreise. Zugleich stiegen die Rohwollpreise. 1898 lagen die monatlichen Notierungen für gewaschene Buenos Aires I in Bremen zwischen 31 und 48 Mark, im günstigsten Fall 12%, über denen von 1895[50]. Die Erträge waren von zwei Seiten in die Klemme geraten. Die durchschnittliche Dividende von 27 Aktienspinnereien, die 1895 von zuvor drei bis vier auf neun Prozent hochgeschnellt war, fiel wieder auf ihren alten Stand zurück. Sechzehn Spinnereien zahlten überhaupt nichts aus. Schlechter noch war die Ertragslage der Weber. Von zwölf Aktienwebereien zahlten sieben keine, nicht eine mehr als 10% Dividende[51].

Das Jahr 1899 brachte die Marktverhältnisse dann völlig durcheinander. Die Weber, die ihre Rohstofflager wohl geräumt hatten, begannen etwa im März — wahrscheinlich eher mit dem Blick auf die tief herabgedrückten Garnpreise, als mit der begründeten Aussicht auf wiederbelebten Gewebeabsatz — Garn zu ordnen. Die Nachfrage traf auf eine vergleichsweise zurückhaltende Produktion und mittlerweile stark abgebaute Lager bei den Spinnereien. Die Preise zogen sofort scharf an: für 48/49 AI Kammgarn-Kette innerhalb von zwei Monaten um 17%, bis zum Jahresende um genau die Hälfte[52]. Den Spinnern hat der Mehrabsatz trotz weiter steigender Rohstoffpreise vorübergehend genutzt. Von 35 AG zahlten 1899 nur noch sieben keine Dividende, dafür schütteten neun mehr als 10% aus. Die Rechnung der Weber war dagegen nicht aufgegangen. Ihr Absatz blieb schwach. Die hohen Einkaufspreise konnten nicht an die Verbraucher weitergegeben werden. Ihre Reaktion war heftig. Die Verkäufe der Spinner, die angesichts des zunehmenden Auftragseingangs die Produktion angekurbelt hatten, sank 1900 um 20 bis 25%. Die Lager verdoppelten sich. Die Garnpreise stürzten auf den Stand von 1898 zurück, während die Rohstoffpreise nur langsam nachgaben. Das ganze Wolltextilgeschäft lag schwer darnieder.

Die Rohwolleinfuhr ist, wie im übrigen auch die Rohbaumwolleinfuhr, ein Indikator mit Mängeln und dennoch ein brauchbarer Anhaltspunkt für die gesamtwirtschaftliche Garn- und Gewebeproduktion. 1898 und 1899 waren jeweils 1,77 Mio. dz importiert worden. 1900 wurden nur noch 1,38 und 1901 auch erst wieder 1,51 Mio. dz. eingeführt[53]. Und was damit gefertigt wurde, brachte auch noch

[50]*Kuntze* (1903), S. 229, 286 f.
[51]Ebd. S. 251.
[52]Ebd. S. 287.
[53]Handel und Wandel (1900), S. 778, *Kuntze* (1903), S. 296. Zur Frage des Rohstoffimportüberschusses als Indikator für die Garn- und Gewerbeproduktion vgl. *Kirchhain* (1973), S. 24 ff. Es ist bis zum Kriege die Misere der Woll- und Baumwollspinner geblieben, ihre Rohstoffbezüge spekulativ am Stand der Preisnotierungen und an den Schur- und Ernteerwartungen orientieren zu müssen. Das hat mehrfach zu Fehlentscheidungen verleitet. Es ist daher nicht ganz unbedenklich, eine Vielzahl jährlicher Entwicklungsreihen über das Wachstum der deutschen Baumwollindustrie fast ausschließlich auf der Rohstoffversorgung aufzubauen, wie Kirchhain das in seinem Buch tut.

große Verluste. In 17 Aktienspinnereien, deren Bilanzen Gauterin eingehend untersucht hat, sind 1900 7,62 Millionen Mark Verlust und nur 0,9 Millionen Mark Gewinn erzielt worden. Der Reinverlust verzehrte 17% des Aktienkapitals. Soviel wie in diesem einen Jahr verloren wurde, war seit 1896 nicht verdient worden[54]. Zugleich scheinen die Produktionskapazitäten ansehnlich und von der Nachfrage kaum gerechtfertigt ausgedehnt worden zu sein.

In der Baumwollindustrie ist das mit Sicherheit so gewesen. Die Baumwollspinner haben 1895 über 6,3 Mio. Spindeln, die Weber über 170 533 Webstühle verfügt. 1901 gab es in Deutschland 8,4 Mio. Spindeln und 211 818 Webstühle[55]. Die Rohbaumwolleinfuhrziffern signalisieren dagegen einen weit schwächeren Produktionsanstieg. Im Durchschnitt der Jahre 1896–1900 sind jährlich rund 15 000 dz. (= 5,7%), 1900 sogar nur 12 000 (= 4,6%) mehr Rohbaumwolle für den inländischen Verbrauch importiert worden als 1895[56]. Die Produktion von Garn und Geweben ist nach Kirchhains Rechnung 1896 zunächst um rund 10% gesunken, bis 1898 auf 120% des Standes von 1895 gestiegen und dann erneut um 10% abgefallen[57]. Die neuen Anlagen können unter diesen Umständen nicht ausgelastet gewesen sein. Die Produktion pro Spindel ist – außer im Rekordjahr 1898 – bis 1903 immer niedriger gewesen als 1895. Das hat den Kapitalkoeffizienten und die fixen Stückkosten erhöht. Überdies ist aber bei den Spinnern wie bei den Webern das Verhältnis zwischen Materialkosten und Warenpreisen ungünstiger geworden. Die Gewebepreise sind nie so stark gestiegen und immer stärker gefallen als die Garnpreise, die Garnpreise nie so stark gestiegen und immer stärker gefallen als die Preise für Rohbaumwolle[58]. Schließlich sind die Löhne im Zuge der gesamtwirtschaftlichen Tendenz zu Lohnsteigerungen um etwa 10% in die Höhe gegangen[59]. Für Gewinne blieb da nicht viel übrig.

---

[54] *Gauterin* (1930), S. 64.

[55] *Sybel* (1903), S. 129 f., Handel und Wandel (1901), S. 142 f., *Kirchhain* (1973), S. 42, 68, hat für 1895 6,9 Millionen und für 1901 8,3 Millionen Spindeln und 251 250 bzw. 285 950 Webstühle ermittelt.

[56] *Gothein* (1901), S. 195.

[57] *Kirchhain* (1973), S. 30.

[58] Im Vergleich zu 1895 sind die Großhandelspreise bis 1900 im Jahresdurchschnitt folgendermaßen gestiegen und gefallen:

	1896	*1897*	*1898*	*1899*	*1900*
Middling Upland	112,3	103,0	86,1	92,3	141,3
Augsburg 36/42	104,5	95,5	84,4	85,7	109,1
Mühlhausen 20/20	100,0	83,2	80,0	85,5	105,9

Quelle: *Sybel* (1903), S. 151. Vgl. *Meyknecht* (1928), S. 20 f. und die Preisindices bei *Kirchhain* (1973), S. 132.

[59] *Sybel* (1903), S. 145, *Desai* (1968), S. 110, *Kirchhain* (1973), S. 159.

Die exemplarische Gegenüberstellung der Schwer- und Textilindustrie in den fünf Jahren vor der Jahrhundertwende macht deutlich, daß der Aufschwung nicht nur als Investitionsgüteraufschwung begonnen hat, sondern wesentlich ein Investitionsgüteraufschwung geblieben ist. Gewiß ist dank steigender Beschäftigung und steigender Löhne auch der Konsum angeregt worden. Die Konsum*quote* scheint aber dennoch eher gefallen zu sein. Den enormen Produktions- und Umsatzzuwächsen haben nicht gleich hohe Zuwächse der privaten Einkommen korrespondiert. Mit 40% scheint der Anstieg der Arbeitseinkommen zwischen 1894 und 1900 einigermaßen richtig eingeschätzt zu sein, wenn man einen Zuwachs der industriell Erwerbstätigen um 25% und einen durchschnittlichen Lohnanstieg um etwa 12% annimmt[60]. Aber selbst unter dieser Voraussetzung wären die Arbeitseinkommen im Verhältnis zum Wert des Industrieprodukts beträchtlich zurückgeblieben, ihr Anteil von 83,1 auf 75,5% gefallen. Die relative Verteilungsposition der Unselbständigen hat sich von 48,3 (1890/94) auf 43,4 (1895/99) verschlechtert[61].

Der Aufschwung nach 1895 zeichnete sich mithin durch zwei aufeinander bezogene, strukturell bedeutsame Erscheinungen aus: durch eine ansehnliche Umschichtung der volkswirtschaftlichen Einkommen zugunsten der Unternehmer- und Kapitaleinkommen und durch eine wohl noch stärkere Gewichtsverlagerung der industriellen Produktion zugunsten der Investionsgüterbranchen. Das hat eine Kapitalmobilisierung für industrielle Zwecke gefordert und bewirkt, deren Ausmaß ihresgleichen sucht. Nie zuvor, und wohl auch später nicht wieder, ist im Verhältnis zum bestehenden soviel neues Anlage- und Betriebskapital geschaffen worden. Die Kapitalerhöhungen und Anleihen der Aktiengesellschaften geben im Verein mit den ausgewiesenen Reserven selbst für die betrachteten Unternehmen nur Anhaltspunkte, da die versteckte Eigenfinanzierung durch überhöhte Abschreibungen und anderweitige stille Reserven nicht abzuschätzen ist. Überdies wird in den Aktiengesellschaften nur der sichtbare und sicherlich nicht ganz repräsentative Teil des Kapitalstroms in die industrielle Produktion erfaßt. Als Richtwerte sind die Veränderungen des Eigenkapitals und des langfristigen Fremdkapitals der börsenfähigen Aktiengesellschaften dennoch aussagefähig.

Seit 1895 ist für die an der Berliner Börse notierten Aktiengesellschaften mehr als fünfmal soviel Kapital bereitgestellt worden, wie in der gleich langen Stagnationsphase zuvor[62]. Während der gesamte Kapitalbestand zwischen 1890 und 1895 nur um gut ein Fünftel gewachsen ist, hat er sich bis 1900 fast verdoppelt. Außer der Höhe hat sich aber auch die Zusammensetzung des Kapitalzuwachses merklich verändert. Die offenen Reserven sind zur unbeträchtlichen Größe geworden, die fremden Mittel haben weniger stark, das Aktienkapital hat weit überproportional zugenommen. Die Anlagelust des Publikums ist ebenso groß gewesen, wie die Grün-

---

[60] *Hoffmann* (1966), S. 508, *Desai* (1968), S. 109 f.
[61] *Jeck* (1970), S. 100.
[62] Vgl. Tabelle 41.

Tabelle 41: Kapitalbildung in deutschen Aktiengesellschaften, deren Aktien an der Berliner Börse notiert waren 1890–1895 und 1895–1900 (in Millionen Mark)

	Aktienkapital			Anleihen			Reserven		
	1890	1895	1900	1890	1895	1900	1890	1895	1900
Kohlenbergwerke	214,86	230,65	346,28	40,19	56,96	87,10	34,71	40,90	70,94
Hütten	385,02	388,17	521,70	67,12	95,03	128,22	43,34	48,97	87,34
Baumaterial	29,11	43,30	91,12	3,40	9,26	23,46	2,81	4,68	17,47
Metallverarbeitung	20,42	53,42	198,97	5,75	14,05	48,08	5,89	12,14	31,87
Maschinenindustrie	95,54	94,62	213,25	9,10	12,50	38,02	12,01	12,36	48,92
Chemie	87,17	113,67	155,44	6,25	9,76	35,90	17,34	25,02	36,34
Elektrizität	23,50	66,79	396,70	1,36	19,81	184,13	3,26	6,25	73,78
Tuchindustrie	10,39	19,43	42,50	2,63	11,45	14,56	0,29	1,85	3,55
Spinnerei u. Weberei	45,54	58,04	75,80	7,14	8,64	23,38	4,41	6,34	9,52
Papier	12,34	14,17	34,21	4,74	4,42	19,79	2,07	2,61	9,26
Brauerei	79,96	95,44	156,40	32,74	38,24	68,95	6,52	10,16	26,70
Bau- u. Terrainges.	118,47	84,80	110,42	58,88	59,23	72,20	7,48	6,72	12,00
Transport (Eisenb.)	38,55	60,92	235,49	23,61	30,63	138,19	2,79	5,78	24,13
Seeschiffahrt	80,00	84,48	197,40	35,25	54,21	50,46	12,46	8,75	16,82
Insgesamt	1.240,87	1.442,49	2.810,51	298,16	424,16	939,12	155,38	197,00	237,07

Fortsetzung *Tabelle 41:*

| | Zuwachs 1890–1895 | | | | Zuwachs 1890–1895 | | | |
	AK	Anl.	Res.	Insg.	AK	Anl.	Res.	Insg.
Kohlenbergwerke	15,79	16,77	6,19	38,75	115,63	30,14	30,04	175,81
Hütten	3,15	27,91	5,63	36,69	133,53	33,19	38,37	205,00
Baumaterial	14,19	5,88	1,87	21,04	47,82	14,20	12,79	74,81
Metallverarbeitung	33,00	8,30	6,25	47,55	145,55	34,03	19,73	199,31
Maschinenindustrie	–	3,40	0,35	3,75	118,87	25,52	36,56	180,95
Chemie	26,50	3,51	7,68	37,69	41,77	26,14	11,32	78,23
Elektrizität	43,29	18,45	2,99	64,73	329,91	164,31	71,53	565,75
Tuchindustrie	9,04	8,82	1,56	19,42	23,07	3,11	1,70	27,88
Spinnerei u. Weberei	12,50	1,50	1,93	15,93	17,76	14,74	3,18	35,68
Papier	1,83	–	0,54	2,37	20,04	15,37	6,61	42,02
Brauerei	15,48	5,50	3,64	24,62	60,96	30,71	16,54	108,21
Bau- u. Terrainges.	–	–	–	–	25,62	12,97	5,28	43,87
Transport (Eisenb.)	22,37	7,02	2,99	32,38	174,57	107,53	18,35	300,45
Seeschiffahrt	4,48	18,94	–	23,42	112,92	–	8,07	120,99
Insgesamt	201,62	126,00	41,62	368,24	1.368,02	511,96	304,07	2.184,05

Quelle: Wagon 1903, S. 173–206

Anm.: Wagon hat jeweils die Aktiengesellschaften erfaßt, deren Werte an der Börse notiert waren. Die Zahl hat sich laufend erhöht. Hinzugekommen sind neu gegründete, aber auch umgegründete Aktiengesellschaften, deren Kapital- und Reservebestand nicht als Neubildung zu werten ist. Diese Summen lassen sich nicht isolieren. Sie waren aber vergleichsweise gering und verzerren das Bild allenfalls ein wenig. Sie verfälschen es aber nicht.

223

dungslust der Unternehmer. Das zeigt schließlich auch ein Blick auf die zeitgenössischen Gründungs- und Emissionsstatistiken[63].

Die Zahl der Neugründungen von Aktiengesellschaften ist 1895 von 92 auf 161 ebenso abrupt in die Höhe gegangen, wie die Summe des Gründungskapitals von 88,3 auf 250,7 Mio. Mark. Beides ist dann bis 1899 kräftig weitergewachsen. Im letzten Jahr vor der Jahrhundertwende sind 164 Gesellschaften mit 544,4 Mio. Mark Aktienkapital gegründet worden. In den fünf Hochkonjunkturjahren zusammen 1290 Gesellschaften mit 1,9 Milliarden Mark Kapital[64]. Der Nennbetrag neu emittierter Industrie- und Bankaktien ist zugleich von 92 (1894) über 274 (1895) auf 728 (1899) Mio. Mark gestiegen[65], der Kurswert von 115 über 366 auf 1,137 Mio. Mark. Das Emissionsagio hat sich von 25% über 33% auf 56% erhöht. Der Anteil der Industrieaktien am Gesamtnennbetrag ist von 59% (1895) auf 71% (1899) gewachsen. Festverzinsliche Werte sind angesichts glänzender Aktienrenditen zusehends uninteressanter geworden. Als das Reich und Preußen nach drei Jahren fast völliger Zurückhaltung vom Kapitalmarkt 1898 zunächst mit kleineren,

[63] Es hat zur damaligen Zeit drei Emissionsstatistiken gegeben, die sich methodisch und in den Ergebnissen so sehr voneinander unterschieden, daß man sich, um die Vergleichbarkeit der Zahlen im Zeitablauf zu wahren, für eine entscheiden muß. Exakt waren alle drei nicht. Die offizielle Statistik des statistischen Reichsamts, die in den Vjh. z. Sta. d. Dt. R. veröffentlicht wurde, gab *alle* Emissionen an, also auch Konversionen und ähnliches. Sie fällt für konjunkturgeschichtliche Zwecke aus. Die beiden privaten Statistiken erfaßten die Emissionen zu verschiedenen Zeitpunkten. Die des „Deutschen Ökonomist" im Moment der Zulassung zu den deutschen Börsen, die der „Frankfurter Zeitung" im Moment der Placierung beim endgültigen Zeichner. Der Ökonomist notierte nur börsengängige Papiere, und vollständig nur die an den vier größten Plätzen gehandelten. Die Frankfurter Zeitung registrierte auch Werte, die nicht über die Börse an den Mann gebracht wurden. Während der Ökonomist den Emissionswert vermutlich etwas zu hoch angab, weil nicht sicher war, daß zugelassene Papiere überhaupt je oder noch im gleichen Jahr ausgegeben wurden, neigte die Frankfurter Zeitung zu Unterschätzungen, weil Übernahmen durch Konsortien, die die Papiere nicht gleich zur Zeichnung auflegten, unberücksichtigt blieben.

Ich werde die Zahlen des *Ökonomist* aus zwei Gründen verwenden: einmal trennte der Ökonomist im Gegensatz zur Frankfurter Zeitung inländische von ausländischen Emissionen, zum anderen scheint mir der Wert der Zulassungen unter konjunkturgeschichtlichen Gesichtspunkten aussagekräftiger zu sein, weil er eher Rückschlüsse auf die zeitlichen Kapitalansprüche zuläßt — ganz gleich, wann und von wem sie schließlich erfüllt worden sind. Im übrigen — und das mindert die Unzulänglichkeit beider Statistiken einigermaßen — sind die Unterschiede in der Höhe und Struktur der Emissionen im Zeit- und Konjunkturverlauf so groß, daß die Tendenzen, auf die es ankommt, mit beiden verdeutlicht werden können. Zur Problematik der Emissionsstatistik im Kaiserreich *Kleiner* (1914).

[64] *Helfferich* (1903), S. 23.

[65] In allen fünf Jahren zusammen sind für 1,42 Mrd. Mark Industrie- und für 0,93 Mrd. Mark Bankaktien emittiert worden. Diese wie alle späteren Emissionswerte bei *Kleiner* (1914), S. 120 ff.

224

1899 dann mit größeren Anleihen hervortraten, sank der Kurs 3%iger Reichsanleihen von 97,6 im Jahresdurchschnitt 1897 auf 88,7 im Dezember 1899, der Kurs preußischer Konsols von 98,1 auf ebenfalls 88,7[66].

Kapital zur längerfristigen Anlage war für die Industrie in jenen Jahren offenbar leicht, kurzfristige Liquidität für den laufenden Umsatz billig zu haben. Der Reichsbankdiskontsatz hat zwischen Anfang 1895 und Juni 1899 24 Monate bei nur drei Prozent, 14 Monate bei vier Prozent und lediglich in insgesamt zehn Monaten — an den Jahresultimo — bei fünf und sechs Prozent gelegen. Die Marktsätze waren in 28 Monaten niedriger als 3% in weiteren 16 niedriger als 4%, und überschritten nur im Dezember 1898 die Fünf-Prozent-Grenze[67]. Und dennoch lagen sie — und das galt bis zum Krieg — höher als an den anderen wichtigen europäischen Geldplätzen und haben die Goldeinfuhr begünstigt. Von 1895 bis 1900 ist für 567,8 Millionen Mark mehr Gold ein- als ausgeführt worden, drei Viertel davon seit 1898[68].

Es ist kaum zu bezweifeln, daß die problemlose Kapitalaufnahme, die von der Reichsbank durch forcierte Goldimporte aufrechterhaltene Flexibilität des kurzfristigen Kredits und die niedrigen Zinsen den Aufschwung lange Zeit gefördert und unterstützt haben. So sind denn auch nicht etwa monetäre Phänomene dafür verantwortlich gewesen, daß der Montan- und Elektroboom Mitte 1900 ziemlich plötzlich zusammenbrach und die gesamte Volkswirtschaft in eine Depression geriet, die fraglos nicht die Ausmaße der Krise von 1873 hatte, wohl aber größere, als die leichteren Einbrüche der achtziger und frühen neunziger Jahre. Die Gewinnmargen waren Ende der neunziger Jahre überwiegend so groß, daß der Anstieg der Kreditkosten um etwa ein Prozent allenfalls beim Häuserbau, aber kaum bei der Montan-, Schwer- und Elektroindustrie zu Buche schlug[69]. Eigentliche Kreditrestriktionen aber, die nicht die Rentabilität, wohl aber die Liquidität der Unternehmen beeinträchtigt hätten, hat es nicht gegeben. Die Reichsbank ist allen Anforderungen nachgekommen.

Sowenig ein bemerkenswerter Aufschwung je von monetären Impulsen ingang gesetzt worden ist, sowenig ist je einer auf den Geld- und Kapitalmärkten nachhaltig zum Stehen gebracht worden. Die tatsächliche Wirkung monetärer Veränderungen auf die güterwirtschaftlichen Nachfrage-, Produktions- und Absatzvorgänge ist allemal geringer gewesen als die zeitgenössischen Konjunkturbeobachter geglaubt haben. Je weniger man über die Kreislaufzusammenhänge moderner, integrierter Volkswirtschaften wußte, umso mehr war man geneigt, den konjunkturellen Zustand der ganzen Volkswirtschaft an den offensichtlichen monetären Indikatoren

---

[66] Chronik 1899, S. 416.

[67] *Helfferich* (1903), S. 34 f. In den restlichen Monaten lag der Reichsbankdiskont bei 3,5%. Vgl. *Friedhofen* (1963), S. 160.

[68] *Helfferich* (1903), S. 20.

[69] Chronik 1898, S. 214.

abzulesen. Man sollte sich deshalb vom Schwergewicht monetärer Vorgänge in damaligen Konjunkturbetrachtungen nicht düpieren lassen. Monetäre Veränderungen sind vor allem eine Aufforderung nachzusehen, von welchen Vorgängen im güter- und leistungswirtschaftlichen Bereich sie ausgelöst worden sind.

Denn daß der Marktdiskont, der seit April 1898 immer über dem Stand des gleichen Monates im Vorjahr gelegen hatte — im Juni 1900 noch um 0,9% —, im Juli 1900 plötzlich schroff fiel, im August bereits 0,4% und im November gar 1,5% unter dem Vorjahresstand lag, daß der Reichsbankdiskont in der zweiten Jahreshälfte gegen alle Gewohnheit niedriger war als in der ersten[70], das waren natürlich keine Erscheinungen, die sich nur mit Geld- und Kapitalvorgängen erklären ließen.

Die Jahrhundertwendenkrise 1900 bis 1904

Das Tempo der industriellen Produktion hatte 1899 seinen Höhepunkt erreicht[71]. Bis dahin waren allerdings auch bereits gewisse Disproportionen ins wirtschaftliche Geschehen geraten. Die Elektrizitätsverwertung hatte die Führung gleichsam noch einmal an Kohle und Eisen abgegeben[72]. Während sich ihr Wachstumstempo verlangsamte, die Branche gegen Jahresende teilweise schon über unbefriedigende Ergebnisse klagte[73], zog die Kohle- und Eisenproduktion noch einmal kräftig an. Insbesondere der Maschinenbau und die Eisenverarbeitung produzierten mit Hochdruck. Die Stahlerzeugung erreichte 1900 einen ungeahnten Höhepunkt. Mit 6,7 Millionen Tonnen war sie um 2,3 Millionen Tonnen größer als 1898. In den acht vorhergehenden Jahren hatte der Zuwachs nur 2,8 Millionen Tonnen betragen[74]. Die Steinkohlenförderung nahm gegenüber 1899 noch einmal um 7,6 Mio. Tonnen (= 7,5%) zu. Solch ein Zuwachs war nie zuvor innerhalb eines Jahres erreicht wor-

[70]Die Reichsbank 1876—1900, S. 179, *Helfferich* (1903), S. 34.

[71]„Eine solche Blüte. . . ist wohl in keinem früheren Jahr des 19. Jahrhunderts erreicht worden". Chronik 1899, S. 365.

[72]Die Neugründungen von AG deuten die Gewichtsverlagerung zumindest an. 1898 wurden neue AG mit einem Grundkapital von 464 Millionen Mark gegründet. Davon entfielen 47 Millionen Mark (= 10%) auf die Elektrizitätsverwertung und 69 Millionen Mark (= 15%) auf die Metallverarbeitung und den Maschinenbau. 1899 betrug die Kapitalsumme 544 Millionen Mark. Der Anteil der Elektrizitätsindustrie war auf 6,4% (35 Millionen Mark) geschrumpft, der von Metallverarbeitung und Maschinenbau auf 20% (109 Millionen Mark) gestiegen. Im zweiten Halbjahr standen schon nur noch 11 „Elektromillionen", 58 „Maschinenbaumillionen" gegenüber.

[73]Chronik 1899, S. 265, 366.

[74]*Leisse* (1912), S. 100.

den. Der Roheisenverbrauch wuchs freilich kaum mehr halb so stark wie im Vorjahr, um nur 447 000 Tonnen (= 5,2%) gegenüber 1,063 Millionen Tonnen (= 14,2%)[75].

Das deutet am nachdrücklichsten an, daß die Industriewirtschaft branchenweise zwar noch vom Boom des Vorjahres zehrte; der Umschwung aber bereits in der ersten Jahreshälfte eingeleitet worden war.

1899 hatte es — wohl auch von den Produzenten künstlich hervorgerufene — Anzeichen von Roheisen- und Kohleknappheit gegeben. Die Abnehmer hatten mit übermäßigen Bestellungen auf sie reagiert. Die Hütten und Zechen waren mit dicken Auftragspolstern ins Jahr 1900 gegangen. Daß der Elektrizitätsboom als stimulierender Faktor bereits ausgefallen war, konnte sich in den Produktions- und Umsatzzahlen der Schwer- und der eisenverarbeitenden Industrie mehrere Monate noch nicht bemerkbar machen. Allein, die „allgemeine Lage der Eisen- und Stahlindustrie hat(te) sich (im zweiten Quartal 1900) gegen das erste Vierteljahr insofern geändert", schrieb die Fachzeitschrift „Stahl und Eisen" im Juli 1900, „als zu den vorliegenden Abschlüssen nicht viel neue hinzugekommen sind"[76].

In dieser Situation brach der amerikanische Eisenmarkt zusammen und sorgte in Deutschland für weitere Unruhe und Zurückhaltung. Die Eisen- und Stahlkonsumenten erwarteten einen starken Drang in Amerika unverkäuflichen, billigen Stahls und Eisens auf den deutschen Markt und hielten sich im dritten Quartal noch stärker mit der Vergabe neuer Aufträge zurück als ohnedies[77]. Zudem schien die Nachricht aus den USA das Vertrauen in den Fortbestand der deutschen Montankonjunktur endgültig zu brechen. Die hochgetriebenen Börsenkurse gaben Anfang Juni und dann noch einmal Anfang Juli um insgesamt bis zu 25% nach[78].

Unterdessen waren aber weitere Anzeichen einer ernsthaften konjunkturellen Abschwächung hinzugekommen. Die Anlagelust hatte gegenüber dem ersten Semester des Vorjahrs beträchtlich nachgelassen. In neuen Aktiengesellschaften wurden in der ersten Jahreshälfte 36 Millionen Mark weniger Grundkapital angelegt als im ersten Semester 1899. Das Emissionsagio der Industrieaktien sank von 66,9% auf 55%[79].

Ab Mai, der bereits von den Zeitgenossen als Beginn einer krisenhaften Entwicklung gesehen worden ist[80], verschlechterte sich auch die Arbeitsmarktlage. Seit 1895 hatte sich der Andrang auf die offenen Stellen, die bei den kommunalen Ar-

[75] *Gothein* (1901), S. 301 und 356.
[76] *v. Wiese* (1902), S. 311.
[77] Handel und Wandel 1900, S. 104, *Vogelstein* (1903), S. 95 f., *Bosselmann* (1903), S. 45.
[78] Chronik 1900, S. 204.
[79] Ebd. S. 233 ff.
[80] Chronik 1901, S. 292.

beitsnachweisen gemeldet waren, ständig verringert[81]. 1898 war weithin über Arbeitsmangel geklagt worden. Die Klagen hatten sich 1899 verstärkt. Von März bis September waren durchgehend weniger Gesuche als Angebote gemeldet worden[82]. Nachdem die übliche, aber schwächer als in allen vorhergehenden neunziger Jahren ausgeprägte Winterarbeitslosigkeit überwunden worden war, hatte das Verhältnis im März und April noch einmal zu Gunsten der Arbeitssuchenden gestanden. Danach verschlechterte es sich zusehends. Im Juli wurden bereits mehr Arbeitssuchende pro 100 Stellenangebote verzeichnet als je in einem Juli nach 1896 und der November war der schlechteste seit Beginn des Aufschwungs[83].

Nicht nur der Arbeitsmarkt trug zu diesem Zeitpunkt schon das Gepräge einer konjunkturellen Krise. Seit Jahresmitte beschleunigte sich der Abschwung in fast allen Bereichen[84]. Die Preis- und Absatzverhältnisse in der Textilindustrie waren nach den Verzerrungen des Vorjahres völlig durcheinander geraten[85]. Der Baumarkt laborierte schon eine Weile an hohen Baupreisen und bekam als zinsreagibelster Produktionsbereich von den steigenden Zinssätzen einen weiteren kräftigen Stoß. Schon 1897 war es schwierig geworden, Hypotheken und Baugelder zu beschaffen. Die relativ niedrig verzinsten Pfandbriefe waren, wie alle festverzinslichen Werte und wie immer wieder in Hochkonjunkturzeiten, zum unbeliebten Anlageobjekt geworden und wurden seit 1898 tunlichst abgestoßen. Ende 1898 kostete Baugeld in Berlin einschließlich Provision schon bis zu 7%. Daran änderte sich bis 1900

[81] Verglichen werden dabei, um die relativ starken Saisonfluktuationen zu neutralisieren, die gleichen Monate aufeinanderfolgender Jahre. Es sollte darauf hingewiesen werden, daß die kommunalen Arbeitsnachweise nur als „Arbeitsmarkt" der kleineren Industrie- und Handwerksbetriebe gelten können. Die größere Industrie rekrutierte ihre Arbeiterschaft unmittelbar. Das Verhältnis zwischen offenen Stellen und Arbeitsnachfrage bei den Arbeitsnachweisen ist deshalb ein einigermaßen vages Indiz für die gesamtwirtschaftliche Beschäftigungssituation. Da sich andererseits Konjunkturabschwächungen in den kleineren Gewerben wohl früher äußerten als in der Großindustrie, ist es aber auch so etwas wie ein „Frühindikator".

[82] Chronik 1898, S. 235; 1899, S. 265, *Eßlen* (1909), S. 282.

[83] Der Index der Krankenkassenmitgliedschaft zeigte die gleichen Symptome. 1898 war er um 10%, 1899 um 7% gestiegen, 1900 stieg er bis Juli um 3,4% und fiel dann bis August um 5,1%. Handel und Wandel 1900, S. 52.

[84] Es gab wenige bemerkenswerte Ausnahmen. Neben der chemischen Industrie, die sich wegen ihrer weltweiten Monopolstellung auf dem Gebiet der Teerfarbenherstellung und einer durchgehend hohen Exportquote bis 1913 ununterbrochener Hochkonjunktur erfreute, zählte bis Mitte 1901 die Papierindustrie dazu, die ihre Umsätze und Gewinne im Jahr 1900 noch um 10 bis 15% steigerte und 1901 nur auf den hohen Stand von 1899 zurückfiel. SVSP Bd. 109, S. 210 ff., *Schultze* (1908), S. 30 ff., 272 und passim, *Redlich* (1914), S. 77 f., 95 ff.

[85] Vgl. *Kuntze* (1903), S. 185, *Sybel* (1903), S. 140, *Potthoff* (1903), S. 48, 57, *Meyknecht* (1928), S. 30 ff., 53 ff.

nichts[86]. Die Herstellungskosten für Häuser waren seit 1897 um 25 bis 33% gestiegen[87].

Schließlich äußerte sich die Krise zunächst dort am schärfsten und offensichtlichsten, wo 1894/95 der Aufschwung begonnen hatte. Die Stockungen in der Elektroindustrie führten erstaunlich — angesichts der Geschäfts- und Finanzpraktiken vielleicht aber auch alles andere als erstaunlich — schnell zu umfangreichen Zusammenbrüchen und Verlusten. Schuckert, die sich besonders in unvorsichtigen Gründungsgeschäften hervorgetan hatten[88], schlossen das Geschäftsjahr 1901/02 mit einem Verlust von 21 Millionen Mark bei 49 Mio. M. Umsatz ab. Bei Helios und Lahmeyer waren die Verluste mit 13,7 (in zwei Jahren 1900/01/02) und 2,5 Millionen Mark geringer, aber schmerzlich genug. Kummer schließlich machte als erster der sieben großen Elektrokonzerne am 15. Juni 1901 gleich völlig bankrott und riß die Dresdner Vereinsbank mit. Freilich haben auch Schuckert, Helios und die Union die Krise nicht als selbständige Unternehmen überstanden[89].

Die Elektroindustrie hatte vor etwa fünf Jahren den Weg in den Aufschwung freigemacht. Die Montan- und die eisenverarbeitende Industrie waren ihr als erste gefolgt. Jetzt ging die Elektroindustrie auch in die Krise voran und zog die Eisenindustrie mit. Trotz zusätzlicher anderer Einflüsse dürfte die Erlahmung der Kohle- und Eisenkonjunktur primär doch der vorübergehenden Erschöpfung von Anlagemöglichkeiten im Zusammenhang mit der Elektrizitätsverwertung zuzuschreiben gewesen sein[90]. Die rastlos ausgedehnten Stahlwerke, Gießereien, eisenverarbeitenden Betriebe und Maschinenfabriken bekamen den empfindlichen Nachfragemangel spätestens seit Herbst 1900 auch in den Produktions- und Umsatzmengen zu

[86] *Goldschmidt* (1903), S. 350 ff.

[87] Handel und Wandel 1900, S. 118.

[88] *Noether* (1913), S. 46 f., *Pinner* (1918), S. 237 ff.

[89] *Loewe* (1913), S. 105 und 1907, *Pinner* (1918), S. 240 ff. Weitere Verluste kleinerer Firmen bei Loewe, S. 104. Vgl. auch *Koch* (1907), S. 30. Helios legte zwar schon 1902 sein Kapital fünf zu eins zusammen, existierte aber bis 1905 sehr zum Verdruß der bis dahin entstandenen drei Großkonzerne glücklos weiter. Dann wurde das Werk kurz entschlossen in einer Gemeinschaftsaktion aufgekauft und stillgelegt. Die Liquidation dauerte angesichts der heillosen Verschachtelung bis 1921. Union war zwar ertragswirtschaftlich vergleichsweise gut über die Runden gekommen, litt aber an chronischer Liquiditätsschwäche und suchte deshalb in der Krise Anlehnung an ein potentes Unternehmen. Nachdem Fusionsversuche zwischen der AEG und Schuckert gescheitert waren, leitete der Zusammenschluß der AEG und der Union im Dezember 1902 den großen Konzentrationsprozeß in der deutschen Elektrizitätsindustrie ein. Siemens und Schuckert folgten mit ihrer Teilvereinigung im Februar 1903 nach. *Loewe* (1903), S. 141 ff., *Koch* (1907), S. 51 ff., 113, *Pinner* (1918), S. 258 ff., *Wefelmaier* (1932), S. 31 f., *Kocka* (1969), S. 324 f., 328.

[90] „. . . es darf heute kaum mehr geleugnet werden, daß die elektrische Krisis eher eine der Ursachen als eine Folge der wirtschaftlichen Gesamterkrankung darstellt". Geschäftsbericht der AEG 1901/02. Zit. *Pinner* (1918), S. 231.

spüren. Damit nicht genug, waren sie überdies mit großen Rohstoff- und Halbfabri-
katelagern belastet, oder sahen gar der Lieferung nicht mehr benötigter Mengen
entgegen, die im Zuge der „Angstkäufe" Ende 1899 geordert worden waren. Dieses Material war für alle nichtkombinierten „reinen" Werke teuer gewesen. Denn
die bedenkenlose Produktions- und Kauflust hatte die Preise enorm in die Höhe
getrieben. Die Kohle- und Eisenkartelle, die sich ihrer mäßigen Preispolitik im Aufschwung lange Zeit zurecht gerühmt hatten, hatten dem Druck vom Markt am Ende bekanntlich doch und dann gleich über die Maßen und volkswirtschaftlich völlig
unverantwortlich nachgegeben. Das kartellideologische Argument, daß die Verbände in der Hochkonjunktur in der Lage seien, durch maßvolle Preispolitik boomartige, krisenfördernde Auswüchse zu verhindern, war Lügen gestraft worden. Der
schlesische und der luxemburgische Bezirk waren mit erheblichen Preissteigerungen in der zweiten Jahreshälfte 1899 vorangegangen. Im Bereich des Rheinisch-
Westfälischen Roheisenverbandes waren zu jener Zeit schon alle Verträge für 1899
und das erste Halbjahr 1900 geschlossen gewesen. Deshalb kamen dort die im August und Oktober 1899 um 14 Mark (= 19%) angehobenen Preise auf dem Markt
erst im zweiten Halbjahr 1900 zur Geltung[91]. Für 1901 wurde der Gießerei-Roh-
eisenpreis dann im März noch einmal um 14% hinaufgesetzt. Nun war Roheisen
nirgendwo in Deutschland mehr um weniger als 50% teurer zu kaufen als 1898.
Englisches Importeisen bot keinen Ausweg, obwohl seit Jahren nicht mehr soviel
Roheisen eingeführt worden war wie 1899 und 1900. Die englischen Qualitäten
hatten nicht weniger stark im Preis angezogen und waren auch ohne Zoll nicht
billiger als deutsche Sorten. Das Kokssyndikat schließlich folgte etwas später im
Jahr 1900 mit vergleichbar großen Preissteigerungen.
Die Rohstoffkartelle waren mit diesen drastischen Preiserhöhungen nicht vorangegangen, sondern den Produzenten von Halb- und Fertigprodukten der Eisenverarbeitung gefolgt. So war Stabeisen allein 1899 um etwa 70 Mark (= 50%), Grob-
blech um 60 Mark (= 45%) und Feinblech um 80 Mark (= 60%) im Preis gestiegen[92]. Sie folgten ihnen freilich nicht auch bei den Preissenkungen. Im Spätsommer 1900 setzte vom Fertigwarenmarkt her ein Preisverfall ein, der auf den verschiedenen Produktionsstufen unterschiedlich stark zum Ausdruck kam. Schon im
Oktober war Stab- und Bandeisen und waren Bleche etwa 20% billiger zu haben
als im Januar[93]. Die Stahlpreise hielten sich noch eine Weile, fielen dann aber —
als die kurzlebigen Stahlkartelle bei den ersten Krisenanzeichen auseinanderfielen
— um so schneller. Von 1900 auf 1901 verminderte sich die durchschnittliche
Spanne zwischen Rohblöcken und Stabeisen von 67 auf 25,50 Mark[94]. Nur die

---

[91] *Vogelstein* (1902), S. 92.
[92] *Friedrich* (1903), S. 82, *v. Wiese* (1902), S. 314 f.
[93] Ebd. S. 317.
[94] *Stillich*, Roheisensyndikat, S. 26. Vgl. auch *Vogelstein* (1903), S. 131, *Kuh* (1903),
S. 222, *Friedrich* (1903), S. 83.

Kartell-Roheisenpreise blieben das ganze Jahr auf der exorbitanten Höhe, die in Hochkonjunkturzeiten vom Verband fixiert worden war, obgleich die Hochofenproduktion um 7,5% abnahm.

Die gesamtwirtschaftliche Produktionsentwicklung in den kritischen Jahren ist schwerlich exakt zu quantifizieren. Hoffmann nimmt an, daß die Ausbringung von Industrie und Handwerk im Jahr 1900 um 5,85% gestiegen sei und damit sogar den Zuwachs des Boomjahres 1899 (= 3,95%) beträchtlich übertroffen habe[95]. Den zeitgenössischen qualitativen und quantiativen Angaben nach zu urteilen, scheint dieser Wert den Produktionsanstieg zu überschätzen. Geringes Wachstum hat es 1900 im Industriesektor aber wohl noch gegeben. Es war aber zwei Erscheinungen zu verdanken, die das Jahr dennoch bereits als Krisenjahr werten heißen. Der Anstieg war fast ganz einseitig der Schwerindustrie zuzuschreiben. Und auch in ihr haben fast alle Branchen aufs ganze Jahr gesehen nur deshalb keine scharfen Produktionsrückgänge ausweisen müssen, weil sie mit hohen Auftragspolstern aus dem Jahr 1899 gekommen und deshalb im ersten Halbjahr sehr gut beschäftigt gewesen waren. Am Ende des Jahres befand sich auch die Schwer-, wie die gesamte Industrie in einer durchaus krisenhaften Situation.

Das erste durchgehende Krisenjahr war dann zweifellos 1901. Hoffmanns Schätzung des Produktionsrückgangs der Industrie fällt mit 4,4% sicher zu gering aus. Völlig unverständlich ist ein Anstieg gegenüber 1899 um 1,2%[96]. 1901 haben sich eigentlich nur noch der Kohlenbergbau einigermaßen, und die für Krisen seit je und stets bemerkenswert wenig anfällige chemische Industrie gut gehalten. Gemildert wurde der Fall wie schon 1900 durch eine anhaltend günstige Exportkonjunktur. Die Arbeitslosigkeit ist dennoch merklich gestiegen, die Lohnsätze und Jahreseinkommen sind beträchtlich gefallen[97]. Im März lag die Zahl der Krankenkassenmitglieder 10% unter der des Juni 1900, stieg dann mit der Saison etwas an und pendelte sich bei minus 5% ein[98]. In den Großstädten war die Arbeitslosigkeit etwas geringer als in den kleineren Orten und nicht alle Branchen waren gleich stark betroffen. Obgleich die Kohleförderung im Ruhrgebiet um knapp 2% abnahm, wurden 17 000 neue Arbeiter eingestellt. Das war freilich nicht Ausdruck sozialpolitischen Bewußtseins. Zugleich und als Folge der Neueinstellungen konnten die Schichtverdienste um 2,6% und 1902 um weitere 6,1% heruntergesetzt werden. Da überdies zunächst 17, dann sogar 22 Schichten pro Jahr weniger gefahren worden

---

[95] *Hoffmann* (1965), S. 393.

[96] Ebd.

[97] Über die Vielfalt der auch im Bewußtsein der Zeitgenossen unzulänglichen Bemühungen, das Ausmaß der Arbeitslosigkeit zu erfassen, vgl. den von Jastrow und Calwer betreuten Band 5 der Krisenenquete des VSP. SVSP Bd. 109, 1903.

[98] Handel und Wandel 1901, S. 54 f.

sind, hat sich der Jahresverdienst eines Untertagearbeiters um 15% und die Lohnsumme der Zechen wohl um etwa 7% vermindert[99].

Die Masseneinkommen dürften in den beiden Krisenjahren ebenso wie die Produktion zurückgegangen und nicht leicht angestiegen sein, wie Hoffmann annimmt[100]. Wäre es anders gewesen, hätten die Arbeiter angesichts des sinkenden Preisniveaus in der Krise an Lebensstandard gewonnen, während die Unternehmer und Kapitalgeber die einzigen Verlierer gewesen wären. Außer den Zahlen aus dem Bergbau sprechen aber auch regional begrenzte Werte aus anderen Branchen gegen diese Vorstellung. Gewöhnlich verbanden sich Arbeiterentlassungen mit Lohnreduktionen. So verloren in der Eisenindustrie der Bezirke Arnsberg/Düsseldorf 10 000 oder 7,5% der Arbeiter von 1900 bis 1902 ihre Beschäftigung[101]. In der oberschlesischen Eisen- und Stahlindustrie, deren Gesamtproduktion 1901 um 15% zurückging, sind von 34 352 Arbeitern 2 532 entlassen worden. Die Lohnsumme ist um 2,5 Millionen Mark gesunken[102]. Die metallverarbeitenden Betriebe in Leipzig haben 1900 noch 8 193, 1901 nurmehr 5 622 Arbeiter beschäftigt. Die Zahl der Ungelernten und der Arbeiterinnen war um 10% gestiegen, die der Gelernten dafür um 38,5%, die der Lehrlinge um 34,4% gesunken. Die Jahresverdienste der Verbliebenen waren drastisch — im Durchschnitt um 20% — gefallen[103]. Die Zahl der Versicherten in der rheinisch-westfälischen Baugewerbeberufsgenossenschaft war schon 1901 um 15 550 zurückgegangen[104]. In den großen Elektro- und Maschinenfabriken Berlins sollen 1901/02 sogar rund 25% der 1900 beschäftigten Arbeiter entlassen worden sein[105]. Die Maschinenbau AG Halle reduzierte ihren Arbeiterbestand von 4 818 auf 3 364 und ersetzte Facharbeiter durch billigere Hilfsarbeiter[106]. Die Lohnsumme der Maschinenfabrik Eßlingen ist von 1,941 Millionen Mark (1900) über 1,513 Millionen Mark (1901) auf 1,371 Millionen Mark im Jahr 1902 gefallen[106a]. Dieser Sturz um knapp ein Drittel war nicht nur Entlassungen, sondern vor allem erheblicher Kurzarbeit zuzuschreiben. Kurzarbeit war in jenen

---

[99]Calwer hat eine Abnahme der Lohnkosten pro Tonne von 4,95 Mark im Jahr 1901 auf 4,62 in den Jahren 1902 und 1903 und einen Abfall des Lohnanteils am Erlös von 58,8% auf 55,1% errechnet. Der durchschnittliche Jahresverdienst von 1900 wurde erst 1906 wieder erreicht und überschritten. Handel und Wandel 1904, S. 96 ff. Vgl. *Vogelstein* (1903), S. 89, *Münz* (1909), S. 55, 65, 84, *Liefering* (1910), S. 60.

[100]*Hoffmann* (1965), S. 508.

[101]*Vogelstein* (1903), S. 107.

[102]*Kuh* (1903), S. 216 f.

[103]SVSP Bd. 109 (1903), S. 151.

[104]SVSP Bd. 109 (1903), S. 177.

[105]*Martin* (1903), S. 47. Bei der AEG wurden 2 500 (= 14,5%), bei Schuckert 2 000 (27%) Arbeitskräfte entlassen. *Loewe* (1903), S. 90, *Steller* (1903), S. 12, *Fasolt* (1904), S. 33.

[106]*Steller* (1903), S. 16.

[106a]*Hentschel*, Wirtschaftsgeschichte, S. 135.

Jahren ein weit verbreitetes Phänomen in der deutschen Industrie. In zahlreichen Städten sollen bis zu 50% der Arbeiter von ihr betroffen gewesen sein[107]. Die Arbeitslosenunterstützung der Gewerkschaften, die schon 1900 um 200 000 Mark in die Höhe gegangen war, ist 1901 mehr als verdoppelt worden, von einer halben Million auf 1,24 Millionen Mark[108].

Trotz alledem ist in der Furcht vor weiter sinkenden Einkünften und zunehmender Not die Neigung zum Sparen größer geworden. Im Jahr 1900 sind nur 104 Millionen Mark mehr bei den öffentlichen Sparkassen eingelegt als abgezogen worden. 1901 sind es schon 449 Millionen und 1902 gar 477 Millionen Mark gewesen. 1903/04 hat sich der Betrag auf ähnlicher Höhe gehalten. Erst im Zeichen des Aufschwungs ist er bis 1907 wieder auf 90,5 Millionen Mark abgesunken. Der Hortungseffekt mit seiner zusätzlich kontraktiven Wirkung auf den Konsum und damit auf die volkswirtschaftliche Produktion und Beschäftigung[109] wird noch deutlicher, wenn man zu den neu gesparten 1,4 Milliarden auch noch die 874 Millionen Mark stehengelassener Zinsen berücksichtigt[110].

Stärker noch als der Konsum durch sinkende Masseneinkommen und größere Sparneigung dürfte die Investitionsnachfrage durch schroff abfallende Erträge und rückläufige Unternehmereinkommen in Mitleidenschaft gezogen worden sein. Die Krise um die Jahrhundertwende ist eine Beschäftigungs- *und* Ertragskrise gewesen. Hoffmann hat den Rückgang der industriellen Unternehmereinkommen bis 1902 auf 57% veranschlagt[111].

Anhaltspunkte für die Ertragsentwicklung bei den Aktiengesellschaften sind die verminderten Dividenden, bei den kleineren Unternehmen die vermehrten Konkurse. Einen Eindruck davon, wie sehr das Vertrauen in die Konjunktur geschwunden war, vermitteln schließlich die Daten über Neugründungen und Emissionen.

Die Dividenden sind in allen Branchen tief gefallen, in der Textil-, der Zement- und Elektrizitätsindustrie, bei den Baugesellschaften und im Maschinenbau durch-

[107]Handel und Wandel 1902, S. 128 ff.
[108]SVSP Bd. 109 (1903), S. 137. Auch die Länder und die Kommunen haben versucht, der drückenden Arbeitslosigkeit durch Notstandsarbeiten entgegenzuwirken. Die preußischen und bayerischen Eisenbahnen haben ihre Bautätigkeit intensiviert und die Städte haben Straßen- und Kanalarbeiten in Angriff genommen. Durchgreifende Abhilfe dürften diese Maßnahmen angesichts der relativ geringen Beträge, die dafür aufgewendet wurden, nicht geschaffen haben. So gab Frankfurt a. M. im Winter 1902/03 immerhin 700 000 Mark aus, während es Bochum, Dortmund, Dresden und Essen z. B. bei nur je 100 000 Mark beließen. Handel und Wandel 1902, S. 67.
[109]Zur Theorie des Multiplikators und Akzellerators vgl. neben jedem volkswirtschaftlichen Lehrbuch vor allem den berühmten Aufsatz von *Samuelson* (1939).
[110]*Düring* (1927), S. 37. Die Erscheinung, daß in krisenhaften Jahren mit sinkenden Masseneinkommen die Sparlust größer war als in Prosperitätsjahren, hat sich übrigens in der nächsten Konjunkturabschwächung erneut gezeigt.
[111]*Hoffmann* (1965), S. 508.

schnittlich unter 5%. In der Metallindustrie und im Maschinenbau hat es 1902 die schlechteste Verzinsung seit 1887, in der Textilindustrie 1901 die schlechteste seit 1886 gegeben[112]. Der Rückgang des cash-flow ist mit hoher Wahrscheinlichkeit noch einschneidender gewesen. Unternehmer neigten in jenen Jahren dazu, schlechte Reinerträge durch den völligen oder teilweisen Verzicht auf Abschreibungen etwas aufzubessern oder sogar Reserven auszuschütten[113].

In den Ertragsziffern der Kapitalgesellschaften hat sich der Konjunktureinbruch erst in den Bilanzen für 1901 gespiegelt. Die kleineren Betriebe sind schneller und endgültiger betroffen gewesen. Schon im letzten Quartal des Jahres 1900 waren die Konkursziffern plötzlich um 18,5% gegenüber den letzten drei Monaten des Vorjahres in die Höhe geschnellt. 1899 hatte die amtliche Konkursstatistik 7 033 Fallimente ausgewiesen, 1900 verzeichnete sie schon 7 698. 1901 waren es schließlich 9 387. Es dauerte bis 1906, ehe auch nur die Zahl von 1900 knapp unterschritten wurde[114].

Nicht nur das, auch die andauernd stark herabgestimmte Neigung, neue Unternehmen zu gründen, deutet an, daß die akute Krise Ende 1902 zwar überwunden, damit aber noch kein beflügelnder Aufschwung eingeleitet war. In den vier Jahren 1901–1904 ist – wenn man die Umgründung Krupps aus der Statistik des Jahres 1903 herausnimmt – insgesamt nicht bemerkenswert mehr Eigenkapital in neue Aktiengesellschaften investiert worden, als in dem einen Boomjahr 1899. Insbesondere die Eisenverarbeitung hat nicht mehr zu Neuanlagen gereizt. Dort sind 1901/02 gerade noch 31 Millionen Mark neu angelegt worden[115].

[112]Handel und Wandel 1904, S. 26 f.

[113]Vgl. exemplarisch *Hentschel*, Wirtschaftsgeschichte, S. 90.

[114]*Schwarz* (1911), S. 204 f. Zur Entwicklung der Realeinkommen selbständiger Handwerker in den Bezirken Münster und Arnsberg, vgl. *Noll* (1975), S. 240 ff. Bemerkenswert, nicht näher erläutert und mir nicht ganz verständlich ist der zeitliche Ablauf. 1901 stiegen die Nominal- und Realeinkommen noch stark an. In den meisten Gewerben stärker als in den Boomjahren. Erst 1902 fielen sie leicht, 1903 dann sehr viel stärker, gewöhnlich um den doppelten Wert, ab.

[115]

Jahr	Gesellsch.	Kapital	
1899	364	544 Mio. Mark	Chronik 1901, S. 280 f.,
1900	261	340 Mio. Mark	541 f., 1902, S. 531,
1901	158	158 Mio. Mark	*Helfferich* (1903), S. 23.
1902	87	118 Mio. Mark	
1903	84	140 Mio. Mark	
1904	104	141 Mio. Mark	

Bei den Aktienemissionen sah es nicht wesentlich besser aus. 1904 ist noch nicht die Hälfte des Nominalwerts von 1899 und nur gut drei Viertel des Nominalwerts von 1900 auf den Markt gebracht worden[116].

Dabei war anlagebereites Kapital in Fülle vorhanden. Die Besitzer bevorzugten aber deutlich festverzinsliche Werte und gaben sich für höhere Sicherheit mit geringeren Erträgen zufrieden. Die 115 Millionen-Mark-Anleihe des Reiches und die 185 Millionen Mark preußischer Konsols, die im Frühjahr 1902 begeben wurden, sind fünfzigfach überzeichnet worden. Während bei Staatspapieren der 3%- und bei Gemeindeanleihen der 3 1/2%-Typ vorherrschte, mußten Industrieobligationen mit 4 1/2 bis 5% ausgestattet werden, um konkurrenzfähig zu bleiben. Das etwas größere Emissionsagio der Staatsanleihen glich die geringere Nominalverzinsung bei weitem nicht aus[117].

Die deutsche Volkswirtschaft hat damals weder unter Kapital-[118] noch unter Geldknappheit gelitten. Andernfalls wäre nicht verständlich, daß der Reichsbankdiskont sehr schnell auf 3% gesunken ist und der Marktdiskont überwiegend unter 2% gestanden hat[119], die neu in den Umlauf gebrachten Wechselwerte aber dennoch von 23,3 (1900) über 23 auf 21,5 Mrd. Mark im Jahr 1902 gefallen sind[120].

Alles in allem ist nicht zu verkennen, daß der Konjunktureinbruch um die Jahrhundertwende keine leichte Wachstumsstörung, sondern eine handfeste Krise gewesen ist, die über die akuten Depressionserscheinungen in den Jahren 1901/02 hinaus prosperitäts- und wachstumshemmend gewirkt hat. Am schnellsten hat sich die Konsumgüterindustrie, insbesondere die Nahrungsmittel- und Textilindustrie, wieder gefangen[121]. Da die deutsche Industriewirtschaft neuerdings von den Investitionsgüterbranchen getragen wurde, war damit aber noch nicht viel gewonnen.

Die Produktions- und Investitionsgüterindustrie wartete weiterhin auf einen ähnlichen Impuls, wie ihn die Elektrizitätsverwertung 1894/95 gegeben hatte. Dieser Impuls blieb vorerst aus. Die gesamte Geschäftstätigkeit trug auch Ende 1902 noch

[116]

Jahr	Nominalwert	Kurswert	Ausgabeagio	
1899	515,94 Mio	861,39 Mio	67 %	Kleiner (1914)
1900	297,47 Mio	461,06 Mio	55 %	S. 122 f.
1901	116,05 Mio	164,28 Mio	45 %	
1902	160,40 Mio	184,47 Mio	15 %	
1903	157,28 Mio	193,32 Mio	24 %	
1904	234,27 Mio	359,80 Mio	53 %	

[117]Handel und Wandel 1902, S. 177, Chronik 1902, S. 277, Kleiner (1914), S. 122 f.

[118]Tillys Feststellung, daß seit den neunziger Jahren in Deutschland Kapitalknappheit geherrscht habe, stimmt — soweit ich sehe — bis 1905 nicht mit der Realität überein. Tilly (1973), S. 125.

[119]Chronik 1901, S. 57, Eistert (1970), S. 79.

[120]Feiler (1908), S. 10, Eistert (1970), S. 66.

[121]Chronik Dez. 1902, S. 481, Handel und Wandel 1902, S. 132 f., 1903, S. 120 ff., Kirchhain (1973), S. 30.

235

das Gepräge allgemeiner Apathie. Der Eisenverbrauch war in diesem Jahr auf 4,366 Millionen Tonnen oder 56% des Verbrauchs von 1900 gefallen[122].

Insbesondere zwei, freilich nicht nachhaltige Vorgänge haben dann dafür gesorgt, daß die Konjunktur nicht weiter abfiel, das gesamte Jahr 1903 vielmehr den Charakter eines Zwischenhochs erhielt. Die wiedererwachte Neigung, Geld und Kapital in festverzinslichen Werten anzulegen, hatte auch den Hypothekenbanken in verstärktem Umfang neue Mittel zugeführt, das sinkende Zinsniveau zugleich die Baugelderpreise herabgedrückt. Gesunkene Materialpreise und niedrigere, oder immerhin nicht weiter steigende Löhne taten ein Übriges, um die Bautätigkeit wieder zu beleben[123].

Im ersten Halbjahr 1903 ist überdies ein kräftiger Exportstoß zur Hilfe gekommen. Gegenüber dem ersten Semester 1902 ist das Exportvolumen um rund 12% gestiegen[124]. Die Exportkonjunktur, die vor allem von den USA gestützt worden ist, hat allerdings nicht angedauert. Die Vereinigten Staaten gerieten Mitte des Jahres in eine Deflationskrise und die Konjunktur der anderen *europäischen* Industrieländer hatte sich 1903 sowieso eher verschlechtert[125]. Obwohl sich das Exportwachstum deshalb rasch wieder verminderte, hob sich der Zustand der deutschen Wirtschaft vor diesem Hintergrund durchaus positiv ab, mochten die „strategischen" Branchen Elektroindustrie, Maschinenbau und Eisenverarbeitung auch nach wie vor schwach beschäftigt sein. Der Eisenverbrauch hatte sich nach dem schroffen Abfall über 68% (1901) auf 56% (1902) des Verbrauchs von 1900 immerhin wieder auf 72,4% gehoben[126], und die Steinkohleförderung war gegenüber 1902 um 8,5% vermehrt worden. Es scheint freilich, daß diese ansehnlichen Steigerungsraten eine

---

[122]Handel und Wandel 1902, S. 13, Chronik 1902, S. 221, 277.

[123]Handel und Wandel 1902, S. 153 ff., 187, 200, Chronik 1903, S. 295, 1904, S. 141. Zu den Löhnen — freilich nur für Berlin, Nürnberg, Elberfeld — *Kuczynski* (1931) passim.

[124]Handel und Wandel 1903, S. XIX, Chronik 1903, S. 153. Der Export ist seit diesem Anstoß stärker als früher Wachstumsfaktor und konjunkturbelebendes Element der deutschen Industriewirtschaft geblieben. Mit wenigen Ausnahmen sind die Zuwachsraten des Exports um ein Mehrfaches größer gewesen als die des Nettosozialprodukts.

Jahr	NSP	Export	Jahr	NSP	Export
1903	5,2 %	7,0 %	1909	2,0 %	4,4 %
1904	4,7 %	2,5 %	1910	3,6 %	12,7 %
1905	2,2 %	8,6 %	1911	3,5 %	7,9 %
1906	3,0 %	11,5 %	1912	4,3 %	7,4 %
1907	4,5 %	2,2 %	1913	4,5 %	11,5 %
1908	1,7 %	—			

[125]*Hoffmann* (1965), S. 455, 531, vgl. auch *Wulf* (1968), S. 54. Chronik 1903, S. 39 f., Jahrbuch der Weltwirtschaft 1903, S. 1—15.

[126]Chronik 1904, S. 871, Handel und Wandel 1903, S. 111 f. Als Unsicherheitsfaktor, der die Roheisenkäufer zurückhaltend disponieren ließ, kamen die langen Auseinandersetzungen bei der Neugründung des Roheisenverbandes hinzu.

Überreaktion auf die schwachen Wiederbelebungsansätze reflektieren und die Konjunktur nicht zuletzt deshalb 1904 noch einmal abflaute. Schon das erste Halbjahr war für die „Volkswirtschaftliche Chronik" keine Zeit „normaler Wirtschaftslage" gewesen[127], im zweiten Halbjahr waren die deutlichen Zeichen einer neuen Flaute nicht mehr zu übersehen.

Die bis dahin rege Bautätigkeit ließ wieder nach[128]. Die Kohleförderung lag in manchen Monaten unter der des Vorjahrs und stieg nur dank der besseren ersten Jahreshälfte gegen 1903 um 3,5% an. Die Hochöfen produzierten noch nicht einmal ein Prozent mehr und überdies auf Lager. Die Produktion stand in krassem Mißverhältnis zum Absatz, weil die Weiterverarbeitung stagnierte oder rückläufig war[129]. Das galt nicht für die Roheisenproduktion allein, sondern für die gesamte Schwerindustrie. Am 1.3.1904 war der Stahlwerksverband ins Leben getreten und hatte im zweiten Quartal 1,28 Millionen Tonnen Halbzeug, Eisenbahnmaterial und Formeisen versandt. In den beiden folgenden Vierteljahren waren es jeweils 17% weniger[130]. Die Kapazitäten der meisten Produktionsbereiche waren noch immer nicht ausgelastet. Der Andrang auf die freien Stellen bei den Arbeitsnachweisen, der in den Frühjahrsmonaten bis auf die Zahl der Angebote abgesunken war, stieg wieder an. Im November und Dezember kamen 163 Gesuche auf 100 Angebote. Im gewerblich-agrarisch geprägten Süddeutschland war die Beschäftigtensituation etwas besser als in den hochindustrialisierten Provinzen Rheinland und Westfalen[131].

[127]Chronik 1904, S. 399.

[128]Handel und Wandel 1904, S. 145.

[129]Handel und Wandel 1904, S. 115. Immer noch wurden weniger Hochöfen betrieben und weniger Arbeiter beschäftigt als in den beiden letzten Jahren des Aufschwungs. Die durchschnittliche Ausbringung pro Hochofen und die Arbeitsproduktivität waren freilich gestiegen: von 34 500 Tonnen auf 39 800 Tonnen pro Ofen und von 224 Tonnen auf 286 Tonnen pro Arbeiter. Im zurückliegenden Aufschwung von 1895—1900 war die Ausbringung pro Arbeiter dagegen ebenso konstant geblieben, wie sie im folgenden konstant blieb. Bei den Anlagen wurde der Trend zur kostensparenden Größe dagegen beibehalten. 1907 wurden in jedem Ofen 43 100 Tonnen Roheisen erblasen. Eßlen (1909), S. 47, Müßig (1919), S. 220 f. Zur Weiterverarbeitung Chronik 1904, S. 659, 853, Handel und Wandel 1904, S. 49, 84, 89, 111.

[130]Ebd. S. 110.

[131]Chronik 1904, S. 853. Die Erträge erreichten 1904 sogar erst ihren Tiefstand. Die steuerpflichtigen Einkommen der preußischen AG und Bergwerkschaften lagen mit 338,7 Mio Mark um 28% niedriger als 1901. Denkschriftenband, Teil III, S. 14 f.

Aufschwung, Krise und Erholung 1905 bis 1910

Der Grund für einen nachhaltigen Aufschwung war aber dennoch gelegt; vor allem, weil sich das Geschäft mit der Elektrizität durch die Einführung technisch brauchbarer Wendepolkonstruktionen und die Erhöhung der Leistungsfähigkeit von Gleichstrommaschinen endgültig wieder gefangen hatte[132]. Dem Elektromotor als Schwerantriebsaggregat war durch diese Verbesserung ein Anwendungsfeld in Bergbau und Industrie eröffnet worden, das bis dahin völlig der Dampfmaschine vorbehalten gewesen war. Die Energiekosten konnten dadurch auf ein Drittel gesenkt werden[133]. 1900 hatte der Schwede Kjellin den ersten Induktionsofen für die Stahlerzeugung gebaut, 1905 wurden in Benrath zum erstenmal Elektrobleche hergestellt[134].

Zu diesen technischen Impulsen kam hinzu, daß der Klärungs- und Konzentrationsprozeß in der Elektroindustrie weitgehend abgeschlossen war. Die AEG und Siemens waren als marktbeherrschende Konzerne aus ihm hervorgegangen. Nur die Felten/Guilleaume-Lahmeyer-Gruppe konnte noch eine Weile mithalten. Der Elektromarkt, der in den neunziger Jahren wie kaum ein anderer das Gepräge schärfster Konkurrenz getragen hatte, war zum Oligopolmarkt geworden, um so mehr als die „großen Drei" sich schon 1903 auf ein Submissionsschutzabkommen bei Starkstromgeschäften geeinigt hatten. Dieses „stille" Kartell hat in den folgenden Jahren reibungslos funktioniert. In welchem Maß es dazu beigetragen hat, daß die nächste Krise fast völlig an der Elektroindustrie vorbeigegangen ist, steht freilich dahin. 1910 ist die Verbindung zwischen Felten/Guilleaume und Lahmeyer gelöst und Lahmeyer bald darauf von der AEG übernommen worden. Die beiden Elektroriesen haben ihre Zusammenarbeit fortwährend intensiviert. Im Zeichen dieser Kooperation ist die deutsche Elektroindustrie führend in der Welt geworden. In ihrem Schatten haben mehrere hundert mittelgroße Spezialfabriken glänzende Geschäfte gemacht[135].

Auf der monetären Seite ist der Aufschwung seit 1905 wieder von flüssigem und billigem Geld gefördert worden. Obgleich die deutsch-französischen Spannungen

---

[132]Handel und Wandel 1904, S. 51, DWZ 1905, Spalte 28, *Pinner* (1918), S. 286 ff., *Schult-Hanssen* (1970), S. 157.

[133]Handel und Wandel 1902, S. 22 ff., 1902 hatte Harpen die erste elektrische Fördermaschine auf „Preußen III" eingesetzt, 1905 wurden elektrische Grubenbahnen eingeführt. Seit 1903 entstanden im Ruhrgebiet die großen Zentralkraftwerke. *Wiel* (1970), S. 154, 280.

[134]*Wiel* (1970), S. 244 ff.

[135]Handel und Wandel 1903, S. 14, Chronik 1904, S. 262 ff., 1906, S. 124, 1908, S. 470. Die Konjunktur 1910, S. 5, *Koch* (1907), S. 93 ff., *Noether* (1913), S. 41 f., 49 ff., 70 ff., 121 f., *Wefelmeier* (1932), S. 50, *Nußbaum* (1966), S. 85 ff., *Kocka* (1969), S. 330 f., *Blaich* (1973), S. 176 f.

im Zusammenhang mit dem von deutscher Seite unüberlegt provozierten Marokkokonflikt zu vorübergehenden Abzügen französischer Mittel führten, blieb der Privatdiskontsatz niedrig. Die längste Zeit des Jahres lag er beträchtlich unter dem jeweiligen Stand von 1904 und 1903[136]. Das hing auf scheinbar paradoxe Weise mit den großen russischen und japanischen Anleihen anläßlich des russisch-japanischen Kriegs zusammen. 1905 sind allein für 866 Millionen Mark ausländische Staatsanleihen mit einem Kurswert von 711 Millionen Mark begeben worden, soviel wie nie zuvor in einem Jahr. 300 Millionen davon hatte die russische, etwa 210 Millionen die japanische Regierung aufgelegt[137]. Die gut verzinsten und leicht placierten Anleihen sind überwiegend nicht sofort abgezogen worden, sondern gleichsam als disponible Reserve in Deutschland geblieben und haben – nachdem sie die Mittel einmal aus der „Liquiditätsfalle" geholt hatten — den Markt für kurzfristiges Geld verflüssigt. Erst nach Beendigung des Krieges sind sie rasch transferiert worden. Das hat dazu beigetragen, den Geldmarkt gegen Jahresende stärker zu versteifen, als es die gewöhnliche Ultimoanspannung tat. Bis dahin dürfte der leichte Geldstand weniger als Anreiz für neue Investitionen, als für die Stärkung der Betriebsmittel fürs laufende Geschäft wichtig gewesen sein. Darauf weist die auffällige Vermehrung des durchschnittlichen Wechselumlaufs um 10% hin. 1905 sind bereits für 2,2 Milliarden Mark mehr Wechsel in den Umlauf gebracht worden als im letzten Boomjahr 1900[138].

Die im Inneren wirksamen belebenden Kräfte sind durch den Außenhandel noch unterstützt worden. Es ist in fast allen Branchen zu steigenden Preisen mehr im Ausland abgesetzt worden als in den Vorjahren[139]. Das hing mit der weltwirtschaftlichen Erholung, die sich in diesem Jahr durchsetzte[140], und mit der deutschen Zollpolitik zusammen. Paradoxerweise haben nämlich die höheren Zölle des Bülow-Tarifs, deren bedrohlicher Charakter für die deutsche Industriewirtschaft in der zeitgenössischen Diskussion so lautstark beschworen worden war, die Exportindustrie langfristig nicht nur nicht geschädigt, sondern die Konjunktur zunächst sogar angeregt. In den Jahren 1904 und 1905 waren auf der Grundlage des Geset-

[136]Chronik 1905, S. 320 f., *Eßlen* (1909), S. 188.
[137]Chronik 1905, S. 777 f., *Ludewig* (1925), S. 6.
[138]*Feiler* (1908), S. 10.
[139]Um nur einige Beispiele zu nennen:

	Mengenzuwachs	*Wertzuwachs*
Baumwollwaren	10%	43,3 Mio. Mark − 12,9%
Wollwaren	3,4%	44,1 Mio. Mark − 17,6%
Eisenbahnmaterial	52%	16,6 Mio. Mark − 64 %
Maschinen		46,6 Mio. Mark − 18,3%
Teerfarbstoffe	18,5%	12,1 Mio. Mark − 13,6%

Jahrbuch für Weltwirtschaft (1905), S. 92, 189, 192, 199.
[140]Handel und Wandel 1905, S. 14 ff.

zes von 1902 mit mehreren wichtigen Handelspartnern bekanntlich Verträge ausgehandelt worden, die am 31.3.1906 inkraft treten sollten. Sie haben die Exportnachfrage zuvor noch einmal ungewöhnlich erhöht.

Teilgenommen am kommenden Aufschwung haben alle Branchen; in besonders starkem Maße gleich zu Beginn die Eisenverarbeitung, der Maschinenbau und die vorübergehend wieder erlahmte, dann aber von der milden Witterung im März und dem anhaltend leichten Geldstand begünstigte Bautätigkeit[141]. Mit einiger Verzögerung haben dann aber auch die Nahrungsmittel- und die Textilindustrie zusätzlichen Auftrieb bekommen. Im Gegensatz zur vorhergehenden und zur folgenden Hochkonjunktur hat die Textilindustrie diesmal in größerem Umfang an der Prosperität teilgehabt[142]. Zuletzt erst ist die Kohleförderung in den Sog des Booms gezogen worden. 1904 waren so große Lager angehäuft worden, daß selbst der vom größten Bergarbeiterstreik seit 1889 bedingte Förderungsausfall von 4,3 Mio. Tonnen im Januar/Februar 1905 die Nachfrage im März und April nicht über das Angebot steigen ließ[143]. Dann freilich waren die Vorräte der wieder auf hohen Touren produzierenden kohle- und koksverbrauchenden Industrien[144] abgebaut. Aus Überfluß wurde fast ohne Übergang Mangel. Bis November war die Nachfrage bereits so stürmisch geworden, daß das RWK seine Abnehmer ersuchen mußte, auf seine Rechnung englische Kohle zu beziehen[145]. Zugleich wurden sämtliche Fördereinschränkungen aufgehoben. Mochten damit die institutionellen Produktionshemmnisse beseitigt sein, gegen die Versandprobleme vermochte das Syndikat nichts. Es zeigte sich zusehends mehr, daß die Eisenbahn den Anforderungen nicht mehr gewachsen war. Von nun an wurde Jahr für Jahr über den Mangel an Eisenbahnwagen für den Kohletransport geklagt. Allein im Ruhrgebiet konnten im Oktober 1905 von 567 103 angeforderten Wagen 80 830 (= 14,3%) nicht gestellt werden[146]. Auch dies ein Aspekt des „Organisierten Kapitalismus" und „Interventionsstaats".

Bis in die Jahresmitte ist das allgemeine Preisniveau stabil geblieben. So lange dürfte es mithin gedauert haben, ehe die im letzten Aufschwung geschaffenen Kapazitäten voll ausgelastet waren. Erst dann setzte eine verstärkte Investitionstätigkeit mit preissteigernder Wirkung ein.

---

[141] Handel und Wandel 1905, S. XII., S. 10, 218 ff., 154.

[142] Handel und Wandel 1905, S. 185, Chronik 1907, S. 773, Jb. f. Weltwirtschaft 1905, S. 91, *Gauterin* (1930), S. 39 ff., 64 ff., *Kirchhain* (1973), S. 30.

[143] Handel und Wandel 1905, S. 137. Zum Streik: *Koch* (1954), S. 77 ff., *Fricke* (1955), *Kirchhoff* (1957), S. 137 ff., *Gladen* (1974).

[144] Der Stahlwerksverband z. B. versandte im zweiten Halbjahr 1905 26% mehr A-Produkte als von Juli – Dezember 1904. Handel und Wandel 1904, S. 110, Chronik 1906, S. 529, 783.

[145] Chronik 1905, S. 653.

[146] Handel und Wandel 1905, S. 285. Diese Erscheinung trat in der nächsten Hochkonjunktur seit 1910 in verstärktem Umfang erneut auf. Konjunktur (1913), S. 457.

Die zwei Jahre von Mitte 1905 bis Mitte 1907 sind eine Zeit völlig uneingeschränkter, alle Erwerbsbereiche umfassender Hochkonjunktur gewesen, die auch von den wieder angespannten Geldmarktverhältnissen nicht beeinträchtigt worden ist[147]. Die Konjunkturmeldungen der Zeitungen und Zeitschriften lauteten von Monat zu Monat günstiger. Im September lag die Andrangziffer bei den Arbeitsnachweisen erstmals seit April 1900 wieder unter 100. Bis zum Juli 1907 hat sich die Arbeitsmarktlage ständig weiter entspannt. Spätestens seit April 1906 ist sogar rundherum über Arbeitermangel geklagt worden[148].
Ähnliche Zuwachsraten wie im vorhergehenden Aufschwung hat es freilich nicht wieder gegeben. Die Steinkohlenförderung ist 1907 um 45,7 Mio. Tonnen (= 42,6%) größer gewesen als auf dem Höhepunkt der Krise 1902. An Braunkohle sind derweil nur 30% mehr gefördert[149], die Hochofenproduktion ist um 4,52 Mio. Tonnen (= 53%) vermehrt worden. Der einheimische Eisenverbrauch ist absolut geringfügig, relativ sehr viel stärker gewachsen, um 4,78 Mio. Tonnen oder 109%. Der Anteil des heimischen Verbrauchs an der Hochofenproduktion war von 51,2% auf 70,1% gestiegen[150]. Der Stahlwerksverband versandte 1905 5,215, 1906 5,739, 1907 freilich schon wieder nur noch 5,584 Millionen Tonnen an Halbzeug, Eisenbahnmaterial und Formeisen[151]. Die Rohstoffversorgung der Textilindustrie war entgegen dem allgemeinen Konjunkturverlauf schon seit 1901 fortwährend besser geworden und lag 1907 43,8% über dem Stand von 1900 und 21,4% über dem von 1902[152]. Die Garn- und Gewebeproduktion der Baumwollindustrie soll sogar 52,8% resp. 38,4% größer gewesen sein[153].
Die Eigenkapitalsummen, die in neue Aktiengesellschaften investiert worden sind, stiegen 1905 abrupt von 140,6 auf 386 und im folgenden Jahr weiter auf 474,5 Mio. Mark, der Kurswert neuemittierter Aktien lag 1906 nach einem Anstieg des Emissionsagios von 24,2% (1903) auf 67,2% (1906) mit 653,8 Millionen Mark um mehr als das Dreifache über dem Wert von 1903. Die dreieinhalbprozentigen Staatsanleihen des Reichs und Preußens, die Anfang des Jahres begeben wurden, fanden dagegen nur noch schleppend Aufnahme. Teilbeträge befanden sich Ende des Jahres noch immer in Händen des Übernahmekonsortiums[154].

---

[147]Der überschäumende Boom in den USA hat zu einem Geldsog in die Vereinigten Staaten geführt, der Geld in Deutschland knapp und vergleichsweise teuer gemacht hat. Die Reichsbank ist 1906 nur für 100 Tage auf 4 1/2% heruntergegangen und hat den Diskont schon am 10. Oktober auf 6% erhöht. Chronik 1906, S. 146, 342, 55 ff.
[148]Chronik 1906, S. 181, 192, 766. *Eßlen* (1909), S. 282.
[149]Chronik 1909, S. 900 f.
[150]Chronik 1904, S. 871, 1907, S. 772.
[151]Chronik 1907, S. 695.
[152]Ebd. S. 773.
[153]*Kirchhain* (1973), S. 30.
[154]Chronik 1905, S. 724, 1906, S. 794, 766, 344, 818, 1907, S. 751, *Kleiner* (1914), S. 123.

Das Wachstumstempo begann freilich schon im Frühjahr 1907 langsamer zu werden. Im März wurde nur noch 3,7% mehr Roheisen produziert als im März 1906. Damals hatte der Anstieg annähernd 14% gegenüber März 1905 ausgemacht. Im Juni fiel die Produktion zum erstenmal wieder unter das Vorjahresniveau. Die Steinkohleförderung hatte schon im März um 4,1% abgenommen und lag im ganzen 1. Halbjahr nur noch um 3,4% über der entsprechenden Vorjahresförderung[155]. Das waren noch vorübergehende Erscheinungen. Anhaltend war die Abschwächung der Bautätigkeit, die ihren Höhepunkt zuerst überschritten hatte, weil sie zuerst unter steigenden Materialpreisen, die nicht weitergewälzt werden konnten, und unter hohen Geldsätzen zu leiden hatte. Bis Ende des ersten Halbjahrs konnten die im Baugewerbe nicht mehr beschäftigten Arbeitskräfte ohne weiteres von anderen, gut beschäftigten Branchen aufgenommen werden und traten in den Statistiken der Arbeitsnachweise gar nicht in Erscheinung. Von März bis Juni lag die Andrangziffer stets unter 100. Das änderte sich im Juli recht plötzlich. Die Arbeitsnachfrage war seit langem zum erstenmal wieder größer als im Vergleichsmonat des Vorjahrs. Und dabei blieb es. Der Juli war der Monat des Umschwungs, wie es nach der vorigen Hochkonjunktur der Mai 1900 gewesen war. Im August waren sowohl in der stark vom Bau abhängigen Kleineisenindustrie wie im Maschinenbau Umsatzeinbußen zu verzeichnen, die nicht mehr als vorübergehende Erscheinungen zu eskamotieren waren. Die sonst übliche Herbstbelebung im September blieb völlig aus. Betriebseinschränkungen und Arbeitszeitkürzungen waren in der ganzen weiterverarbeitenden Eisenindustrie im Oktober keine Seltenheit mehr[156]. Schon im ersten Halbjahr war der Versand des Stahlwerksverbandes nur noch ganz schwach um 1,4% gewachsen, ab Oktober fiel er drastisch. Gegenüber den entsprechenden Vorjahresmonaten wurden im Oktober und November je 12%, im Dezember gar 20% weniger ausgeliefert. Das ganze zweite Halbjahr brachte ein Minus von 7%[157]. Dementsprechend befanden sich auch die Hochofenwerke bereits gegen Ende des Jahres in einer Auftragskrise[158], die allerdings erneut dank voller Bestellbücher[159] von weiteren Produktionssteigerungen überdeckt wurde. Deshalb hatten auch Förderung und Absatz der Zechen weiterhin Hochkonjunkturcharakter.

Das Preisgefüge war unterdessen in ähnlicher Weise durcheinandergeraten wie 1899/1900. Schon im Spätsommer hatten die Kleineisen- und Walzproduktpreise fallende Richtung genommen. Der Stabeisenpreis z. B. sank im Oktober um nicht weniger als 18%[160]. Zu diesem Zeitpunkt weigerte sich der Stahlwerksverband

[155]Chronik 1907, S. 132, 134, 305, 308.

[156]Ebd. S. 573.

[157]Chronik 1907, S. 638.

[158]*Dörsam* (1932), S. 44.

[159]Die Roheisenerzeugung bis März 1908 war zu diesem Zeitpunkt bereits verkauft. Chronik 1907, S. 638.

[160]Chronik 1907, S. 591. Vgl. auch *Kehrein* (1928), S. 51.

noch strikt, ebenfalls mit den Preisen nachzugeben. Nachdem der November ihm den niedrigsten monatlichen Halbzeugversand seit seiner Gründung beschert hatte — 115 891 Tonnen gegenüber 150 777 Tonnen im November 1906[161] —, besann sich die Verbandsleitung eines anderen und senkte die Preise um zunächst etwa 10%. Einen Monat später folgte dann auch der Roheisenverband mit Preisnachlässen von 6—9%[162]. Allein das RWK hielt nicht nur an seinen Preisen fest, sondern setzte sie für die kommende Rechnungsperiode sogar noch hinauf.

Die Krise, deren Beginn diese Daten andeuten, war binnen- und güterwirtschaftlichen Ursprungs. Daran kann kein Zweifel sein. Sie ist im Herbst durch die erheblichen Störungen des Geldmarkts, die aus den USA auf Europa übergriffen, freilich verstärkt und beschleunigt worden[163]. Die amerikanischen Goldabzüge waren seit Oktober so umfangreich[164], daß Betriebsmittel in Deutschland zum Jahresende nur noch zu exorbitanten Zinssätzen zu bekommen waren. Im Dezember stand der Marktsatz auf nie erlebten 7 3/8%, nur 1/8% unter der Bankrate. Auch im ersten Quartal 1908 entspannte sich der Geldmarkt im Gegensatz zum Ausland nur langsam. Bis zum März sank der Reichsbankdiskont nur auf 5 1/2%, der Marktsatz nur auf 4 1/2%[165]. Nicht ganz frei von Verantwortung für diesen geringen Rückgang waren das Schatzamt und das preußische Finanzministerium, die sich angesichts der miserablen Etatverhältnisse, vor allem des Reichs, einmal mehr zyklisch verhielten und Staatsanleihen in einem Umfang begaben, der innerhalb eines Semesters bis dahin nie erreicht worden war[166]. Es handelte sich um 650 Millionen Mark. Bis Jahresende ist die Summe verdoppelt worden. Nie zuvor und auch später nie, ist vom Staat in einem Jahr soviel Kapital aufgenommen worden, wie in diesem Krisenjahr.

„Hatte das Jahr 1907 den Umschwung in der Bewegung des gewerblichen Beschäftigungsrades gebracht, so stand das Jahr 1908 von Anfang bis Ende im Zeichen des Niedergangs"[167]. Schon im ersten Vierteljahr griff die Absatzflaute auf die Montanindustrie über. Die wenigen vorliegenden Aufträge[168] der Hütten waren im Februar endgültig abgearbeitet. Bereits in diesem Monat waren die ersten Hochöfen ausgeblasen und Arbeiter entlassen worden[169]. Im März lag die Roheisenproduk-

---

[161]*Feiler* (1914), S. 185.

[162]*Dörsam* (1932), S. 44.

[163]*Eßlen* (1909), S. 3 ff., 20, *Feiler* (1914), S. 13 ff., *Ludewig* (1915), S. 34, 46 f.

[164]Vom 15. Oktober bis 15. Dezember 1907 sind für 150 Millionen Mark Gold von Deutschland nach Amerika abgeflossen. *Schwarz* (1911), S. 187.

[165]Chronik 1908, S. 132 f., 802, *Neubürger* (1913), S. 33 ff.

[166]Chronik 1908, S. 843.

[167]Ebd. S. 797.

[168]Bei Jahresbeginn lagen noch 173 000 t. gegen 953 000 t. im Vorjahr vor. *Feiler* (1914), S. 43.

[169]Chronik 1908, S. 49.

tion bereits 5%, im April mehr als 9% unter der Vorjahreserzeugung. Das erste Halbjahr schloß mit einem Produktionsverlust von 306 337 Tonnen (= 4,8%) ab. Bis zum Schluß des Jahres hat sich der Abfall gegenüber 1907 auf 9,5%, gegenüber 1906 auf 5,3% erhöht. In einigen Monaten war bis zu 17% weniger erblasen worden[170]. Vertieft wurde die Krise noch, als im Herbst die Verhandlungen über die Erneuerung des Roheisensyndikats scheiterten. Schon seit Ende 1907 hatten die Preise nach und nach gesenkt werden müssen. Nach dem Abbruch der Verhandlungen setzte eine völlige Preisderoute ein. Jedes Werk war bestrebt, die angehäuften Lager fast zu jedem Preis loszuwerden[171]. Die Depression war zu diesem Zeitpunkt freilich schon so fortgeschritten, daß auch von Preissenkungen um ein Viertel zunächst keine anregende Wirkung auf den Absatz mehr ausgingen.

Bei der Kohleförderung hatte sich die Krise anfänglich nur in einer bemerkenswerten Abflachung des Zuwachses bemerkbar gemacht, da zum einen der Auslandsabsatz auf Kosten der Erträge gesteigert werden und Kohle zum anderen ohne weiteres eine Weile auf Halde produziert werden konnte[172]. Erst in der zweiten Jahreshälfte nahm die Förderung gegenüber dem Vorjahr ab. Feierschichten und Entlassungen waren nun an der Tagesordnung. Die Syndikatsleitung hielt dennoch lange starr an den Richtpreisen fest. Erst im November ist der Kokspreis außer der Reihe gesenkt worden. Die Kohlennotierungen sind sogar bis zum 1.4.1909 gültig geblieben.

Nun spiegelt freilich weder die Produktion von Roheisen, noch die Kohleförderung das Ausmaß der Krise in der Schwerindustrie adäquat wieder. Roheisen kann ebenso wie Kohle eine gute Weile gelagert werden. Die Kombinate konnten es überdies in ihren integrierten Stahlwerken weiterverarbeiten und als Halbzeug oder weiterverarbeiteten Stahl zu Billigstpreisen in den Export zu pressen versuchen. Schließlich konnten nicht nachgefragte A- und B-Produkte ihrerseits auf Lager gelegt werden. Je mehr man sich in der Betrachtung dem Endverbraucher nähert und Absatz-, statt Produktionszahlen anschaut, um so deutlicher wird, wie tief der Einbruch tatsächlich gewesen ist. Schon die Versandentwicklung des Stahlwerksverbandes liefert einen realitätsgerechteren Eindruck als die Hochofenproduktion. Der Absatz des Kartells blieb weit unter dem Ergebnis des Vorjahres, das ja auch schon ein Jahr des Rückgangs gewesen war. Das ganze Dilemma erhellt erst ein Vergleich mit 1906. Der Rückfall beim Versand von A-Produkten hatte sich von 15% im ersten auf 19% im zweiten Halbjahr erhöht. Es gab Monate, in denen die Verkäufe um 30% geringer waren. Das ganze Jahr brachte bei 4,76 Millionen Tonnen Versand einen Verlust von 820 000 t. gegenüber 1907, von 970 500 t. gegen-

---

[170]Ebd. S. 110, 202, 812, 814.
[171]*Klotzbach* (1926), S. 162.
[172]Chronik 1908, S. 63, 613, 729, 810 f. Gelsenberg hatte im Oktober den sechsten, Hibernia im November den vierten Teil der Jahresproduktion an Koks auf Lager. *Feiler* (1914), S. 48.

über 1906 und sogar noch von 552 000 t. gegenüber 1905[173]. Und dieser unerfreuliche Zustand dauerte fast das ganze Jahr 1909 an. Der Rückgang war zwar zum Stillstand gekommen, aber erst im letzten Quartal machte sich eine zunehmende Erholung des Absatzes bemerkbar. Das hieß freilich nur, daß der letzte schwache Quartalsoutput von 1907 wieder erreicht wurde. An die Ziffern von 1905 und 1906 war nach wie vor nicht zu denken. Aufs ganze Jahr berechnet betrug die Steigerung gegen das Vorjahr nur 3,7%, der Rückgang gegenüber 1906 noch immer 14%. Der Versand an B-Produkten war gleichfalls nur geringfügig gestiegen[174]. In die Weiterverarbeitung war der Mindestabsatz also nicht gegangen. Dagegen war der Export zu niedrigen Preisen intensiviert und die Ausfuhrquote von 18% auf 30% erhöht worden. Im Inland sind 1909 noch einmal 284 000 t. weniger A-Produkte abgeliefert worden als 1908. Der heimische Eisenverbrauch, der den Zustand der gesamten eisenerzeugenden und -verarbeitenden Industrie und ihrer Abnehmer besser spiegelt als die Roheisen- und Stahlerzeugung, war 1908 um annähernd 2 Millionen Tonnen gegenüber 1907 und um immerhin noch eine Million Tonnen gegenüber 1906 fast auf den Stand von 1905 zurückgefallen. Das entsprach Verlustraten von 21% und 12,5%. 1909 stieg er zwar wieder, blieb aber immer noch rund 350 000 t. unter dem Verbrauch von 1906[175].

Die großen unausgelasteten Kapazitäten, deren Ausdruck diese Zahlen sind, hatten die fixen Stückkosten in die Höhe getrieben. Deshalb und wegen zugleich sinkender Preise waren die Gewinne bei Hütten und Stahlwerken stärker gefallen als der Umsatz. Calwer hat für die reinen Hütten, die am 30.6.1909 ihr Betriebsjahr abgeschlossen, einen Rückgang des Reingewinns von 57% errechnet. Dazu kamen noch um 13% reduzierte Abschreibungen. Die reinen Stahlwerke hatten 44% weniger verdient, aber 2,3% mehr abgeschrieben. Am besten waren die gemischten Werke mit 22% weniger Reingewinn und 2% weniger Abschreibungen weggekommen. In dieser Reihenfolge zahlten die erfaßten Werke 1908/09 im Durchschnitt noch 3,8%, 6% und 7,6% Dividende[176].

Die drastischen Absatzrückgänge des Stahlwerksverbandes reflektieren recht eindeutig den mit Zahlen kaum belegbaren Produktionsabfall des Maschinenbaus und der eisenverarbeitenden Industrie. Der Wirtschaftsredakteur der Frankfurter Zeitung hat mit einiger Sicherheit recht gehabt, als er vermutete, daß diese beiden Branchen einmal mehr am schwersten von der Krise betroffen waren, zumal das Baugewerbe als einer der Hauptabnehmer der Eisenindustrie bis Mitte 1909 in der Depression steckengeblieben ist, in die es bereits frühzeitig 1907 hineingeraten war[177].

---

[173] Chronik 1908, S. 538, 733, 1909, S. 822.
[174] *Leisse* (1912), S. 61, *Feiler* (1914), S. 186.
[175] Chronik 1907, S. 772, 1910, S. 914, *Müller* (1935), S. 98.
[176] Konjunktur 1910, S. 83 f.
[177] Chronik 1908, S. 205, 291, Chronik 1910, S. 613 f., *Feiler* (1914), S. 45.

Wesentlich besser davongekommen als in der Jahrhundertwendenkrise sind 1907 bis 1909 vor allem zwei Produktionszweige: die alte Textilindustrie und die junge, in der Zwischenzeit völlig konsolidierte Elektrizitätsindustrie. Ungeschoren ist die Textilindustrie freilich nicht geblieben. Trotz sinkender Preise — Middling Upland stand durchschnittlich 12%, gewaschene Buenos-Aires-Wolle 14% niedriger — sind die Rohstoffbezüge 1908 gegenüber 1907 zurückgegangen[178]. Ob die Produktionseinbußen von nur 5%, die Kirchhain errechnet hat[179], den Tatsachen ganz entsprechen, ist fraglich. Die süddeutschen Spinner und Weber z. B. haben im Juni eine Produktionseinschränkung von immerhin 14% beschlossen[180]. Richtig dürfte hingegen sein, daß die Produktion schon 1909 das sehr hohe Niveau von 1907 wieder erreicht hat. Die Konsumnachfrage belebte sich erneut sehr viel schneller als die Investitionsneigung. Das Bekleidungsgewerbe zeigte sich schon Ende 1908 mit dem Geschäft wieder recht zufrieden. In der Textilindustrie wurde die Beschäftigung im Frühjahr 1909 wieder lebhaft[181]. Der Bezug an Rohbaumwolle war im ersten Halbjahr 1909 um 5,5%, der an Rohwolle sogar um 25% größer als im ersten Halbjahr 1908. Die schlechten Geschäfte im Jahr 1908 sind deshalb zumindest für die Woll- und Leinenverarbeitung ein Intermezzo geblieben. Die Baumwollindustrie hat zeitweise auch 1909 und 1910 an schwunglosem Geschäftsgang laboriert[182].

Ganz ohne tieferen Einbruch ist diesmal die Elektroindustrie geblieben. Die ruhige Entwicklung im Aufschwung, aber auch die weite, sehr differenzierte und deshalb weniger krisenanfällige Verwendung elektrischer Kraft, die sich seit der Jahrhundertwende durchgesetzt hatte, schließlich die führende Stellung auf dem Weltmarkt, die es erlaubte, Rückgänge der Binnennachfrage fast umgehend durch Ausweitung des Exportgeschäfts zu kompensieren[183], machten sich sehr zum Nutzen der Werke bemerkbar[184]. Freilich fehlte der Elektroindustrie wegen dieser ruhigen Entwicklung und der gesicherten Weltmarktstellung die mitreißende Kraft, die sie in früheren Jahren entfaltet hatte. Die Elektroindustrie war zu einem, zweifellos

[178]Chronik 1908, S. 471 ff., 810 f.

[179]*Kirchhain* (1973), S. 30.

[180]Chronik 1908, S. 353. Vgl. *Meyknecht* (1928), S. 72 ff., 77 ff.

[181]Chronik 1909, S. 1, 119, 368 f.

[182]Konjunktur 1910, S. 336, 1911, S. 12, *Feiler* (1914), S. 68 f.

[183]Chronik 1908, S. 256, von Januar bis April 1908 wurden 30% mehr exportiert als in den ersten vier Monaten des Vorjahrs. Vgl. auch Konjunktur 1911, S. 10.

[184]Dazu kam als akuter Glücksfall ein anhaltender Fall der Kupferpreise um rund ein Drittel. Chronik 1908, S. 825, 1910, S. 920, 1911, S. 7. Im Sinne des „Organisierten Kapitalismus" müßte hier auch der hohe Konzentrationsgrad genannt werden. Ganz falsch wäre das auch nicht. Freilich sind nicht nur die AEG, Siemens und Lahmeyer von der Krise verschont geblieben, sondern auch die zahlreichen Mittel- und Kleinbetriebe. Die Ludwig Loewe AG hat 1908 27,8% und 1909 28,7% cash-flow auf ihr Grundkapital verdient. Bergmann 21,4% und 24,8%. Konjunktur 1910, S. 298, 383.

noch mit hohem Wachstumspotential ausgerüsteten Sektor unter anderen wichtigen Produktionsbereichen geworden. Wegen ihrer Entwicklungsmöglichkeiten kam ihr auch noch so etwas wie die Funktion eines „Leitsektors" zu. Die kurze Rolle als konjunkturbestimmende Kraft aber war bereits ausgespielt. Der kommende Aufschwung ist nicht mehr von ihr provoziert und getragen worden.

In der Krise der Jahre 1907/1909 wurde zum erstenmal eine strukturell sehr bedeutsame Erscheinung im deutschen Wirtschaftsleben sichtbar, die bisher von den Verfechtern des „Industriestaats" unbewiesen behauptet, von den Landwirten und ihren intellektuellen und ideologischen Wortführung aber heftig bestritten worden war. Die Landwirtschaft war für die gewerbliche Konjunktur nur noch von höchst untergeordnetem Belang. Zum erstenmal seit Beginn der strukturellen Agrarkrise im Jahr 1876 erlebte die Landwirtschaft Jahre der Prosperität, während die Industrie in der Depression steckte. 1900/02 war das noch nicht so gewesen, mochte der Weg aus der tiefsten Misere für die Bauern damals auch bereits begonnen haben. 1908 und 1909 aber waren die Ernten glänzend und die Preise hoch. Die viehwirtschaftliche Krise, die 1905 Massenschlachtungen gefordert und mehrere weniger ertragreiche Jahre für die Wiederaufzucht verlangt hatte, war überwunden. Es ging der Landwirtschaft gut wie seit Jahrzehnten nicht mehr. An der gewerblichen Depression änderte das überhaupt nichts. Die einzig positive Wirkung war, daß die Landwirtschaft einen gewissen, nicht sehr hohen Anteil der entlassenen Arbeiter vorübergehend aufnehmen konnte. Immerhin blieb der Andrang auf die freien Stellen etwas geringer als in der vorhergehenden Krise, wiewohl er mit mehr als 150 im Durchschnitt und mit Spitzen über 200 im Winter 1908/09 hoch genug war[185]. Der Nachfrageeffekt aber, den steigende landwirtschaftliche Einkommen hervorriefen, war zu schwach, um die Industrie- und Gewerbeproduktion so zu inspirieren, daß es gesamtwirtschaftlich spürbar wurde. Auch und vor allem unter diesem Gesichtspunkt war Deutschland in der Tat Industriestaat geworden, nicht nur, weil sich die Proportionen der in Landwirtschaft, Industrie und Handel Beschäftigten seit 1882 und 1895 bemerkenswert verschoben hatten.

Der Anstieg des Nettoagrarprodukts zwischen 1907 und 1909 dürfte mit knapp 10% von Hoffmann alles in allem richtig geschätzt worden sein. Ob die Industrie nur einen Verlust von 2,4% im Jahr 1908 erlitten hat, dem 1909 schon wieder ein Zuwachs von 1% gefolgt wäre, scheint hingegen angesichts des tiefen Einbruchs der gesamten Eisenindustrie von der Hochofenproduktion bis zum Kleineisenverbrauch sehr fraglich zu sein. Es ist allen zeitgenössischen Berichten zufolge kaum denkbar, daß der Nominalwert der industriellen Wertschöpfung 1908 im Zeichen stark sinkender Preise sogar 0,9 Mrd. Mark (= 5%) größer gewesen ist als im Hochkonjunkturjahr 1906. In Hoffmanns Nettosozialprodukt zu Faktorkosten scheint diese Krise nicht einmal als Stagnation, sondern nur als leichte „Wachs-

---

[185] *Eßlen* (1909), S. 282.

tumsstörung" mit geringfügigen Deflationsverlusten wieder[186]. Das wird den tatsächlichen Vorgängen nicht gerecht.

Das Baugewerbe war zuerst in die Krise geraten und dann gut zwei Jahre schwer von ihr betroffen gewesen. Es erholte sich dann freilich auch zuerst wieder und zog seine Zuliefererbranchen mit. Im April 1909 setzte verstärkte Bautätigkeit ein. Der Nachholbedarf war groß die Löhne sowie die Material- und Geldpreise[187] niedrig. Waren im März noch 16,6% der gut 150 000 organisierten Bauarbeiter arbeitslos, so waren es im April schon nur noch 3,3%[188]. Diese Belebung hielt an und pflanzte sich nach und nach auch auf die Eisenindustrie fort. Anfang August hatte sich beim Stahlwerksverband ein Auftragsbestand angesammelt, der um 300 000 t. über dem des Vorjahres lag und überwiegend Formeisenbestellungen umfaßte. Der Jahresversand an Formeisen überstieg den von 1908 dann auch um 24% und unterschritt den von 1907 nur noch um 5%. Die Zunahme des Halbzeuggeschäfts war weniger ausgeprägt und setzte später ein. Bis einschließlich August war der Versand nur 5,6% größer als in den entsprechenden Vorjahrsmonaten, und 14,8% geringer als 1907. Der Zuwachs deutet aber an, daß auch die weiterverarbeitende Eisenindustrie in der zweiten Jahreshälfte wieder besser beschäftigt war[189]. Im Herbst begannen deshalb auch die Eisen- und Eisenwarenpreise langsam wieder zu steigen, blieben aber noch bis Ende 1910 auf dem Niveau von Depressionspreisen. Eine Preishausse wie 1898/99 und 1906/07 hat es auch in den dann folgenden Hochkonjunkturjahren für die gesamte Eisenindustrie nicht mehr gegeben[190].

Im Juli 1909 lag die Andrangziffer bei den Arbeitsnachweisen zum letzten Mal über der des Vorjahres und blieb seitdem mit immer größerem Abstand darunter. Die Arbeitslosigkeit war dennoch weiterhin beträchtlich. Man mußte — ausgenommen 1908 — bis 1903 zurückgehen, um so ungünstige Angebots-Nachfrage-Verhält-

---

[186]*Hoffmann* (1966), S. 508 f.

[187]Deutschland zeichnete sich im ersten Halbjahr 1909 durch den flüssigsten und billigsten Geldmarkt seit Jahren aus. Der Marktdiskont lag gewöhnlich unter 3%, die Bankrate war schon am 20. 2. auf 3,5% herabgesetzt worden und blieb dort bis zum 20. 9. Chronik 1909, S. 160 f., 945.

[188]Chronik 1909, S. 296, Konjunktur 1910, S. 82.

[189]Chronik 1909, S. 458, Konjunktur 1910, S. 15, *Feiler* (1914), S. 184.

[190]Ebd. S. 66, Konjunktur 1911, S. 46, 417. Thomaseisen hatte im Juni 1907 an der Düsseldorfer Börse 76,— Mark notiert, war bis Juni 1908 auf 64,80 Mark und nach dem Scheitern des Syndikats auf 50,— Mark im Juni 1909 gesunken. Jeweils ein Jahr später wurden 55,— bis 56,— und 52,— bis 53,— Mark erlöst.

nisse auf dem Arbeitsmarkt zu finden[191]. Erst im letzten Quartal des Jahres klangen die Konjunkturberichte alles in allem wieder positiv[192].

Am längsten laborierte noch der Bergbau an Produktions- und Absatzschwierigkeiten, da die Koksverbraucher offenbar große Lager angesammelt hatten, die zunächst abgebaut wurden[193]. Von der verzögerten Nachfragebelebung sind freilich weniger die kartellierten Produzenten als die unterbeschäftigten Arbeiter betroffen gewesen. Dank der anhaltend hohen Kohlepreise bei sinkenden Löhnen[194], konnten es sich die Zechen ohne schwerwiegende Rentabilitätseinbußen[195] eine ganze Weile leisten, die Produktion der schleppenden Nachfrage entsprechend einzuschränken. Im Herbst 1910 wurden dann allerdings die Kohlepreise für 1911/12 nicht herauf-, sondern geringfügig herabgesetzt, um die Nachfrage anzuregen.

Die anfänglich recht kräftige Aufwärtsbewegung in den anderen Produktionsbereichen hatte freilich auch nicht angehalten[196]. Ähnlich wie 1904 flaute die Konjunktur nach einem kurzen Zwischenhoch noch einmal ab. Die Konjunkturberichte drückten bis in den Herbst 1910 deutliche Enttäuschung aus. Die meisten Anzeichen — ausgenommen eine bedenkliche Versteifung des internationalen Geldmarktes — hatten um die Jahreswende auf einen raschen Aufschwung hingedeutet[197], der alles in allem ausgeblieben war. Die Bautätigkeit ging nach ausgedehnten Streiks und Aussperrungen nicht mit dem erwarteten Elan in die Frühjahrs-

[191]Chronik 1909, S. 886, *Eßlen* (1909), S. 282. Die Beschäftigtenziffer der Krankenkassen, die an das Reichsarbeitsblatt berichteten, ist von Januar bis Dezember um 7,6% hinaufgegangen. Diese Zahl erfaßt allerdings nicht durchweg Neubeschäftigte. Ein leider nicht zu isolierender Teil bestand aus Mitgliedern von Krankenkassen, die erst neuerdings an das Reichsarbeitsblatt meldeten. Auffällig bleibt in jedem Fall, daß die Zunahme der männlichen Kassenmitglieder zwischen 1906 und 1909 nur 0,8%, die der weiblichen aber 15,5% ausmachte. 1904 und 1905 ist die relative Zunahme der weiblichen Kassenmitglieder mit 15,8% noch schwächer gewesen als die der Männer mit 18,9%. Jb. d. Weltwirtschaft 1905, S. 9. Mit hoher Wahrscheinlichkeit sind in der Krise 1907—1909 männliche Arbeitskräfte in bisher nicht gekanntem Ausmaß durch weitaus billigere weibliche ersetzt worden, nicht mehr nur in der Textilindustrie. Dieser Trend hielt an. Konjunktur 1910, S. 113, 116, 1911, S. 25, *Feiler* (1914), S. 86 f., Archiv f. Sozialwiss. u. Sozpol. 1914, S. 601—604.

[192]Chronik 1909, S. 575, Konjunktur 1910, S. 48.

[193]Konjunktur 1911, S. 45.

[194]Die Lohnsumme im preußischen Steinkohlenbergbau fiel 1909 bei leicht steigender Arbeiterzahl um 5,5% und stieg 1910 nur um 1,8% wieder an.

[195]Die Krise ist nicht in gleichem Maße eine Ertragskrise gewesen wie die von 1900/02. Im Krisenjahr 1908/09 haben die Dividenden im Bergbau noch durchschnittlich 7,8%, in der Eisenverarbeitung, einschließlich Maschinenbau, 8,2%, in der Textilindustrie 7,7%, im Baugewerbe allerdings nur 3,2% betragen. Konjunktur 1910, S. 90 f., 1911, S. 125, 186. In der Textilindustrie war der niedrigste Stand allerdings noch nicht erreicht.

[196]Konjunktur 1910, S. 69, 129, 386.

[197]Chronik 1909, S. 994.

saison und erholte sich erst im Herbst wieder[198]. Der Stahlwerksverband, der die Halbzeugpreise am 25.1.1910 für das zweite Quartal um 5 Mark erhöht hatte, mußte diese Maßnahme wieder rückgängig machen[199]. Dennoch blieb der Versand von Mai bis Jahresende mit Ausnahme des November Monat für Monat unter den Mengen von 1909[200]. Die Summen, die für Neugründungen und Kapitalerhöhungen in der Metall- und Maschinenindustrie von Januar bis August aufgewendet wurden, waren mit 84 Mio. Mark um ein Viertel geringer als im gleichen Zeitraum der beiden Vorjahre[201]. In der Textilindustrie ging das Geschäft ebenfalls wieder schlechter, schlechter sogar als in den beiden volkswirtschaftlichen Krisenjahren. Die Zufuhr von Wolle stagnierte, die von Rohbaumwolle nahm um 12,5% gegenüber 1909 und 16,5% gegenüber 1908 ab[202]. Die Garn- und Gewebeproduktion ist nach Kirchhain um ein Siebentel gesunken[203]. Die Ertragseinbußen dürften noch erheblicher gewesen sein, da die ungünstige Entwicklung einmal mehr dem unbeeinflußbaren Anstieg der Rohstoffpreise zuzuschreiben war. Die Rohbaumwollpreise waren von März 1907 bis März 1910 um fast 60% gestiegen. Die Garn- und Gewebepreise waren zwar wesentlich schwächer heraufgesetzt worden, aber auch Preiserhöhungen von 35% waren nur auf Kosten des Absatzes durchzusetzen. Exportsteigerungen von etwa 10% gegenüber 1909 fingen freilich einiges von den Absatzverlusten im Inneren auf[204].

Völlig gerecht scheint den Erwartungen 1910 nur die Roheisenproduktion geworden zu sein, die mit 1,87 Millionen Tonnen (= 14,5%) den größten Jahreszuwachs aller Zeiten erlebte[205]. Es ist freilich wiederum nicht ausgeschlossen, sondern wahrscheinlich, daß ein erheblicher Teil davon zunächst auf Lager gelegt werden mußte. Der Eisenverbrauch ist allen Anzeichen nach gegenüber dem Vorjahr sogar noch einmal zurückgegangen. Dafür sprechen die Wiederherabsetzung der Roheisenpreise, die Steigerung des Auslandsabsatzes an Eisen und Eisenprodukten aller Art um ein Viertel und die Feststellung, daß der Zuwachs der Hochofenproduktion im folgenden Jahr weitaus bescheidener gewesen ist, obwohl 1911 gesamtwirtschaftlich viel stärker das Gepräge eines Hochkonjunkturjahres hatte. Während der Stahlwerksverband die Zuwachsrate seines A-Produkt-Versandes auf 11% verdop-

---

[198] Konjunktur 1919, S. 212, 1911, S. 46. Zu den Arbeitskämpfen vgl. *Winnig* (1911), *Tischer* (1912), *Groh* (1976), S. 34 ff.

[199] *Feiler* (1914), S. 83.

[200] Ebd., S. 185.

[201] Konjunktur 1911, S. 9.

[202] Chronik 1910, S. 599.

[203] *Kirchhain* (1974), S. 30.

[204] Konjunktur 1910, S. 293, 1911, S. 12, 51, 260 f., 382. Das Blatt hat bei 30 Spinnereien einen Abfall der Dividende um 1,5 Mio. Mark (= 35%) und bei 30 Spinnwebereien um 0,9 Mio. Mark (= 20,6%) ermittelt. Die Ausschüttungen lagen bei 6%.

[205] Chronik 1910, S. 840.

pelt hat, ist das Wachstum der Roheisenproduktion auf 5% oder ein Drittel des Vorjahres gefallen[206]. Und dennoch ist der Thomaseisenpreis weiter gesunken[207]. Da die Kombinate ihre Produktion an Roheisen, Stahl und Walzprodukten offenbar völlig gleichsinnig ausdehnten oder einschränkten[208], sind diese Disproportionen ausschließlich den reinen Hütten, Stahl- und Walzwerken zur Last gefallen.

Wenn „sich das Jahr 1910 (dennoch) mit gutem Grund als das erste Jahr einer Aufschwungperiode verabschieden" konnte[209], war das nicht zuletzt dem Export zu verdanken, dessen konjunkturfördernde Wirkung bis zum Krieg nicht mehr ausgesetzt hat. Gegenüber 1909 hatte der Spezialhandel ohne Edelmetalle um 13,2% an Wert zugenommen. Da sich das Preisniveau nicht geändert hatte, war das reales Wachstum. Bis 1913 ist der gesamte Exportwert um 3,503 Milliarden Mark (= 54%) gestiegen. An industriellen Fertigwaren sind für 1,857 Milliarden Mark (= 53%), an Halbfabrikaten für 829 Millionen Mark (= 63%) mehr verkauft worden. Der reale Anstieg ist nach Hoffmanns Berechnungen mit 45,5%, 44% und 59% geringfügig niedriger gewesen. Um ähnliche Zuwachsraten zu erreichen, sind zuvor nicht nur vier, sondern acht Jahre nötig gewesen. Von 1900 bis 1909 ist der Exportanteil am Nettosozialprodukt zu Marktpreisen nur marginal von 14,2% auf 14,9% gestiegen. Bis 1913 ist er dann in der Hälfte der Zeit auf 19,2% gewachsen[210]. Wagenführ ist schon 1936 zu sehr ähnlichen Ergebnissen gelangt. Nachdem der Index der Exportquote (1913 = 100) in den 80er Jahren bei 89 gelegen hatte, ist er in den Krisenjahren 1889/1890 auf etwa 70 zurückgefallen und trotz der Caprivischen Handelsverträge bis 1906 nicht wieder gestiegen. Dann setzte — nun trotz des Bülow-Tarifs und der auf seiner Grundlage ausgehandelten Verträge — eine rasche Er-

[206] *Feiler* (1914), S. 184 f.
[207] Konjunktur 1911, S. 85, 417.
[208] Die Volkswirtschaftliche Chronik hatte einige Jahre lang die Produktionsergebnisse einer Anzahl kombinierter Betriebe mitgeteilt. Wenn man die Werke herausgreift, die durchgehend erfaßt worden sind, ergibt sich seit 1907/08 folgendes Bild:

Jahr	Roheisen	Stahl	Walzprodukte
1907/08	4 897 368 t.	4 670 395 t.	4 076 189 t.
1908/09	4 621 958 t.	4 448 346 t.	3 832 229 t.
1909/10	5 164 456 t.	4 902 082 t.	4 299 278 t.
1910/11	6 085 253 t.	5 865 506 t.	5 198 692 t.
1911/12	6 744 422 t.	6 593 129 t.	5 839 492 t.
1912/13	7 928 466 t.	7 578 004 t.	6 656 805 t.
1913/14	8 187 739 t.	8 075 588 t.	7 050 420 t.

Werke: Phönix, Gute-Hoffnungs-Hütte, Bochumer Verein, Hoesch, Rheinstahl, Haspe, v. d. Zypen, Königs- und Laura-Hütte, Rombach, Aumetz-Friede, Deutsch-Luxemburg, Gelsenberg.

Quelle: Chronik 1909, S. 691, 1910, S. 716, 1911, S. 779, 1912, S. 774, 1914, S. 820.
[209] Konjunktur 1911, S. 121.
[210] *Feiler* (1914), S. 86, *Hoffmann* (1965), S. 520, 531, 826.

höhung ein, die kurz vor dem Krieg noch einmal beschleunigt wurde. Von 1906 bis 1911 ist die Exportquote um 17%, in den beiden folgenden Jahren um weitere 18,9% emporgeschnellt. Dieser Anstieg war vor allem der Produktionsgüterindustrie zuzuschreiben, deren Exportanteil in den beiden letzten Jahren sogar um 22,9% gewachsen ist, während die Verbrauchsgüterindustrie nur 7,5% Zuwachs hatte[211]. Zeitgenössische Volkswirte, die ein leichtes Sinken der Exportquote in den letzten Friedensjahren annahmen und behaupteten, daß der Außenhandel von nurmehr geringer Bedeutung für die deutsche Volkswirtschaft sei[212], haben sich geirrt. Seine Bedeutung wuchs vielmehr. Der rasante Anstieg hatte freilich seine bedenkliche Kehrseite. Er wies darauf hin, daß der deutsche Markt nur noch geringe Aufnahme-, und im Falle einer weiteren Krise nur noch geringe Aufschwungkräfte für die Trägerindustrien der letzten Hochkonjunktur barg.

Der „schiefe" Aufschwung 1911 bis 1914

Der letzte Aufschwung vor dem Weltkrieg war kurz. Er ist hauptsächlich auf die Jahre 1911 und 1912 zusammengedrängt gewesen. Gesamtwirtschaftlich hat er nicht länger als 24 bis 28 Monate gedauert und ist dementsprechend weniger hoch gewesen als die beiden vorhergehenden. Zwar hat — wenn man die Jahreswerte betrachtet — die Produktionszunahme im Montanbereich auch 1913 noch angehalten. Aber das war mehr noch als 1900 und 1907 ein Boom ohne Fundament auf den Endverbrauchermärkten. Der Abschwung, der sich 1913 schon deutlich abzeichnete und bis zum Kriegsbeginn kräftig an Fahrt gewann, wäre vermutlich nicht so glatt wieder aufgefangen worden wie die beiden Krisen zuvor. Alles spricht dafür, daß in diesem höchst einseitigen Boom in der Schwer-, Metall- und Maschinenindustrie Kapazitäten geschaffen worden sind, deren Produktionsleistung das Inland selbst in Hochkonjunkturzeiten nicht mehr dauerhaft und das Ausland nur gegen scharfe Konkurrenz und zu ertragslosen Preisen aufnehmen konnte. Die Konjunktur zeichnete sich durch volkswirtschaftlich unzuträglich ausgedehnte Neuanlagen in der Investitionsgüterindustrie bei vermutlich stagnierenden realen Massen- und Konsumeinkommen aus. Dergleichen konnte nicht lange gut gehen und mußte schwerwiegende strukturelle Probleme hinterlassen. Von 1910 bis 1912 ist der Produktionsapparat der Schwerindustrie so sehr überdimensioniert worden — rasch, ohne kühle Marktanalyse und unter der brüchigen Decke von Kartellen, Syndikaten und Konventionen in schärfster Konkurrenz der Werke —, daß es eines

---

[211]*Wagenführ* (1936), S. 61. Vgl. die nach Ländern und Gütern aufgeschlüsselten Daten bei *Barmm* (1914), S. 57 ff.
[212]*Sombart* (1919), S. 369. Diese Ansicht ist später von *Korfes/Diekmann* (1925), S. 2 f. übernommen worden. Vgl. die Zweifel an Sombarts These bei *Borchardt*, Handbuch, S. 221.

langen, sicherlich verlustreichen Anpassungsprozesses bedurft hätte, um Produktionsfähigkeit und Bedarf wieder aufeinander abzustimmen. Der Krieg und seine Folgen haben das nach anderen als den Regeln wirtschaftlicher Konjunkturen besorgt.

Trotz aller Übertreibungen waren zwar auch die Jahre 1911 und 1912 nicht mit 1871/73 zu vergleichen. Sie erinnerten in der Hektik des wirtschaftlichen Geschehens aber viel stärker als 1898/1900 oder gar 1906/07 an die „Gründerjahre". Man empfand „eine Kurzatmigkeit der Konjunkturentwicklung, die erschreckte, es fehlte die Gleichmäßigkeit des Prosperitätsanstiegs, die innere Sicherheit und Gewähr der Dauer hätte geben können"[213]. Mit Gründungen im herkömmlichen Sinn war es angesichts der weitgehend konsolidierten Industriewirtschaft allerdings nicht mehr weit her. Statt dessen wurden der Ausbau, die Konzentration und die Kombination stärker vorangetrieben[214].

Die Gesamtkonjunktur ist gegenüber den „Protuberanzen" in der Schwerindustrie eher ruhig verlaufen[215]. Die zeitgenössischen Konjunkturberichte meldeten überwiegend eine befriedigende oder günstige, aber keine boomartige Entwicklung. Noch im Jahresbericht der Volkswirtschaftlichen Chronik für 1911 hieß es: Die Konjunktur, die am Ende des Jahres 1910 im allgemeinen befriedigend war, hat sich 1911 wenig verändert. „Hochkonjunktur" fand nicht statt"[216]. Und Feiler charakterisierte den ganzen Aufschwung 1914 mit den Worten: „. . . das Bild der allgemeinen Wirtschaftslage behält immer seine dunklen Flecke, die sich allmählich vertiefen"[217].

Begonnen hat dieser letzte „schiefe" Aufschwung mit der Ausdehnung der Roheisen- und Stahlkapazitäten im Jahr 1910. Die Fertigung von Elektrostahl war mittlerweile so weit entwickelt, daß sie nicht nur technisch möglich war, sondern auch wirtschaftlich zu sein schien. Das neue Verfahren versprach, die Verwertung der phosphorreichen Erze Lothringen-Luxemburgs am Ort plötzlich zur ertragreichen Angelegenheit zu machen. Es begann eine Art „zweiter Zug der rheinisch-westfälischen Eisenindustrie nach Lothringen"[218]. Gelsenberg erhöhte sein Aktienkapital eigens zu diesem Zweck von 100 auf 180, seine Obligationenschuld von 50 auf 70 Millionen Mark[219] und verlagerte als letzter gemischter Konzern das

---

[213] *Feiler* (1914), S. 98.

[214] Ebd., S. 80 f., 94 f., 107. Von 1910 bis 1912 wurden nur 52,1 Mio. Mark in Neugründungen der Montanindustrie investiert, das Eigenkapital bestehender AG und GmbH aber um 390,3 Mio. Mark erhöht. Konjunktur 1913, S. 197.

[215] Eine „protuberanzartige" Entwicklung der Gesamtwirtschaft hat es entgegen der Ansicht Wehlers nicht gegeben. *Wehler* (1973), S. 52.

[216] Chronik 1911, S. 947.

[217] *Feiler* (1914), S. 88.

[218] *Leisse* (1912), S. 15 f., *Riesser* (1912), S. 603 ff., *Arnst* (1925), S. 48 f., *Kehrein* (1928), S. 61.

[219] *Riesser* (1912), S. 605, 607.

Schwergewicht seiner Tätigkeit von Kohle auf Eisen. Da sich die Konzerne aus Kostenerwägungen mit dem Bau reiner Stahlwerke gar nicht mehr abgaben, entstanden ausgedehnte Hochofenanlagen[220] mit integrierten Elektrostahlwerken, die sich schon bald als wenig rentabel erwiesen und zudem keinen ausreichenden Markt hatten. Der äußerst hochwertige Elektrostahl fand nur geringe Verwendungsmöglichkeiten. Die Werke stellten sich deshalb bald auf gewöhnlichen Stahl um.

Nun ist es, wenn es darum geht, einer Industriewirtschaft neue Aufschwungenergien zuzuleiten, gesamtwirtschaftlich weniger wichtig, *was* investiert wird und wie erfolgreich die Investitionen privatwirtschaftlich sind. Wichtig ist, daß überhaupt in großem Stil investiert wird. Das war geschehen und hatte seine anregende Kraft entfaltet. Die Konjunktur war zwar unter falschen Voraussetzungen wiederbelebt worden, aber sie *war* wiederbelebt worden. Das war zunächst maßgebend. Dem Maschinenbau als Investitionsgüterbranche kam der Bau neuer Anlagen in großem Maßstab unmittelbar zugute. Die Baukonjunktur begann im Zeichen steigender Einkommen und relativ niedriger Materialpreise vorübergehend ebenfalls zu florieren. Dazu kam 1910/11 eine seit langem nicht mehr erlebte Ausdehnung des Eisenbahnstreckennetzes und Vermehrung des „rollenden Materials"[221]. Kurz, die Anlage ausgedehnter Elektrostahlkombinate war zwar eine Fehlentscheidung gewesen, sie hatte vermittelt aber dennoch dafür gesorgt, daß immerhin die Mehrproduktion an gewöhnlichem Stahl abgesetzt werden konnte, wenn auch zunächst nur zu sinkenden Preisen[222]. Die Roheisenproduktion war zwar bei gefüllten Lägern der Abnehmer zunächst wieder verhalten geworden, die Lager der Hütten lichteten sich nun aber[223]. Der Eisenmaterial- und Stahlexport, der schon 1910 um 16% gestiegen war, nahm um weitere 11% zu und lag etwa 1,3 Mio. Tonnen über den Exportmengen in der Hochkonjunktur und 1 Mio. Tonnen über den Mengen in der Krise. Ähnliche Exportzuwächse erlebte die Maschinenbauindustrie: von 1909 auf 1910 um 21%, 1911 um weitere 18%. Die Eisenversorgung im Land war indes immer noch geringfügig niedriger als auf dem Gipfel der Hochkonjunktur[224]. Über den tatsächlichen Eisenverbrauch liegen keine Zahlen vor. In jedem Fall befand sich die gesamte deutsche Eisenindustrie 1911 in einem raschen, umfassenden Aufschwung. Das galt für die gesamte Volkswirtschaft. Freilich nur vorübergehend.

[220]Die Roheisenerzeugung hat sich in den folgenden Jahren dann auch in Lothringen-Luxemburg überproportional ausgedehnt. 1910 produzierte dieses Gebiet 29,7% der Gesamtmenge, 1913 33,24%. Der Anteil Rheinland-Westfalens war von 44% auf 42,5% gesunken. Chronik 1913, S. 927.

[221]Konjunktur 1912, S. 159.

[222]*Feiler* (1914), S. 93. Stabeisen ging um 10%, Bandeisen um etwa 15% zurück.

[223]Chronik 1911, S. 237, 386, 471, 699.

[224]Chronik 1907, S. 772, 914, 1912, S. 938.

Die Textil- und Bekleidungsindustrie hatte den Aufschwung von vornherein nur sehr bedingt mitgemacht[225]. Das Baugewerbe geriet nach der kurzen Erholung im Frühjahr und Sommer 1911 im Herbst in eine Krise, die sich in kurzer Zeit zur dauerhaften Depression auswuchs. Bis zum Kriegsbeginn ist sie von Jahr zu Jahr schlimmer geworden. Die Textilbranchen haben dank vorübergehend kräftig fallender Rohmaterialpreise von September 1911 bis März 1912 immerhin ihre Erträge kurzfristig wieder aufbessern können[226].

Die eher gedrückte Lage dieser beiden großen Produktionsbereiche[227] hatte verschiedene Ursachen. Die Textil- und Bekleidungsindustrie hing als Konsumgüterindustrie in hohem Maße von der Entwicklung der Massenkaufkraft ab. Damit war es in diesem letzten Konjunkturaufschwung schlecht bestellt. Die Nominallöhne sind mit der üblichen Verzögerung seit 1910/11 zwar gestiegen wie in anderen Aufschwüngen auch. Zugleich ist Deutschland aber von der weltweiten, im Innern von Viehseuchen und Futtermangel geförderten Nahrungsmittelteuerung in den Jahren 1911 und 1912 besonders schwer betroffen gewesen. Das genaue Ausmaß des Lebenshaltungskostenauftriebs ist schwer festzustellen. Mit einiger Sicherheit ist die Teuerung größer gewesen als der Anstieg der nominalen Masseneinkommen. Desai dürfte sie mit nur 5,8% zwischen 1910 und 1912 beträchtlich zu niedrig eingeschätzt haben[228]. Calwers methodisch durchaus anfechtbare Aufwandziffer ist von 23,50 Mark im Januar 1911 auf 26,66 Mark im August 1912, in zwanzig Monaten also um 13,4% gestiegen[229]. Die Teuerungsrate war von Ort zu Ort freilich sehr verschieden. Gleichviel, sie war in jedem Fall so erheblich, daß sie zu Parlamentsdebatten Anlaß gegeben hat und den bedeutenden amerikanischen Nationalökonomen Irving Fisher zu einer intenationalen Enquete hat aufrufen lassen[230].

---

[225]Konjunktur 1912, S. 65 f., 116.

[226]Chronik 1912, S. 263, 1912, S. 935, Konjunktur 1912, S. 293. *Feiler* (1914), S. 146, 181, 188. Middling Upland war innerhalb eines halben Jahres von 158 auf 95 Mark pro dz. gefallen. Das bedeutete zunächst, daß die Garn- und Gewebepreise nachzogen und die Lager, die Anfang des Jahres 1911 gefüllt worden waren, entwertet wurden. Deshalb fiel die durchschnittliche Dividende in der Textilindustrie von 7,6% (1910/11) auf 5,3% (1911/12), bei den Baumwollspinnwebereien sogar auf 3,4% zurück. Der Gewinnrückgang ist noch ausgeprägter gewesen, da zahlreiche Unternehmen Dividenden aus den Reserven finanzierten. Konjunktur 1912, S. 325 f., 1913, S. 195.

[227]Calwer hat geschätzt, daß zu jener Zeit mehr als drei Millionen Erwerbstätige direkt oder indirekt von der Bautätigkeit unterhalten wurden. Konjunktur 1911, S. 303.

[228]*Desai* (1968), S. 117.

[229]Konjunktur 1912, S. 147. Calwer hat das Dreifache der Wochenration eines Marinesoldaten als Bedarf einer vierköpfigen Familie angesetzt. Danach wäre z. B. der Aufwand eines Arbeiters der Krupp'schen Gußstahlfabrik, der seinen Lebensmittelbedarf in der firmeninternen Konsumanstalt deckte, zwischen 1907 und 1913 von 19,62 Mark um 16,4%, der durchschnittliche Wochenlohn aber nur um 9,5% von 32,10 auf 35,14 Mark gestiegen. Konjunktur 1914, S. 255.

[230]Konjunktur 1912, S. 272 f., 460. Zur weltweiten Fleischteuerung auch *Eßlen* (1912), S. 146 ff.

Die Kaufkraft für andere Konsumgüter ist durch sie mehr oder weniger stark eingeschränkt worden. Das hat die Textilindustrie zu spüren bekommen. Ihre Absatz-
situation ist bis zum Krieg nicht mehr grundlegend besser geworden[231].
Ob und in welchem Ausmaß auch die Baukonjunktur von der Teuerung in Mitleidenschaft gezogen worden ist, bleibt eine offene Frage. Wichtiger für die zunehmende Ermattung sind sicherlich die hohen Geldpreise und Schwierigkeiten bei
der Kapitalbeschaffung gewesen[232]. Der ganze Aufschwung hat sich bekanntlich
bei höchst angespannter volkswirtschaftlicher Liquidität und dementsprechend
hohem Zinsniveau abgespielt. Der Privatdiskont ist zwischen September 1911 und
September 1912 nur noch gelegentlich unter 4% und bis September 1913 nur noch
wenige Male unter 5% gefallen[233]. Und dabei war es fraglich, ob kleine Unternehmer und Privatleute angesichts des wachsenden und von den großen Banken bevorzugt bedienten Geldbedarfs der Großindustrie überhaupt an Kredite kamen. Bis
zum Krieg sind keine günstigen Nachrichten mehr vom Baumarkt gekommen[234].
Die schmerzhafteste Folge dieser Depressionserscheinungen in der Hochkonjunktur war die fortdauernde relativ starke Arbeitslosigkeit. Zwar sind auch in den letzten Vorkriegsjahren noch einmal mehrere hunderttausend Erwerbstätige zusätzlich in die deutsche Industriewirtschaft aufgenommen worden. Die Absorptions-
kraft reichte aber nicht aus, um den Andrang auf Arbeitsstellen mit dem Stellen-
angebot wie in früheren Hochkonjunkturphasen in Einklang zu bringen. In den
Sommermonaten 1911, als die Bauindustrie noch gut beschäftigt war, sank der
Andrang für eine längere Zeit auf 110. Im Jahresdurchschnitt lag er ebenso wie
dann auch 1912 bei 120. Ab Mai 1912 verschlechterte sich das Verhälnis im Zeichen allgemein abflauender Konjunktur weiter[235]. Die Zahl der arbeitslosen Bau-
handwerker hat nie 4,5% unterschritten, im Durchschnitt bei 5,9% gelegen und
z. B. in Berlin Spitzen von annähernd 20% erreicht[236].
Nun standen die Textil- und Bauindustrie zwar im tiefsten Schatten des Eisenbooms und riefen wegen ihrer Bedeutung für die gesamtwirtschaftliche Lage auch

[231]Zu allem Überfluß wurden gerade damals auch noch enge Kleider modern. Vgl. Chronik 1912, S. 938, 1913, S. 933; Konjunktur 1913, S. 67, 80.
[232]Konjunktur 1912, S. 40 f.
[233]*Feiler* (1914), S. 200.
[234]Vgl. Konjunktur 1912, S. 369, 421 f., 464, 1913, S. 90, 555, 573.
[235]Chronik 1911, S. 912, Konjunktur 1911–1914, passim. Es sei angemerkt, daß es seit
1904 zwei verschiedene „Andrangziffern" gab: die des „Arbeitsmarkts" von Jastrow und die
des „Reichsarbeitsblatts", das Jastrows Verfahren auf breiterer Grundlage übernommen hatte.
Bis 1908 deckten sich die beiden Werte. Danach lag die Ziffer des Reichsarbeitsblatts um 20
bis 25 Arbeitsuchende höher, weil zusehends mehr ländliche Arbeitsnachweise an RABl. meldeten, die nicht auch an den „Arbeitsmarkt" berichteten. Dadurch fielen beim „Arbeitsmarkt" die besser beschäftigten städtischen Gewerbe stärker ins Gewicht. Vgl. Konjunktur
1912, S. 729.
[236]Chronik 1912, S. 167, 1913, S. 59 f., Konjunktur 1913, S. 142, *Feiler* (1914), S. 139.

die meiste Aufmerksamkeit wach. Anderen, weniger wichtigen Branchen ging es aber nicht viel besser. Die Holzindustrie[237], die Papierindustrie[238], die Lederindustrie[239] und — wie auch anders bei der Depression im Baugewerbe — die Industrie der Steine und Erden klagten ebenfalls über schwachen Absatz und mäßige Preise. Nicht zuletzt wirft die Einseitigkeit der industriellen Gründungen und Kapitalerhöhungen Licht auf die Verzerrungen des Aufschwungs. Das Eigenkapital der AG und GmbH ist von 1910 bis 1912 um insgesamt 2,7 Mrd. Mark vermehrt worden. Davon entfielen 442,33 Mio. Mark (= 16,4%) auf den Bergbau, 501,78 Mio. Mark (= 18,6%) auf die Metall- und Maschinenbauindustrie und 483,87 Mio. Mark (= 17,9%) auf die Elektrizitäts- und Elektroartikelerzeugung. Insgesamt war das mehr als die Hälfte[240]. Und das waren zugleich die Branchen mit der größten Rentabilität und der höchsten Eigenfinanzierungskraft.

Dieser einseitige Boom ist früher, aber weniger rasch zusammengebrochen als die beiden vorigen Hochkonjunkturen. Von Zusammenbruch konnte eigentlich gar nicht die Rede sein. Es war nicht genau festzustellen, wann der Aufschwung seinen Höhepunkt erreicht und in eine Talfahrt übergegangen war, die sich allmählich beschleunigte. Anzeichen der Abschwächung im Inneren hat es schon früh im Jahr 1913 gegeben[241]. Zum erstenmal seit einem Jahrzehnt ging das Elektrogeschäft matter als üblich[242]. Im April vermißte die Rheinisch-Westfälische Zeitung bereits „die anregenden Faktoren für einen neuen geschäftlichen Aufschwung" und im Mai entdeckte auch Calwers „Konjunktur", die gewöhnlich empört oder ironisch gegen zweckgerichteten konjunkturellen „Defaitismus" polemisierte, „im Gebäude der Hochkonjunktur bedenkliche Risse"[243]. In den ersten drei Monaten war z. B. nur noch halb soviel Kapital in Gründungen und Kapitalerhöhungen bei den AG und GmbH gesteckt worden wie 1912, weniger als je seit 1907[244]. Solche „Risse" sind freilich durch die weitere Intensivierung des Exports noch eine gute Weile gleichsam überdeckt worden. Gegenüber 1912 nahm z. B. die Ausfuhr von Röhren um 43,6%, von Stabeisen um 20,5% und von Blechen um 39,8% zu[245]. In der zweiten Jahreshälfte sind die Krisenerscheinungen dann aber offenkundig geworden. Der Kohlenbergbau förderte zwar noch immer geringfügig über dem Vorjahresniveau, der Kohleabsatz des Rheinisch-Westfälischen Kohlesyndikats (in % der Beteiligung) lag seit Juli aber unter dem von 1912 und seit Oktober auch unter dem der Jahre 1910 und 1911. Sehr viel drastischer noch war der als Indika-

[237] Konjunktur 1912, S. 453, 1914, S. 309.
[238] Konjunktur 1912, S. 428.
[239] Konjunktur 1913, S. 196, 243.
[240] Konjunktur 1913, S. 745.
[241] Vgl. Chronik 1912, S. 129, 148.
[242] Konjunktur 1913, S. 324.
[243] Ebd., S. 397, 484.
[244] Ebd., S. 408.
[245] Konjunktur 1914, S. 278.

tor der Schwerindustrieproduktion wichtigere Koksabsatz gefallen: von 103,94% der Beteiligung im Februar ohne Unterbrechung auf 57,77% im November[246]. Die Roheisenproduktion war im ganzen Jahr zwar noch einmal um ansehnliche 7,9% gestiegen. Stellt man Quartalswerte gegenüber, wird die Abschwächung dennoch sichtbar. Die Zuwachsrate war von 14,1% im ersten Vierteljahr über 10% und 7,1% auf schließlich nur noch 2,3% abgesunken[247]. Aber selbst dieses schwächere Wachstum, das dann im ersten Halbjahr 1914 in einen Produktionsrückgang von 3,1% überging[248], wurde vom Absatz der weiterverarbeitenden Industrie nicht mehr gedeckt. Der Halbzeugversand des Stahlwerksverbandes war im zweiten Halbjahr nämlich auf 85%, der Versand an Formeisen sogar auf gut 70% des vergleichbaren Vorjahresniveaus abgefallen, obgleich der Verband die Preise um zweimal 5 Mark pro Tonne (= 4,74 und 5%) herabgesetzt hatte. Über den Binnenabsatz an Walz- und anderen Fertigprodukten liegen keine Zahlen vor. In der Preisentwicklung scheint sich aber ebenfalls ein eklatanter Nachfragerückgang auszudrücken. Die Preise für Stabeisen, Bandeisen und Bleche, die im übrigen nie so recht, oder allenfalls sehr kurzfristig Hochkonjunkturpreise gewesen sind[249], haben um 25% nachgegeben[250].

Die Rohstoffsyndikate folgten diesen Preisherabsetzungen mit der gewohnten Verzögerung. Sie haben vorerst nur die Ausfuhrvergütung erhöht[251]. Erst gegen Ende 1913, nachdem der Verband mit wenig Erfolg versucht hatte, die gelagerten Mengen zu extrem niedrigen Preisen in den wieder leicht rückläufigen Export zu pressen[252], sind die Roheisenpreise geringfügig zurückgenommen worden. Und das RWK hat die Kohlenpreise sogar erst mit Wirkung vom 1.4.1914 um dürftige 5–10% herabgesetzt[253].

Die Geschäftstätigkeit war bei sinkenden Preisen um die Jahrhundertwende bereits so erlahmt, daß die Reichsbank den Diskontsatz, der vom 14. November 1912 bis zum 27. Oktober 1913 bei sehr hohen sechs Prozent gestanden hatte, an Jahresultimo um ein Prozent *herunter*setzen konnte. Das hatte es in der ganzen Konjunk-

[246] *Feiler* (1914), S. 183.

[247] Ebd., S. 184.

[248] Konjunktur 1914, S. 622. Der Versand des Stahlwerksverbandes sank um 6%, die Eisenversorgung um 9%. Chronik 1914, S. 766, 919.

[249] Flußstabeisen war von 112–115 Mark im Oktober 1911 auf 100–105 Mark im Oktober 1912 gefallen. Im folgenden halben Jahr stieg der Preis um etwa 20%, fiel seit März 1913 aber wieder drastisch ab. Konjunktur 1913, S. 541.

[250] Chronik 1913, S. 634, 930 f., 1914, S. 142, Konjunktur 1914, S. 225 f.

[251] Das Kohlesyndikat erhöhte die Ausfuhrprämie von 1 Mark auf 2,50 Mark, der Roheisenverband von 4,75 auf 5,50 Mark. Konjunktur 1914, S. 592.

[252] Chronik 1914, S. 19. Die Roheisenausfuhr war von 1908 bis 1912 um rund 800 000 t. auf 1 258 847 t. (= 6,8% der Produktion) erhöht worden und fiel 1913 um 168 000 t. (= 13,3%) auf 5,4% der Erzeugung zurück. Im ersten Halbjahr 1914 betrug der Abfall weitere 20%. Chronik 1913, S. 933, 1914, S. 919.

[253] Chronik 1913, S. 673–676, 930.

turperiode seit 1895 nicht gegeben. Der Marktsatz lag im Dezember mit 4,41% so niedrig wie seit Dezember 1909 nicht mehr und 1,5% unter dem Stand des Vorjahrs. Die „Inanspruchnahme" der Reichsbank, d. h. der Überschuß der Wechsel- und Lombardkredite über die Giroeinlagen, war unter das Niveau von 1909 zurückgefallen[254]. Das Wechselengagement machte im ersten Halbjahr 1914 dann nur noch rund 80% der Anlage im entsprechenden Zeitraum von 1912 aus[255]. Obwohl der Diskont schon am 4.2. auf 4% gesenkt wurde, blieb die Reichsbank so gut wie unbeansprucht. Das galt auch für den Kapitalmarkt. Im Februar 1913 waren von 400 Millionen Mark preußischen Schatzanweisungen nur 168 Millionen Mark unterzubringen gewesen. Die Kommunen hatten sich sogar mit Sparkassendarlehen und Lombardkrediten behelfen müssen. Im Mai wurde eine preußische Staatsanleihe von 175 Millionen Mark gar nur zu 40% gezeichnet. Der Kurs festverzinslicher Papiere an den Börsen war von 95,33 (1909) auf weniger als 90% im Mai 1913 gesunken. Innerhalb eines Jahres hatte sich das Blatt völlig gewendet. Im Frühjahr 1914 wurden Staatsanleihen wieder überzeichnet[256].

[254] *Feiler* (1914), S. 199 f.
[255] Konjunktur 1914, S. 620.
[256] Konjunktur 1913, S. 557, Chronik 1914, S. 124, 439, 974. *Feiler* (1914), S. 156 f., *Stübel* (1935), S. 83 f., 87. Die Rückkehr in die Staatsanleihen fand nicht erst im Kriege statt. *Andexel* (1968), S. 21.

Schluß

Die deutsche Volkswirtschaft stand unübersehbar am Beginn des dritten einschneidenden Konjunktureinbruchs seit 1895. Weder die privatwirtschaftlichen Organisations- und Planungsbemühungen in Kartellen, Syndikaten und Verbänden, noch die diskontinuierlichen, theoretisch nicht fundierten gesetzlichen und administrativen Eingriffe in den wirtschaftlichen Ablauf haben sie verhindern können. Es ist freilich bereits verfehlt, den privaten Organisationen und dem Staat gleichermaßen diese Absicht zu unterstellen. Die Initiatoren der Kartelle und Verbände haben sicherlich Einfluß auf den Konjunkturverlauf nehmen wollen, zunächst und vor allem aber nicht, um für gesamtwirtschaftliche Harmonie zu sorgen, sondern um die Erträge ihrer Mitglieder zu erhöhen und zu „verstetigen". Das Harmoniepostulat ist ihnen von den publizistischen und wissenschaftlichen Kartellideologen lange Zeit frei Haus geliefert worden. Sie haben es dankbar in ihre Argumentation aufgenommen und anfangs wohl sogar geglaubt. Nach der Jahrhundertwendenkrise hat sich dann zusehends die Einsicht durchgesetzt, daß wenige Kartelle mit erheblicher Marktmacht eher desorganisierend auf die weiterhin weitestgehend konkurrenzwirtschaftlich geordneten Marktzusammenhänge wirkten. Zunächst bei jenen, die unter dieser Marktmacht akut litten. Das hat sehr bald zur Kartellenquete und zu einer beträchtlichen Desavouierung des Kartellgedankens geführt. Dann aber auch bei den scheinbaren Nutznießern intransingenter Kartellpolitik. Es war auch von ihnen nicht dauerhaft zu verkennen, daß schwerwiegende Verzerrungen des Preis-Kostengefüges der Abnehmer mit zeitlicher Verzögerung auf die Kartellmitglieder zurückwirken mußten. Deshalb machte sich bei den größten und modernsten Werken gegen Ende der Friedenszeit der Drang nach Selbständigkeit und Unabhängigkeit immer stärker bemerkbar, zumal Kartelle und Syndikate angesichts der schrumpfenden Absatz- und der zunehmenden Selbstverbrauchsquoten für sie ihren ursprünglichen Sinn verloren. Stinnes hat nicht nur ihre Haltung, sondern wohl auch die tatsächlichen Verhältnisse im nachhinein recht treffend gekennzeichnet: Die Syndikatspolitik habe „nur mit Kanonen auf Spatzen geschossen (und) die Konjunktur verpaßt"[1].

Die staatliche Wirtschaftspolitik hat kontinuierliche, zielbewußte Konjunkturbeeinflußung hingegen nie angestrebt. Es erwachte in den letzten Friedensjahren wohl allmählich das Bewußtsein, daß dergleichen möglich sei, es fehlte aber bis zuletzt an der nötigen theoretischen Durchdringung der Konjunktur- und Wachstumszusammenhänge und deshalb auch am wirtschaftspolitischen Instrumentarium. Wichtige wirtschaftspolitische Entscheidungen sind überdies nicht vorrangig wirtschaftlich motiviert, sondern das letztlich fast zufällige Ergebnis eines vielfältig gebrochenen politischen Entscheidungsprozesses auf mehreren Ebenen gewesen. Das galt zumal für die gesamte Fiskalpolitik, mit der freilich von vornherein nie wirtschaftspolitische Ziele angesteuert worden sind. Das galt etwas abgeschwächt aber auch für die Zoll- und Handelspolitik, bei deren Diskussion und Durchführung *struktur*politische Überlegungen stets eine nie konsequent durchgehaltene Rolle gespielt haben. Die Wirtschafts- und Sozialpolitik im wilhelminischen Deutschland unterschied sich von der Wirtschafts- und Sozialpolitik der Vorzeit nicht so bemerkenswert, daß es Gründe gäbe, sie als „Staatsinterventionismus" von einer vorhergehenden Haltung angeblichen „laissez faires" abzuheben. Ebensowenig läßt sich irgendwann im Kaiserreich der Übergang vom chaotischen Konkurrenzkapitalismus zum „Organisierten Kapitalismus" feststellen. Nicht nur deshalb nicht, weil dem wirtschaftlichen Wachstums- und Wandlungsprozeß jener Zeit stets „etwas Chaotisches, Ungeplantes, sich selbst Durchsetzendes . . . erhalten" blieb[2], sondern weil der Konkurrenzkapitalismus chaotisch im eigentlichen Sinn ja doch nie gewesen ist. Diese Vorstellung ist schließlich nur eine Denkfigur, vor deren Hintergrund man die eigentümliche innere *Ordnung* wirtschaftlicher Zusammenhänge und Abläufe besonders deutlich machen kann. Diese Ordnung ist veränderbar, wie jede Ordnung, die aus menschlichem Miteinanderhandeln besteht, und sie *hat* sich im Laufe des Kaiserreichs verändert, aber nicht so dramatisch, daß sich völlig neue Ordnungsprinzipien durchgesetzt hätten.

Die Wirtschaft ist im Zuge eines durchgreifenden wirtschaftlich-gesellschaftlichen Wandlungsprozesses im Kaiserreich zur geschichtsbildenden Kraft geworden. Sie hat stärker auf gesellschaftliches und politisches Handeln gewirkt als je zuvor. Sie hat Staat und Gesellschaft aber nicht ihren „Gesetzen" unterworfen, zumal „die Wirtschaft" ja keineswegs eine strukturelle Einheit, sondern ein Konglomerat aus unterschiedlichen, teilweise sehr traditionellen Strukturprinzipien gewesen ist. Deshalb wäre es verkehrt, das Kaiserreich zum „System" zu stilisieren, dessen konstitutive Elemente von den wirtschaftlichen Wachstums- und Wandlungsproblemen hergeleitet werden. Weder hatte die Wirtschaft im Kaiserreich Systemcharakter, noch gar Staat und Gesellschaft. Historiker, die ihn künstlich herstellen, schaffen dadurch nicht mehr Klarheit. Sie verstellen eher den Zugang zu der eigentümlich diffusen und widersprüchlichen, teils nach rückwärtsgewendeten, teils — und gerade im wirtschaftlichen und sozialen Bereich — durchaus vorwärtsweisenden, „progressiven" historischen Gestalt des Deutschen Kaiserreichs.

[1] 1919, zit. nach *Stegmann,* Kapitalismus, S. 21.
[2] *Kocka,* Unternehmer, S. 127.

Quellen

Bankenquete 1908/09. Stenographische Berichte über die Verhandlungen der Gesamtkommission, Berlin 1910.

Caprivi, Leopold von, Reden, Hrsg. v. P. Arndt, 1894.

ders. Briefe an Max Schneidewin, in: Deutsche Revue 1922.

Volkswirtschaftliche *Chronik* für das Jahr. . . . Abdruck aus den Jahrbüchern für Nationalökonomie und Statistik, 1895—1914.

Denkschriftenband zur Begründung des Entwurfs eines Gesetzes betreffend Änderungen im Finanzwesen. Zusammengestellt im Reichsschatzamt.

Teil I: Das Finanzwesen der öffentlichen Körperschaften Deutschlands, in: Verhandlungen des Deutschen Reichstages, XII. Legislaturperiode, 1. Session, Bd. 249, Anlagen z. d. Stenogr. Ber. Nr. 1035, Berlin 1908.

Teil III: Materialien zur Beurteilung der Wohlstandsentwicklung Deutschlands im letzten Menschenalter, Bd. 250, Anlage Nr. 1043.

Teil IV: Materialien zur Beurteilung der Zusammenhänge zwischen dem öffentlichen Schuldenwesen und dem Kapitalmarkt, Bd. 251, Anlage Nr. 1087.

Badische *Einkommensteuerstatistik* 1911.

Handel und Gewerbe. Zs. für die zur Vertretung von Handel und Gewerbe gesetzlich berufenen Körperschaften. Im Auftrag des Deutschen Handelstages hrsg. v. Dr. Soetbeer, Berlin 1898—1906.

Handel und Wandel. Jahresberichte über den Wirtschafts- und Arbeitsmarkt 1900 und 1901. Seit 1902:

Das Wirtschaftsjahr. . . . , 1. Teil: Handel und Wandel in Deutschland, 2. Teil: Jahrbuch der Weltwirtschaft, 1902—1906. Hrsg. v. Richard Calwer.

Hauptstaatsarchiv Stuttgart E 74, I.

Hohlfeld, Johannes, Hrsg., Dokumente der deutschen Politik und Geschichte von 1848 bis zur Gegenwart, Bd. II: Das Zeitalter Wilhelm II. 1890—1918, Berlin 1951.

Jahrbuch des deutschen Wirtschaftslebens. Hrsg. vom Institut für Gemeinwohl, Frankfurt 1900.

Statistisches *Jahrbuch* der Bundesrepublik Deutschland, 1976.

Statistisches *Jahrbuch* für den Preußischen Staat, 1903, 1908, 1913.

Statistisches *Jahrbuch* deutscher Städte, 1890—1913.

Die *Konjunktur*, Halbmonatsschrift für Wirtschaftskunde und Wirtschaftspolitik, Hrsg. v. Richard Calwer, Oktober 1909 bis Juli 1914.

Die große *Politik* der europäischen Kabinette 1871 bis 1914, Bd. 7; Berlin 1927.

Die *Reichsbank* 1875—1900, Berlin 1901.

Die *Reichsbank* 1901—1925, Berlin 1925.

Stahl und Eisen, Zs. für das deutsche Eisenhüttenwesen, Düsseldorf 1896—1902.

Statistik der Bundesrepublik Deutschland, Bd. 199: Bevölkerung und Wirtschaft. Langfristige Reihen 1871—1957 für das Deutsche Reich und die Bundesrepublik Deutschland, Stuttgart 1958.

Statistik des Deutschen Reiches, Bd. 104   210   240
105   211   466
114   213—215
150   220—221

Stenographische Berichte über die Verhandlungen des Deutschen Reichstages, 1890—1892, Bd. 5. 1900—1903, Bd. 3.

Das deutsche *Volkseinkommen* vor und nach dem Kriege. Einzelschriften zur Statistik des Deutschen Reichs Nr. 24, Berlin 1932.

Der deutsche *Zolltarif* vom 25. 12. 1902 mit den auf den Handelsverträgen beruhenden Bestimmungen, Berlin 1911.

Systematische Zusammenstellung der *Zolltarife* des In- und Auslands. Hrsg. im Reichsamt des Inneren, Berlin 1898.

Literatur

Albert, Hermann Die geschichtliche Entwicklung des Zinsfußes in Deutschland von 1895—1908, Leipzig 1910.

Anderson, Pauline, R., The Background of Anti-English-Feeling in Germany 1890—1902, Washington 1939.

Andexel, Ruth, Imperialismus — Staatsfinanzen, Rüstung, Krieg. Probleme der Rüstungsfinanzierung des deutschen Imperialismus, Berlin 1968.

Andic, Suphan/Veverka, Jindrich, The Grouth of Government. Expenditure in Germany since the Unification, in: Finanzarchiv NF 23, 1963, S. 169—278.

André, Doris, Indikatoren des technischen Fortschritts; eine Analyse der Wirtschaftsentwicklung in Deutschland von 1850—1913, Weltwirtschaftliche Studien 16, Göttingen 1971.

Arndt, Helmut (Hrsg.), Die Konzentration in der Wirtschaft, Bd. 1: Stand der Konzentration, Bd. 3: Wirkungen und Probleme der Konzentration, SVSP Bd. 20/I und III, Berlin 1960.

Arndt, Paul, Die Handelsbeziehungen Deutschlands zu England und den englischen Kolonien, Berlin 1900.

ders., Zum Abschluß eines neuen deutsch-russischen Handelsvertrages, SVSP Bd. 92, Teil 3, Leipzig 1901.

ders., Wesen und Zweck der Kapitalanlage im Auslande, in: Zs. f. Sozialwissenschaft, NF III.Jg., Leipzig 1912, S. 1—10; 99 -110; 173—194.

ders., Deutschlands Stellung in der Weltwirtschaft, Leipzig 1913[2], (1907).

ders., Neue Beiträge zur Frage der Kapitalanlage im Auslande, Zs. f. Sozialwissenschaft, NF VI. Jg, Leipzig 1915.

Arnold, Rudolf, Die Handelsbilanz Deutschlands von 1889—1900, Berlin 1900.

Arnst, Paul, A. Thyssen und sein Werk, Leipzig 1925.

Axe, Emerson, W., Flinn, Harold, M., An Index of General Business Conditions for Germany 1898—1914, in: The Review of Economic Statistics and Supplements, Vol. III, Cambridge 1925, S. 263 -286.

Bach, Heinrich, Reichsbank und Reichsfinanzen in den Jahren 1876—1923, Diss. Leipzig 1930.

Backhaus, A., Agrarstatistische Untersuchungen über den preußischen Osten im Vergleich zum Westen. Berichte des landwirtschaftlichen Instituts der Universität Königsberg i. Pr., Berlin 1898.

Bacmeister, Walter, Emil Kirdorf. Der Mann, sein Werk, Essen 1936[3].

Ballod, Karl, Die deutsch-russischen Handelsbeziehungen, in: SVSP Bd. 90, Teil 1, Leipzig 1900.

ders., Die deutsch-amerikanischen Handelsbeziehungen, in: SVSP Bd. 91, Leipzig 1901.

Barkin, Kenneth, The Controversy over German Industrialization, 1890–1902, Chicago 1970.

Barmm, Rudolf, Deutsche Stellung im Welthandel und Weltverkehr. Ein Handbuch zur Wirtschaftskunde Deutschlands, Braunschweig – Hamburg – Berlin 1914.

Bartens, A., Die wirtschaftliche Entwicklung des Königreichs Württemberg mit besonderer Berücksichtigung der Handelsverträge, Stuttgart 1901.

Barth-Haberland, Brigitte, Die Innenpolitik des Reiches unter der Kanzlerschaft Bethmann Hollwegs 1909–1914. Diss. Kiel 1950.

Bartz, Otto, Aufbau und Tätigkeit des Rheinisch-Westfälischen Kohlensyndikats in ihrer Entwicklung von 1893 bis 1912. Diss. Erlangen 1913.

v. Batocki/Schack, Gerhard, Bevölkerung und Wirtschaft in Ostpreußen. Untersuchungen über die Zusammenhänge zwischen Bevölkerungsentwicklung und Erwerbsgelegenheit, Jena 1929.

Baumgart, Winfried, Deutschland im Zeitalter des Imperialismus 1890–1914. Grundkräfte, Thesen und Strukturen, Ullstein Buch 3844, 1972.

Baumgarten, Oskar, Freihandel und Schutzzoll als Mittel der Agrarpolitik in der Zeit von 1860 bis zur Gegenwart, Diss. Halle 1935.

Becker, Ernst, Über den Einfluß der Unternehmerkartelle auf die Arbeiterverhältnisse, Phil. Diss. Leipzig 1902.

Beckerath, Herbert von, Die Kartelle der deutschen Seidenweberei-Industrie (bis zum Frühjahr 1911), Karlsruhe 1911.

ders., Der moderne Industrialismus, Jena 1930.

Beckmann, Friedrich, Einfuhrscheinsysteme. Kritische Betrachtung mit besonderer Berücksichtigung der Getreideeinfuhrscheine. Volkswirtschaftliche Abhandlungen der Badischen Hochschulen, NF H. 1, Karlsruhe 1911.

ders., Die Entwicklung des deutsch-russischen Getreideverkehrs unter dem Handelsvertrag von 1894 und 1904, in: Jb. f. NatStat. Bd. 101, 1913, S. 145–171.

Beckmann, Fritz u. a., Deutsche Agrarpolitik im Rahmen der inneren und äußeren Wirtschaftspolitik, Teil I, Berlin 1932.

Beidler, Franz, W., Der Kampf um den Zolltarif im Reichstag 1902. Ein Beitrag zur Geschichte des deutschen Parlamentarismus, Diss. Berlin 1929.

Bennauer, Wilhelm, Die Übererzeugung im Siegerländer Eisenbergbau und Hochofengewerbe von 1870–1913, Jena 1935.

Berdrow, G., Die Unternehmerkartelle und der Weg zum wirtschaftlichen Frieden, Berlin 1898.

Berghahn, Volker, R., Flottenrüstung und Machtgefüge, in: Stürmer, Michael (Hrsg.), Das kaiserliche Deutschland. Politik und Gesellschaft 1870–1918, Düsseldorf 1970, S. 378–396.

ders., Das Kaiserreich in der Sackgasse, in: npl 16, 1971, S. 494–506.

ders., Der Tirpitz-Plan. Genesis und Verfall einer innenpolitischen Krisenstrategie unter Wilhelm II, Düsseldorf 1971.

ders., Der Tirpitz-Plan und die Krisis des preußisch-deutschen Herrschaftssystems, in: Schottelius, H./Deist, W., Marine und Marinepolitik im kaiserlichen Deutschland 1871–1914, Düsseldorf 1972.

ders., Rüstung und Machtpolitik. Zur Anatomie des „Kalten Krieges vor 1914", Mannheimer Schriften zur Politik und Zeitgeschichte, Düsseldorf 1973.

Bergsträsser, Ludwig, Geschichte der politischen Parteien in Deutschland, München 1952.

Berlepsch, Hans Frh. v., Sozialpolitische Erfahrungen und Erinnerungen, Mönchengladbach 1925.

Bermbach, Udo, Vorformen parlamentarischer Kabinettsbildung in Deutschland, Köln und Opladen 1967.

ders., Aspekte der Parlamentarismus-Diskussion im Kaiserlichen Reichstag, in: PVS 8, 1967, S. 51–70.

ders., Organisierter Kapitalismus. Zur Diskussion eines historisch-systematischen Modells, in: Geschichte und Gesellschaft, 2. Jg., Heft 2, 1976, S. 269 ff.

Bernhard, Georg, Meister und Dilettanten am Kapitalismus im Reiche der Hohenzollern, Amsterdam 1936.

Bertram, J., Die Wahlen zum Deutschen Reichstag vom Jahre 1912. Parteien und Verbände in der Innenpolitik des Wilhelminischen Reiches, Düsseldorf 1964.

Beukenberg, Wilhelm, Die Entwicklung der Schwerindustrie in der Regierungszeit Wilhelms II., in: Nord und Süd, Bd. 145, H. 465, Juli 1913, S. 390 f.

Beyer, Georg, Die Kartelle und die Arbeiterschaft, Hamburg 1903.

Biedermann, E., Die Einkommens- und Vermögensverhältnisse der preußischen Bevölkerung im Zeitraum 1895–1914 und ihre Übertragungsmöglichkeit auf das Deutsche Reich, in: Zeitschrift des Preußischen Statistischen Landesamtes 1918, S. 60–86.

Biermann, Wilhelm, E., Schaeffle und der Agrarismus, Bonn 1902.

Biermer, Magnus, Sammlung nationalökonomischer Aufsätze und Vorträge, 1. Bd., Gießen 1908.

Birnbaum, Bruno, Die gemeindlichen Steuersysteme in Deutschland, Berlin 1914.

Bittmann, Karl, Arbeitshaushalt und Teuerung, Jena 1914.

Blaich, Fritz, Kartell- und Monopolpolitik im kaiserlichen Deutschland. Das Problem der Marktmacht im deutschen Reichstag zwischen 1879 und 1914, Düsseldorf 1973.

ders., Der Trustkampf 1901–1915. Ein Beitrag zum Verhalten der Ministerialbürokratie gegenüber Verbandsinteressen im Wilhelminischen Deutschland, Berlin 1975.

ders., Ökonomische und politische Hintergründe des Gesetzes über den Absatz von Kalisalzen v. 25. 5. 1910, in: Harald Winkel, Hrsg., Vom Kleingewerbe zur Großindustrie, Berlin 1975, S. 189 ff.

Bliefert, G., Die Innenpolitik des Reichskanzlers Fürst Chlodwig zu Hohenlohe-Schillingsfürst, Diss. Kiel 1949, MS.

Blömer, Hans, Die Anleihen des Deutschen Reiches von 1871 bis zur Stabilisierung der Mark 1924, Diss. rer. pol. Bonn 1946.

Bloomfield, Arthur I., Short-Term Capital Movements under the Pre-1914 Gold Standard, Princeton 1963.

ders., Monetary Policy under the International Gold Standard 1880—1914, New York 1964.

ders., Patterns of Fluctuation in International Investment before 1914, Princeton 1968.

Blumenberg, Albert, Die Konzentration im deutschen Bankwesen, Diss. Heidelberg 1905.

Bockhoff, W., Der Steinkohlenmarkt Deutschlands in den letzten 20—25 Jahren, in: SVSP, Bd. 143, München 1914.

Boehm, Ekkehard, Überseehandel und Flottenbau. Hanseatische Kaufmannschaft und deutsche Seerüstung 1879—1902, Düsseldorf 1972.

Böhm, Franz, Das Reichsgericht und die Kartelle. Eine wirtschaftsverfassungsrechtliche Kritik an dem Urteil des Reichsgerichts vom 4. Februar 1897, in: ORDO, Jb. f. d. Ordnung von Wirtschaft und Gesellschaft, 1. Bd., 1948, S. 197—213.

Böhme, Helmut, Emil Kirdorf. Überlegungen zu einer Unternehmerbiographie, in: Tradition, Nr. 13, 1968, S. 282—300 und Nr. 14, 1969, S. 21—48.

Böhmert, Wilhelm, Die Verteilung des Einkommens in Preußen und Sachsen mit besonderer Berücksichtigung der Großstädte und des Landes, Dresden 1898.

Boelcke, Willi A., Krupp und die Hohenzollern. Aus der Korrespondenz der Familie Krupp 1850—1916. Quellenveröffentlichung aus dem DZA Merseburg VIII, Frankfurt 1970.

Börner, A., Der Klassencharakter der Caprivischen Handelspolitik dargestellt am Beispiel des Kampfes um den Abschluß des deutsch-russischen Handelsvertrages von 1894, Diss. Leipzig 1961.

Bolenz, Jürgen, Wachstum und Strukturwandlungen der kommunalen Ausgaben in Deutschland 1849—1913, Diss. Freiburg 1965.

Bonikowski, Hugo, Der Einfluß der industriellen Kartelle auf den Handel in Deutschland, Diss. Königsberg 1906.

Bonse, Burkhard, Der Einfluß der Zuckersteuerpolitik auf die Landwirtschaft, Diss. rer. agr. Berlin, Münster 1927.

Bopp, Karl R., Die Tätigkeit der Reichsbank 1876—1914, in: Weltwirtschaftliches Archiv Bd. 72, 1954, S. 34—59 und 179 ff.

Borchard, Hans-Heinrich, 50 Jahre Preußisches Ministerium für Handel und Gewerbe 1879—1929, Berlin 1929.

Borchardt, Knut, Regionale Wachstumsdifferenzen in Deutschland im 19. Jahrhundert unter besonderer Berücksichtigung des West-Ost-Gefälles, in: Wirtschaft, Geschichte und Wirtschaftsgeschichte, Festschrift für Friedrich Lütge, Hrsg. v. W. Abel, K. Borchardt, H. Kellenbenz, W. Zorn, Stuttgart 1966, S. 325—339.

ders., Die industrielle Revolution in Deutschland, München 1972.

ders., Wandlungen des Konjunkturphänomens in den letzten 100 Jahren, München 1976.

ders., Währung und Wirtschaft, in: Währung und Wirtschaft in Deutschland 1876—1975, Hrsg.v. d. Deutschen Bundesbank, Frankfurt 1976, S. 3—53.

ders., Beiträge zum Handbuch der Deutschen Wirtschafts- und Sozialgeschichte, Hrsg. v. H. Aubin und W. Zorn, Bd. 2, Stuttgart 1976.

Borgius, Walter, Der Handelsvertragsverein. Ein Rückblick auf die ersten drei Jahre seiner Tätigkeit, Berlin 1903.

Born, Karl Erich, Staat und Sozialpolitik seit Bismarcks Sturz. Ein Beitrag zur Geschichte der innenpolitischen Entwicklung des Deutschen Reichs 1890—1914, Wiesbaden 1957.

ders., Der soziale und wirtschaftliche Strukturwandel Deutschlands am Ende des 19. Jahrhunderts, in: VSWG, 15. Jg. 1963, S. 361—376.

Bornhak, Konrad, Deutsche Geschichte unter Kaiser Wilhelm II, Leipzig und Erlangen 1921.

Borscheid, Peter, Die Arbeiterschaft der württembergischen Textilindustrie. Soziale Lage, Mobilität und Verhalten, Stuttgart 1978.

Borsig, Albert v., Die Kartellgeschichte der deutschen Lokomotivindustrie, Diss. München 1927.

Bosselmann, Otto, Erzbergbau und Eisenindustrie in Elsaß-Lothringen, in: SVSP, Bd. 106, Leipzig 1903.

Brady, Robert A., The Economic Impact of Imperial Germany: Industrial Policy, in: Journal of Economic History, 1943, p. 108 ff.

Bräuer, Walter, Kartell und Konjunktur. Der Meinungsstreit in fünf Jahrzehnten, Berlin 1934.

Brandau, Georg, Ernteschwankungen und wirtschaftliche Wechsellagen von 1874 bis 1913, Jena 1936.

Brentano, Lujo, Die Getreidezölle als Mittel gegen die Not der Landwirtschaft, Berlin 1903.

ders., Die Arbeitsverhältnisse in den privaten Riesenbetrieben, in: SVSP, Bd. 116, Leipzig 1905.

ders., Die Schrecken des überwiegenden Industriestaats, 1901.

ders., The Industrial Organisation of Germany under the Influence of Protection, London 1908.

ders., Die deutschen Getreidezölle, Stuttgart 1910.

ders., Das Freihandelsargument, Berlin-Schöneberg 1910[2].

ders., Mein Leben im Kampf um die soziale Entwicklung Deutschlands, Jena 1931.

Brepohl, Wilhlem, Der Aufbau des Ruhrvolks im Zuge der Ost-West-Wanderung. Beiträge zur deutschen Sozialgeschichte des 19. und 20. Jahrhunderts, Recklinghausen 1948.

ders., Industrievolk im Wandel von der agraren zur industriellen Daseinsform dargestellt am Ruhrgebiet, Tübingen 1957.

Bresciani, Constantino, Über die Methoden der Einkommensverteilungs-Statistik, in: Jb. f. NatStat., 2. F., 33. Bd., 1907, S. 577 ff.

Brezigar, Emil, Vorboten einer Wirtschaftskrise Deutschlands, Berlin 1913.

Briefs, Götz, Das Spirituskartell. Eine wirtschaftspolitische Untersuchung. Volkswirtschaftliche Abhandlungen der badischen Hochschulen, 7, Karlsruhe 1912.

Brinkmann, Carl, Imperialismus als Wirtschaftspolitik, in: Festgabe f. Lujo Brentano z. 80. Geburtstag, Hrsg. v. M. J. Bonn u. M. Palyi, München, Leipzig 1925.

Brocke, Erwin vom, Der Roheisenverband. Eine Darstellung der Entstehung, des Aufbaus und der Tätigkeit der Syndikate der deutschen Hochofenwerke, Diss. Göttingen 1924.

Broesike, Max, Die Binnenwanderungen im preußischen Staate nach Kreisen 1896–1900, in: Zs. d. Kgl. Pr. Stat. Bureaus, Bd. 42, 1902, S. 273 ff.

Bruck, Werner Friedrich, Social and Economic History of Germany from William II to Hitler 1888–1938. A Comparative Study, New York 1962.

Brutzer, Gustav, Die Verteuerung der Lebensmittel in Berlin im Laufe der letzten dreißig Jahre und ihre Bedeutung für den Berliner Arbeiterhaushalt, in: SVSP, Bd. 139, 2. Teil, München Leipzig 1912.

Bry, Gerhard, Wages in Germany 1871–1945, Princeton 1960.

Buchheim, Karl, Das deutsche Kaiserreich 1871–1918, Vorgeschichte, Aufstieg und Niedergang, München 1969.

Buchholz, Paul, Das Problem Kartelle und Krisen in der deutschen volkswirtschaftlichen Literatur, Diss. Heidelberg 1933 (MS).

Burchardt, Lothar, Friedenswirtschaft und Kriegsvorsorge. Deutschlands wirtschaftliche Rüstungsbestrebungen vor 1914. Militärgeschichtliche Studien 6, Boppard 1968.

Büchner, Fritz, Hundert Jahre Geschichte der MAN 1840–1940, Frankfurt 1940.

Bueck, Henry Axel, Der Centralverband Deutscher Industrieller 1876–1901, Berlin 1901.

Bülow, Bernhard von, Denkwürdigkeiten, Berlin 1930/31.

Burgdörfer, Friedrich, Die Wanderungen über die deutschen Reichsgrenzen im letzten Jahrhundert, in: Allg. Stat. Archiv, Bd. 20, Jena 1930, S. 161–196, 383–419, 537–551.

Caasen, Hans Günther, Die Steuer- und Zolleinnahmen des Deutschen Reiches 1872–1944, Diss. jur Bonn 1953.

Claassen, W., Die soziale Berufsgliederung des deutschen Volkes nach Nahrungsquellen und Familien. Kritische Bearbeitung der deutschen Berufszählung von 1882 und 1895, Leipzig 1904.

Clark, Colin, The Conditions of Economic Progress, London – New York 1957[3].

Cohn, Gustav, Welches sind die Ursachen der gegenwärtigen Krisis in Deutschland, in: Bank-Archiv, 1. Jg., 1901.

ders., Betrachtungen über die Finanzreform des Reiches und Verwandtes, Stuttgart 1913.

Colljer, P., Deutschland und die Deutschen. Vom amerikanischen Gesichtspunkt aus betrachtet, Berlin 1914.

Conrad, Johannes, Die Stellung der landwirtschaftlichen Zölle in den 1903 zu schließenden Handelsverträgen Deutschlands, in: SVSP Bd. 90, Leipzig 1900.

ders., Zur Finanzreform in Deutschland, in: Jb. f. NatStat., 3. Folge, Bd. 36, 1908, S. 610–632.

Conrad, Walter, Von der Diskontpolitik zur Beherrschung des Geldmarktes. Eine Erwiderung, in: Bank-Archiv, 11. Jg., 1911/12, S. 331—340.

Conze, Werner, Vom Pöbel zum Proletariat. Sozialgeschichtliche Voraussetzungen für den Sozialismus in Deutschland, in: VSWG Bd. 41, 1954, S. 333—364.

ders., Beiträge zum Handbuch der Wirtschafts- und Sozialgeschichte, Bd. 2, Hrsg. v. W. Zorn, Stuttgart 1976.

ders., Die Zeit Wilhelms II. und die Weimarer Republik, Deutsche Geschichte 1890—1033, Tübingen und Stuttgart 1964.

Crew, David, Definitions of Modernity. Social Mobility in a German Town 1880—1901, in: Journal of Social History, Vol. 8, Nr. 1, p. 51—74.

Croner, Johannes, Die Geschichte der agrarischen Bewegung in Deutschland, Berlin 1909.

Cullity, John P., The Growth of Governmental Employment in Germany 1881—1950, in: Zs. f. d. ges. Stwiss. Bd. 123, 1967, S. 201—217.

Czempin, Walter, Der deutsche Braunkohlenmarkt. Seine Preisgestaltung und Organisation in den letzten dreißig Jahren, in: SVSP Bd. 142, 2. Teil, Berlin — Leipzig 1912.

Costas, Ilse, Studien zu den Auswirkungen der Konzentration und Zentralisation des Kapitals auf die Arbeiterklasse in Deutschland 1880—1014, Diss. Berlin 1977.

Dade, Heinrich, Die Agrarzölle, in: SVSP Bd. 91, Leipzig 1901.

ders., Die deutsche Landwirtschaft unter Wilhelm II., Halle 1913.

David, Ernst, Der Bund der Landwirte als Machtinstrument des ostelbischen Junkertums 1893—1920, Diss. phil. Halle 1967.

David, Hans, Das Deutsche Auslandskapital und seine Wiederherstellung nach dem Kriege, in: Weltwirtschaftliches Archiv Bd. 14, 1919, S. 31—70, 275—300.

Dawson, William Harbutt, Protection in Germany. A History of German Fiscal Policy during the 19th Century, London 1904.

Delbrück, Clemens von, Die wirtschaftliche Mobilmachung in Deutschland 1914, München 1924.

Demuth, Fritz, Die Papierfabrikation, in: SVSP Bd. 107, Leipzig 1903.

Depitre, E., Le mouvement concentration dans les banques allemandes, Paris 1905.

Desai, Ashok V., Real Wages in Germany 1871—1913, Oxford 1968.

Diehl, Karl, Zur Frage der Getreidezölle, Jena 1911.

Diepenhorst, Fritz, Der gegenwärtige Stand der Kartellfrage in der deutschen Eisenindustrie, in: Zs. f. Socialwissenschaften, III. Jg., 1912.

ders., Die handelspolitische Bedeutung der Ausfuhrunterstützung der Kartelle mit besonderer Rücksicht auf ihre Bedeutung für die reinen Walzwerke, Leipzig 1908.

Dietrich, B., Deutschlands gegenwärtige handelspolitische Lage und die Vorbereitung der nächsten Handelsverträge, Plauen 1913.

Dietrich, Valeska, Alfred Hugenberg. Das Leben eines Manager, in: Politische Studien, 12. Jg., 1961, S. 236 ff., 295 ff.

Dietze, Constantin von, Deutsche Agrarpolitik seit Bismarck, in: Zs. für Agrargeschichte und Agrarsoziologie, 12. Jg., 1964, S. 200—215.

Dietzel, Hans, Die preußischen Wahlrechtsreformbestrebungen von der Oktroyierung des Dreiklassenwahlrechts bis zum Beginn des Weltkriegs, Diss. Köln 1934.

Dietzel, Heinrich, Weltwirtschaft und Volkswirtschaft, in: Jahrbuch der Gehestiftung zu Dresden, Bd. V., Dresden 1900.

ders., Der deutsch-amerikanische Handelsvertrag und das Phantom der amerikanischen Industriekonkurrenz, Berlin 1905.

ders., Sozialpolitik und Handelspolitik, Volkswirtschaftliche Zeitfragen, Heft 188/190, Berlin 1932.

Dix, Artur, Der Bund der Landwirte. Entstehen, Wesen und politische Tätigkeit, Berlin 1909.

ders., Deutschlands wirtschaftliche Zukunft in Krieg und Frieden, in: Jb. f. NatStat. Bd. 40, 1910, S. 433 ff.

Dönges, Reinhard, Die handelspolitische Bedeutung der Ausfuhrprämien, Diss. Heidelberg 1902.

Döpfer, W., Integration und Desintegration der Wirtschaft Europas vor und nach dem 1. Weltkrieg, Diss. Marburg 1962.

Dörsam, Hans, Die Konjunktur in der Hochofenindustrie unter der Preispolitik der rheinisch-westfälischen Roheisensyndikate 1897—1913, Diss. Frankfurt 1932.

Dorpalen, Andreas, The German Conservatives and the Parliamentarization of Imperial Germany, in: The Journal of Central European Affairs, XI, 1951, S. 185 ff.

ders., Wilhelmian Germany — A house divided against itself, in: Journal of Central European Affairs, Vol. XV. 1955, S. 240—247.

Droste, Manfred, Die Stellung des Ruhrbergbaus in Staat und Gesellschaft bis zum Jahre 1918. Eine Studie über Unternehmer, Staat und Öffentlichkeit im Hinblick auf die soziale und die Kartellfrage, Diss. Göttingen 1953.

Düding, Dieter, Der Nationalsoziale Verein 1896—1903. Der gescheiterte Versuch einer parteipolitischen Synthese von Nationalismus, Sozialismus und Liberalismus, München — Wien 1972.

Düring, Siegfried, Der deutsche Geld- und Kapitalmarkt als Erreger der Konjunkturbewegung in den Jahren 1900—1913, Diss. Gießen 1927.

Duisberg, Carl, Meine Lebenserinnerungen, Hrsg. v. J. v. Puttkamer, Leipzig 1933.

ders., Die Vereinigung der deutschen Farbenfabriken, Leverkusen, August 1915, in: Tradition, 8. Jg., H. 5, 1963, S. 199—227.

Egner, H./Schumacher, K., Hrsg., Brennende Agrar-, Zoll- und Handelsfragen, Karlsruhe 1902.

Eichhorn, Konrad, Die wirtschaftliche und politische Organisation der Volkswirtschaft, Hildesheim 1914.

Eistert, Ekkehard, Die Beeinflussung des Wirtschaftswachstums in Deutschland von 1885 bis 1913 durch das Banksystem. Eine theoretisch-empirische Untersuchung, Berlin 1970.

ders./Ringel, J., Die Finanzierung des wirtschaftlichen Wachstums durch die Banken, in: Hoffmann, W. G., Hrsg., Untersuchungen zum Wachstum der deutschen Wirtschaft, Tübingen 1971, S. 93–166.

Eley, Geoff, Sammlungspolitik, Social Imperialism and the Navy Law of 1898, in: Militärgeschichtliche Mitteilungen, 15, 1974, S. 29–63.

ders., Social Imperialism in Germany. Reformist Synthesis or Reactionary Sleight of Hand, in: J. Radkau/I. Geiss, Hrsg., Imperialismus im 20. Jhdt. Gedenkschrift f. George W. F. Hallgarten, München 1976, S. 71–85.

Epstein, Klaus, The Socioeconomic History of the Second German Empire, in: The Review of Politics 29, 1967, S. 110–112.

ders., Matthias Erzberger und das Dilemma der deutschen Demokratie, Berlin 1962.

Erzberger, Matthias, Die Rüstungsausgaben des deutschen Reichs, Finanzwirtschaftliche Zeitfragen 14, Stuttgart 1914.

Eschenburg, Theodor, Das Kaiserreich am Scheideweg. Bassermann, Bülow und der Block, Berlin 1929.

ders., Die improvisierte Demokratie. Gesammelte Aufsätze zur Weimarer Republik, München 1964.

Eßlen, Josef B., Konjunktur und Geldmarkt 1902–1908, Stuttgart und Berlin 1909.

ders., Die Fleischversorgung des Deutschen Reichs. Eine Untersuchung der Ursachen und Wirkungen der Fleischteuerung und der Mittel zur Abhilfe, Stuttgart 1912.

ders., Die Politik des auswärtigen Handels. Ein Lehrbuch, Stuttgart 1925.

Eulenburg, Franz, Die gegenwärtige Wirtschaftskrise. Symptome und Ursachen, in: Jb. f. NatStat., Bd. 24, 1902, S. 305–388.

ders., Die Aufsichtsräte der deutschen Aktiengesellschaften, in: Jb. f. NatStat, Bd. 32, 1906, S. 92–109.

ders., Die Preissteigerung des letzten Jahrzehnts, Leipzig 1912.

Evert, Georg, Sozialstatistische Streifzüge durch die Materialien der Veranlagung zur Staatseinkommenssteuer in Preußen von 1892 bis 1901, in: Zs. d. Kgl. Pr. Stat. Bureaus, 42. Jg., 1902, S. 245–272.

ders., Reichspolitik oder „Freihandelsargument", München 1902.

Eynern, Gert v., Die Reichsbank, Probleme des deutschen zentralen Noteninstituts in geschichtlicher Darstellung, Jena 1928.

Fabian, Friedrich, Die Verschuldung der deutschen Landwirtschaft vor und nach dem Kriege, Diss. phil. Leipzig 1931.

Facius, Friedrich, Wirtschaft und Staat. Die Entwicklung der staatlichen Wirtschaftsverwaltung in Deutschland vom 17. Jahrhundert bis 1945. Schriften des Bundesarchivs Bd. 6, Boppard 1959.

Fasolt, Friedrich, Die sieben größten deutschen Elektrizitäts-Gesellschaften. Ihre Entwicklung und Unternehmertätigkeit, Dresden 1904.

Fechter, Ursula, Schutzzoll und Goldstandard im Deutschen Reich 1879—1914. Der Einfluß der Schutzzollpolitik auf den internationalen Goldwährungsmechanismus. Neue Wirtschaftsgeschichte Bd. 11, Köln — Wien 1974.

Fehr, Benedikt, Zusammenschluß und Finanzierung in der Elektrizitätsindustrie, Diss. rer. pol. Bern 1939.

Feichtinger, Gustav, Bevölkerungsstatistik, Berlin — New York 1973.

Feiler, Arthur, Die Probleme der Bank-Enquete, Jena 1908.

ders., Die Konjunkturperiode 1907—1913 in Deutschland, Jena 1914.

Feis, Herbert L., Europe, the World's Banker 1870—1914, New Haven 1930, reprint New York 1964.

Feldman, Gerald D., Homburg, Heidrun, Industrie und Inflation. Studien und Dokumente zur Politik der deutschen Unternehmer 1916—1923, Hamburg 1977.

Finck von Finckenstein, H.W. Graf, Die Getreidewirtschaft Preußens 1800—1913, Sonderheft 35 der Vjh. f. Konjunkturforschung, Berlin 1934.

ders., Die Entwicklung der Landwirtschaft in Preußen und Deutschland 1800—1930, Würzburg 1960.

Finckh, Ellen, Einkommens- und Verbrauchsgestaltung Deutschlands 1899—1913 und 1924—1927, Wiesbaden 1931.

Fircks, Artur Frhr. v., Bevölkerungslehre und Bevölkerungspolitik. Hand- und Lehrbuch der Staatswissenschaften 1. Abt., VI. Band., Leipzig 1898.

Fischer, Fritz, Deutschlands Griff nach der Weltmacht. Die Kriegszielpolitik des kaiserlichen Deutschland 1914—1918, Düsseldorf 1961.

ders., Krieg der Illusionen. Die deutsche Politik von 1911 bis 1914, Düsseldorf 1969.

Fischer, Wolfram, Unternehmerschaft, Selbstverwaltung und Staat. Die Handelskammern in der deutschen Wirtschafts- und Staatsverfassung des 19. Jahrhunderts, Berlin 1964.

ders., Herz des Reviers. 125 Jahre Wirtschaftsgeschichte des Industrie- und Handelskammerbezirks Essen-Mühlheim-Oberhausen, Essen 1965.

ders. und Czada, Peter, Wandlungen in der deutschen Industriestruktur im 20. Jahrhundert. Ein statistisch-deskriptiver Ansatz, in: Ritter, G.A., Hrsg., Entstehung und Wandel der modernen Gesellschaft, FS f. H. Rosenberg z. 65. Geb., Berlin 1970, S. 116—165.

ders., Wirtschaft und Gesellschaft im Zeitalter der Industrialisierung. Aufsätze — Studien — Vorträge, Göttingen 1972.

ders., Beitrag zum Handbuch der Wirtschafts- und Sozialgeschichte, Hrsg. v. H. Aubin und W. Zorn, Bd. 2, Stuttgart 1976.

Flaningham, M. L., German Eastward Expansion 1890—1918, in: Journal of Central European Affairs, Vol. 14, 1955, S. 319—333.

Flegel, Kurt/Tornow, M., Die Entwicklung der deutschen Montanindustrie von 1860—1912, Berlin 1915.

Fleischhammer, K.H., Zentralisation im Bankwesen in Deutschland, in: Schm. Jb. 25. Jg., H. 2, 1901, S. 241 ff.

273

Flora, Peter, Indikatoren der Modernisierung. Ein historisches Datenhandbuch. Studien zur Sozialwissenschaft Bd. 27, Opladen 1975.

Fourastié, Jean, Die große Hoffnung des Zwanzigsten Jahrhunderts, Köln-Deutz 1954.

Francke, Ernst, Zollpolitische Einigungsbestrebungen in Mitteleuropa während des letzten Jahrzehnts, in: SVSP, Bd. 90, Leipzig 1900.

Frauendienst, Werner, Demokratisierung des deutschen Konstitutionalismus in der Zeit Wilhelm II., in: Zs. f. d. ges. Stwiss. Bd. 113, 1957, S. 721–746.

Freud, Alex/Seiler, Ernst, Die Eisenbahntarife in ihrer Beziehung zur Handelspolitik, 1904.

Fricke, Dieter, Der Ruhrbergarbeiterstreik von 1905, Berlin 1955.

ders., Bürgerliche Sozialreformer und deutsche Sozialdemokratie. Zu Briefen Werner Sombarts 1899, in: ZfP, 23. Jg., 1976, S. 928.

Friedhofen, Jürgen, Die Diskontpolitik der deutschen Reichsbank, Diss. rer. pol. Berlin 1963.

Friedmann, Arthur, Die Wohlstandsentwicklung in Preußen von 1891–1911, in: Jb. f. NatStat., Bd. 193, 1913, S. 1–51.

Friedrich, Arthur, Schlesiens Industrie unter dem Einfluß der Caprivischen Handelspolitik 1889–1900. Münchener volkswirtschaftliche Studien, 46. Stück, Stuttgart – Berlin 1902.

Fröhlich, Friedrich, Die Stellung der deutschen Maschinenindustrie im deutschen Wirtschaftsleben und auf dem Weltmarkt, in: Technik und Wirtschaft, 7. Jg., 1914, S. 666 ff.

Fuchs, Johann L., Konjunktur und Bilanz in der deutschen Braunkohlenindustrie in den Jahren 1895–1913, Diss. Frankfurt 1934.

Fuchs, Karl, Deutsche Agrarpolitik vor und nach dem Kriege, Stuttgart 1927.

Fügner, W., Die öffentlichen Ausgaben für Schul- und Hochschulzwecke in Sachsen in der Vor- und Nachkriegszeit, Diss. Leipzig 1936.

Fürstenberg, Carl, Carl Fürstenberg. Die Lebensgeschichte eines deutschen Bankiers 1870–1970, Hrsg. v. Hans Fürstenberg, Wiesbaden 1961.

Gabler, Heinz, Die Entwicklung der deutschen Parteien auf landwirtschaftlicher Grundlage von 1871–1912, Diss. phil. Berlin 1934.

Gantzel, Klaus Jürgen, Kress, Gisela, Rittberger, Volker, Hrsg., Konflikt-Eskalation-Krise, Sozialwissenschaftliche Studien zum Ausbruch des ersten Weltkriegs, Düsseldorf 1972.

Gauterin, Otto, Die Bilanzen der deutschen Wollindustrie im Konjunkturverlauf 1895 bis 1927, Diss. Frankfurt 1930.

Gebhardt, Gerhard, Ruhrbergbau. Geschichte, Aufbau und Verflechtung seiner Gesellschaften und Organisationen, Essen 1957.

Gehlhoff, Wilhelm, Die allgemeine Preisbildung 1890–1913, München – Leipzig 1928.

Geiger, Walter, Miquel und die preußische Steuerreform 1890–1893, Göppingen 1934.

Geiß, Imanuel, Studien über Geschichte und Geschichtswissenschaft, Frankfurt 1972.

ders., Sozialstruktur und imperialistische Dispositionen im zweiten deutschen Kaiserreich, in: Holl, K., Lüst, G., Hrsg., Liberalismus und imperialistischer Staat. Der Imperialismus als Problem liberaler Parteien in Deutschland 1890–1914, Göttingen 1975, S. 40–61.

Gerlach, Otto, Die preußische Steuerreform in Staat und Gemeinde, Jena 1893.

Gerlich, Heinrich, Die Preisbildung und Preisentwicklung für Vieh und Fleisch am Berliner Markte (für Schweine), in: SVSP, Bd. 139, Leipzig 1911.

Gerloff, Wilhelm, Verbrauch und Verbrauchsbelastung kleiner und mittlerer Einkommen in Deutschland um die Wende des 19. Jahrhunderts, in: Jb. f. NatStat., Bd. 35, 1908, S. 1–44, 145–172.

ders., Matrikularbeiträge und direkte Reichssteuern. Volkswirtschaftliche Zeitfragen H. 234/5, Berlin 1908.

ders., Beiträge zur Finanzreform, in: Jb. f. NatStat., Bd. 37, 1909, S. 433–468.

ders., Veränderungen der Bevölkerungsgliederung in der kapitalistischen Wirtschaft mit besonderer Berücksichtigung der Ergebnisse der deutschen Berufszählungen, Berlin 1910.

ders., Die Finanz- und Zollpolitik des deutschen Reiches nebst ihren Beziehungen zu Landes- und Gemeindefinanzen von der Gründung des Norddeutschen Bundes bis zur Gegenwart, Jena 1913.

ders., Die steuerliche Belastung in Deutschland während der letzten Friedensjahre, Berlin 1916.

ders., Die deutsche Zoll- und Handelspolitik von der Gründung des Zollvereins bis zum Frieden von Versailles, Leipzig 1920.

ders., Der Staatshaushalt und das Finanzsystem Deutschlands, in: Hdb. d. Finanzwiss., Bd. 3, 1929.

Gerschenkron, Alexander, Bread an Democracy in Germany, New York 1966[2].

ders., Wirtschaftliche Rückständigkeit in historischer Perspektive, in: Wehler, Hans Ulrich, Hrsg., Geschichte und Ökonomie, Köln 1973.

Ginsberg, E., Die deutsche Branntweinbesteuerung 1887–1902, Stuttgart 1903.

Gladen, Albin, Die Streiks der Bergarbeiter im Ruhrgebiet in den Jahren 1889, 1905 und 1912, in: Reulecke, Jürgen, Hrsg., Arbeiterbewegung an Rhein und Ruhr, Wuppertal 1974.

Gläsel, H., Die Entwicklung der Preise landwirtschaftlicher Produkte und Produktionsmittel während der letzten fünfzig Jahre, Berlin 1917.

Glowacki, Margan, Die Ausfuhrunterstützungspolitik der Kartelle, Posen 1909.

Göhring, Martin, Bismarcks Erben 1890–1945. Deutschlands Weg von Wilhelm II. bis Adolf Hitler, Wiesbaden 1959[2].

Goetzke, Wilhelm, Das Rheinisch-Westfälische Kohlensyndikat und seine wirtschaftliche Bedeutung, Essen 1905.

Goldschmidt, Curt, Über die Konzentration im deutschen Kohlenbergbau. Volkswirtschaftliche Abhandlungen der badischen Hochschulen 5, Karlsruhe 1912.

Gothein, Georg, Der deutsche Außenhandel, Materialien und Betrachtungen, Berlin 1901.

ders., Die Verstaatlichung des Kohlenbergbaus, Berlin 1905.

ders., Agrarpolitisches Handbuch, Berlin 1910.

ders., Reichskanzler Graf Caprivi. Eine kritische Würdigung, München 1917.

Gottschalch, Wilfried, Strukturveränderungen der Gesellschaft und politisches Handeln in der Lehre von Hilferding, Berlin 1962.

Grabower, Rolf, Die finanzielle Entwicklung der Aktiengesellschaften der chemischen Industrie und ihre Beziehung zur Bankwelt. Staats- und sozialwissenschaftliche Forschungen Bd. 144, Leipzig 1910.

Gradenwitz, G., Die Preispolitik der deutschen Eisenkartelle im Ausfuhrgeschäft, Diss. Gießen 1921.

Green, Alan, Urquhart, M.C., Factor and Commodity Flow in the International Economy of 1870—1914. A Multi-Country View, in: The Journal of Ecnomic History, Vol. 36, S. 217—252.

Groh, Dieter, Negative Integration und revolutionärer Attentismus, Berlin 1972.

ders., Überlegungen zum Verhältnis von Intensivierung der Arbeit und Arbeitskämpfe (sic) im organisierten Kapitalismus in Deutschland 1896—1914. Unveröff. MS 1976.

Grosser, Dieter, Vom monarchischen Konstitutionalismus zur parlamentarischen Demokratie. Die Verfassungspolitik der deutschen Parteien im letzten Jahrzehnt des Kaiserreichs, Den Haag 1970.

Grünefeld, Ernst, Die Fleischteuerung in Deutschland im Jahr 1905 und ihre Ursachen, in: Jb. f. NatStat., 32. Bd., 1906, S. 58—80.

Grumbach, Franz, König, Heinz, Beschäftigung und Löhne der deutschen Industriewirtschaft 1888—1954, in: Weltwirtschaftsarchiv Bd. 79, 1957, II, S. 125—154.

Grunow, Erich, Studien zur Diskontpolitik der Zentralnotenbanken, Diss. Köln 1913.

Günther, Adolf, Die Belastung kleiner und mittlerer Einkommen durch Verbrauchsabgaben seit Geltung des Zolltarifs vom 25. 12. 1902, in: SVSP Bd. 156, Teil 2, München — Leipzig 1918.

Haake, Heinrich, Handel und Industrie der Provinz Sachsen 1889—1899 unter dem Einfluß der deutschen Handelspolitik. Münchener volkswirtschaftliche Studien, Bd. 45, Stuttgart 1901.

Haeder, Hans, Die Preisbildung in der Maschinen-Industrie, Diss. Heidelberg 1911.

Hailer, Hermann, Studien über den deutschen Brotgetreidehandel in den Jahren 1880—1899, Jena 1902.

Halm, E., Geld, Außenhandel und Beschäftigung, München 1957.

Hammerbacher, John, Die Konjunkturen in der deutschen Eisen- und Maschinengroßindustrie. Ein Beitrag zur Theorie und Praxis der Konjunkturen unter hauptsächlicher Berücksichtigung der Zeit von 1892 bis 1911, München und Berlin 1914.

Hampke, C., Gleiche und verschiedene Tarifierung von Getreide und Mehl im deutschen Eisenbahnverkehr, in: Jb. f. NatStat., 4. Bd., 1892, S. 784–801.

Handels- und Machtpolitik. Reden und Aufsätze. Hrsg. v. G. Schmoller, M. Sering, A. Wagner, 2 Bde., Stuttgart 1900.

Hansmeyer, K.H., Der Weg zum Wohlfahrtsstaat. Wandlungen der Staatstätigkeit im Spiegel der Finanzpolitik unseres Jahrhunderts, Frankfurt 1957.

Harms, Bernhard, Hrsg., Strukturwandlungen der Deutschen Volkswirtschaft, 2 Bde., Berlin 1929.

Hartmann, Hans-Georg, Die Innenpolitik des Fürsten Bülow 1906–1909, Diss. Kiel 1950.

Hartung, Fritz, Deutsche Geschichte von 1871 bis 1914, Bonn – Leipzig 1920.

Hasenkamp, A., Die wirtschaftliche Krisis des Jahres 1907 in den Vereinigten Staaten von Amerika, Jena 1908.

Hatzfeld, Lutz, Zur Erzversorgung Deutschlands vor dem ersten Weltkrieg, in: Tradition, Bd. 9, 1964, S. 235–240.

Haushofer, Heinz, Die deutsche Landwirtschaft im technischen Zeitalter, Stuttgart 1963.

Häußler, Emil, Die Entwicklung der Branntweinbesteuerung Deutschlands in volkswirtschaftlicher und fiskalischer Hinsicht, Diss. Heidelberg 1914.

Heberle, Rudolf, Meyer, Fritz, Die Großstädte im Strom der Binnenwanderung. Wirtschafts- und bevölkerungswissenschaftliche Untersuchungen über Wanderung und Mobilität in deutschen Städten, Leipzig 1937.

Hecht, Wendelin, Organisationsformen der deutschen Rohstoffindustrie: Die Kohle, Kempten 1924.

Heckel, Max von, Die Fortschritte der direkten Besteuerung in den deutschen Staaten 1880–1905, Leipzig 1904.

Heiligenstaedt, Fritz, Der deutsche Geldmarkt, in: Schm. Jb., 1907, S. 1539–1573.

Heinemann, Ernst, Die Berliner Großbanken an der Wende des Jahrhunderts, in: Jb. f. NatStat., Bd. 75, 1900, S. 86–97.

Heinz, Max, Kartellbildungen im mitteldeutschen Braunkohlengebiet, Diss. Heidelberg 1919.

Heisman, G., Die geschichtliche Entwicklung des deutschen Maschinenaußenhandels, Diss. Berlin 1926.

Helfer, Christian, Über militärische Einflüsse auf die industrielle Entwicklung Deutschlands, in: Schm. Jb., Bd. 83, 1963, S. 597–609.

Helfferich, Karl, Außenhandel und Valutaschwankungen, in: Schm. Jb., 1897, S. 353–409.

ders., Handelspolitik, Leipzig 1901.

ders., Der deutsche Geldmarkt 1895–1902 und der kurzfristige Kredit. Die Kreditbanken und die Krisis, in: SVSP, Bd. 110, Leipzig 1903.

ders., Die Verteilung des Volkseinkommens in Preußen 1896–1912, in: Festschrift zum 60. Geburtstag von Jacob Riesser, Berlin 1913.

ders., Deutschlands Volkswohlstand 1888–1913, Berlin 1913.

Hellwig, Fritz, Carl Ferdinand Freiherr von Stumm-Halberg 1836–1901, Heidelberg Saarbrücken 1936.

Helmrich, Wilhelm, Das Ruhrgebiet, Münster 1949[2].

Henderson, William O., The Industrial Revolution in Europe: Germany, France, Russia 1895–1914, Chicago 1968.

ders., The rise of German Industrial Power 1834–1914, London 1975.

Hennicke, Ilse, Die Rolle der Erbschaftssteuer in der Steuerpolitik der großen politischen Parteien, Diss. phil. Heidelberg 1929.

Henning, Friedrich-Wilhelm, Eisenbahnbau und Entwicklung der Eisenindustrie in Deutschland, in: Archiv und Wirtschaft 6, 1973.

ders., Die Industrialisierung in Deutschland 1800 bis 1914, Paderborn 1974.

Hentschel, Volker, Die deutschen Freihändler und der volkswirtschaftliche Kongreß 1858–1885, Stuttgart 1975.

ders., Wirtschaftsgeschichte der Maschinenfabrik Esslingen AG 1846–1918. Eine historisch-betriebswirtschaftliche Analyse, Stuttgart 1977.

ders., Erwerbs- und Einkommensverhältnisse in Sachsen, Baden und Württemberg vor dem ersten Weltkrieg, in: VSWG 1979.

Herlemann, Hans Heinrich, Branntweinpolitik und Landwirtschaft, Kiel 1952.

Herring, Wilhelm, Das Problem der Verstaatlichung des preußischen Steinkohlebergbaus, Jena 1914.

Herrmann, Walther, Entwicklungslinien montanindustrieller Unternehmungen im rheinisch-westfälischen Industriegebiet, Dortmund 1954.

ders., Bündnisse und Zerwürfnisse zwischen Landwirtschaft und Industrie seit der Mitte des 19. Jahrhunderts, Dortmund 1965.

Herzfeld, Hans, Johannes von Miquel, 2 Bde., Berlin 1938/39.

Hesse, Albert, Die Reichsfinanzreform von 1909, in: Jb. f. NatStat., 38. Bd., 1909, S. 721–770.

ders./Goeldel, H., Grundlagen des Wirtschaftslebens von Ostpreußen, 3. Teil: Die Bevölkerung von Ostpreußen, Jena 1916.

Hesse, H., Die Entwicklung der regionalen Einkommensdifferenzierung im Wachstumsprozeß der deutschen Wirtschaft vor 1913, in: Fischer, Wolfram, Hrsg., Beiträge zum Wirtschaftswachstum und Wirtschaftsstruktur im 16. und 19. Jahrhundert, 1971.

Heymann, Hans Gideon, Die gemischten Werke im deutschen Großeisengewerbe. Ein Beitrag zur Frage der Konzentration der Industrie, Stuttgart 1904.

Hildebrand, Klaus, Bethmann Hollweg der Kanzler ohne Eigenschaften? Urteile der Geschichtsschreibung – Eine kritische Bibliographie, Düsseldorf 1970.

Hilferding, Rudolf, Das Finanzkapital, 2 Bde., Frankfurt 1973[2].

ders., Arbeitsgemeinschaft der Klassen, in: Der Kampf, Sozialdemokratische Monatsschrift, Jg. 8, 1915, S. 322 ff.

ders., Die Gesellschaft. Internationale Revue für Sozialismus und Politik, 1. Jg., 1924.

ders., Die Aufgaben der Sozialdemokratie in der Republik, in: Protokoll des Sozialdemokratischen Parteitags 1927 in Kiel, Berlin 1927.

Hillringshaus, August, Das rheinisch-westfälische Roheisensyndikat und seine Auflösung (unter Berücksichtigung der anderen deutschen Roheisensyndikate), in: Schm. Jb., 35 Jg., 1911, S. 1239–1279, 1741–1806.

ders., Die deutschen Roheisensyndikate in ihrer Entwicklung zu einem allgemeinen deutschen Roheisenverband, Leipzig 1912.

Hilsheimer, Jürgen, Interessengruppen und Zollpolitik in Frankreich: die Auseinandersetzung und die Aufstellung des Zolltarifs von 1892, Diss. Heidelberg 1973.

Hippel, Wolfgang v., Bevölkerungsentwicklung und Wirtschaftsstruktur im Königreich Württemberg 1815/65. Überlegungen zum Pauperismusproblem in Südwestdeutschland, in: Engelhardt, Ulrich u. a., Hrsg., Soziale Bewegung und politische Verfassung, Beiträge zur Geschichte der modernen Welt, Stuttgart 1976.

Hoffmann, Walter, G., Müller, J.H., Das deutsche Volkseinkommen 1851–1957, Tübingen 1959.

ders., Erziehungs- und Forschungsausgaben im wirtschaftlichen Wachstumsprozeß, in: Fs. f. E.H. Vits, Frankfurt 1963.

ders., Das Wachstum der deutschen Wirtschaft seit der Mitte des 19. Jahrhunderts, Heidelberg – Wien – New York 1965.

ders., Strukturwandlungen im Außenhandel der deutschen Volkswirtschaft seit der Mitte des 19. Jahrhunderts, in: Kyklos XX, 1967.

ders., Die Entwicklung von Kapitalkoeffizient und Lohnquote im wirtschaftlichen Wachstum, in: Jb. f. NatStat., Bd. 180, 1967, S. 179–210.

ders., Wachstumsschwankungen in der deutschen Wirtschaft 1850–1967, in: ders., Untersuchungen zum Wachstum der deutschen Wirtschaft, Tübingen 1971, S. 77–92.

Hohorst, Gerd, Bevölkerungsentwicklung und Wirtschaftswachstum als historischer Entwicklungsprozeß demo-ökonomischer Systeme, in: Mackensen, R. und Wewer H., Hrsg., Dynamik der Bevölkerungsentwicklung, München 1973, S. 91–118.

Holtfrerich, Carl-Ludwig, Quantitative Wirtschaftsgeschichte des Ruhrkohlenbergbaus im 19. Jahrhundert. Eine Führungssektoranalyse, Dortmund 1973.

Holzschuher, Veit, Soziale und ökonomische Hintergründe der Kartellbewegung, Diss. Erlangen-Nürnberg 1962.

Horn, Hannelore, Der Kampf um den Bau des Mittellandkanals, Staat und Politik Bd. 5, Köln – Opladen 1964.

Hübener, Erhard, Die deutsche Eisenindustrie, ihre Grundlagen, ihre Organisation und ihre Politik, Leipzig 1913.

Huber, W., Die deutschen Kartelle, Berlin 1907.

Human, Arthur, Der deutsch-russische Handels- und Schiffahrtsvertrag vom 20. 3. 1894. Staats- und sozialwissenschaftliche Forschungen Bd. 17, 3. Heft, Leipzig 1900.

Ibbeken, Rudolf, Das außenpolitische Problem Staat und Wirtschaft in der deutschen Reichspolitik 1880—1914, Schleswig 1928.

Imbusch, Heinrich, Arbeitsverhältnisse und Arbeitsorganisationen im deutschen Bergbau, Essen 1908.

Ipsen, Gunther, Bevölkerung — 1. Bevölkerungslehre, in: Hwb. des Grenz- und Auslandsdeutschtums, Bd. 1, Breslau 1933, S. 425—463.

Isay, Rudolf, Die Geschichte der Kartellgesetzgebungen, Berlin 1955.

Isenberg, Gerhard, Tragfähigkeit und Wirtschaftsstruktur, Bremen-Horn 1953.

Jacobs, A., Richter, H., Die Großhandelspreise in Deutschland 1792—1934, Institut für Konjunkturforschung, Sonderheft 37, Berlin und Hamburg 1935.

Jacobsohn, A., Zur Entwicklung des Verhältnisses zwischen der deutschen Volkswirtschaft und dem Weltmarkt in den letzten Jahrzehnten, Diss. Göttingen 1908.

Jaeger, Hans, Unternehmer in der deutschen Politik 1890—1918, Bonn 1967.

ders., Unternehmer und Politik im Wilhelminischen Deutschland, in: Tradition, 1968, S. 1—21.

Jagemann, E. v., 75 Jahre des Erlebens und des Erfahrens 1849—1934, Heidelberg 1925.

Jahrbuch des Handelsvertragsvereins, Hrsg. v. W. Borgius, Jg. 1 und 2, 1901 und 1902.

Jantke, Carl, Zur Deutung des Pauperismus, in: ders. und D. Hilger, Die Eigentumslosen. Der deutsche Pauperismus und die Emanzipationskrise in Darstellungen und Deutungen der zeitgenössischen Literatur, München 1965.

Jarausch, Konrad, Hrsg., Quantifizierung in der Geschichtswissenschaft. Probleme und Möglichkeiten, Düsseldorf 1976.

Jastrow, Ignaz, Die preußischen Steuervorlagen vom Standpunkt der Sozialpolitik, in: Archiv für soziale Gesetzgebung und Statistik, V, 1892, S. 257—605.

ders., Hrsg., Die Krisis am Arbeitsmarkt, in: SVSP, Bd. 109, Leipzig 1903.

Jecht, Horst, Staatliche Wirtschaftspolitik und Einkommensverteilung, in: Hoffmann, W.G., Hrsg., Einkommensbildung und Einkommensverteilung, SVSP NF Bd. 13, 1957.

Jeck, Albert, Wachstum und Verteilung des Volkseinkommens. Untersuchungen und Materialien zur Entwicklung der Volkseinkommensverteilung in Deutschland 1870—1913, Tübingen 1970.

Jeidels, Otto, Das Verhältnis der deutschen Großbanken zur Industrie mit besonderer Berücksichtigung der Eisenindustrie. Staats- und sozialwissenschaftliche Forschungen Bd. 24, Leipzig 1905.

Juckenburg, Karl, Das Aufkommen der Großindustrie in Leipzig, Leipzig 1913.

Jüngst, Ernst, Arbeitslohn und Unternehmergewinn im rheinisch-westfälischen Steinkohlenbergbau, Essen 1906.

ders., Festschrift zur Feier des fünfzigjährigen Bestehens des Vereins für die bergbaulichen Interessen des Oberbergamtsbezirks Dortmund in Essen 1858—1908, Essen 1908.

Junge, Gottfried, Die Getreideeinfuhrscheine im Rahmen unserer Schutzzollpolitik, Berlin 1912.

Junghänel, Heinz, Marinehaushalt und Marineausgabenpolitik in Deutschland 1868–1930, phil. Diss. Leipzig 1932.

Jungnickel, Fr., Staatsminister A. v. Maybach. Ein Beitrag zur Geschichte des preußischen und deutschen Eisenbahnwesens, Stuttgart – Berlin 1910.

Juraschek, Franz v., Übersichten über die Weltwirtschaft 1890–1902, München 1905.

Jutzi, Wilhelm, Die Montanindustrie auf dem Weg zum Trust, Jena 1905.

Kaelble, Hartmut, Industrielle Interessenpolitik in der Wilhelminischen Gesellschaft. CDI 1895–1914, Berlin 1967.

ders., Volkmann, H., Konjunktur und Streik während des Übergangs zum Organisierten Kapitalismus in Deutschland, in: Zs. f. Wirtschafts- und Sozialwissenschaft, 92. Jg., II Hbbd., 1972, S. 513 ff.

Kandler, Johannes, Der deutsche Heeresetat vor und nach dem Kriege. Beiträge zur Finanzkunde Hrsg. v. B. Moll und F. Boesler, Bd. V, Leipzig 1930.

Kanitz-Podangen, Hans Graf, Die Festsetzung von Mindestpreisen für das ausländische Getreide, Berlin 1895.

Kardorff, Siegfried v., Wilhelm von Kardoff. Ein nationaler Parlamentarier im Zeitalter Bismarcks und Wilhelm II., 1828–1907, Berlin 1936.

Kaufmann, Franz-Xaver, Hrsg., Bevölkerungsbewegung zwischen Quantität und Qualität. Beiträge zum Problem einer Bevölkerungspolitik in industriellen Gesellschaften, Stuttgart 1975.

Kaufmann, Max, Vom Spiritussyndikat zum Branntweinmonopol, Diss. rer. pol. Würzburg 1921.

Kehr, Eckart, Schlachtflottenbau und Parteipolitik 1894–1901. Versuch eines Querschnitts durch die innenpolitischen, sozialen und ideologischen Voraussetzungen des deutschen Imperialismus, Hist. Studien Heft 197, Berlin 1930, reprint Vaduz 1965.

ders., Der Primat der Innenpolitik. Gesammelte Aufsätze zur preußisch-deutschen Sozialgeschichte im 19. und 20. Jahrhundert. Hrsg. v. H.U. Wehler, Frankfurt – Berlin – Wien 1976, Ullstein-Buch 3269.

Kehrein, Paul, Konjunktureinflüsse in der Großeisenindustrie. Eine Untersuchung der Bilanzen von neun Unternehmungen der Großeisenindustrie 1880–1914, Diss. Frankfurt a. M. 1928.

Keller, Karl, Umfang und Richtung der Wanderungen zwischen den preußischen Provinzen in den Jahren 1871–1924, in: Zs. d. Pr. Stat. LA, 70. Jg., 1930. S. 273 ff.

Kenwood, A.G., Longheed, A.L., The Growth of the International Economy 1820–1960, 1971.

Kestner, Fritz, Die deutschen Eisenzölle 1879–1900, Leipzig 1902.

ders., Der Organisationszwang. Eine Untersuchung über die Kämpfe zwischen Kartellen und Außenseitern, Berlin 1912.

ders., Entwicklungslinien der deutschen Reichsfinanzen, in: Schm. Jb., 32. Jg., 1908, S. 1651—1688.

Keynes, J.M., The Economic Consequences of the Peace, New York 1920.

Kiesenwetter, Otto von, Zum 18. Februar 1903. Zehn Jahre wirtschaftspolitischen Kampfes, Berlin 1903.

Kirchhain, Günther, Das Wachstum der deutschen Baumwollindustrie im 19. Jahrhundert. Eine historische Modellstudie zur empirischen Wachstumsforschung, Diss. Münster 1973.

Kirchhoff, Hans Georg, Die staatliche Sozialpolitik im Ruhrbergbau 1871—1914, Köln — Opladen 1958.

Klass, Gert von, Hugo Stinnes, Tübingen 1958.

ders., Aus Schutt und Asche. Krupp nach fünf Menschenaltern, Tübingen 1961.

Klein, Ernst, Geschichte der deutschen Landwirtschaft im Industriezeitalter, Wiesbaden 1973.

Kleiner, Hermann, Emissionsstatistik in Deutschland. Münchener volkswirtschaftliche Studien, 131. Stück, Stuttgart — Berlin 1914.

Klingner, R., Die Kontroverse Agrar- und Industriestaat, Berlin 1931.

Klotzbach, Arthur, Der Roheisenverband. Ein geschichtlicher Rückblick auf die Zusammenschlußbestrebungen in der deutschen Hochofenindustrie, Düsseldorf 1926.

Knodel, John E., The Decline of Fertility in Germany 1871—1939, Princeton 1974.

Knopf, Rudolf M., Die Wirkungen der Kartelle der Textil- und Bekleidungsindustrie auf die Abnehmer, phil. Diss. Karlsruhe 1915.

Knorring, Ekkehard von, Strukturwandlungen des privaten Konsums im Wachstumsprozeß der deutschen Wirtschaft seit der Mitte des 19. Jahrhunderts, in: Hoffmann, W.G., Hrsg., Untersuchungen zum Wachstum der deutschen Wirtschaft, Tübingen 1971, S. 167—192.

Koch, Waldemar, Die Konzentrationsbewegung in der deutschen Elektroindustrie, Diss. Berlin 1907.

ders., Die Einkommensschichtung im Wechsel der Wirtschaftslagen, in: Fs. f. Friedrich Bülow zum 70. Geburtstag, Hrsg. v. D. Stammer und K.C. Thalheim, Berlin 1960.

Kocka, Jürgen, Unternehmensverwaltung und Angestelltenschaft am Beispiel Siemens 1847—1914. Zum Verhältnis von Kapitalismus und Bürokratie in der deutschen Industrialisierung, Stuttgart 1969.

ders., Industrielles Management: Konzeptionen und Modelle in Deutschland vor 1914, in: VSWG, 56. Jg., 1969, S. 332—372.

ders., Expansion — Integration — Diversifikation. Wachstumsstrategien industrieller Großunternehmen in Deutschland vor 1914, in: Winkel, Harald, Hrsg., Vom Kleingewerbe zur Großindustrie, Berlin 1975, S. 203 ff.

ders., Sozialgeschichte — Strukturgeschichte — Gesellschaftsgeschichte, in: Archiv für Sozialgeschichte, 1975, S. 1 ff.

ders., Unternehmer in der deutschen Industrialisierung, Göttingen 1975.

Köllmann, Wolfgang, Bevölkerung in der industriellen Revolution, Göttingen 1974.

König, Heinz, Kartelle und Konzentration unter besonderer Berücksichtigung der Preis- und Mengenabsprachen, in: Arndt, H., Hrsg., Die Konzentration in der Wirtschaft, Bd. 1, S. 303—332.

Köppe, Hans, Die Reichsfinanzreform, Leipzig 1902.

ders., Die Reichssteuerreform von 1913. in: Finanzarchiv Bd. 31, 1914, S. 254—319.

Kohl, Gerhard Franz, Die Frage eines deutschen Getreide-Monopols, Diss. Frankfurt 1933.

Kollmann, Julius, Der deutsche Stahlwerksverband. Eine wirtschaftliche Studie auf Grund eigener Wahrnehmungen, Berlin 1905.

Kondratieff, N.D., Die langen Wellen der Konjunktur, in: Archiv für Sozialwissenschaften und Sozialpolitik, 56. Bd., 1926.

Konopatzki, Siegfried, Die innerdeutsche Westwanderung der ostpreußischen Bevölkerung und die Erforschung ihrer Ursachen, phil. Diss. Leipzig 1936.

Korfes, O., Diekmann, W., Die weltwirtschaftliche Abhängigkeit Deutschlands vor dem Kriege, in: Archiv für Politik und Geschichte, 3. Jg., 1925, S. 1—30.

Kreller, Emil, Die Entwicklung der deutschen elektrotechnischen Industrie und ihre Aussichten auf dem Weltmarkte, Leipzig 1903.

Kreutz, W., Wesen und Bewertung der Beteiligungsziffer beim Rheinisch-Westfälischen Kohlensyndikat, Köln 1911.

Krischer, Ernst Heinrich, Organisationsformen und ihr Einfluß auf die deutsche Spiritusindustrie seit dem ersten Reichsbranntweinsteuergesetz von 1887, Diss. rer. pol. Tübingen 1928.

Kröger, K.H., Die Konservativen und die Politik Caprivis, Diss. Rostock 1937.

Kronenberg, C., Die Preisbildung und Preispolitik des Rheinisch-Westfälischen Kohlensyndikats, Köln 1907.

Kubitschek, Helmut, Zu Tendenzen des staatsmonopolistischen Kapitalismus in Deutschland vor dem ersten Weltkrieg, in: Jb. f. WG, 1963, Teil II, S. 103—142.

Kuczynski, Jürgen, Löhne und Ernährungskosten in Deutschland 1820—1937, Libau 1937.

Kuczynski, Robert, Der Zug nach der Stadt, Statistische Studien über Vorgänge der Bevölkerungsbewegung im Deutschen Reiche. Münchener volkswirtschaftliche Studien, 24. Stück, Stuttgart 1897.

ders., Die Entwicklung der gewerblichen Löhne seit der Begründung des Deutschen Reichs, Berlin 1909.

ders., Arbeitslohn und Arbeitszeit in Europa und Amerika 1870—1909, Berlin 1913.

Kühnert, F., Steuerermäßigung bei der Einkommenssteuer-Veranlagung in Preußen, in: Zs. d. Kgl. Pr. Stat. LA, 1914, S. 349 ff.

ders., Einkommensgliederung der preußischen Bevölkerung im Zeitraum 1902—1914, in: Zs. d. Kgl. Pr. Stat. LA, 1916, S. 269—309.

283

ders., Rückblick auf die Ergebnisse der preußischen Einkommenssteuerveranlagung im fünfundzwanzigjährigen Zeitraum 1892—1916, in: Zs. d. Kgl. Pr. Stat. LA, 1917, S. 11—58.

Küpper, Paul, Die Preispolitik des Stahlwerksverbandes im ersten Jahrzehnt seines Bestehens, Diss. Gießen 1933.

Kuh, Felix, Die Hüttenindustrie Oberschlesiens, in: SVSP Bd. 106, Leipzig 1903.

Kuntze, Kurt, Die Wollindustrie, in: SVSP Bd. 105, Leipzig 1903.

Lampus, Fritz, Import und Konjunktur. Eine konjunkturstatistische Untersuchung des deutschen Imports der Jahre 1890—1913, Diss. Frankfurt 1930.

Landé, Dora, Arbeits- und Lohnverhältnisse in der Berliner Maschinenindustrie zu Beginn des 20. Jahrhunderts, in: SVSP Bd. 134, Leipzig 1910.

Landmann, Julius, Zur Abänderung des deutschen Bankgesetzes, in: Bank-Archiv 8. Jg., 1909, Nr. 11, S. 161 ff.

Lane, Frederic C., Units of Economic Growth historically considered, in: Kyklos 15, 1962, S. 95—104.

Langewiesche, Dieter, Wanderungsbewegungen in der Hochindustrialisierungsperiode. Regionale, interstädtische und innerstädtische Mobilität in Deutschland, in: VSWG 1977.

Lansburgh, A., Das deutsche Bankwesen, Berlin 1909.

ders., Die Maßnahmen der Reichsbank zur Erhöhung der Liquidität der deutschen Kreditwirtschaft. Finanzwirtschaftliche Zeitfragen, Heft 8, Stuttgart 1914.

Lebovics, Herman, Agarians versus Industrializers: Social Conservative Resistance to Industrialism and Capitalism in late 19th Century Germany, in: International Review of Social History, Vol. XII, 1967, S. 31—65.

Leckebusch, Günter, Die Beziehung der deutschen Seeschiffswerften zur Eisenindustrie an der Ruhr in der Zeit von 1850—1930, Köln 1963.

Lederer, Emil, Das ökonomische Element und die politische Idee im modernen Parteiwesen, in: ZfP, Bd. 5, 1912, S. 535—557.

Leibenguth, Peter, Modernisierungskrisis des Kaiserreichs an der Schwelle zum wilhelminischen Imperialismus, Politische Probleme der Ära Caprivi 1890—1894, Diss. phil. Köln 1975.

Leibig, Karl, Die deutsche Volkswirtschaft in Produktion und Verbrauch. Ein statistischer Nachweis der Verflechtung der deutschen Volkswirtschaft in die Weltwirtschaft, o. O. 1922.

Leisewitz, C., Die landwirtschaftliche Produktion im Deutschen Reiche und ihr Verhältnis zum Stande des bezüglichen inländischen Bedarfs, in: Jb. f. NatStat., Bd. 77, 1901, S. 188 ff.

Leisse, Wilhelm, Wandlungen in der Organisation der Eisenindustrie und des Eisenhandels seit der Gründung des Stahlwerksverbandes, Staats- und Sozialwissenschaftliche Forschungen 158, München — Leipzig 1912.

Lenz, Friedrich, Wesen und Struktur des deutschen Kapitalexports vor 1914, in: Weltwirtschaftliches Archiv, 18. Bd., 1922, S. 42—54.

Lepsius, Bernhard, Deutschlands chemische Industrie 1888—1913, Berlin 1914.

Lepsius, M. Rainer, Parteiensystem und Sozialstruktur. Zum Problem der Demo-kratisierung der deutschen Gesellschaft, in: Wirtschaft, Geschichte und Wirt-schaftsgeschichte, FS f. Fr. Lütge, Hrsg. v. W. Abel, K. Borchardt, H. Kellen-benz, W. Zorn, Stuttgart 1966, S. 371—393.

Lichtenfelt, H., Über die Ernährung und deren Kosten bei deutschen Arbeitern, Stuttgart 1911.

Liefering, Max, Das rheinisch-westfälische Kohlensyndikat und sein Einfluß auf die Kohlenpreise und die Lage der Bergarbeiter, Diss. Tübingen 1910.

Liefmann, Robert, Krisen und Kartelle, in: Schm. Jb. 1902.

ders., Beteiligungs- und Finanzierungsgesellschaften. Eine Studie über den moder-nen Effektenkapitalismus in Deutschland, den Vereinigten Staaten, der Schweiz, England, Frankreich und Belgien, 3. Aufl., Jena 1921.

ders., Kartelle und Trusts und die Weiterbildung der volkswirtschaftlichen Organi-sation, 5. erw. und verb. Auflage, Stuttgart 1922.

Lienhart, Josef, Die Reichsbank von 1876 bis 1933 auf Grund ihrer Bilanzen und Erfolgsrechnungen, Würzburg 1936.

Limburg-Stirum, Fr. W. v., Aus der konservativen Politik der Jahre 1890—1905, Berlin 1921.

Lindenlaub, Dieter, Richtungskämpfe im Verein für Sozialpolitik. Wissenschaft und Sozialpolitik im Kaiserreich vornehmlich vom Beginn des „Neuen Kurses" bis zum Ausbruch des ersten Weltkrieges 1890—1914, Beiheft zur VSWG Nr. 52, Wiesbaden 1967.

Lindig, Ursula, Der Einfluß des BdL auf die Politik des wilhelminischen Zeitalters 1893—1914 unter besonderer Berücksichtigung der preußischen Verhältnisse, Diss. Hamburg 1954.

Link, Adolf, Die Lederindustrie, Tübingen 1913.

Linschmann, Hugo, Die Finanzreform von 1906, Stuttgart 1906.

ders., Die Finanzreform von 1909, Berlin 1909.

Loeb, Ernst, Die Berliner Großbanken in den Jahren 1895 bis 1902 und die Krisis der Jahre 1900 und 1901, in: SVSP, Bd. 110, Leipzig 1903.

Loewe, Josef, Die elektrotechnische Industrie, in: SVSP, Bd. 107, Leipzig 1903.

Lösch, August, Bevölkerungswellen und Wechsellagen 1874—1913, Jena 1936.

ders., Das Problem einer Wechselwirkung zwischen Bevölkerungs- und Wirtschafts-entwicklung, in: Weltwirtschaftliches Archiv Bd. 4, 1938, S. 454—469.

Lohse, U., Guido Graf Henckel von Donnersmarck und seine industriellen Schöp-fungen, in: Stahl und Eisen, Bd. 37, 1917, S. 156—161.

Lotz, Walther, Der Schutz der deutschen Landwirtschaft und die Aufgaben der künftigen Handelspolitik, Berlin 1900.

ders., Die Handelspolitik des deutschen Reiches unter Caprivi und Fürst Hohen-lohe, in: SVSP, Bd. 92, Leipzig 1901.

ders., Finanzwirtschaft, 1931.

Ludewig, Hans, Geldmarkt und Hypothekenbank-Obligationen. Staats- und sozial-wissenschaftliche Forschungen Heft 181, München — Leipzig 1915.

Ludwig, Karl-Heinz, Die Familienarbeit von Kindern im 19. Jahrhundert. Ein Problem der Technikgeschichte, in: VSWG, 52. Bd., 1965, S. 63—85.

Lüters, Wilhelm, Die Konjunkturpolitik des rheinisch-westfälischen Kohlensyndikats vor dem Kriege, Diss. Berlin 1928.

Lüthgen, Helmut, Das rheinisch-westfälische Kohlensyndikat in der Vorkriegs-, Kriegs- und Nachkriegszeit und seine Hauptprobleme, Leipzig — Erlangen 1926.

Lumm, Karl von, Die Stellung der Notenbanken in der heutigen Volkswirtschaft, in: Bank-Archiv, 8. Jg., 1909, S. 213—216, 229—232, 246—251.

ders., Diskontpolitik, in: Bank-Archiv, 11. Jg., 1911/12, S. 129—136, 145—150, 162—167, 179—187.

Lusensky, Franz, Einführung in die deutsche Zoll- und Handelspolitik, Hannover 1913.

Mackenrot, Gerhard, Bevölkerungslehre. Theorie, Soziologie und Statistik der Bevölkerung, Berlin — Göttingen — Heidelberg 1953.

Mackensen, Rainer, Das regionale Leistungsgefüge, in: Jb. f. Sozialwissenschaft, Bd. 18, 1967, S. 80—97.

Mäder, Adolf, Die Gegenbewegungen gegen die Konzentrationsbestrebungen in der elektrotechnischen Industrie, Diss. Würzburg 1921.

Malenbaum, Wilfred, The World Wheat Economy 1885—1939, Cambridge 1953.

Mannser, Der Stahlwerksverband, Leipzig 1910.

Mannstaedt, Heinrich, Die Konzentration in der Eisenindustrie und die Lage der reinen Walzwerke, Jena 1906.

Marchand, H., Säkularstatistik der deutschen Eisenindustrie, Diss. Köln 1939.

Marienfeld, Wolfgang, Wissenschaft und Schlachtflottenbau in Deutschland 1897—1906, Beiheft 2 der Marinerundschau, April 1957.

Marquardt, Frederick D., Pauperism in Germany during the Vormärz, in: Central European History 2, 1969, S. 77—88.

Martin, Curt, Die deutsche Lokomotivbauindustrie, Diss. München 1913.

Martin, Kurt, Industrie und Handel Berlins und der Provinz Brandenburg 1889—1902 unter dem Einfluß der Handelspolitik, Diss. München 1903.

Martin, Rudolf, Die Eisenindustrie in ihrem Kampf um den Absatzmarkt, Leipzig 1904.

Maschke, Erich, Grundzüge der deutschen Kartellgeschichte bis 1914, Dortmund 1964.

Massow, Wilhelm v., Die deutsche innere Politik unter Kaiser Wilhelm II., Stuttgart — Berlin 1913.

Mayr, Eustach, Kapitalbedarf und Kapitalbeschaffung der Industrie in Mannheim, Ludwigshafen und Frankenthal, Karlsruhe 1910.

Meisel, Franz, Moral und Technik bei der Veranlagung der preußischen Einkommensteuer, in: Schm. Jb., 35. Jg., 1911, S. 285—373.

ders., Wahrheit und Fiskalismus bei der Veranlagung der modernen Einkommensteuer, in: Finanzarchiv, 31. Jg., 2. Bd., 1914, S. 144—168.

Meisner, H.O., Der Reichskanzler Caprivi, in: Zs. f. d. ges. Stwiss., 1955.

Mellin, Ignaz v., Die Schutzzölle und die deutschen Reichsfinanzen (von 1892 bis 1912), Diss. München 1917.

Mendelson, M., Die Entwicklungsrichtungen der deutschen Volkswirtschaft nach den Ergebnissen der neuesten Deutschen Statistik, insbes. der Berufs- und Betriebsstatistik, in: Zs. f. Sozialwissenschaft. 3. Jg., 1912.

Metschke, Hans, Bergbau und Industrie in Westfalen und im Ruhrgebiet unter den Caprivischen Handelsverträgen, Berlin 1905.

Meyer, Alexander, Graf Caprivi, in: Bettelheims biographisches Jahrbuch 1900.

Meyer, Henry C., Mitteleuropa in German Thought and Action 1815–1945, The Hague 1955.

Meyknecht, Ernst, Die Krisen in der Woll- und Baumwollindustrie von 1900–1914, Diss. Münster 1928.

Michelmann, Emil, Die Kartellbestrebungen in der deutschen Zuckerindustrie, Diss. Heidelberg 1902.

Miethke, Franz, Dr. Gustav Stresemann als Wirtschaftspolitiker, Dresden 1919.

Mombert, Paul, Die Belastung des Arbeitseinkommens durch die Kornzölle, Jena 1901.

ders., Studien zur Bevölkerungsbewegung in Deutschland in den letzten Jahrzehnten mit besonderer Berücksichtigung der ehelichen Fruchtbarkeit, Karlsruhe 1907.

ders., Bevölkerungslehre. Grundrisse zum Studium der Nationalökonomie Bd. 15, Hrsg. v. K. Diehl und P. Mombert, Jena 1929.

Mommsen, Hans, Betrachtungen zur Entwicklung der neuzeitlichen Historiographie in der Bundesrepublik, in: Alföldy, Geza u. a., Hrsg., Probleme der Geschichtswissenschaft, Düsseldorf 1973.

ders. u. a., Hrsg., Industrielles System und politische Entwicklung in der Weimarer Republik, Düsseldorf 1974.

Mommsen, Wilhelm, Bismarcks Sturz und die Parteien, Berlin – Leipzig 1924.

Mommsen, Wolfgang J., Das Zeitalter des Imperialismus, Frankfurt 1969.

ders., Domestic Factors in German Foreign Policy before 1914, in: Central European History, Vol. 6, 1973, S. 3–43.

ders., Die latente Krise des Wilhelminischen Reichs. Staat und Gesellschaft in Deutschland 1890–1914, in: MGM, 1974, S. 7–28.

Morgenroth, Willi, Die Exportpolitik der Kartelle. Untersuchungen über die Handelspolitische Bedeutung des Kartellwesens, Leipzig 1907.

Mosbacher, W., Reichsbank und Bank von England im Goldstandard vor 1914, in: Archiv-Sammlung bankgeschichtlicher Aufsätze, 4, 1974, S. 1 ff.

Mottek, Hans, Zur Verstaatlichung im Kapitalismus. Der Fall Hibernia, in: Jb. f. WG, IV, 1968, S. 11–39.

ders. u. a., Wirtschaftsgeschichte Deutschland. Ein Grundriß, Bd. 3, 1871–1945, Berlin 1974.

Müller, E., Der Steinkohlenbergbau des preußischen Staates in der Umgebung von Saarbrücken, VI. Teil: Die Entwicklung der Arbeiterverhältnisse auf den staatlichen Steinkohlenbergwerken vom Jahre 1816 bis zum Jahre 1903, Berlin 1904.

287

Müller, Hermann, Die Übererzeugung im Saarländer Hüttengewerbe von 1856 bis 1913, Jena 1935.

Müller, J. H., Geisenberg, S., Die Einkommenstruktur in verschiedenen deutschen Ländern 1874—1913, Berlin 1972.

Müller, J. H., Die Änderung der personellen Einkommensstruktur in wichtigen deutschen Ländern 1874—1913, in: Bombach, Gottfried u. a., Hrsg., Neue Aspekte der Verteilungstheorie, Tübingen 1974, S. 153—173.

Münz, Heinrich, Die Lage der Bergarbeiter im Ruhrrevier, Essen 1909.

Müßig, Emil, Eisen- und Kohlen-Konjunkturen seit 1870. Preisentwicklung in der Montanindustrie unter Einwirkung von Technik, Wirtschaft und Politik, Augsburg 1919².

Muhs, Karl, Kartelle und Konjunkturbewegung. Ein Beitrag zur Problematik der Wirtschaftskrise, Jena 1933.

Mulhall, M. G., Industries and Wealth of Nations, London 1896.

Muncy, Lysbeth W., The Junker in the Prussian Administration under William II. 1888—1914, Providence 1939.

dies., The Prussian Landräte in the last years of the Monarchy 1890—1918, in: Central European History, Vol. 6, 1973, S. 299—338.

Muthesius, Volkmar, Ruhrkohle 1893—1943. Aus der Geschichte des Rheinisch-westfälischen Kohlensyndikats, Essen 1943.

Mydral, Gunnar, Ökonomische Theorie und unterentwickelte Regionen, Stuttgart 1959.

Neisser, Hans, Der internationale Geldmarkt vor und nach dem Kriege, in: Weltwirtschaftliches Archiv, 1929/30, II, Chronik und Archivalien, S. 171—226, 150—202.

ders., Der ökonomische Imperialismus im Lichte moderner Theorien, in: Hamburger Jb. f. Wirtschafts- und Gesellschaftspolitik, 4. Jg., 1959, S. 209 ff.

Neubrand, Arthur, Die Belastung mit direkten Staatssteuern in Preußen, Bayern, Sachsen, Württemberg und Baden, Diss. phil. Erlangen 1915.

Neubürger, Friedrich, Die Kriegsbereitschaft des deutschen Geld- und Kapitalmarktes. Ein Beitrag zur Kritik unserer Kreditorganisation, Diss. Heidelberg 1913.

Neuburger, Hugh, Stokes, Haustin H., German Banks and German Growth 1883—1913 an Empirical View, in: Journal of Economic History, Jg. 34, 1974, S. 716—730.

Neumann, Wolfgang, Die Innenpolitik des Fürsten Bülow von 1900—1906, Kiel 1949.

Neumark, Fritz, Hrsg., Strukturwandlungen einer wachsenden Wirtschaft, in: SVSP Bd. 30, 1964.

ders., Die Finanzpolitik in der Zeit vor dem ersten Weltkrieg, in: Währung und Wirtschaft in Deutschland 1876—1976, Hrsg. v. d. Deutschen Bundesbank, Frankfurt 1976, S. 57—111.

Nichols, J. Alden, Germany after Bismarck. The Caprivi Era 1890—1894, Cambridge/Mass. 1958.

Niehans, Jürg, Strukturwandlungen als Wachstumsprobleme, in: Neumark, Fr., Hrsg., Strukturwandlungen einer wachsenden Wirtschaft, in: SVSP Bd. 30, I, Berlin 1964, S. 18—45.

Niethammer, Lutz, Wie wohnten Arbeiter im Kaiserreich?, in: Archiv für Sozialgeschichte, XVI Bd., 1976, S. 61—134.

Nipperdey, Thomas, Interessenverbände und Parteien in Deutschland vor dem ersten Weltkrieg, in: Pol. Vjs., Jg. II, 1961, S. 262—280.

Nitzsche, M., Die handelspolitische Reaktion in Deutschland, Stuttgart — Berlin 1905.

Nitschke, Kurt, Einkommen und Vermögen in Preußen und ihre Entwicklung seit Einführung der neuen Steuern mit Nutzanwendung auf die Theorie der Einkommensentwicklung, Breslau 1902.

Noether, Erich, Vertrustung und Monopolfrage in der deutschen Elektrizitätsindustrie, Diss. Heidelberg 1913.

Noll, Adolf, Sozioökonomischer Strukturwandel des Handwerks in der zweiten Phase der Industrialisierung unter besonderer Berücksichtigung der Regierungsbezirke Arnsberg und Münster, Göttingen 1975.

Nostitz, Hans von, Grundzüge der Staatssteuern im Königreich Sachsen, Jena 1903.

Nußbaum, Helga, Ein neuer Hintergrund der Hibernia-Affäre, in: Jb. f. WG, 1963, Teil III, S. 226 ff.

dies., Unternehmer gegen Monopole. Über Struktur und Aktionen antimonopolitischer bürgerlicher Gruppen zu Beginn des 20. Jahrhunderts, Berlin-Ost 1966.

Öhlmann, Horst, Studien zur Innenpolitik des Reichskanzlers von Caprivi, Diss. Freiburg 1953 (MS).

Oldenberg, Karl, Über Deutschland als Industriestaat, Ref. auf dem 8. ev.-soz. Kg. 1897, Göttingen 1897, S. 64—104.

ders., Zur Theorie volkswirtschaftlicher Krisen, in: Schm. Jb. Jg. 27, 1903.

Oldenburg-Januschau, Elard von, Erinnerungen, Leipzig 1936.

Oppel, A., Die deutsche Textilindustrie, Leipzig 1912.

Orsagh, Thomas J., The Probable Geographical Distribution of German Income 1882—1962, in: Zs. f. d. ges. Stwiss., Bd. 124, 1968.

ders., Löhne in Deutschland 1871—1913. Neuere Literatur und weitere Ergebnisse, in: Zs. f. d. ges. Stwiss., Bd. 125, 1969, S. 476—483.

Pacyna, Hasso, Die Entstehung der Deutschen Tageszeitung, ihr Wirken und ihr Charakter von 1894—1914, dargestellt am Beispiel einiger wirtschaftspolitischer Entscheidungen dieser Zeit, Diss. Bonn 1958.

Panzer, Arno, Industrie und Landwirtschaft in Deutschland im Spiegel der Außenwirtschafts- und Zollpolitik von 1870 bis heute, in: Zs. f. Agrargeschichte und Agrarsoziologie, 23. Jg., 1975, S. 71 ff.

Perls, Klara, Die Einkommen-Entwicklung in Preußen seit 1896. Beiträge zur Erkenntnis der Einkommensbewegung in Preußen in den Jahren 1896—1906 nebst Kritik an Material und Methoden, Diss. Breslau 1911.

Pesmazoglu, J. S., Some International Aspects of German Cyclical Fluctuations 1880—1913, in: Weltwirtschaftliches Archiv, Bd. 64, 1950, S. 77—110.

Petzina, Dietmar, Materialien zum sozialen und wirtschaftlichen Wandel in Deutschland seit dem Ende des 19. Jahrhunderts, in: Vjh. f. ZG, 17. Jg., 1969, S. 508—538.

Phelps Brown, E. H., Browne, Margaret, H., A Century of Pay. The Course of Pay and Production in France, Germany, Sweden, the UK and the USA 1860—1960, London 1968.

Phelps Brown, E.H., Levels and Movements of Industrial Productivity and Real Wages internationally compared 1860—1970, in: Economic Journal, Vol. 83, 1973.

Philipovich, Eugen von, Hrsg., Auswanderung und Auswanderungspolitik in Deutschland, in: SVSP, Bd. 52, Leipzig 1892.

Pieper, Lorenz, Die Lage der Bergarbeiter im Ruhrrevier, Stuttgart — Berlin 1903.

Pilz, Alfred, Die Hüttenzechenfrage im Ruhrbezirk und Richtlinien für eine Erneuerung des rheinisch-westfälischen Kohlensyndikats. Eine systematische Darstellung des Einflusses der Hüttenzechen auf den Kartellierungsgedanken im niederrheinisch-westfälischen Steinkohlenbezirk, Diss. Münster 1910.

Pinner, Felix, Emil Rathenau und das elektrische Zeitalter, Leipzig 1918.

ders., Die großen Weltkrisen im Lichte des Strukturwandels der kapitalistischen Wirtschaft, Zürich und Leipzig 1937.

Plachetka, Manfred Günter, Die Getreideautarkiepolitik Bismarcks und seiner Nachfolger im Reichskanzleramt. Darstellung und Auswirkungen insbesondere während des ersten Weltkriegs, Diss. Bonn 1969.

Plenge, Johannes, Von der Diskontpolitik zur Herrschaft über den Geldmarkt, Berlin 1913.

Pohle, Ludwig, Deutschland am Scheideweg, Leipzig 1902.

ders., Bevölkerungsbewegung, Kapitalbildung und periodische Wirtschaftskrisen, Göttingen 1902.

Poth, Ludwig, Die Stellung des Steinkohlenbergbaus im Industrialisierungsprozeß unter besonderer Berücksichtigung des Ruhrgebiets, Berlin 1971.

Potthoff, Heinz, Die Leinen- und Wäscheindustrie, Berlin 1901.

ders., Die Leinenindustrie, in: SVSP Bd. 105, Leipzig 1903.

Prager, E., Die Geschichte der USPD, Berlin 1921.

Prager, Ludwig, Die Handelsbeziehungen des Deutschen Reiches mit den USA bis zum Ausbruch des Weltkrieges im Jahr 1914. Eine kritisch-historische Wirtschaftsstudie, Weimar 1926.

Preuß, Hugo, Reichs- und Landesfinanzen, Volkswirtschaftliche Zeitfragen, Heft 121/2, Berlin 1894.

Prince-Smith, John, Gesammelte Schriften, 1. Bd., Hrsg. v. Otto Michaelis, Berlin 1877.

Prion, Willi, Das deutsche Wechseldiskontgeschäft. Mit besonderer Berücksichtigung des Berliner Geldmarktes, Staats- und sozialwissenschaftliche Forschungen, H. 127, Leipzig 1907.

Pütz, Th., Wirtschaftliche Entwicklung und zunehmende Staatstätigkeit, in: Zs. f. NatStat., 1960.

Puhle, Hans Jürgen, Agrarische Interessenpolitik und preußischer Konservatismus im wilhelminischen Reich 1893–1914. Ein Beitrag zur Analyse des Nationalismus in Deutschland am Beispiel des Bundes der Landwirte und der Deutsch-Konservativen Partei, Hannover 1966.

ders., Von der Agrarkrise zum Präfaschismus. Thesen zum Stellenwert der agrarischen Interessenverbände in der deutschen Politik am Ende des 19. Jahrhunderts, Wiesbaden 1972.

ders., Politische Agrarbewegungen in kapitalistischen Industriegesellschaften. Deutschland, USA und Frankreich im 20. Jahrhundert, Göttingen 1976.

Quante, Peter, Die Mithelfenden in der deutschen Landwirtschaft und ihre Entwicklung seit 1882, in: Allg. Stat. Archiv 22, 1932, S. 211–228.

ders., Die Abwanderung vom Lande und das „Goltzsche Gesetz", in: Schm. Jb., 55. Jg., 1931, S. 63–107.

ders., Die Flucht aus der Landwirtschaft. Umfang und Ursachen der ländlichen Abwanderung, dargestellt aufgrund neuerer Tatsachenmaterials, Berlin 1933.

Rabius, Wilhelm, Der Aachener Hütten-Aktien-Verein in Rote Erde 1846–1906. Die Entscheidung und Entwicklung eines rheinischen Hüttenwerks, Jena 1906.

Rachfahl, Felix, Kaiser und Reich 1888–1913, Berlin 1913.

Raphael, Gaston, Hugo Stinnes. Der Mensch – sein Werk – sein Wirken, Berlin 1925.

Rassow, Peter, Born, Karl Erich, Akten zur staatlichen Sozialpolitik in Deutschland 1890–1914, Wiesbaden 1959.

Rathgen, Karl, Die Kündigung des englischen Handelsvertrages und ihre Gefahr für die Zukunft, in: Schm. Jb. Bd. 21, 1897, S. 1369–1386.

Real, Willy, Die Sozialpolitik des neuen Kurses, in: Fs. f. H. Herzfeld, Berlin 1958, S. 440–457.

Redlich, Fritz, Die volkswirtschaftliche Bedeutung der deutschen Teerfarben-Industrie. Staats- und sozialwissenschaftliche Forschungen 180, Leipzig – München 1914.

Reiber, Willy, Die Gründung ausländischer Eisenbahnunternehmungen durch deutsche Banken, Diss. Köln 1934.

Reichelt, Heinrich, Die Arbeitsverhältnisse in einem Berliner Großbetrieb der Maschinenindustrie. Hrsg. im Namen des Centralvereins für das Wohl der arbeitenden Klassen von dessen Kommission, H. 4, Berlin 1906.

Reiß, Klaus Peter, Von Bassermann zu Stresemann. Die Sitzungen des national-liberalen Parteivorstandes 1906–1918, Düsseldorf 1967.

Renauld, Josef von, Der Bergbau und die Hüttenindustrie von Oberschlesien 1884–1897, Münchener volkswirtschaftliche Studien 38, Stuttgart 1900.

Reulecke, Jürgen, Hrsg., Arbeiterbewegung an Rhein und Ruhr. Beiträge zur Geschichte der Arbeiterbewegung in Rheinland-Westfalen, Wuppertal 1974.

Richter, Siegfried, Die Struktur des deutschen Außenhandels von 1872–1892. Ein Beitrag zur Geschichte des deutschen Imperialismus, Diss. Halle 1961.

ders., Sonnemann, Rolf, Zur Problematik des Übergangs vom vormonopolistischen Kapitalismus zum Imperialismus in Deutschland, in: Jb. f. WG, 1963, Teil II, S. 39—78.

Richthofen, Elisabeth von, Über die historischen Wandlungen in der Stellung der autoritären Parteien zur Arbeiterschutzgesetzgebung, 1901.

Riedler, A., Emil Rathenau und das Werden der Großwirtschaft, Berlin 1916.

Rieker, Karlheinrich, Die Konzentrationsentwicklung in der gewerblichen Wirtschaft. Eine Auswertung der deutschen Betriebszählungen von 1875 bis 1950, in: Tradition, Bd. 5, 1960, S. 116 ff.

Riesser, Jacob, Der Hansabund, Jena 1912.

ders., Die deutschen Großbanken und ihre Konzentration im Zusammenhang mit der Entwicklung der Gesamtwirtschaft in Deutschland, Jena 1912[4].

Ritter, Gerhard Albert, Die Arbeiterbewegung im Wilhelminischen Reich. Die SPD und die freien Gewerkschaften 1890—1900, Berlin 1959.

ders., Hrsg., Entstehung und Wandel der modernen Gesellschaft. FS f. H. Rosenberg zum 65. Geburtstag, Berlin 1970.

ders., Kocka, Jürgen, Hrsg., Deutsche Sozialgeschichte. Dokumente und Skizzen 1870—1914. Sozialgeschichtliches Arbeitsbuch, München 1974.

Rittershaus, Heinrich, Die deutsche Außenhandelspolitik 1879—1948, in: Zs. f. d. ges. Stwiss., 105, 1949.

ders., Internationale Handels- und Devisenpolitik, Frankfurt 1959.

Röhl, John C. G., The Disintegration of the Kartell and the Politics of Bismarcks Fall from Power 1887—1890, in: The History Journal IX, I, 1966, S. 60—89.

ders., Deutschland ohne Bismarck. Die Regierungskrise im zweiten Kaiserreich 1890—1900, Tübingen 1969.

Rogmann, Heinz, Die Bevölkerungsentwicklung im preußischen Osten in den letzten hundert Jahren, Breslau 1936.

Rosenberg, Hans, The Economic Impact of Imperial Germany: Agricultural Policy, in: Journal of Economic History, Dec. 1943.

ders., Große Depression und Bismarckzeit. Wirtschaftsablauf, Gesellschaft und Politik in Mitteleuropa, Berlin 1967.

ders., Probleme der deutschen Sozialgeschichte, Frankfurt 1969.

Rosenthal, Curt Arnold, Die Gütertarifpolitik der Eisenbahnen im Deutschen Reiche und in der Schweiz, Jena 1914.

Rost, Bernhard, Über das Wesen und die Ursachen unserer heutigen Wirtschaftskrisis, Jena 1905.

Ruesch, H., Der Berliner Getreidehandel unter dem deutschen Börsengesetz, phil. Diss. Heidelberg 1907.

Saitzew, Manuel, Steinkohlenpreise und Dampfkraftkosten, in: SVSP Bd. 143, Abt. B, Teil 2, München — Leipzig 1914.

Salz, Arthur, Der Unternehmer unserer Zeit. Ein Vortrag vor jungen Industriellen, Heidelberg 1912.

Samuelson, Paul A., Interactions between the Multiplier Analysis and the Principle of Acceleration, in: Review of Economic Statistics, 1939.

Sarter, F., Die Syndikatsbestrebungen im niederrheinisch-westfälischen Steinkohlenbezirk, Jena 1894.

Sartorius von Waltershausen, August, Deutschland und die Handelspolitik der USA, Berlin 1898.

ders., Das volkswirtschaftliche System der Kapitalanlagen im Auslande, Jena 1907.

ders., Das Auslandskapital während des Weltkriegs, in: Finanzwissenschaftliche Zeitfragen Heft 15, Stuttgart 1915.

ders., Deutsche Wirtschaftsgeschichte von 1815—1914, Jena 1923.

ders., Die Entstehung der Weltwirtschaft. Geschichte des zwischenstaatlichen Wirtschaftslebens vom letzten Viertel des 18. Jahrhunderts bis 1914, 1931.

Sauerländer, Paul, Der Einfluß der deutschen Eisenkartelle auf die süddeutsche weiterverarbeitende Industrie, Diss. Tübingen 1912.

Saul, Klaus, Staat, Industrie, Arbeiterbewegung im Kaiserreich. Zur Innen- und Sozialpolitik des Wilhelminischen Deutschland 1903—1914, Düsseldorf 1974.

ders., Der Kampf um das Landproletariat. Sozialistische Landagitation, Großgrundbesitz und preußische Staatsverwaltung 1890—1903, in: Archiv für Sozialgeschichte, Bd. 15, 1975, S. 163—208.

Seeger, Manfred, Die Politik der Reichsbank von 1876—1914 im Lichte der Spielregeln der Goldwährung. Volkswirtschaftliche Studien, Heft 125, Berlin 1968.

Sehmer, Th., Die Eisenversorgung Europas, Jena 1911.

Seidel, B., Zeitgeist und Wirtschaftsgesinnung im Deutschland der Jahrhundertwende, in: Schm. Jb. 83, 1963.

Seidenzahl, Fritz, Das Spannungsfeld zwischen Staat und Bankier im wilhelminischen Zeitaler, in: Tradition Bd. 13, 1968.

Sering, Max, Die deutsche Bauernschaft und die Handelspolitik, in: Deutsche Monatsschrift 1901.

ders., Die Verteilung des Grundbesitzes und die Abwanderung vom Lande. Rede gehalten im Kgl. Pr. Landes-Ökonomie-Koll. am 11. 2. 1910, Berlin 1910.

Sheehan, James J., Political Leadership in the German Reichstag 1871—1918, in: American History Review, Vol. 74, 1968.

ders., Liberalism and the City in 19th-Century Germany, in: Past and Present Nr. 51, 1971, S. 116—137.

Sieber, Günter, Betriebskonzentration, Unternehmenskonzentration und Konzernierung. Eine statistische Untersuchung über das Ausmaß der Konzentrationsentwicklung in der westdeutschen Industrie, Köln 1962.

Siemens, G., Geschichte des Hauses Siemens, 1. Bd., 1847—1903, München 1947.

Sievers, H. Chr., Die Innenpolitik des Reichskanzlers Caprivi, Diss. Kiel 1953.

Silberberg, Ludwig, Deutsches Kartelljahrbuch Bd. 1 und 2, Berlin 1910/1911.

Silbergleit, Heinrich, Hrsg., Preußens Städte. Denkschrift zum hundertjährigen Jubiläum der Städteordnung vom 19. 11. 1808, Berlin 1908.

Silbermann, J., Die Frauenarbeit nach den beiden letzten Berufszählungen, in: Schm. Jb., 35. Jg., 1911, S. 721 ff.

Silvermann, Dan P., The Economic Consequences of Annexation: Alsace Lorraine and Imperial Germany 1871—1919, in: Central European History, 4, 1971, S. 34—53.

Simon, Fritz, Die Getreideeinfuhrscheine, Königsberg 1909.

Soltau, Fritz, Statistische Untersuchungen über die Entwicklung und die Konjunkturschwankungen des Außenhandels, in: Vjh. z. Konjunkturforschung, 1. Jg., 1926, Ergh. 2.

Sombart, Werner, Die deutsche Volkswirtschaft im neunzehnten Jahrhundert und im Anfang des zwanzigsten Jahrhunderts, Berlin 1919[4].

ders., Der kapitalistische Unternehmer, in: Archiv für Sozialwiss. und Sozialpol., 29, 1909, S. 638 ff.

Sonnemann, Rolf, Die Auswirkungen des Schutzzolls auf die Monopolisierung der deutschen Eisen- und Stahlindustrie 1879—1892, Berlin 1960.

ders., Dokumente zur Entstehung früher internationaler Monopolverbände der Stahlindustrie, in: Jb. f. WG, 1963, Teil III, S. 244 ff.

Sothen, Hans von, Die Wirtschaftspolitik der AEG, Diss. Freiburg 1915.

Spanier, Albert, Die Exportpolitik der Eisenkartelle. Ein Beitrag zur Frage Freihandel oder Schutzzoll, Diss. Köln 1926.

Spiethoff, Artur, Krisen, in: Hdwbch. d. Stwiss. Bd. 6, 4. Aufl., 1925.

Suter, Ernst, Die handelspolitische Kooperation des deutschen Reiches und der Donaumonarchie 1890—1894, Diss. Marburg 1930.

Sybel, Heinrich, Die Baumwollindustrie, in: SVSP Bd. 105, Leipzig 1903.

Syrup, Friedrich, Der Altersaufbau der industriellen Arbeiterschaft, Sonderdruck aus: Archiv für exakte Wirtschaftsordnung (Thünen-Archiv), 6. Bd., 1. H., 1914.

ders., Neuloh, Otto, Hundert Jahre staatlicher Sozialpolitik 1839—1939, Stuttgart 1957.

Schachner, Robert, Das Schiffsbaugewerbe, in: SVSP, Bd. 107, Leipzig 1903.

Schaefer, Jürgen W., Kanzlerbild und Kanzlermythos in der Zeit des „Neuen Kurses". Das Reichskanzleramt 1890 bis 1900 in seiner Beurteilung in der zeitgenössischen deutschen Presse, Paderborn 1974.

Schäffle, Albert, Zur wissenschaftlichen Orientierung über die neueste Handelspolitik, in: Zs. f. d. ges. Stwiss., Bd. 49, 1893.

ders., Die agrarische Gefahr, Berlin 1902.

Scheel, Hans von, Der auswärtige Handel des deutschen Zollgebietes im letzten Jahrzehnt, in: SVSP Bd. 49, Leipzig 1892.

ders., Die deutsche Volkswirtschaft am Schlusse des 19. Jahrhunderts. Auf Grund der Ergebnisse der Berufs- und Gewerbezählungen von 1895 und noch anderen Quellen bearbeitet im kaiserlich Statistischen Amt, Berlin 1900.

Scheerer, Karl, Das Spiritussyndikat von 1899 bis 1918, Diss. Erlangen 1927.

Schippel, Max, Grundzüge der Handelspolitik. Zur Orientierung in den wirtschaftlichen Kämpfen, Berlin — Bern 1902.

Schlier, Otto, Der deutsche Industriekörper seit 1860. Allgemeine Lagerung der Industrie und Industriebezirksbildung, Tübingen 1922.

Schmidt, Gustav, Innenpolitische Blockbildungen am Vorabend des ersten Weltkriegs, in: Aus Politik und Zeitgeschichte B 20, 13. 5. 1972.

Schmidt, Martin, Graf Posadowsky, Staatsekretär des Reichsschatzamtes und des
Reichsamtes des Inneren 1893 bis 1907, Diss. Halle/S. 1935.

Schmitz, Otto, Die Bewegung der Warenpreise in Deutschland von 1851 bis 1902,
Berlin 1903.

Schmoller, Gustav, Einige Worte zum Antrag Kanitz, in: Schm. Jb. Bd. 19, 1895,
S. 611—629.

ders., Über einige Grundfragen der Sozialpolitik und Volkswirtschaftslehre, Leipzig 1898.

ders., Das Verhältnis der Kartelle zum Staat, in: SVSP Bd. 116, Leipzig 1905,
S. 237—271.

Schneidewin, M., Ein wenig mehr Licht über Bismarck, Caprivi und die eben erlebte Mobilmachung des Liberalismus, Berlin 1892.

ders., Das politische System des Reichskanzlers Grafen von Caprivi, Danzig 1894.

Schöne, Gerhard, Die Verflechtung wirtschaftlicher und politischer Motive in der
Haltung der Parteien zum Bülowschen Zolltarif 1901/02, Diss. Halle 1934.

Schomerus, Heilwig, Die Arbeiter der Maschinenfabrik Esslingen. Forschungen zur
Lage der Arbeiterschaft im 19. Jahrhundert, Stuttgart 1977.

Schott, Sigmund, Die großstädtischen Agglomerationen des Deutschen Reichs
1871 bis 1910, Breslau 1912.

Schremmer, Eckart, Wie groß war der „technische Fortschritt" während der Industriellen Revolution in Deutschland 1850 bis 1913, in: VSWG, 60. Bd., 1973,
S. 433—458.

Schütze, Wilhelm, Zur Zusammenschlußbewegung in der Deutschen Textilindustrie, Diss. Frankfurt 1927.

Schultze, Hermann, Die Entwicklung der chemischen Industrie in Deutschland seit
dem Jahre 1875, Halle 1908.

Schulz, Gerhard, Staatliche Stützungsmaßnahmen in den deutschen Ostgebieten,
in: FS. f. Heinrich Brüning, Staat, Wirtschaft und Politik in der Weimarer Republik, Hrsg. v. F. A. Hermens und Th. Schieder, Berlin 1967, S. 141 ff.

Schulze, Franz, Die polnische Zuwanderung im Ruhrrevier und ihre Wirkungen,
Diss. München o. J. (zwischen 1905 und 1910).

Schulz-Hanßen, Klaus, Die Stellung der Elektroindustrie im Industrialiserungspro-
zeß, Berlin 1970.

Schumacher, H., Die Ursachen und Wirkungen der Konzentration im deutschen
Bankwesen, in: Schm. Jb., Bd. 30, 1906, S. 1—43.

Schumpeter, Josef A., Theorie der wirtschaftlichen Entwicklung, Berlin 1964.

Schwarz, Otto, Diskontpolitik. Gedanken über englische, französische und deutsche Bank-, Kredit- und Goldpolitik. Eine vergleichende Studie, Leipzig 1911.

Schwarz, Otto, Strutz, G., Der Staatshaushalt und die Finanzen Preußens unter
Benutzung amtlicher Quellen, Bd. I: Die Überschußverwaltung, Berlin 1902.

Schwarz, Paul, Kapitalfehlleitungen bei den deutschen Aktiengesellschaften in den Jahren 1884–1914, Diss. Köln 1914.

Schwarz, W., Beiträge zum Studium der Kartelle in der Eisen- und Stahlindustrie, Diss. Essen 1912.

Staab, Rudolf, Die Unternehmertätigkeit deutscher Banken im Auslande. Eine besondere Form des deutschen Kapitalexports, Diss. Freiburg 1912.

Stadelmann, Rudolf, Der neue Kurs in Deutschland, in: GWU, Bd. 4, 1953.

Staudinger, Hans, Die Änderung in der Führerstellung und der Struktur des Organisierten Kapitalismus, in: Böhret, Carl, Grosser, Dieter, Hrsg., Interdependenzen von Politik und Wirtschaft, Fs. f. G. v. Eynern, Berlin 1967, S. 341–373.

Stegmann, Dirk, Die Erben Bismarcks. Parteien und Verbände in der Spätphase des Wilhelminischen Deutschland. Sammlungspolitik 1897–1918, Köln 1970.

ders., Wirtschaft und Politik nach Bismarcks Sturz. Zur Genesis der Miquelschen Sammlungspolitik 1890–1897, in: Geiß, I., Wendt, B. J., Deutschland in der Weltpolitik des 19. und 20. Jahrhunderts, Düsseldorf 1974, S. 161–184.

ders., Hugenberg contra Stresemann. Die Politik der Industrieverbände am Ende des Kaiserreichs, in: Vjh. f. ZG. 24 Jg., 1976, S. 329–379.

ders., Linksliberale Bankiers, Kaufleute und Industrielle 1890–1900. Ein Beitrag zur Vorgeschichte des Handelsvertragsvereins, in: Tradition, 21. Jg., 1976.

ders., Kapitalismus und Faschismus in Deutschland 1929–1934, in: Gesellschaft. Beiträge zur Marxschen Theorie 6. evs. 806, Frankfurt 1976.

Steinberg, H. G., Die Entwicklung des Ruhrgebiets von 1840–1914 aus der Sicht der Raumforschung, in: Raumordnung im 19. Jahrhundert I, Hannover 1965.

Steinberg, Julius, Die Wirtschaftskrisis 1901, ihre Ursachen, Lehren und Folgen, Bonn 1902.

ders., Die Konzentration im Bankgewerbe, Berlin 1906.

Steinhardt, Artur, Untersuchungen zur Gebürtigkeit der deutschen Großstadtbevölkerung. Ihre Entwicklung und ihre Ursachen. Rechts- und staatswissenschaftliche Studien Heft XLV, Berlin 1912.

Steinmetz, Will, Die deutschen Großbanken im Dienste des Kapitalexports, Diss. Heidelberg 1912.

Steller, Paul, Die Maschinenindustrie Deutschlands, in: SVSP Bd. 107, Leipzig 1903.

Stern, Viktor, Die Kartelle in der Textil- und Bekleidungsindustrie mit besonderer Berücksichtigung des Detailhandels und der verlangten Einheitskonditionen, Karlsruhe 1909.

Stillich, Oskar, Nationalökonomische Forschungen auf dem Gebiet der großindustriellen Unternehmung, Bd. I: Eisen- und Stahlindustrie, Berlin 1904; Bd. II: Steinkohlenindustrie, Leipzig 1906.

ders., Die politischen Parteien, Bd. I: Die Konservativen, Leipzig 1908, Bd. II: Die Liberalen, Leipzig 1911.

Strauss, W., Die Konzentrationsbewegung im deutschen Bankgewerbe, 1928.

Strössner, Georg, Die Fusion der AG Maschinenfabrik Augsburg und der Maschinenbau-AG Nürnberg im Jahr 1898, in: Tradition, Bd. 5, 1960, S. 97—115.

Strothbaum, Fritz, Tätigkeit und Bedeutung der deutschen Braunkohlen-Syndikate, Diss. Heidelberg 1911/12.

Stubmann, Peter, Ballin, Leben und Werk eines deutschen Reeders, Berlin 1926.

Stübel, Heinrich, Staat und Banken im preußischen Anleihewesen von 1871 bis 1913, Berlin 1935.

Stürmer, Michael, Machtgefüge und Verbandsentwicklung im Wilhelminischen Deutschland, in: npl. 14. Jg., 1969, S. 490—507.

ders., Hrsg., Das kaiserliche Deutschland. Gesellschaft und Politik 1871—1918, Düsseldorf 1970.

Stuth, Hans, Preußisch-deutsche Innenpolitik zum Schutze der Landwirtschaft im letzten Viertel des 19. Jahrhunderts, Gelsenkirchen 1927.

Tabacovici, Nicolae, Die Statistik der Einkommensverteilung mit besonderer Berücksichtigung auf das Königreich Sachsen, Leipzig 1913.

Teichmann, Ulrich, Die Politik der Agrarpreisstützung. Marktbeeinflussung als Teil des Agrarinterventionismus in Deutschland, Köln 1955.

Terhorst, Heinz, Kartelle und Konzerne in der papiererzeugenden Industrie, Diss. Köln 1936.

Teschenmacher, H., Reichsfinanzreform und innere Reichspolitik 1906—1913, 1915.

Tetzlaff, Oskar, Die Gemeindesteuern des Rechnungsjahres 1911 in Preußen in ihrer Verteilung auf Stadt und Landkreise, in: Zs. d. Pr. Stat. LA. 57. Jg., 1917, S. 83—206.

Thimme, Anneliese, Hans Delbrück als Kritiker der Wilhelminischen Epoche, Düsseldorf 1955.

Tiessen, Ed., Handbuch der deutschen Getreidestatistik seit 1880, Berlin 1896[2].

Tilly, Richard H., Zur Entwicklung des Kapitalmarkts und Industrialisierung im 19. Jahrhundert unter besonderer Berücksichtigung Deutschlands, in: VSWG, 60. Bd., 1973, S. 145—165.

ders., Zeitreihen zum Geldumlauf in Deutschland 1870—1913, in: Jb. f. NatStat., Bd. 187, 1973, S. 330—363.

Tirrell, Sarah R., German Agrarian Politics after Bismarck's Fall: The Formation of the Farmers League, New York 1951.

Tischer, Alfred, Der Kampf im deutschen Baugewerbe 1910, Leipzig 1912.

Tischert, Georg, Fünf Jahre deutscher Handelspolitik 1890 -1894, Leipzig 1898.

ders., Zollpolitische Interessenkämpfe, Berlin 1900.

ders., Unterwegs zu den neuen Handelsverträgen. Eine kritische Darstellung der Vorbereitung der neuen Handelsverträge 1897 bis 1900, Berlin 1901.

Transfeldt, Theodor, Die Preisentwicklung der Ruhrkohle 1893—1925 unter der Preispolitik des RWKS und des „Reichskohlenverbandes" mit ihren Wirkungen auf die Syndikatsmitglieder, die Ruhrbergarbeiter, den Kohlenhandel, die Verbraucher und die deutsche Volkswirtschaft, Diss. Frankfurt 1926.

Treue, Wilhelm, Die Deutsche Landwirtschaft zur Zeit Caprivis und ihr Kampf gegen die Handelsverträge, Diss. Berlin 1933.

ders., Wirtschaft und Außenpolitik. Zu dem Problem der deutschen Weltmachtstellung 1900—1914, in: Tradition Nr. 9, 1964, S. 193—218.

Troeltsch, Walter, Über die neuesten Veränderungen im deutschen Wirtschaftsleben, Stuttgart 1899.

Ufermann, P., Der deutsche Stahltrust, Berlin 1927.

Ullmann, Hans-Peter, Der Bund der Industriellen. Organisation, Einfluß und Politik klein- und mittelbetrieblicher Industrieller im Deutschen Kaiserreich 1895—1914, Göttingen 1976.

Ullmann, Heinrich, Die Stellung der Reichsbank auf dem Geldmarkt vor und nach dem Kriege, Diss. Freiburg 1931.

Utsch, Otto, Kartelle und Arbeiter. Eine wirtschafts- und sozialpolitische Studie, besonders an der schweren Industrie Deutschlands, Berlin 1911.

Veblen, Thorsten, Imperial Germany and the Industrial Revolution, Ann Arbor 1966[2].

Vogelstein, Theodor, Die Industrie der Rheinprovinz 1880—1900. Ein Beitrag zur Frage der Handelspolitik und der Kartelle. Münchner volkswirtschaftliche Studien, 47. Stück, Stuttgart und Berlin 1902.

ders., Die rheinisch-westfälische Montan- und Eisenindustrie, in: SVSP Bd. 106, Leipzig 1903.

ders., Die Industrie und der Kapitalmarkt, in: Bank-Archiv, 8. Jg., 1909, S. 341 ff.

ders., Die Getreidepreise in Ostdeutschland vor Aufhebung des Identitätsnachweises, in: Archiv für Sozialwissenschaft und Sozialpolitik, 1911, S. 823 ff.

Vosberg-Rekow, Die Politik der Handelsverträge in ihren Grundzügen gemeinfaßlich dargestellt. Schriften der Centralstelle für Vorbereitung von Handelsverträgen Heft 3, Berlin 1898.

ders., Die amtliche Statistik des deutschen Außenhandels, Schriften. . . Heft 4, Berlin 1898.

Voye, Ernst, Über die Höhe der verschiedenen Zinsarten und ihre wechselseitige Abhängigkeit. Die Entwicklung des Zinsfußes in Preußen von 1807—1900, Jena 1902.

Wagenführ, Horst, Schutzzoll und Kartelle, Jena 1903.

Wagenführ, Rolf, Die Industriewirtschaft. Entwicklungstendenzen der deutschen und internationalen Industrieproduktion 1860—1932, in: Vjh. z. Kjf., Sonderheft 31, Berlin 1933.

ders., Zur Entwicklung der Investitionstätigkeit vor dem Kriege, in: Vjh. z. Kjf., 10. Jg., 1935/36, Teil A, S. 405.

ders., Die Bedeutung des Außenmarktes für die deutsche Industriewirtschaft. Die Exportquote der deutschen Industrie von 1870 bis 1936. Sonderheft des Instituts für Kjf. Nr. 41, Berlin 1936.

Wagner, Adolph, Die Reform der direkten Staatsbesteuerung in Preußen im Jahr 1891, in: Finanzarchiv, 8. Jg., 1891, S. 551—810.

ders., Agrar- und Industriestaat. Eine Auseinandersetzung mit den Nationalsozialen und mit Prof. L. Brentano über die Kehrseite des Industriestaats und zur Rechtfertigung agrarischen Zollschutzes, Jena 1901.

Wagon, Eduard, Die finanzielle Entwicklung deutscher Aktiengesellschaften von 1870–1900 und die GmbH im Jahr 1900, Jena 1903.

Waldersee, Alfred Graf von, Denkwürdigkeiten, Hrsg. v. H. O. Meisner, Stuttgart — Berlin 1922/23.

Wallich, Paul, Die Konzentration im deutschen Bankwesen. Ein Beitrag zur Geschichte der gegenwärtigen Wirtschaftsorganisation. Münchener volkswirtschaftliche Studien, 74. Stück, Stuttgart und Berlin 1905.

Walther, Heidrun, Th. A. v. Möller 1840–1925. Lebensbild eines westfälischen Industriellen, Neustadt a. d. Aisch 1958.

Warren, Donald, The red Kingdom of Saxony, Lobbying Grounds for Gustav Stresemann 1901–1909, The Hague 1964.

Warschauer, Otto, Die Konzentration im deutschen Bankwesen, in: Jb. f. NatStat., Bd, 32, 1906, S. 145–162.

Weber, Adolf, Die rheinisch-westfälischen Provinzialbanken und die Krisis, in: SVSP Bd. 110, Leipzig 1903.

ders., Die Konzentration im deutschen Bankwesen, in: Kritische Blätter f. d. ges. Sozialwissenschaft, II. Jg., Heft 7.

Weber, Hanns, Der Bankplatz Berlin, Köln — Opladen 1957.

Wefelmeier, Hans-Joachim, Die geschichtliche Entwicklung der Kölner Maschinenindustrie, Diss. Köln 1932.

Wegner, Konstanze, Theodor Barth und die Freisinnige Vereinigung. Studien zur Geschichte des Linksliberalismus im wilhelminischen Deutschland 1893–1910, Tübingen 1968.

Wehler, Hans Ulrich, Bismarck und der Imperialismus, Köln — Berlin 1969.

ders., Theorieprobleme der modernen deutschen Wirtschaftsgeschichte 1800–1954, in: Ritter, G. A., Hrsg., Entstehung und Wandel, Berlin 1970.

ders., Das Deutsche Kaiserreich 1871–1918, Göttingen 1973.

Weingärtner, Klaus, Der Streit um Agrarindustriestaat oder Industriestaat, Autarkie oder Weltwirtschaft, Diss. Heidelberg 1937.

Weippert, Georg, Die wirtschaftstheoretische und wirtschaftspolitische Bedeutung der Kartelldebatte auf der Tagung des VSP im Jahr 1905. Ein Beitrag zum Schmollerbild, in: Jb. f. Sozwiss., 11, 1960, S. 125–183.

Weiß, E., Die wirtschaftspolitischen Strömungen in Deutschland von 1879 bis zur Jahrhundertwende, Leipzig 1926.

Weitzel, Otto, Die Entwicklung der Staatsausgaben in Deutschland, Diss. Nürnberg 1967.

Werling, Klaus, Der Preis- und Einkommensmechanismus der Goldwährung. Untersuchung am Beispiel Englands und Deutschlands zwischen 1880 und 1914, Diss. Hamburg 1962.

Wermuth, Adolf, Ein Beamtenleben. Erinnerungen, Berlin 1922.

Westarp, Kuno Graf, Konservative Politik im letzten Jahrzehnt des Kaiserreichs, Berlin 1935.

Wiedenfeldt, Kurt, Der deutsche Getreidehandel, in: Jb. f. NatStat., Bd. 64, 1895, S. 337—379, 641—670.

ders., Das rheinisch-westfälische Kohlensyndikat, Bonn 1912.

Wiel, Paul, Wirtschaftsgeschichte des Ruhrgebiets. Tatsachen und Zahlen, Essen 1970.

Wiese, Leopold von, Die rheinisch-westfälische Eisenindustrie in der gegenwärtigen Krisis, in: Schm. Jb., 26. Jg., 1902, S. 299—323.

ders., Posadowsky als Sozialpolitiker. Ein Beitrag zur Geschichte der Sozialpolitik des Deutschen Reiches, Köln 1909.

Wilhelm, Dieter, Das rheinisch-westfälische Kohlensyndikat und die oberschlesische Kohlenkonvention bis zum Jahre 1933, Diss. Erlangen-Nürnberg 1966.

Winkler, Heinrich August, Pluralismus oder Protektionismus? Verfassungspolitische Probleme des Verbandswesens im Deutschen Kaiserreich, Wiesbaden 1972.

ders., Hrsg., Organisierter Kapitalismus. Vorausetzungen und Anfänge, Göttingen 1974.

Winning, August, Der große Kampf im deutschen Baugewerbe 1910, Hamburg 1911.

Wirbelauer, Albert Ludwig, Der Lohnkostenanteil an den Selbstkosten im Steinkohlenbergbau, Diss. Gießen 1930.

Wirminghaus, A., Stadt und Land unter dem Einfluß der Binnenwanderung. Ein Überblick über den gegenwärtigen Stand der Forschung, in: Jb. f. NatStat., Bd. 64, 1895, S. 1—34, 161—182.

ders., Der Entwurf eines neuen Zolltarifgesetzes nebst Zolltarif für das Deutsche Reich, in: Jb. f. NatStat., Bd. 77, 1901, S. 593—626.

Witt, Peter Christian, Die Finanzpolitik des Deutschen Reichs von 1903 bis 1913, Eine Studie zur Innenpolitik des Wilhelminischen Deutschland, Lübeck — Hamburg 1970.

ders., Reichsfinanzen und Rüstungspolitik 1898—1914, in: Schottelius, H., Deist, W., Hrsg., Marine und Marinepolitik im kaiserlichen Deutschland 1871—1914, Düsseldorf 1972, S. 146—177.

ders., Der preußische Landrat als Steuerbeamter 1891—1918. Bemerkungen zur politischen und sozialen Funktion des deutschen Beamtentums, in: Geiß, I., Wend, B. J., Deutschland in der Weltpolitik des 19. und 20. Jahrhunderts, FS. f. Fritz Fischer z. 65. Geb., Düsseldorf 1974, S. 205—219.

ders., Finanzpolitik und sozialer Wandel. Wachstum und Funktionswandel der Staatsausgaben in Deutschland 1871—1933, in: Wehler, H. U., Hrsg., Sozialgeschichte heute, FS. f. H. Rosenberg z. 70. Geb., Göttingen 1975, S. 565—574.

ders., Reichsfinanzminister und Reichsfinanzverwaltung 1918—1924, in: Vjh. f. ZG., 23. Jg., 1975, S. 1—61.

ders., Innenpolitik und Imperialismus in der Vorgeschichte des ersten Weltkriegs, in: Holl K., Lüst, G., Hrsg., Liberalismus und imperialistischer Staat. Der Imperialismus als Problem liberaler Parteien in Deutschland 1890 bis 1914, Göttingen 1976, S. 7—35.

Wolff, Siegfried, Das Gründungsgeschäft im deutschen Bankgewerbe, Stuttgart — Berlin 1915.

Wolfslast, Jürgen-Christian, Bestimmungsfaktoren wachsender Staatsausgaben — dargestellt am Beispiel des Deutschen Reichs 1871—1913, Diss. Hamburg 1967.

Würzburger, Eugen, Die sächsische Einkommenssteuerstatistik als Maßstab für die Beurteilung der Einkommensverhältnisse, in: Zs. d. Kgl. Sächs. Stat. LA., Jg. 1904, S. 1—29.

Wulf, Jürgen, Der deutsche Außenhandel seit 1850. Entwicklung, Strukturwandlungen und Beziehungen zum Wirtschaftswachstum, Diss. Basel 1968.

Wurm, Emanuel, Die Finanzgeschichte des deutschen Reichs, Hamburg 1910.

Wurm, F. F., Wirtschaft und Gesellschaft in Deutschland 1848—1948, Opladen 1969.

Zahn, Friedrich, Deutschlands Volkswirtschaft beim Eintritt ins 20. Jahrhundert, in: Jb. f. NatStat., Bd. 76, 1901, S. 1—53.

Zedlitz-Neukirch, Frhr. v., Miquel als Finanz- und Staatsminister, in: Pr. Jbb., Bd. 105, 1901, S. 1 ff.

Ziekursch, Johannes, Politische Geschichte des neuen deutschen Kaiserreichs, 3. Bd., Das Zeitalter Wilhelms II., 1890—1918, Frankfurt 1930.

Zilch, Reinhold, Zur wirtschaftlichen Vorbereitung des deutschen Imperialimus auf den ersten Weltkrieg, in: ZfG., 24. Jg., 1976, S. 202—215.

Zimmermann, A., Die Handelspolitik des Deutschen Reichs vom Frankfurter Frieden bis zur Gegenwart, Berlin 1901.

Zimmermann, H., Die Ausgabenintensität der öffentlichen Aufgabenerfüllung, in: Finanzarchiv, Bd. 32, 1973.

Zmarzlik, Hans-Günther, Bethmann Hollweg als Reichskanzler 1909—1914. Studien zu Möglichkeiten und Grenzen seiner innenpolitischen Machtstellung, Düsseldorf 1957.

Zöllner, August, Eisenindustrie und Stahlwerksverband. Eine wirtschaftspolitische Studie zur Kartellfrage, Leipzig 1907.

Zorn, Wolfgang, Wirtschaft und Politik im deutschen Imperialismus, in: Abel, W., u. a., Hrsg., Wirtschaft, Geschichte und Wirtschaftsgeschichte, FS. f. Fr. Lütge z. 65. Geb., Stuttgart 1966, S. 340—355.

Zunkel, Friedrich, Industrie und Staatssozialismus. Der Kampf um die Wirtschaftspolitik in Deutschland 1914—1918, Düsseldorf 1974.

Personenregister